浙江省151人才工程第一层次培养人才计划资助

中国教育政策过程
本土化研究

Indigenization Research on the Process
of China's Educational Policies

贺武华◎著

中国社会科学出版社

图书在版编目(CIP)数据

中国教育政策过程本土化研究/贺武华著. —北京：中国社会科学
出版社，2015.7
ISBN 978-7-5161-6650-5

Ⅰ.①中… Ⅱ.①贺… Ⅲ.①教育政策—研究—中国
Ⅳ.①G520

中国版本图书馆 CIP 数据核字(2015)第 166988 号

出 版 人	赵剑英
责任编辑	郭晓鸿
特约编辑	席建海
责任校对	郝阳洋
责任印制	戴　宽

出　　版	中国社会科学出版社
社　　址	北京鼓楼西大街甲 158 号
邮　　编	100720
网　　址	http://www.csspw.cn
发 行 部	010-84083685
门 市 部	010-84029450
经　　销	新华书店及其他书店

印　　装	北京君升印刷有限公司
版　　次	2015 年 7 月第 1 版
印　　次	2015 年 7 月第 1 次印刷

开　　本	710×1000　1/16
印　　张	22.25
插　　页	2
字　　数	343 千字
定　　价	78.00 元

凡购买中国社会科学出版社图书，如有质量问题请与本社联系调换
电话：010-84083683

目　　录

序　一

我国是一个教育政策生产大国，教育的运行、改革和发展主要不是靠法律，而是靠政府的政策驱动、控制和调节。但长期以来，把政府教育政策本身作为对象开展的实证研究和理论探索却极为缺乏，更遑论系统的本土性的教育政策学科体系建构了！

自进入本世纪以来，北京大学教育学院教育政策研究团队以研究真实的中国教育政策现象为己任，以实然的案例研究为主要路径，不断探索前行，初步形成了"理论导向的教育政策经验研究"这一基本范式。理论导向的教育政策经验研究强调以挖掘实在的教育政策的事实资料为基础，运用已有的理论，或者提炼出本土的概念、理论进行分析和解释，以促进本土教育政策理论的积累和教育政策过程的改进。我们围绕这一主题与路径，尽管是一种"无预期成果"的自由探索，但也渐次形成了可观的"产出"，如已指导完成了十多篇博士学位论文，且以北京大学教育政策研究丛书的形式由北京大学出版社出版了近 10 部专著；编写了由人民教育出版社出版的研究生教育教材《教育政策研究基础》；也发表了一批有较高质量的学术论文、案例成果等，相关探索仍在接力进行中。

贺武华是我于 2008 年招收的一名公费博士后研究人员。在博士后研究期间，他乐于加入教育政策研究团队，勤奋刻苦，善于钻研，勇于在新的学术领域里积极探索。该专著就是在他的博士后出站报告的基础上，又经历了两次在地方教育行政部门挂职锻炼、专门从事教育政策研究，持续修改完善而成的。在北大教育政策研究团队两年的博士后脱产研究与此后两年多在政府政策部门的实践锻炼，这样的双重经历对从事教育政策研究而言，是不可多得的。

　　政策科学兴起于西方，迄今已有丰富的实证研究和理论成果。只有在学习借鉴他人已有成果的基础上我们才有可能继续前行。然而，在教育政策研究领域，不能照搬照抄，更不能照葫芦画瓢。中国的教育政策过程从议程确立到方案制定、政策合法化，再到执行变迁等等，有其自身的环境、特点和行为逻辑。已有西方的相关理论与话语并不能切实地解释中国独有的教育政策过程，并难能借此将研究推向深入。事实上，国内不少相关研究成果也暴露出了"外来理论"与"本土现象"两张皮，缺乏解释力等问题。我一直主张，研究中国教育政策问题需要在借鉴西方政策理论的基础上，构建本土的话语与理论，需要建立自身的解释分析框架；强调要树立学理意识、问题意识、方法意识、历史意识、中国意识和国际意识。从这层意义上来讲，贺武华尽其所能做了有意义的探索。尽管书中还存在个别观点值得商榷、有些论证有待深入等问题，但总体上看，本书是当前研究中国教育政策的一部力争有所创新的学术专著，愿能起到抛砖引玉的作用；同时，也期待他在构建中国本土教育政策理论方面不断开拓进取。

陈学飞

北京大学教育学院教授、博士生导师

2015 年 6 月

序　二

公共政策是国家和政府实现其职能的主要手段。教育是公共部门中颇为热门且最为贴近民生的一个领域。通过运用教育政策工具来推动教育的改革与发展是新时期我国政府履行教育职责的一个显著特点。自改革开放特别是进入新世纪以来，伴随教育发展与改革创新的深入推进，公共教育问题也日益变得纷繁复杂。教育政策学科在我国仍然是一门新兴学科，相关理论探索方兴未艾，教育政策的制定、执行、调整以及评估等的实践探索亦是异彩纷呈。

用西方政治学、公共管理学、公共政策学等学科的相关理论来研究中国的教育政策，这是学界一个较为普遍的现象与趋势。然而，西方相关学科理论与话语体系并不能简单对号入座用于解释或揭示有中国特色的教育政策过程，存在"水土不服"的问题。由此，我们需要探索本土化的教育政策学科理论与话语体系，对有中国特色的教育政策过程进行"中国式"的学术表达。政策科学的本土化，实际就是政策科学的中国化，就是要从中国的传统文化和思想意识形态基础、政治系统与政策体系以及党政关系、各级政府与行政部门间关系等国情特点出发，探索符合中国现实和未来需要的公共政策理论体系，积极开展符合中国政策过程特点和逻辑的政策研究。本土化的教育政策研究就是要通过丰富的教育政策经验的发掘来解析、构建具有自身国情特色的学科观点、理论体系，以此来对中国教育政策过程中的理论基础、实践逻辑等问题进行学理阐释，探索我国教育政策过程的一般特征和规律性的东西，从而深化对教育政策及其运行规律的认识，最终为提高教育政策质量服务。

贺武华是我院 2006 年毕业的比较教育学专业博士，他读博期间也是我授课的学生，学习刻苦认真，善于钻研。2012 年，他入选浙江省 151 人才工程第一层次人才培养计划，按照培养要求，需聘请一名相关专家担任指导老师。他申报了我做他的导师，我亦欣然接受。《中国教育政策过程本土化研究》是作者积七八年之心血所成，也是他 151 人才培养工程所要达到的一项学术提升任务。该书既有对本土化教育政策过程理论的探讨，也有对教育政策过程实践的探索，是理论与实务的结合。为了推进这两方面的结合，该著作一方面用符合中国国情特色的话语、思维、视角进行学理建构与阐释；另一方面通过扎扎实实的实证研究，给读者呈现了系列大大小小的案例实证分析。该书不是对我国教育政策基本情况进行梳理介绍，也不是对我国教育政策现象进行评头论足，其所作的最大的努力，在于回答论证何谓"中国教育政策现象"、"中国教育政策特色"等貌似简单实则复杂的问题。由此，著作以学理建构为志趣，从实际出发，致力于本土化的研究，从整体上把握中国教育政策过程的整体概貌与一般特点，寻求对有中国国情特色的教育政策现象的深度表达，探索发掘"中国式"教育政策过程的实质性内涵与内在机理。这是该著作自始至终力求加以贯穿落实的立意与构思。当然，该著作中的有些问题还有待深入探讨，有的案例分析还欠火候，但总体上瑕不掩瑜；且作为一名中青年学者，勇于在一个新的领域开拓创新，其学术勇气与钻劲本身就是可喜可贺的。

当前，《中共中央关于全面深化改革若干重大问题的决定》所确立的"深化教育领域综合改革"的目标任务正如火如荼地实施推进。今年又适逢《中共中央关于教育体制改革的决定》颁布 30 周年，回顾研究这三十年来的有中国特色社会主义特色的教育政策，大力开展本土化的教育政策研究是时代之需，也是教育研究特别是教育政策研究的一个紧迫性课题。祝愿《中国教育政策过程本土化研究》一书的出版能带来与传递中国教育政策研究的"好声音"。

徐小洲

浙江大学教育学院院长、教授、博士生导师

2015 年 6 月

第一章 教育政策·过程·案例研究

虽说公共政策学科的产生与发展不过半个世纪，但自新兴民族国家相继建立并由政府主导兴办公共教育以来，公共教育的改革与发展史，也说得上是一部公共教育政策的变化发展史。公共教育政策对于一个国家教育事业的发展具有十分重要的控制和导向功能，是现代政府的一个重要杠杆。我国是一个地地道道的政策大国，在几千年的中华文明的思想宝库中，有一脉就是政策（政治）思想。自新中国成立尤其是改革开放以来，只要稍作梳理，我们就能清晰地看到，无论是中央层面还是地方层面，无论是宏观领域还是微观领域，公共教育政策作为一项重要的常规工具，在启动与推进教育改革和发展中充分显示了极其重要的作用和旺盛的生命力。

第一节 本土化教育政策研究的提出

公共政策是国家和政府实现其职能的主要手段。"现代政府的基本活动方式就是制定和实施政策，通过一系列的政策来实现对国家政治、经济、文化、社会等各个领域的有效领导与管理"[①]，对一个民主、服务型的现代政府而言，政策是它用来解决在理政职责范围内出现的社会问题的

---

① 沈辛：《当代中国政府过程》，南开大学出版社 2008 年版，第 2 页。

基本手段（工具）。教育是公共部门中颇为热门且最为贴近民生的一个领域。通过运用教育政策工具来推动教育的改革与发展是新时期我国政府履行教育职责的一个显著特点。当前，从中国特色社会主义国情出发，大力开展本土化的教育政策研究是时代之需，也是教育研究特别是教育政策研究的一个紧迫性课题。

一　恰逢其时：这是一个教育政策大生产大繁荣的时代

自改革开放特别是进入 21 世纪以来，我国相对进入了一个教育政策大生产的时期，公共教育政策问题异彩纷呈。如袁振国教授曾指出："当今中国的教育改革正在日益深化，各层各级重要的教育政策不断出台。"[①]另有学者指出："最近几年，中国则是当今世界上高等教育公共政策活动最为活跃的现场之一。"[②] 反观现实，中国教育政策在改革开放以来的三十余年里也取得了不少重要的突破与创新。从"免费生师范教育政策"到《国家中长期教育改革和发展规划纲要》，从"一费制"到"两免一补"再到"义务教育阶段全免"，一句话，从中央到地方，从宏观到微观，出现了一大批推动教育改革与发展的标志性政策成果。而且，伴随教育的深入改革与发展，我国教育政策还将持续处于一种"躁动不安"的阶段，成为社会关注的焦点之一，政策的推陈出新也势在必行。根据谢维和等人的一项研究的不完全统计，1985—2001 年，中共中央、国务院、教育部（原国家教委）共颁布各种教育政策 1511 项，其中，中共中央、国务院颁布教育政策 98 项，教育部颁布教育政策 1414 项，平均每年出台教育政策 88.8 项。最低的年份是 1989 年的 56 项；而最高的年份是 1999 年的 123 项。[③] 这确实是一个不可思议的数量规模，如果加上各省、市、县等各级政府和有关部门的教育政策文件，无疑是一个巨大的教育政策文件库。无独有偶，涂端午博士新近的一项研究截取 1978—1998 年的

---

① 袁振国：《中国教育政策评论》，教育科学出版社 2000 年版，前言第 4 页。
② 鲍嵘：《高教政策研究：两种可能的范式》，《清华大学教育研究》2009 年第 6 期。
③ 谢维和：《忧虑与期望·努力提高教育政策研究的质量教育研究》，《教育研究》2009 年第 5 期。

高等教育政策为分析对象，纳入其统计的现行有效的教育法规政策就有533 项。①

　　为什么当前的教育政策制定会如此繁富、生机勃勃？上面所提及的现代政府公共政策工具自身的价值与功能是一方面。我国社会经济政治的转型也构成了中国公共教育政策发展的重要动力，相关公共教育政策的研究及其理论基础也进入了百家争鸣与全面快速发展的新时期。一般而言，社会处于转型时期需要通过制定和实施大量的政策和法规来倡导、调节、规范甚至是控制社会行为，对社会资源进行合理配置，处理好社会各种利益冲突。当前我国正处于经济转轨、社会转型以及诸多领域改革深入推进的历史时期。以社会转型言之，涉及社会结构转换、机制转轨、利益调整和观念转变等。在社会转型时期，人们的行为方式、生活方式、价值体系都在发生明显的变化。在教育领域，与之对应的则是教育的体系结构、办学管理体制、人们对教育所持的价值观念等的全方位转变。我们熟知的"教育分权"、"扩大办学自主权"、"教育消费"、"成本分担"、"优质教育争夺"乃至"新读书无用论"等，就是发生在这一从社会转型到教育转型的背景之下。而要应对转型期教育领域中的诸多问题与挑战，公共教育政策的功用便不可小觑。点火也好，烧火也好，救火也好，现实中，政府早已习惯于通过前赴后继的政策工具来"日理万机"。可见，大量的教育政策制定是事出有因的。

　　如何看待教育政策制定的异彩纷呈？从积极的方面来说，其一，体现了政策工具的价值，因为政策不无时效，所以教育改革与发展需要通过大量的政策法规来协调推进；其二，这也说明，我国政府执政理念与方式日渐成熟，依法治教的理念落实更加到位，教育政策乃至教育法律体系逐步健全。但从消极方面来说，人们不禁要问，是不是教育政策实施低效、无效呢？为什么要不断制定甚至重复性地制定那么多的教育政策呢？是不是"软政策"、"软法规"解决不了实际的教育问题呢？无论是正面的注解，还是反面的质疑，针对当前纷繁复杂、栩栩如生的

---

① 涂端午：《价值的权威控制及其演变——1979—1998 年中国高等教育政策文本分析》，博士学位论文，北京大学，2008 年。

教育政策"生产"实践，致力于探索本土化的教育政策研究是必须跟进的。

二 扎根土壤：教育政策的环境基础与本土化教育政策研究

当前，符合国情、有中国特色的教育政策研究仍大大滞后于我国生动活泼的教育政策实践的需要。从自身的政策环境基础出发，以自己的话语体系和理论方式来研究我们的教育政策有利于科学决策。温家宝同志曾在 2002 年指出，"本届政府的一个重要工作就是科学决策，依法行政，民主监督"。我国教育政策的环境基础，最主要的就是中国的教育实情，以及中国特色社会主义教育事业的政治、经济、文化等基础。人们对教育政策研究的重要性的认识，是伴随经济社会发展与教育改革发展的深入而不断提高的。以《国家中长期教育改革和发展规划纲要》的政策制定为例，无论是作为政策主体的各路精英与群众路线的紧密结合，还是政策制定过程中自上而下与自下而上的有机互动路径，等等，都充分体现了符合我国民主政治与行政传统以及思想文化内涵等国情元素的政策制定方式。

实际上，把视线稍稍拉远一点，稍作一个纵向的历史回顾就不难看出一项好的教育政策是多么重要，而一项坏的教育政策又是多么可怕！在新中国成立以后并不算长的历史中，我们在办学指导思想及教育决策上犯过不少错误，一些重大教育决策失误的教训甚至是惨痛而影响深远的。例如，自 1958 年"大跃进"以来的一段时期里，我们的教育过分强调通过参加生产劳动、阶级斗争、科学研究来进行学习，忽视了学科知识、间接经验的系统学习、积累；在"文化大革命"中，我国教育事业受到严重破坏，"文革"时期的种种做法，破坏了学生接受知识的科学性、系统性和完整性，学生不以学习钻研为业，荒废学业，学到的也只是支离破碎、片面的知识，实际用途不大。而且，把学校教育教学工作引向完全服从当时的某种政治需要，被"四人帮"所利用，这是十分有害而危险的。对此，1985 年 5 月颁布的《中共中央关于教育体制改革的决定》在总结新中国成立 36 年来的教育成就时，十分明确地指出：从 20 世纪 50 年代后期开始，由于全党工作重点一直没有转移到经济建设上来，由于"以阶级斗争为纲"的"左"的思想的影响，教育事业不但长期没有放到应有的重要地位，而且受到"左"的政治运动的频繁冲击，"文化大革命"更使这种"左"的错误走到否定知识、取消教育的极端，从而使教育事业遭到严重破坏，广大教育工作者遭受严重摧残，耽误了整整一代青少年的成长，并且使我国教育事业同世界发达国家之间在许多方面本来已经缩小的差距又拉大起来。① 再拉近一点镜头来说，我国改革开放后的重点高中建设政策、公立学校转制政策、新课程改革政策以及相关的民办教育发展政策等系列教育政策也不无失误之处，且至今仍留有后患。总之，我国教育发展大量的历史经验教训一再表明，教育战略决策与政策导向的正确对于教育事业发展和成功有着重要的意义。

三 南橘北枳：西方公共政策学理论与话语引入的局限性

公共政策是政策环境的产物。离开公共政策得以产生与运行的特定环境来谈公共政策研究无异于缘木求鱼。何谓政策环境？简而言之，就是公共政策脱胎于生存的、由各种时空因素组合的环境系统。"政策环境的构成因素形形色色，复杂多样，有物质的、精神的、社会的、自然的、传统的、现实的、国内的、国际的，等等。"②

就我国教育政策的环境系统而言，地理环境、经济环境、政治传统与民族文化以及社会变迁等影响都是具体而直接的。尽管各自发挥的实际效力不一样，但是，关键的影响因素往往又是理解我国公共教育政策不可或缺的。有研究在分析中国公共决策体制的背景特点时，认为有三点需要考虑，一是中国共产党在长期领导中国人民革命斗争、建立人民民主专政的过程中，根据马克思主义的国家学说和政治理论建立起来的决策体制；二是中国历史上长期封建专制，没有经过完整意义上的资产阶级民主革命，市场经济及生产力尚不发达；三是改革开放后经济基础和社会环境发生巨大变化，社会主义市场经济体制基本框架已建立，加入了 WTO，融入了

---

① 中共中央：《中共中央关于教育体制改革的决定》，中发［1985］12 号，1985 年 5 月 27 日。
② 谢明：《公共政策导论》，中国人民大学出版社 2004 年版，第 44 页。

世界经济一体化等。① 当前，我们特别需要明确强调的最根本的环境基础，就是我国建设有中国特色的社会主义道路以及全面贯彻落实科学发展观、完善社会主义市场经济体制以及建设社会主义和谐社会等伟大战略思想指导下的中国特色社会主义教育事业。由经济体制而来的政治体制、管理体制等多方面的社会转型深刻地影响着我国教育事业的发展与教育政策实践。

一个时代的哲学社会科学应该积极反映一国经济社会发展的基本事实，体现该民族的自身国情特色。中华民族有着历史悠久的精神文化传统，这就会给公共政策烙上深刻的文化与制度印迹。同时，我国又处于一个特殊的社会转型期，正值体制转型、社会结构变动与社会形态变迁等的快速波动期，公共政策的理论与实践必然要体现"建设中国特色社会主义国家"的基本特色。因此，作为教育政策研究的上位学科理论的公共政策学也应致力于探索契合时代与民族特点、适合自身需要的理论与实践道路，进行本土化创新。严强教授指出，"中国公共政策学科的初期成长中存在着两处明显的不足。一是忽略了中国处于特殊的社会转型时期，二是忽略了中国具有特殊的政策文化和制度框架。一个国家的社会科学学科总是扎根于本国最生动、最真实的实践经验，并以从这些真实经验中提升出来的理论为内容茁壮成长起来的"②。因此，一个学科的发展也好，一个具体的研究问题也好，理解和遵照国情环境基础是一个简单而行之有效的规则。

值得一提的是，国内教育政策研究的专家学者已在呼吁推进有自身特色的教育政策研究。如，袁振国教授认为，"把政策本身——政策的内容、政策制定的过程、政策执行的结果、评价政策成败的标准等——作为研究的对象，在我国近年来明显引起了极大的关注，这不仅是学术发展的一个趋势，更是社会主义民主与法制建设的要求"③。又如，张

---

① 吴元其、周业柱：《公共决策体制与政策分析》，国家行政学院出版社 2003 年版，第 73 页。

② 魏姝：《政策中的制度逻辑——美国高等教育政策的制度基础》，南京大学出版社 2007 年版，总序第 4 页。

③ 袁振国：《中国教育政策评论》，教育科学出版社 2000 年版，前言第 4 页。

力教授指出，"今后，在教育政策研究的田野中，还需要我们立足国情、不懈耕耘，出更多本土化成果，促进国家和地方教育决策的科学化、民主化"①。

四　时代召唤：本土化教育政策研究日益受到各界重视

学习他人经验与进行本土化创新是各行各业、各个领域一直以来存在的一个现象。改革开放以来，我国社会主义事业的改革与发展更是进入了一个全方位的学习与引进时期，教育领域的诸多做法也不例外。原国家教委副主任滕藤认为，"怎样从中国的实际出发向西方学习，为我们的社会主义建设服务，走中国特色的社会主义教育道路，这一点我们在实践中还有很多值得探讨的地方"②。新近，西方公共政策学及相关的学科理论或话语体系开始在教育等诸多公共政策的研究当中比较多地呈现。一时间，"多源流分析"、"支持者联盟"、"渐进决策模型"、"间断—平衡模型"、"制度主义"等概念、理论常见于我国教育研究者新近发表或出版的著述当中。

然而，深究起来，西方的相关理论与话语体系其实并不能很好地解释具有中国特色的教育政策过程现象，难以将研究向纵深推进，且日益表现出难以为继和解释不力的窘境。实际上，这里还有一个大的背景制约因素，那就是我国公共政策的学科知识在很大程度上是依赖进口的，公共政策学的学科理论一开始就没有多少是属于自己的东西。因而，用西方的相关学科理论来解释自身的教育政策也是迫不得已的。概括来讲，这种类似于"中学为体、西学为用"的教育政策研究存在以下几个方面的问题。

其一，理论与事实脱节，为了理论而理论。

一些学者在对我国教育政策进行研究时，首先弹出的概念是理论，生怕没有理论压轴而使得研究失色，甚至确定好了理论才来做研究。有分析

---

① 张力：《努力提高教育政策研究的质量教育研究，教育研究的时代使命》，《教育研究》2009年第5期。

② 滕藤：《发展中国特色社会主义教育事业》，《中国教育报》2009年7月19日第3版。

者指出："我们中的一些学者比较喜欢简单搬用国外的相关理论并给予了过高的评价和期望，导致这些理论与我国教育实际的脱节，洋理论与土实践的关系难以处理好。"① 有的研究是将理论与材料交替推进的，理论贯穿于教育政策论述的全过程。然而，这种用来"求证"的理论观点在行文中间隔性重复，显得很累赘，没有将理论观点融会贯通于论证之中，"两张皮现象"比较明显，其实质还是为了理论而理论。总之，对用西方的理论（概念）来解释中国教育政策现象的研究稍加分析，不难发现这些著述在论述中的理论与实际脱节的现象，西方的话语体系是一套，中国的教育政策实践又是另外一套。不少研究勉为其难地支起两者之间的联系，缺乏说服力，教条主义色彩跃然纸上。

其二，以偏概全，以点代面。

我们常说，理论的解释性力求做到以小见大，以点带面，然而，时下的一些以西方理论来解释中国教育政策的研究出现了"以大见小"、"以点代面"的现象。这些研究所反映出的一个普遍问题是，西方的政策理论好比一个大筐，什么教育政策现象都可以往里装；西方的政策理论又好比多功能的试金石，什么教育政策问题都可以受之解释、评判。这种研究实际上暗含了一个可怕的假设，即试图用中国浩瀚的教育政策经验事实去验证西方社会科学的某种理论甚至是备受争议的某一学说！

贺雪峰教授对中国社会科学的发展盲从西方社会科学理论的事实进行了深刻的分析，对热衷用中国经验与西方社会科学抽象对话的现象深表担忧。他认为中国社会科学发展要有明确的本土化的发展目标，尤其要重视真正的中国经验研究的回归，遵循着经验本身的逻辑。他一针见血地指出了当前一些运用中国经验来验证西方社会科学命题的研究的弊病："在进入经验寻找材料的过程中，常常由于对已经产生的问题过于关注，而对经验本身的逻辑不重视、对兴趣点以外的经验不重视、对调查中的意外不重视；在进入经验现场后，也就很难找到理论预设所需要的经验材料。其结果便是将从经验现场搜集到的材料，硬性地套用到理论预设

---

① 黄明东：《教育政策与法律》，武汉大学出版社 2007 年版，第 4 页。

中，用搜集到的经验材料'委曲求全'地与西方理论命题对话，由此产生理论与经验'两张皮'的弊病。"① 因此，我们不难理解政策研究之本土化的重要性。

政策科学的本土化，实际就是政策科学的中国化，就是要从中国的传统文化和思想意识形态基础、政治系统与政策体系以及党政关系、政府间关系等国情特点出发，探索符合中国现实和未来需要的公共政策理论体系，积极开展符合中国政策过程特点和逻辑的描述性研究、解释性研究、探索性研究，甚至是预测与干预性的研究。

因此，再回过头来看，如何认识改革开放以来我国已出台的、正在执行的或早已无声无息地被遗弃了的众多教育政策？它们是怎样被制定出来的？具体的执行情况如何？又是怎么寿终正寝或悄然无息地退出历史舞台的？分析这些政策过程的理论和实践意义又在哪里？它们之间构成怎样的一种关系？一句话，对改革开放 30 年来发生在我国教育领域中的有代表性的政策（或宏观的或微观的，或中央的或地方的）进行深入的过程分析，并对我国教育政策发展变化的连续性时空进行深度探究具有时代紧迫性。简而言之，本土化的教育政策研究就是要尽可能通过丰富的教育政策经验的发掘来明晰、构建具有自身国情特色的观点、理论，以此来对中国教育政策过程中的理论支持、理论逻辑等问题进行学理性解释，探索我国教育政策过程的一般特征和规律性的东西，从而深化对教育政策及其运动规律的认识，最终为提高政策质量服务。

第二节　教育政策与教育政策过程

一　从静态表现形式来理解教育政策

有关教育政策概念的定义与理解并非一维、线性式的。从道理上讲，

① 贺雪峰：《回归中国经验研究——论中国本土化社会科学的构建》，《探索与争鸣》2006年第 11 期。

对政策有多少个理解方式，那么教育政策相应就会有多少种理解方式，因此，直接定义教育政策是困难的。我们知道，在政策学里，不同的学者、不同的视角对政策的理解也是千姿百态，形态各异。其中不乏一些专家学者对公共政策的理解独辟蹊径，令人耳目一新，成为经典。如戴维·伊斯顿的"公共政策是对全社会的价值作有权威的分配"、托马斯·戴伊的"所有政府决定做的或决定不做的事情就是公共政策"等便是典型。国内学者对公共政策的自主性定义也是五花八门，但实质上的内涵是没有什么差异的，故本书不对此做详尽的评述。但有关公共政策理解的常见两种取向仍具普遍性意义：从静态角度把政策理解为一种行为措施（行动准则），即国家、政府、政党履行其公共职能的主要政策手段（方式），表现形式主要包括方针、路线、战略、规划、法令、条例、决定、方案、项目、办法、法律、法规等。从动态角度将政策理解为一种行为过程，即通常所说的议程设定、制定、执行、评估、终结等若干阶段。

我们先看看教育政策方面的著述对教育政策概念的理解。总体上看，相关学者对教育政策的理解比较随意、松散，多半学者并没有对什么是教育政策或教育政策指什么等问题进行明确交代，在一定程度上又似乎是约定俗成的。如袁振国教授主编的《教育政策学》一书，就没有对教育政策作出相应的界定。尽管作者比较详细地介绍了美国学者伊根·古巴关于政策的8种定义，但实际上并未过渡到对教育政策的理解。而且，作者通过分析得出的结论之一就是："'政策的真正定义是什么？'问这样的问题是没有意义的。"[1] 黄明东的《教育政策与法律》把教育政策定义为"某个政治系统在特定时期为实现特定的教育发展目标和任务而做出的关于教育的决策的过程"[2]。再如，吴志宏等在《教育政策与教育法规》一书中认为，"教育政策就是政府有关部门为解决特定教育问题而表明的行动意图或如何行动的计划"[3]。

本书也不对教育政策做规范性定义的探讨，持宽泛性概念来理解教育

---

① 袁振国：《教育政策学》，江苏教育出版社 2001 年版，第 263 页。
② 黄明东：《教育政策与法律》，武汉大学出版社 2007 年版，第 6 页。
③ 同上。

政策，即从教育政策的表现形式（静态的政策文本）角度，泛指政府（广义上的，包括政党、各级政府、各级人大组织等政治系统）颁发的一系列有关教育的法律、规章、法令、条例、规定、指示、规划、计划、措施、项目、通知、意见等政策文件。从研究时段来看，本书主要集中于改革开放以来近 30 年间的公共教育政策。此外，需要交代的是，教育政策与教育法律是两个联系紧密的概念。国内外一些研究者也常不做严格区分，通常将教育法规纳入教育政策范畴之内。如黄明东主编的《教育政策与法律》一书在序言中就明确指出了二者的关系。

二　教育政策过程及其研究的学理基础

（一）教育政策过程的含义确证

公共政策学对政策过程形成了一些共识性解释和一些规范性认识。公共政策过程甚为复杂，它是由一系列的功能环节或阶段所构成的周期性过程。为了方便起见，学者们习惯性地形成了一般的划分阶段：指包括政策的制定、实施、监督、评估、调整、终结等环节在内的政策运行全过程，通常，谈论较多的就是政策制定和政策执行两个阶段。当然，若更细一点切分，公共政策的过程还可分出更具体的环节，如政策制定通常又可以概括为政策议程的建立、问题界定、政策方案设计、政策结果预测、比较、抉择方案以及政策方案合法化等阶段。再如，拉斯威尔将政策过程分成 7 个阶段：情报、提议、规定、合法化、应用、终止、评估。[①] 从逻辑起始来看，政策过程始于利益的表达（诉求）与综合，终于利益的实现与终结。

对教育政策过程进行研究，一定意义上研究的是一个教育政策的分析过程。在一些研究者看来，教育政策分析实际上就是对政策过程事实进行理性、理论化的分析。如有研究认为，"教育政策分析是一个贯穿于问题确认、政策选择与制定、政策执行与政策绩效评估全过程的价值分析过程"[②]。

---

① 转引自胡宁生《现代公共政策学——公共政策的整体透视》，中央编译出版社 2007 年版，第 186 页。

② 孙绵涛等：《教育政策论——具有中国特色社会主义教育政策研究》，华中师范大学出版社 2000 年版，第 3 页。

（二）教育政策过程研究的学理基础

教育政策研究本身是一门跨学科、建立在广泛的知识基础上的综合性活动。从某种程度上讲，教育政策过程研究有其自身的学理基础，需要遵循一定的套路，它是政策过程理论等相关学科知识发展及实践的具体体现。

1. 公共政策学科发展的自身孕育

在公共政策学科自身发展与政策实践需要的驱动下，有关政策过程的理论也随之涌现。这方面典型的成果有萨巴蒂尔（paul A. Sabatier）教授主编的《政策过程理论》[①] 一书，该书汇集了当前西方公共政策最具代表性的专家学者所撰写的有关政策过程理论问题的多篇文章，介绍了政策过程的阶段性方法、多元分析框架、制度理性选择框架、间断—平衡理论、支持联盟框架、政策研究中的创新和传播模型等，并对各种分析框架进行了比较和评估，同时还对政策理论的发展和趋向进行了前瞻性的展望。显而易见，萨巴蒂尔所介绍的这些公共政策过程理论已经越来越多地被国内学者运用于具体的教育政策分析当中。迈克尔·豪利特与拉米什著的《公共政策研究：政策循环与政策子系统》[②]，介绍了公共政策的相关理论并探讨了公共政策过程中的理论，如政策规划中的倡导联盟、政策网络、政策社群，政策决策中的理性模型、渐进模型、垃圾桶模型，政策执行中的经济学模型、政策学模型，政策工具选择中的综合模型等。韩国学者吴锡泓等编著的《政策学的主要理论》[③] 所介绍的有关政策方面的 65 种主要理论，大部分是针对具体的政策过程而言的。

"无论政府过程的外延有多大，其核心应当是政策过程，包括政府的决策和执行。"[④] 由是，再深入一层而言之，政策学科的政策过程理论还应放在政府过程理论背景之下。政府过程（广义上的政治过程）关注的是政治权力结构、党政关系和社会结构，要对政治特别是政府活动的行

[①] 参见萨巴蒂尔《政策过程理论》，彭宗超等译，生活·读书·新知三联书店 2006 年版，第 475 页。

[②] 迈克尔·豪利特·拉米什：《公共政策研究：政策循环与政策子系统》，庞诗译，上海三联书店 2006 年版。

[③] 吴锡泓等：《政策学的主要理论》，金东日译，复旦大学出版社 2005 年版。

[④] 胡伟：《政府过程》，浙江人民出版社 1998 年版，第 5 页。

为、运转、程序以及各构成要素，特别是各社会利益群体之间以及它们与政府之间的交互关系，进行实证性的分析、研究和阐述。"在政府过程的概念中，'过程'不是指政府发展的历史过程，而是一种对政府行为进行分析的一种方法和视角，或者说是一种政府分析的框架。"① 由此可见，政府过程理论的发展必然要极大地推动政策过程相关的研究。

2. 相关学科知识的渗透影响

教育政策本身的知识专业性、调节教育行为的情境性以及社会实践活动的复杂性，决定了教育政策研究必然要涉及学科知识面广、波及经济社会生活领域多。教育政策研究的学科知识基础包括教育学、哲学、政治学、社会学、文化学、经济学、管理学、法学等在内的学科理论。近年来，中西方政策过程研究学者已广泛从制度经济学、社会心理学、知识考古学、语言学等学科领域汲取养分，用以解释公共政策过程的实践，并发展出相关的解释性理论。此种现象也是学界当前比较重视政策学跨学科交叉研究的一个体现。比如说，采用制度主义理论对公共政策过程分析的影响就甚为广泛，如有研究指出："20 世纪 80 年代，制度分析与公共政策过程分析终于走到一起，很重要的原因就是'过程'与'制度'的过度离析降低了理论的解释力，而两者的结合则可以提高理论的解释力。"② 在以新制度主义来分析教育政策方面，已有的研究成果不少，代表性论文有仇国平的《从新制度主义角度分析澳门高等院校录取中国内地学生政策》③、贾雪的《美国大学终身教职制度的发展演变历程——新制度主义的视角》④、罗燕的《2003 年北大人事制度改革：新制度主义社会学分析》⑤ 等，此类借鉴跨学科知识的研究近年来比较多地出现在我国教育政策研究中，在学理上丰富了教育政策的内涵。

---

① 胡伟：《政府过程》，浙江人民出版社 1998 年版，第 4 页。
② 鲍嵘：《高教政策研究：两种可能的范式》，《清华大学教育研究》2009 年第 6 期。
③ 白钢、史卫民主编：《中国公共政策分析》，中国社会科学出版社 2007 年版。
④ 贾雪：《美国大学终身教职制度的发展演变历程——新制度主义的视角》，《外国教育研究》2008 年第 2 期。
⑤ 罗燕：《2003 年北大人事制度改革：新制度主义社会学分析》，《教育学报》2005 年第 6 期。

三　从政策过程看我国教育政策的类型

人们对教育政策的理解方式不一样，教育政策分类也就必然众说纷纭。要对林林总总的教育政策进行明确的分门别类是一件困难的事情。如从政策制定的部门看，有政党的教育政策、中央政府的教育政策、全国人大的教育政策、教育行政部门的教育政策等。因此，我们只能大致上对此教育政策的类型做一个基本的认识。本书从开展政策过程研究的角度出发，根据政策过程周期的一般环节，从政策制定、政策执行、政策评估与监督以及政策终结等基本环节来对我国教育政策做个基本分类，即大致上"毛估"一下哪些教育政策适合做政策制定过程的研究，哪些适合做政策执行环节的研究等，当然，这只是相对而言的。为了将教育的政策分类体现得更为清晰、饱满，我们不妨加入另一个分类维度来展开，即根据教育政策所涉及的教育系统的层次领域，分为基础教育政策、高等教育政策以及综合性教育政策。见表 1－1。

表 1－1　　　　　政策过程视角下的我国若干教育政策分类举例

	基础教育政策	高等教育政策	综合性教育政策
政策制定、议程	1. 《新义务教育法》 2. "农民工子女教育政策" 3. 《学前教育法》 4. "基础教育阶段薄弱学校改造工程" 5. "中等职业学校家庭经济困难学生资助政策" 6. "义务教育阶段绩效工资政策" 7. "农村义务教育阶段学校教师特设岗位计划"	1. "师范生免费教育政策" 2. "独立学院政策" 3. "国家助学贷款政策" 4. "重点建设政策"（"985"、"211"等） 5. "高校后勤化改革制度" 6. "师范院校向综合性大学发展政策" 7. "马工程建设" 8. "863 计划"、"973 计划"	1. 《国家中长期教育改革与发展规划纲要》 2. 《2003—2007 年教育振兴行动计划》（简称新一轮《行动计划》） 3. "教师资格条例" 4. "百万校长培训计划"
政策执行与变迁	1. "新课改政策" 2. "择校制度" 3. "免试入学政策" 4. "电脑派位" 5. "两免一补" 6. "就近入学" 7. "农村寄宿制教育工程" 8. "中小学危房改造工程" 9. "统一标准化学校建设政策" 10. 《基础教育课程改革纲要试行》	1. "高校对口支援政策" 2. "高校自主招生政策" 3. "学科基地建设政策" 4. "高校辅导员政策" 5. "高校土地置换政策" 6. "高校新一轮合并调整" 7. "高校人事制度改革" 8. 《民办教育促进法》/"民办高等教育政策" 9. "高校扩招政策" 10. "高等教育大众化政策"	1. 《中共中央国务院关于深化教育改革推进素质教育的决定》 2. 《教师法》 3. 《教育法》 4. 《教育督导条例》 5. "农村学校教育硕士师资培养计划" 6. "国家示范性高职院校建设计划"

	基础教育政策	高等教育政策	综合性教育政策
政策评估、调整	1."素质教育政策" 2."教育券政策" 3."阳光体育活动计划" 4."农村中小学现代远程教育工程" 5."三限政策" 6."校本课程开发政策" 7.《国务院关于基础教育改革与发展的决定》 8.《关于在农村普通初中试行"绿色证书"教育的指导意见》 9.系列"治理教育乱收费政策"	1."高等教育成本分担政策" 2."高等教育评估政策" 3."国家精品课程政策" 4."自学考试政策" 5."本科教学质量和教学改革工程" 6."高校学科带头人"／"教学带头人制度" 7."研究生教育创新计划" 8.《学位条例》 9.《职业教育法》 10.《高等教育法》	1.《中共中央国务院关于深化教育改革全面推进素质教育的决定》 2.《面向21世纪教育振兴行动计划》 3.《考试法》 4.《全国教育事业九五规划和2010年发展规划》 5.《公民道德建设实施纲要》
政策终结	1."学校转制政策" 2."一费制" 3."西部地区两基攻坚计划" 4."代课教师制度" 5."重点高中政策" 6."农村教育费附加征收政策"	1."院系调整"（1950s） 2."全国大学英语四、六级考试政策" 3."大学生校外禁租政策"	1.《国家教育事业发展"十一五"规划纲要》 2."现代远程教育政策"

　　为什么可以做这样的教育政策研究分类呢？我们来举几个例子加以说明。比如说，"义务教育绩效工资政策"是2009年国务院启动的一项新的教育政策，正在逐步试行。那么，对该政策制定的背景、过程、政策设计中的问题等进行研究比较合适；"高校自主招生政策"已逐步开放试行了一些年头，各重点高校也分别采取了一些做法。那么，对全国高校实行"高校自主招生政策"的执行状况做一番调研、取证、分析是一个比较好的切口。我们国家每年下发的"治理教育乱收费政策"数量之多、级别之高令人叹为观止，从中央到地方的制止教育乱收费政策的执行效力到底如何？这些政策到底起到了多大程度上的作用？这是值得做政策评估的。"公立学校转制政策"是发生在20世纪90年代中后期到21世纪初10年左右时间的一个颇具中国特色的教育政策现象。"公立学校转制"已遭封杀，被证明了是失败的政策，那么，从政策学的政策终结角度去反思回顾该政策，分析政策终结过程的来龙去脉应该是很有现实启发意义的研究。

第三节　教育政策过程的案例研究

公共政策研究涉及多个方面的内容，常见的有公共政策的理论研究、公共政策学科体系与方法研究、公共政策比较研究、公共政策过程研究等。就具体的教育领域的政策研究而言，所涉及的内容大体上也是这些方面。教育部门是一个涉及面广、牵涉问题多、社会影响大的公共部门。教育政策是公共政策的一个重要领域，也是教育研究中一个方兴未艾的新领域。教育政策同样涵盖了从宏观教育问题到微观教育问题的方方面面，如教育投资与办学政策、教育财政政策、教育公平政策、教师教育政策、素质教育政策等。本书关注的是我国教育政策的过程。

一　本土化公共政策过程研究的自省

实际上，我国公共政策学虽然起步较晚，但这方面的研究学者已明显感受到西方公共政策学的知识理论与中国的公共政策实践所存在的水土不服问题，他们俨然已在忧患中开始自觉自发寻找自己的出路。就公共政策过程方面的研究而言，一些可圈可点的代表性成果值得做些介绍，实际上也可视为切入本土化教育政策过程研究的一个重要视角。

（一）强烈的"中国国情"的情结取向

我国公共政策学科的新近发展以及政策学研究转向的一个重大背景因素，就是我国党和政府执政理念的转型升级。伴随我国依法行政、建设法治政府以及落实以人为本的执政理念的深入推进，党和政府公共政策行为出现了颇多新气象，最为典型的就是公共政策过程中坚决贯彻科学民主决策、全面推进政务公开、健全行政监督体系和问责制度等从理念到方式的重大变化。公共政策研究是时效性、问题性、实践性和发展性很强的社会科学研究，必须关注社会，紧跟时代，掌握各种资讯信号与舆情民意。当前，国内相关学者根据这一变化来开展政策研究，尤其是不少成果聚焦"中国特色"、"中国转型"等视域，是专注有自身国情特色政策现象的宏观研究。

李由的《中国转型期公共政策过程研究》① 一书，总体上是关于公共政策学的一般学科知识呈现，涉及政策问题、政策主体、政策决策、政策执行、政策实施等基本话题。应该说该著作还只是关于我国社会经济转型期的公共政策过程的一般性问题的初步探讨，许多重大问题未能深入、具体分析。有关"中国转型期"的特定意味没有充分体现，全文缺乏聚焦中国转型特点展开的意识。

魏淑艳的博士学位论文《中国公共政策转移研究》②，以政策过程中的"转移"这一各国政策实践中一个久已存在的现象为研究对象。著作首先阐述了政策转移的基本理论与政策转移的变量、结构、过程等基础性问题，进而重点描述了新中国成立初期和转型期中国公共政策转移的特点，在此基础上还论述了全球化时代中国公共政策转移的策略选择等问题。总体上讲，该著作就政策转移以及相关的政策扩散、政策移植等问题所进行的探索丰富了我国的政策过程研究。

谢炜的《中国公共政策执行中的利益关系研究》③ 重点探究了我国公共政策执行的基本理论与研究范式、政府间关系以及政策执行过程中的主体、对象、舆论传媒与利益优化等问题。谢金林的《公共政策的伦理基础》④ 也是从当前国情出发，针对性、时效性非常显著的公共政策学著作。作者指出，随着改革开放的深入，各种社会问题逐渐暴露出来，并有恶化的趋势，这就促使人们去反思与检讨公共政策的伦理问题。尤其是善政理念、科学发展观与和谐社会理念、民生建设以及党的执政能力建设等的不断高扬与实践转向，为公共政策伦理研究提供了新的契机。著作从人性范式、公共利益以及实现公共政策伦理基础的政策安排、制度保障等角度对此展开论述。

（二）本土化公共政策过程的学理性探索

公共政策过程具有阶段性的特点，可以切分为具体的环节；单个公共

① 李由：《中国转型期公共政策过程研究》，北京师范大学出版社 2008 年版。
② 魏淑艳：《中国公共政策转移研究》，东北师范大学出版社 2006 年版。
③ 谢炜：《中国公共政策执行中的利益关系研究》，学林出版社 2009 年版。
④ 谢金林：《公共政策的伦理基础》，湖南大学出版社 2008 年版。

政策过程又是"完整的独立体",可以对具体的政策过程进行有选择性的研究。因而,相关研究便可以有针对性地抓取具体政策环节,或选择具体政策案例,有选择、有侧重地展开。

吴元其等的《公共决策体制与政策分析》一书①首先分析了中国公共决策体制的特点、问题及其改革等问题,进而对我国政策制定、政策执行、政策评估与终结等政策过程进行了本土化的考察,还比较系统地分析了财政金融、科技、信息等部门政策的发展变化。该书的一大亮点就是本土语言鲜活,比较好地摆脱了西方政策科学概念体系的束缚。

金太军等的《公共政策执行梗阻与消解》②是研究"政策执行"环节的系统性著作。该书首先介绍了政策执行的基本特点和原则、影响因素,分阶段梳理了政策执行研究的中外情况。著作重点对政策执行的系统、执行的过程环节以及产生梗阻的主要环节与原因进行了翔实的解析,进而就如何改进政策执行提出了相应的建设性观点。刘雪明的《政策运行过程研究》③一书就政策制定、政策执行、政策评估、政策调整、政策终结等政策运行过程进行了探索和研究,特别值得强调的是,该书在行文和语言等方面比较好地考虑了自身国情的特色。再如,陈玲的博士学位论文《制度、精英与共识:中国集成电路产业政策过程研究》④也是用本土化概念研究"国产"公共政策的一个典型。

如何对我国教育政策过程进行研究?就教育政策过程研究的具体方法、技术路线的问题,不同的学者(学派)会持有不同的理解方式或表述方法。但是,它们在实质上其实是相通的。本书提出对教育政策过程进行研究的基本方法与技术线路。

二　教育政策过程的案例研究方法与思路

已有相关研究也在关注如何对教育政策过程进行研究的问题。鲍嵘的

①　吴元其、周业柱:《公共决策体制与政策分析》,国家行政学院出版社 2003 年版。

②　金太军等:《公共政策执行梗阻与消解》,广东人民出版社 2005 年版。

③　刘雪明:《政策运行过程研究》,江西人民出版社 2005 年版。

④　陈玲:《制度、精英与共识:中国集成电路产业政策过程研究》,博士学位论文,清华大学,2006 年。

一项研究提出中国高教政策研究的两种可能范式——高等教育政策"过程研究"范式与"知识考古学"范式，"过程研究"范式是指关注从政策议程设置、形成政策选择、做出政策决定、实施政策内容、评估和反馈政策效果到对政策做出修正的一系列政策循环周期。该范式立足于对政策的过程与循环作细致入微的分析。[1] 运用具体的方法对教育过程进行研究，孙绵涛的研究认为最为重要的是两点，一是资料的收集，二是资料的分析，收集资料要全面可靠，分析资料是一个逐步把资料提炼为与研究主旨有关的概念架构的过程，首先要选择有意义的资料，其次选择关键资料，最后将这些资料概念化、普适化。[2] 陈学飞教授及其团队所采用的话语体系与思维方式是"理论导向下的经验研究"，在概念上就很直观地呈现了教育政策过程研究的两大抓手：经验研究即实证获取资料；理论导向即政策过程分析的理论化过程。此外，还有理论与实践相结合研究范式的相关探索。

在前人方法探索的基础上，本书从案例研究的视角切入，提出"教育政策过程的案例研究"的概念架构与分析路径来探讨本土化教育政策过程研究的一般思路与具体研究途径。

（一）教育政策过程案例研究释义

所谓案例，从字面上理解就是"实例"、"个案"的意思，是对某个真实事件的特定情境的客观描述，它是"具体情境下发生的典型事件"。"具体情境"体现为案例发生的时间、地点、人物、起因和条件等背景信息，也即构成案例的要素；"典型事件"，指的是在具体情境下发生的具有代表性的、最能反映事物本质的有价值的实例。教育政策过程研究中的案例研究，指通过对教育政策案例过程的细节进行真实把握，对事件的前因后果进行细致梳理，用价值中立与客观描述的语言对政策过程进行事实再现和理论化的重述工作。如对《中共中央国务院关于深化教育改革推进素质教育的决定》这一政策过程开展研究，就需要深刻把握其

---

① 鲍嵘：《高教政策研究：两种可能的范式》，《清华大学教育研究》2009 年第 6 期。
② 参见孙绵涛等《教育政策论——具有中国特色社会主义教育政策研究》，华中师范大学出版社 2000 年版，第 8 页。

"具体情境"、"典型事件"，将政策出台、执行及评估等的前因后果、来龙去脉分析到位、描述清楚，要把为什么、谁主导、怎么样等关键问题有机串答好。

案例研究方法实际上不仅仅是案例法本身，它还串联了诸多常见的教育研究方法。如在政策案例研究中，首先要落实文献研究法，要对相关研究文献进行全面系统的检索，并需结合相应的文本分析法、词频统计法等方法；在实证调查方面，则融会应用了访谈、问卷、座谈等实证调查方法。

（二）教育政策过程案例研究的两种基本类型

事实上，有关案例研究的分类也是仁智互见。如罗伯特·殷在《案例研究：设计与方法》中提出三种案例：描述性案例、分析性案例与探究性案例，一些学者区分了教学性案例与研究性案例等。面对语义上就乏善可陈的案例研究分类，本书从适合中国政策过程研究的实际情况出发，拨冗去陈，以"描述性案例"和"分析性案例"两个概念层次对教育政策过程的案例研究加以分类概括。

描述性案例研究是指研究者将某一教育政策作为研究对象，主要通过访谈、问卷、实地观察等研究方法获取经验材料，深刻描述、深度再现该政策过程中的经验事实，重在把握政策议程设定、制定、执行、评估、变迁、终结等环节过程中的细节，注重对事件过程事实的陈述和描绘，力求对过程、结构和要素以及背景因素等进行清晰明了的描述。描述性案例的撰写要求做到资料收集全面可靠，信息要素完整，情节过程突出，结构清晰，逻辑性强。

为什么要强调对一个政策的过程做好描述性分析？事实上，一堆没有经过整理的资料，无论多么丰富、鲜活，充其量只是没有被开采的素材。描述性案例研究则是对庞杂资料进行梳理，对事实的来龙去脉进行还原。这就好比将散落一地的珠子按照某种固有的方式整齐有序地重新排列组合起来。从杂乱无章的原始资料数据，到一篇清晰了然的描述性案例，呈现在我们眼前的已是一个真实的事件（故事）。

然而，只对一个政策的过程进行描述是不够的，我们还需对描述性案例再做分析，也即对"故事"做出自己的解读，要对描述性案例进行一番理论化、学理化阐释。这就是本文所理解的分析性案例研究。分析性案例研究是在描述性案例研究基础上所做的深化研究，要对既有的案例从理论上进行研究，研究设计包括了关于研究对象的"理论"。研究者可选择组织学、领导学、政策学等学科理论知识或自主构建解释性的概念和理论框架来解释具体的教育政策过程。在进行案例研究设计时特别强调注意以下几个要素：研究的问题、理论假设、分析单位、联结数据与假设的逻辑以及解释研究结果的标准。分析性案例研究强调突出论证过程、分析框架、理论导向和结论产出；注重效度与信度的建构，在资料分析和证据分析时运用好检验效度和信度的各种策略。分析性案例研究要求理论视角切入准确，论证充分，逻辑性、学理性强，能代表一定的理论高度和学科意识。"理论对描述性案例研究也很重要。如果你要描述一个人、组织或一些案例研究的其他可能的对象，你的描述应从哪里开始，到哪里结束呢？描述应包括什么，应排除什么？用来回答这些问题的标准将构成你描述时所需要的'理论'。"[①] 值得一提的是，以北京大学陈学飞教授为首的研究团队近年来正致力于探索"理论导向下的教育政策经验研究"，形成了一种新的典范。如陈学飞用"理想导向型的政策制定模式"来分析"985 工程"、"211 工程"的政策过程；林小英提出"策略空间理论"来分析民办高等教育政策变迁；张国兵用"支持联盟理论"来分析中国高等教育重点建设政策；等等。

由此可见，描述性案例是基础，分析性案例是深化，只有在撰写出具有丰富细节和深度内容的高质量描述性案例的基础上，才能更好地进行有一定理论解释力和理论生长点的分析性案例研究。

三　教育政策过程案例研究的基本特点

教育政策案例不仅要如实记叙过程本身，还要记录事件过程中主体的行为、思想、情感等，反映过程中所遇到的问题、矛盾、困惑，以及由此

---

① 罗伯特·K. 殷：《案例研究方法的应用》，周海涛译，重庆大学出版社 2004 年版，第 32 页。

产生的想法、思路等。案例既应具有具体的情节、过程、真实感，又需具备高度归纳概括性，能从中窥探出教育政策过程的真谛，给人以启迪。什么样的案例才称得上是好的案例？以下分别就描述性案例和分析性案例两个层面来做些探讨。

（一）描述性案例研究的基本特点

1. 好的案例应首先力求真实、客观

所谓真实性与客观性，毫无疑问就是研究者首先要确保案例所描述的内容是真有其事，有的研究称为高度的"拟真性"，材料加工处理时要忠于事实本身，不能虚拟或杜撰事实。政策案例的客观性则强调作者在描述案例的过程中要尽可能做到价值无涉，只作客观描述，不加入任何作者偏好或感情色彩，不做主观评论，不发表有倾向性的意见。美国学者克里斯坦森说："案例就是一个执行官或其他管理人士曾面临的情景的一个部分的、历史的、临床的研究。"好的案例应该专注于对具体的研究对象进行真实的实证研究，从"解剖麻雀"中显露、展开事件的来龙去脉、前因后果及其中固有的机理。

2. 好的案例既要信息完整更要抓住重点

一个案例，必有其起因、条件，也有自始至终的过程演变，还有发展变化的各种因素和内在机理。案例撰写需要掌握完整、丰富的事实资料。我们在撰写的过程中会面对一大堆资料，有好的原材料，更要会善于加工。丰富并不是资料的烦琐冗长乃至堆积多余；完整并不是面面俱到、事无巨细，须在翔实的资料基础上进一步去粗取精、剥丝抽茧。要保证案例的完整性就需要掌握关键性的资料。"不论其多么复杂曲折，总有一两个关键环节，抓住这些关键环节，浓墨重抹，加以具体描述和详细分析，就为案例报告的成功奠定了基础，不仅会向人们展现出真实世界的生动场景，而且有助于探寻出其背后的约束条件和运行机制。"①

3. 好的案例就是一个动听的故事

一个个具体的教育政策过程，就好比一个个故事。很多故事，我们都

---

① 张曙光：《中国教育制度变迁的案例研究》（第二集），中国财政经济出版社 1999 年版，第 3 页。

知道它发生了，却未必知道它是怎样发生的和为什么会发生。教育政策过程研究很大程度上就是对故事进行还原。借用当今比较流行的教育叙事研究方法的说法，教育政策过程研究，就有点像是对教育政策故事进行叙事。如有研究认为："采用叙事学分析方法研究教育政策的理由是，这种方法是一种集语境语义分析于一体的文化解释方式，这种解释侧重于围绕主题将时间与相关的'题材'用'叙述'的方式联系在一起，来寻找'故事'发生的规律。"①

案例故事可长可短。一篇好的长篇小说和一篇好的短篇小说，本质上说，其价值应该是相通的。好的故事会制造出精美的悬念，将矛盾尤其是中心矛盾展示得淋漓尽致。任何读者置身故事的深刻矛盾中都会有所感、所想。一个好的案例同此情理，它能让读者真实感受到置于其中的矛盾和冲突事件。为了增强故事的可读性，借用一点文学描写或注重措辞考究也是可以的，而且还应注意结构安排等方面的技巧。

4. 好的案例是一个未知结构

一个好的描述性案例，其内容本身是开放的、可赋予意义阐发的。当读者尤其是研究者拿到一个好的案例时，他（她）可以从不同的立场、角度、思路、理论赋予案例自我的解析，进行研究性的探究。也就是说，好的案例不是封闭的而是开放式的，是一个暗藏矛盾与冲突线索的未结构化的故事，能给人留下多角度、多观点解释的可能。面对案例留下的未知结构，读者不但有话要说，而且是意犹未尽，似乎怎么说都会有道理，都能"自圆其说"，在一定意义上就是"横看成岭侧成峰"。因此，从这层意义上说，一个好的研究性案例，就是一个生动真实的故事加上精彩的理论评议。

（二）分析性案例研究的基本特点

1. 视角与观点的可选择性与相对性

如果说案例研究的描述性部分有追求客观真实、价值无涉的需要，那么在分析性的案例研究过程中其实并不是要去寻找绝对的、正确的或者说

---

① 李钢：《话语　文本：国家教育政策分析》，社会科学文献出版社 2009 年版，第 153 页。

最佳的答案。但在进行分析性的政策案例研究时，选择什么理论、视角、话语概念乃至论证逻辑却是有个人偏好的，换句话说，应该有不同的解释可能。不同的人在对案例进行分析性的研究时，会得到不同的结果，具有较强的随机性和相对性。诚如有分析者所指出的那样："对公共管理案例进行分析、比较时所运用的原理、规则、标准等因研究者本人的知识结构、智力水平以及社会价值观念的不同，而表现出很大的差异。不同的研究者从不同的角度去分析、评价同一个案例会得出不同的结论；不同的研究者从同一个角度去分析、评价同一个案例有时也会得出不同的答案"[①]。

2. 重在把握解释的深刻性与自洽性

我们可以用相关知识、理论来分析解读一个描述性的案例。若能够吻合，一方面证明了理论的适用性，另一方面也加深了对案例的理解。若不太能解释得通，这也为我们已有学科知识、理论的推陈出新提供了契机。因此，案例研究的分析性环节好比是要给案例故事打入一束照明之光，实际上是对描述性案例进行画龙点睛。作为读者，对分析性案例所说明的道理或展示出的观点，可以赞同，也可以反对，重要的是能够引发互动思考与探究兴趣。诚如有研究所认为的那样："在案例分析中，笔者往往是从某一个角度切入来进行分析，在分析中提出自己的一种观点，并对自己的观点进行论证。……笔者案例分析的观点未必完全正确，读者和学生也可以从其他的角度切入进行分析。"[②] 分析性案例尽管允许有多种解释的可能，但解释得好不好、到不到位，判断的基本标准还得看是否忠于事实，关键要看理论解释性逻辑是否切合事实本身的逻辑。

四　教育政策过程案例研究的方法与技术路线

（一）研究的基本方法

对研究方法的理解与选择需要一定的视角或维度。面面俱到、泛泛而谈研究方法无异于削弱、销蚀研究方法的特定功能与意义，分类标准不一样，社会科学的研究方法呈现方式也就自然不一样。根据研究的不同目

---

① 金太军：《公共管理案例分析》，华东师范大学出版社 2006 年版，第 2 页。
② 王骚、王达梅：《公共政策分析》，南开大学出版社 2005 年版，第 3 页。

的，社会科学研究通常被分为描述性研究（探索性研究）、解释性研究和预测性研究（规范性研究）。描述性研究就是对社会现象的状况、过程和特征进行客观的说明，现有研究假设地阐明我们所研究的对象是什么样的，即回答现实世界是什么的问题，主要采用的是归纳分析的逻辑。解释性研究，顾名思义，就是要对研究对象做出解释的一种研究方式，如果说描述性研究回答的是关于"是什么"的问题，那么解释性研究则是回答"为什么"的问题，即现实世界为什么会是这样的问题，它是对描述性研究的进一步深化。规范性研究通常也可理解为规范性研究，是带有前瞻性质的社会科学研究，它的主要目的是说明研究对象将来的状态，回答现实世界应当是什么的问题。从这三个层面观之，本著述的基本研究方法便是描述性与解释性，不做规范性研究。整个研究方法体系可理解为描述性研究基础上的解释性研究。

　　我们再从宏观一点的角度来理解社会科学研究方法。从研究的途径来看，大体上就是哲学思辨的方法和经验实证的方法两种，后者总体上又可分为定量的方法和定性的方法（或称质性研究方法）。有研究指出，"从研究过程看，一般来说，量的方法和质的方法二者是不可偏废的，而无论是量的研究还是质的研究，都离不开思辨。可见，如果要借助一般的研究方法对教育政策进行分析，以上三种方法都是不可忽视的"[1]。

　　本书是以事实证据为基础的（evidence-based）、与纯理论研究相对的经验研究（empirical study）。经验研究一般是与规范研究相对而言的，"经验研究则强调可观察到的事实根据和实证材料，更多依靠定量分析和归纳的方法，它所注重的是'实际是什么'（what is）的事实问题"[2]。要对我国教育政策制定过程进行深入的探究，其前提条件就是通过各种方法和途径把握教育政策过程的现实材料，通过经验研究的技术路线掌握大量的实证性资料。因此，文献法、调查法、访谈法、案例研究法无疑是开展本书的常规性方法，唯此才能对政策案例做出细节生动的观察、丰富细腻

---

　　① 孙绵涛等：《教育政策论——具有中国特色社会主义教育政策研究》，华中师范大学出版社 2000 年版，第 8 页。

　　② 胡伟：《政府过程》，浙江人民出版社 1998 年版，第 2 页。

的描述。

在对教育政策进行经验实证的基础上，本书还致力于学理性的解释性研究拓展，即要对教育政策过程做出相应的理性解读，以理论化的观点、视角或者分析框架等对教育政策过程的经验研究进行适度抽象，做出适切的价值判断分析。

（二）研究资料的获取

研究资料的获取大体上有两种途径：

其一，系统收集资料，掌握有效的二手资料。即对已有关于教育政策案例研究成果的收集、整理，包括：公开发表的研究论著、硕博学位论文、研究报告以及重要简报、会议纪要等；权威刊物上公开发表的学术论文中的相关资料；重要报纸、新闻杂志以及政府以及教育部门网站上的相关报道和评论。

其二，深入调查取证，进一步发掘、采集一手资料。根据案例研究的需要，研究者需要通过问卷调查、深度访谈、实地调查等形式开展较为深入的调研活动，收集案例政策写作过程中所需要的真实资料，让研究资料更为详细深入、丰富多面地再现。

无论采取什么方式获取资料，资料的可证实性都很重要。"确定某一事件是否发生并不容易，但如果你的研究显示，来自访谈、文件、档案的证据都指向相同的结论，那么你就可以自信地说，某一事件确实发生过。在处理案例研究的证据时，最好遵循三角形定律，你应该想方设法，使几个取自不同渠道的证据能证明同一问题。"①

（三）研究的步骤与框架

一般而言，案例研究方法的主要步骤包括：提出明确的研究问题；设计一个正式的研究方案；运用理论和以前的研究成果来提出正、反面假设；收集经验性信息来检验这些正、反面假设；汇编成数据库——能独立于任何陈述性报告、解释或结论——能经受第三检查；根据研究主题和设计进行定量或定性分析（或两种分析同时运用）。②

---

① 罗伯特·K. 殷：《案例研究方法的应用》，周海涛译，重庆大学出版社 2004 年版，第 90 页。
② 同上书，第 9 页。

本书追求框架的整体性与逻辑性，所研究的政策案例要能在某一理论的视角或分析维度上展示其深刻性。一项具体的政策案例应具有丰富性、代表性，能管中窥豹，体现某一类型案例的风貌，同时体现不同理论在不同政策过程中不同层面的解释力度。研究将考虑若干架构要素作为构建该项目体系的基本线索，总而言之，我们的努力目标和研究取向是以具体的案例为切入口，打开一个研究中国政策的窗口，形成一批具有问题意识、理论意识和学科意识，并且能解释与揭示有中国教育政策特色现象的经典性案例。这是我们一直期待与追求的研究新思路、新范式。

研究将按照政策的制定、执行、评估与变迁的政策分类方式，采用归纳与演绎相结合、思辨与实证并举的方式尽可能揭示每一环节中的政策过程特点，对每一个提炼出来的政策过程特点，将选用相应的有代表性的教育政策案例予以分析与解读，从而提高中国特色教育政策研究的说服力。

五 政策经验与理论导向的关系

（一）实证为基与理论固本

当前，我国教育政策方面的研究文献最多的就是从概念到概念、从理论到理论的思辨性分析，习惯于对以往概念的概括和总结，实质是研究方法上的一大缺陷。实践经验缺乏，特别是对来自教育政策实践者的观察和访谈以及对一手档案文献资料的收集不够。严强教授指出，"在中国这一幅员辽阔而又存在较大地区差别的国家中，公共政策学者们的研究最可靠的，也是最为切实易行的做法是从某个地区的某一项具体的公共政策研究开始，进行细致、认真的调查、描述、解释、说明"①。

经验材料从哪里来？大致有以下途径：实地调研，访谈政策制定者，对政策执行效果实地考察、问卷调查，对报告、会议纪要、通知、决定等政策进行文本分析。

理论固本，强调的是案例研究（分析性案例）要有理论意识，强调

① 魏姝：《政策中的制度逻辑——美国高等教育政策的制度基础》，南京大学出版社2007年版，总序第8页。

理论视角切入的准确性，基于理论的分析应做到论证充分，逻辑性、学理性强，要体现出一定的理论高度和学科意识。"案例研究首先是一种方法而不仅是数据的收集方式。"[①]

（二）理论的来源途径

"问渠那得清如许，为有源头活水来。"开展教育政策过程研究的理论从哪里来？大概有以下几种路径。

1. 先期理论的直接引入与借鉴

研究的理论来源最主要的一种方式是先期观点导入，将有关学科理论、学者观点作为解释当前教育政策过程的视角、基础。上文已分析了当前我国教育政策研究中的一种不良现象，即对西方政策理论的过度依赖，甚至是生搬硬套西方的概念，不加创新、改进而直接移植，"新瓶装老酒"事小，但不中不西、不土不洋的问题直接削弱政策研究的科学性与实效性。

2. 自主创新，提出自己的理论假说

从实际出发，在归纳、体悟与抽象的基础上提出本土观点，这是当前教育政策研究需要大力弘扬的一个重要思路。"在案例研究当中，提出理论假说并加以检验，既是把实例一般化的基础和前提，也是在理论上开拓创新的主要途径。"[②] 中国特色教育政策过程研究的一个重要发展方向就是在借鉴和移植西方政策研究的理论基础上，转向注重建立自己的"扎根理论"，大力倡导发展本土化的教育政策研究的概念与话语体系，注重研究的理论化抽象工作，开创教育政策案例研究的若干典范。

3. 在前人理论基础上进行演化转换

演化转换大致上处于先期理论移用与本土化理论自主创新二者之间。演化转换的理论来源方式是在他人观点、学说的基础上，再做一番改进，提出相对变通的理论、观点。我们的一些研究成果开始自觉地从实际出

---

① 　罗伯特·K. 殷：《案例研究：设计与方法》，周海涛译，重庆大学出版社 2004 年版，第 13 页。

② 　张曙光：《中国教育制度变迁的案例研究》（第二集），中国财政经济出版社 1999 年版，第 7 页。

发，灵活转换、变通使用来自西方公共政策学、经济学等学科领域的理论、概念。

（三）理论的呈现方式

1. 开门见山，先行引领

开门见山，先发制人，即理论观点先于问题论证呈现。这是我们在一些著述研究中最常见的一种现象。如打开一本著作的书目，前一部分大多是关于古今中外各种理论基础等问题的交代论述；后一部分则以具体的政策过程展开论述。一般而言，过于强调理论导向和理论的"前摄效应"，容易产生"先有理论后有经验研究"之嫌。

2. 融合推进，交替呈现

融合、交替式推进，是指理论呈现与教育政策经验过程的论述是融合并进式地推进的，整个经验论述过程中会反复出现所依靠的理论，强化理论观点对研究观点的解释和指导。

3. 自然嵌入，水到渠成

所谓自然嵌入，水到渠成，是指基于政策过程论述的理论是"自发"切入的，这与第一种方式正好相反，教育政策过程研究所需要的理论"养分"是最后登场的。它强调在论证的基础上，理论倾向于自发浮出水面，水到渠成进入研究者对经验过程的陈述，从而使理论与政策经验过程更为吻合。

第二章　本土化教育政策过程研究现状评述

第一节　国内教育政策的基础性研究概况

　　国内近年来的教育政策研究成果，在基本理论及学科建构方面做了很多基础性的积极探索，也在具体的政策分析方面涌现了一大批具有本土化特点的成果。鉴于学者对"政策科学"、"政策研究"、"政策分析"等概念的界定和解释的不确定性，我们大致从教育政策理论研究和具体教育政策研究两个粗线条维度来加以分类综述。前者侧重于对教育政策学科性、基础理论性问题的研究；后者侧重于对具体的教育政策的研究，多半是对政策进行分析、评议。

一　教育政策的学科理论性研究

　　从基础性成果来看，以袁振国、孙棉涛、刘复兴等为代表的专家学者在我国教育政策研究的学科知识基础构建以及开辟本土化教育政策研究方面具有奠基之功。他们的政策研究，主要致力于建立具有自身特色的教育政策学的学科理论体系。

　　袁振国教授主编的《教育政策学》[1]，全面系统地介绍了教育政策学

---

[1]　袁振国：《教育政策学》，江苏教育出版社 2001 年版。

的内容，论述了教育政策的学科性质、影响教育政策制定的主要因素、教育政策的能力限度、教育政策制定的模式、教育政策执行、教育政策评价等方面的内容，并辅以教育政策研究的案例。孙绵涛的《教育政策学》①侧重教育政策的理论及现实教育政策状况的研究。该书以教育政策现象及其规律为研究对象，论述了教育政策学的基本理论，运用历史和比较的方法介绍了中外教育政策的一些基本情况，同时采取理论研究的方法，用政策科学的基本概念、理论来分析教育政策。该书还对教育体制政策、教育投资政策等政策的内容进行了应用研究性质的政策分析。此外，孙绵涛等的《教育政策分析——理论与实务》是将"教育政策分析"作为一门规范化、专业化的学问来看待，从基础理论、基本概念方面做了探讨；同时，辅以若干案例实务，对教育政策的内容分析、过程分析、环境分析、价值分析等做了具体说明。值得一提的是，袁振国教授自20世纪90年代中期开始，重点转向教育政策研究领域，取得了一批重要的基础性研究成果，并在教育政策学科建设与人才培养方面收效很大。华东师范大学的研究队伍在教育政策研究领域积淀了丰富的经验并不断向纵深方向发展。如《素质教育政策支持系统研究》《中国素质教育政策研究》《国外素质教育政策研究》《中国基础教育政策制定与决策的改革研究》等。

刘复兴的《教育政策的价值分析》②运用跨学科的理论和方法，系统地梳理了教育政策的价值系统，并探索了教育政策价值分析的方法。该专著对教育政策的价值特征以及教育政策价值分析的含义、地位和研究方法等问题进行了翔实的分析，初步建立了一个教育政策价值分析的理论平台。此外，该专著还结合具体的案例分析来研究教育政策过程中的典型的价值问题。应该说，其研究问题、内容和方法在教育政策研究领域都具有创新和前沿性质，是我国教育政策理论研究领域的一个新发展。祁型雨的《超越利益之争——教育政策的价值研究》③同样是教育政策价值研究的基础性成果，该著作以教育政策价值的三个基本范畴，即主体需要、客体

① 孙绵涛：《教育政策学》，武汉工业大学出版社1997年版。
② 刘复兴：《教育政策的价值分析》，教育科学出版社2003年版。
③ 祁型雨：《超越利益之争——教育政策的价值研究》，高等教育出版社2003年版。

属性和实践活动为基础来构建研究框架，对教育政策的主客体属性、教育政策的实践及其价值实现、教育政策的价值历史与创新等方面内容展开了分析。这两本有关教育政策价值研究的著述角度和侧重点不一样，在一定程度上相得益彰。刘欣的博士学位论文专著《基础教育政策与公平问题研究》[①] 是从教育公平的视角来深入分析基础教育政策，阐述二者的关系，分析和揭示了影响和制约教育公平的政策性因素，提出并初步建立了我国基础教育政策的公平机制。

就教育政策的基础性研究成果，我们以论著为例，大致表现在以下几个方面。

其一，从学科性基础体系来研究教育政策、《教育政策学》（江苏教育出版社 2000 年版），张乐天的《教育政策法规的理论与实践》，黄尧的《中国教育宏观政策研究》（高等教育出版社 2002 年版），等等。

其二，从其他学科的角度来拓展教育政策研究，如曾满超的《教育政策的经济分析》（人民教育出版社 2000 年版），金安平主编的《权利与权力：教育公共政策的政治学研究》（中国文联出版社 2007 年版），曾荣光的《香港教育政策分析：社会学的视域》（三联书店香港有限公司 1998 年版）。

其三，从政策研究的某一个角度，如政策价值与利益取向来研究教育政策。以从教育公平或教育均衡发展视角来研究教育政策的成果为例，有孙霄兵、孟庆瑜编著的《教育的公正与利益：中外教育经济政策研究》（华东师范大学出版社 2005 年版），朱家存的《教育均衡发展政策研究》（中国社会科学出版社 2003 年版），刘欣的《基础教育政策与公平问题研究》（华中师范大学出版社 2008 年版）。

其四，从政策研究的前瞻性视角来研究教育政策，有祁型雨的《利益表达与整合：教育政策的决策模式研究》（人民出版社 2006 年版），袁振国等的《发展我国教育产业政策研究》（华东师范大学出版社 2002 年版），袁振国的《论中国教育政策的转变》（广东教育出版社 2000 年版），

---

① 刘欣：《基础教育政策与公平问题研究》，华中师范大学出版社 2008 年版。

转型期中国重大教育政策案例研究课题组的《缩小差距：中国教育政策的重大命题》（人民教育出版社 2005 年版），等等。

其五，从国际与比较的视角来研究教育政策，有由经济合作与发展组织编写的《教育政策分析译丛》（教育科学出版社出版）等系列教育政策研究译介成果，祝怀新编著的《封闭与开放：教师教育政策研究》（浙江大学出版社 2007 年版），范文曜、闫国华主编的《高等教育发展的财政政策：OECD 与中国》（教育科学出版社 2005 年版），单中惠主编的《外国素质教育政策研究》（山东教育出版社 2004 年版），张力的《教育政策的信息基础：中国、新加坡、美国教育指标系统分析》（高等教育出版社 2004 年版）。

从列举的有关教育政策的代表性研究成果来看，我国教育政策的理论性研究成果开始在古今中外以及不同主题、不同专题领域开展广泛而深入的研究。既有对教育政策本身的"元认识"，如有关教育政策的价值分析，又有从不同角度来审视教育政策的，如有关教育政策的公平问题研究；既有对国内教育政策的理论研究，也有关注国外教育政策的理论性研究。

二　具体教育政策的综合性研究

围绕具体教育政策选题展开的研究是一个主要的类型。如邵金荣的《中国民办教育立法研究》（人民教育出版社 2001 年版），徐小洲编著的《自主与制约：高校自主办学政策研究》（浙江大学出版社 2007 年版），魏宏聚的《偏失与匡正：义务教育经费投入政策失真现象研究》（中国社会科学出版社 2008 年版），金一鸣编著的《中国素质教育政策研究》（山东教育出版社 2004 年版），袁振国、周彬的《中国民办教育政策分析》（中国社会科学出版社 2003 年版），滕星、王铁志主编的《民族教育理论与政策研究》（民族出版社 2009 年版），吴雪萍编著的《基础与应用：高等职业教育政策研究》（浙江教育出版社 2007 年版）等著作类成果，在标题上已经醒目地标示了研究的具体政策对象。这类研究的特点是，以具体的教育政策为研究对象，既有宏观的也有微观的，既有理论的也有实践的，从多个角度、多个方面去解读、论证教育政策，并探讨相关的对策建议等问题。它们不同于本文从众多文献中析出的教育政策过程研究类型，是因为政策过程并不构成其研究的关注点，或者主要不是以政策过程为研究对象。以下，我们试简要分析几例。

陈秋苹的《成长的烦恼——中国民办教育政策评说》①，是以具体的教育政策——民办教育政策为研究对象，研究内容涉及《民办教育促进法》等基本价值观、教育法的结构和原则、教育产品的属性和提供、民办教育的制度建设与道德建设、民办教育的决策分析等方面的内容，可见，该著作基本还是一个问题研究，以民办教育办学及相关教育政策现实问题为研究对象，而具体的民办教育政策过程并不是作者的关注点。

李军的博士学位论文《我国义务教育阶段就近入学政策分析》②，分析了国内外就近入学政策的实施状况、我国就近入学政策的思想渊源以及新中国成立以后就近入学政策的基本发展轨迹。研究还对上海、山东、江苏、浙江、河南、重庆等地的家长和校长进行了问卷调查。在这些经验感知和实证调查的基础上，作者进而对就近入学政策自身的缺陷、资源配置的不公和社会环境的影响等问题进行了分析，提出了一些思考和建议。

李海生的博士学位论文《教育券政策分析》③ 是一项对中西方教育券进行综合性考察的研究。论文分析了教育券政策的理论基础和现实动因，就美国、智利等国教育券政策的发展以及中国的教育券政策模式进行了概述。由此出发，作者进而对教育券与教育公平、教育效率、教育绩效等问题进行了探讨。显而易见，该研究是一个围绕教育券所展开的问题性研究，牵涉的方面多，内容比较庞杂。

陈学军的硕士学位论文《有意行动的意外后果：我国公办中小学转制改革的政策分析》④ 对我国自 20 世纪 90 年代初开始的公办中小学转制改革的意图、社会力量办学处境及原因、理解转制学校改革后果的思路等问题进行颇为独特的解析。难能可贵的是，作者还尝试进行了理论批评与

---

① 陈秋苹：《成长的烦恼——中国民办教育政策评说》，南京大学出版社 2007 年版。
② 李军：《我国义务教育阶段就近入学政策分析》，博士学位论文，华东师范大学，2007 年。
③ 李海生：《教育券政策分析》，博士学位论文，华东师范大学，2007 年。
④ 陈学军：《有意行动的意外后果：我国公办中小学转制改革的政策分析》，硕士学位论文，东北师范大学，2005 年。

建构，在理论思考比较基础上建立有关"政策以外后果"的中层理论，以图为人们发现和认识"政策以外后果"提供和补充新的认识框架。

周佳的《教育政策执行研究——以进城就业农民工子女义务教育政策执行为例》①从"一项补偿性教育政策的诞生"开始，描述了农民工子女义务教育状况，介绍了户籍制度从产生、松动到改革的过程。着重分析了《流动儿童少年就学暂行办法》与《意见》中对有关问题的不同提法，分析了中央政府解决农民工子女义务教育问题的政策走向。在确认"理想化的政策、执行机构、目标群体、环境因素四者，是政策执行过程中所涉及的重要因素"的基础上，进一步强调了政策执行评价对政策有效执行的影响。通过对上海、哈尔滨、北京三地贯彻《意见》情况的分析，发现流入地政府是在比较积极地行使着调解性自由裁量权，观念上的约束已经不是关键性的制约因素。在上述分析的基础上，作者进而提出了一些自己的看法，如"两为主"政策目标偏高、政策执行必须走渐进的路线以及如何防范实质性制度缺失等问题。

吴遵民主编的《基础教育决策论——中国基础教育政策制定与决策机制的改革研究》②以基础教育政策为对象，对教育政策制定与决策机制进行理论研究，阐述了基础政策与决策的理论模型、价值定位、行政基础、历史变迁、问题与挑战等问题。应该说，就政策制定过程的具体决策环节来看，该研究比较系统、深刻。

魏姝的《政策中的制度逻辑——美国高等教育政策的制度基础》③，是一本政策研究学理性强、逻辑性强的专著。著作从制度这一视角切入复杂的政策过程，探明制度与公共政策的关系，以美国的高等教育绩效政策和入学政策为个案，运用历史制度学派的方法，透视制度在形成政策差异和政策变化中的影响，寻求制度在由多变量组成的政策过程的逻辑图谱中的恰当

---

①　周佳：《教育政策执行研究——以进城就业农民工子女义务教育政策执行为例》，教育科学出版社 2007 年版。

②　吴遵民：《基础教育决策论——中国基础教育政策制定与决策机制的改革研究》，华东师范大学出版社 2006 年版。

③　魏姝：《政策中的制度逻辑——美国高等教育政策的制度基础》，南京大学出版社 2007 年版。

位置，从而为从制度角度探求改善公共政策之道提供了一个起点。

这类研究的一个特点是牵涉的问题很多，往往对政策的背景环境、理论基础、现状情况、各种问题、国际比较、策略建议等都有所涉及，所以本书可以理解为针对政策的综合性研究。

胡春梅的《教育政策执行过程研究———一种运行机制分析视角》① 强调教育政策执行是一项重要的教育实践环节，大至国家方针政策，小至学校课程教材，无不与教育政策执行息息相关。该著作从教育学、政策学、行政学等多学科视角，对教育政策的执行过程与案例展开研究。以教育部于 2001 年印发的《基础教育课程改革纲要（试行）》等有关新课程改革政策在×省的执行过程为案例，对国家教育政策的地方执行过程进行了深入而具体的分析和探讨。

第二节　教育政策过程研究的基本类型

本文所指的教育政策过程研究，主要是从政策学有关政策过程的概念体系推演而来。有关政策过程的理论与实践是政策学科的一个重要内容。当然，本书与国内一些教育政策研究者的相关理解与探索也有类似之处。如袁振国教授所概括的政策科学研究两大类型之一的“政策的研究”（studies of policy）———对政策过程的研究，即对一项政策是怎样制定出来的研究，从研究的方法说，称为政策的描述性研究；然而，与之不同的是，本书并不“侧重于理论的探讨”。②

实际上，基础理论性的研究与具体的政策研究往往又不是截然分开的。如袁振国教授的《教育政策学》就有案例实证分析的内容，吴遵民主编的《基础教育决策论———中国基础教育政策制定与决策机制的改革研究》也有一部分关于具体教育政策实践的内容。作为实证部分，重点

---

① 胡春梅：《教育政策执行过程研究———一种运行机制分析视角》，辽宁师范大学出版社 2008 年版，第 6 页。

② 袁振国：《教育政策评论》，教育科学出版社 2000 年版，前言第 3 页。

介绍了我国素质教育政策的实施背景与过程、安徽省基础教育政策的制定过程与决策机制、上海市某区基础教育政策的制定过程与决策机制等。应该说，这部分内容是回到具体的政策本身进行研究的，总体上也是为前一部分有关政策制定与决策机制的理论分析服务的。

就具体的教育政策的实践研究而言，以论文（包括博士、硕士论文）的研究文献居多。而且，往往是一旦有某一新的政策出现，就会涌现大量的相关文章从不同的角度和层面去进行思考。如，近年来，围绕高校扩招政策、大学生就业政策、重点大学建设政策、素质教育政策、择校政策、免费师范生教育政策、两免一补政策、免费义务教育政策等形成了一大批文章，以政策分析、理论思辨居多。以 2007 年教育部正式出台的部属师范大学率先实行的"师范生免费教育政策"为例，仅《中国期刊全文数据库》（截至 2009 年 11 月）能检索到的文章就有 200 多篇。

当然，本书重在关注教育政策的过程研究，因此，对形形色色的涉及教育政策的研究成果不做细致的文献梳理，接下来需要对针对具体教育实践研究的成果再做筛选、萃取，以是否是关于"教育政策过程"的研究为维度，对这方面的研究成果再做文献综述。本书认为，国内新近教育政策过程研究成果大致可从以下五个方面来提炼分析。

一　理论导向的教育政策经验研究范式

"理论导向的教育政策经验研究"是以北京大学陈学飞教授为首的研究团队在多年研究实践中所形成的一支话语体系，正致力于形成一种新的范式，相关研究成果累积丰富。何谓理论导向的教育政策经验研究？他们对此予以了自主定义："是指基于对实然的教育政策现象的经验认知，运用相关理论或提炼本土概念和分析框架对现象加以解析，从而在发展政策理论的过程中揭示教育政策现象的真相、性质和规律。"[①]

这一教育政策研究的基本思路是，首先强调对具体的教育政策过程的经验研究，如对某一教育政策的制定过程或者整个政策的变迁过程进行细

---

① 陈学飞、茶世俊：《理论导向的教育政策经验研究探析》，《北京大学教育评论》2007 年第 10 期。

致深入的过程描述，力求客观、真实地展示教育政策过程中的真实故事。因此，他们首先强调实证获取一手资料，需要通过对关键的政策相关者进行访谈、问卷以及对重要的文献资料（甚至是一些还未能公开的内部资料）进行攫取、分析来架构一个真实的政策过程案例。其次，强调理论导向，在政策过程经验研究的基础上，需要对"故事"进一步进行剖析、解读，对它赋予概念化、抽象化的学理阐述。这个时候，就需要选择一种作者认为"靠谱"的理论观点对该教育政策过程何以发生、如何发生等问题进行诠释。"理论"未必是名家名派或严格确信的是的学说，实际是"理论化一点"的观点，比方说是自己提出的一套概念体系或者只是一个视角而已。因为一个好的教育政策过程案例理论上讲应是一个开放的、未被结构化的"故事"，故"理论导向"是有多种可能的，换言之，不同的读者对呈现在眼前的故事可以有自己的理解权。而理论注解是否妥当、有力，就要看论证是否忠于真实的政策故事过程本身了，通俗点就是更"自圆其说"一点。换言之，"提出一个恰当的真实而又易于处理的理论假说，就抓住了案例故事的灵魂"①。

当然，理论导向与经验研究在脑海里孰轻孰重、孰先孰后，不同的研究者会有自己的偏好，也不排除研究者甚至先提出一个强大的前摄性政策解释理论或者架构一个严格的分析框架，再去寻找资料、展开经验研究的可能，当然，能够先有明确的理论导向，也说明研究者对该教育政策过程有过系统的观察与思考。这支团队在高等教育政策研究方面取得了一批令人称道的成果，我们不妨试分析数例。

陈学飞教授的《理想导向型的政策制定——"985 工程"政策过程分析》一文②，首先以翔实的事实材料鲜明地勾画出了"985 工程"政策的形成过程和宏观背景，其次以清晰的脉络梳理了"985 工程"从一期工程到二期工程的政策延续发展过程。面对这么一个完整、鲜活的政策（制

---

① 张曙光：《中国教育制度变迁的案例研究》（第二集），中国财政经济出版社 1999 年版，第 3 页。
② 陈学飞：《理想导向型的政策制定——"985 工程"政策过程分析》，《北京大学教育评论》2006 年第 1 期。

定）过程，作者看到了"985 工程"制定过程中的"理想导向型政策目标"驱动的特点，即往往长远而宏大，能够起到宣传引导、鼓舞人心、推动社会前进的作用。也正是这种理想导向，带来了政策目标较为模糊、实现政策目标的代价尚难以计算、高校自身改革预期成效不确定以及政府支持期限的不确定等问题，因而在执行中常常也会产生意想不到的问题。全文洋洋洒洒万余字，政策经验过程"摆事实、讲道理"，理论化的观点视角一以贯之，论证有理有据。该文可称得上是对教育政策进行"理论导向下的经验研究"的习作范文。

濮岚澜、陈学飞的《话语运动与议题建构：国家助学贷款政策的议程设置分析》一文[1]首先对 1999—2002 年由中共中央、全国人大、国务院、中央教育行政部门发布的主要高教法规政策性文件以及《人民日报》报道的频次情况进行了整理分析。作者在此基础上运用"话语运动"的概念体系对国家助学贷款政策的议程设置进行内容和语义框架的分析，认为国家助学贷款政策议题的建构过程与其说是完全由一方有意策划的结果，还不如说是政策行动者话语互动网络的产物，但在这一互动过程中，并不是所有的行动者均具有同等的影响力，仍然存在更具主导性的行动者，而且在不同时期会有不同的行动者以多种方式参与进来。

张国兵的博士学位论文《中国高等教育重点建设政策过程研究——支持联盟理论的视角》[2] 以我国"高等教育重点建设政策"为研究对象，通过翔实的政策过程扫描，发现了我国高等教育重点建设政策自 20 世纪 80 年代中期以来的 20 年中不断强化，重点建设项目呈浪潮式发展的特点，即新的重点建设项目相继出现并互相叠加，新项目比之前的项目的投资力度更大，单个重点建设项目中的受益者有不断扩大趋势等。在经验研究以及初步"有趣现象"发现的基础上，作者进而做理论导向的分析。在作者看来，拥有大致相同政策理念的政治精英和学术精英组成了重点建

---

① 濮岚澜、陈学飞：《话语运动与议题建构：国家助学贷款政策的议程设置分析》，《高等教育研究》2004 年第 2 期。

② 张国兵：《中国高等教育重点建设政策过程研究——支持联盟理论的视角》，博士学位论文，北京大学，2006 年。

设政策的支持联盟，这个支持联盟为重点建设政策提供论证性的政策理念，在重点建设政策项目中分享利益，并成为政策子系统的主导联盟，构成重点建设的现实推动力。应该说，作者对有中国特色的重点建设政策和有中国特色的支持联盟做了很好的论述，将二者的"有机联系"做了比较完美的论证、"缝合"。

表 2-1　　"理论导向下的经验研究"范式下的代表成果举例

(仅以硕士/博士论文为例)

论文题目	作者	政策经验	采取的"理论"	硕士/博士	时间/年
民办高等教育政策变迁中的策略空间	林小英	20多年来的民办高等政策	策略空间及相关的自由裁量权等概念体系	博士	2004
中国高等教育重点建设政策过程研究——支持联盟理论的视角	张国兵	高等教育重点建设政策	支持者联盟	博士	2006
中国研究生教育制度渐进变迁研究（1978—2003）	茶世俊	研究生教育政策	"公地困境—理性决策者"分析框架	博士	2006
《中华人民共和国民办教育促进法》制定过程研究	程化琴	民办教育促进法	结构性制约因素、政策情境（新制度主义）	博士	2006
"禁阻令"政策过程分析	耿迅	《关于切实加强高校学生住宿管理的通知》	金登的三源流模型	硕士	2006
中国教育政策的议程设置过程研究——一个信息互动网络的视角	濮岚澜	多政策案例	信息互动网络的视角	博士	2004
高校对口支援政策执行者的"利他主义行为"分析	张欢	高校对口支援政策执行环节	制度化的利他主义	硕士	2008
认知推动的政策变迁——高校现代远程教育试点政策分析	郭文革	高校现代远程教育试点政策	认知推动政策变迁的分析视角	博士	2008
中国研究生教育政策评估研究中的利益相关者分析	李莹	研究生教育政策评估环节	利益相关者的分析框架	博士	2007
国家学科基地政策扩散研究	包海琴	国家学科基地政策	"制度约束—合法性机制—政策趋同"框架	博士	2006
规范与变通——国家独立学院的政策执行	陈汉聪	独立学院政策	"规范与变通"的解释性概念	博士	2009

从表 2 - 1 列举的案例简要分析中不难看出"理论导向下的经验研究"所透露出的一些自身特色。从政策的周期过程来看,该系列成果所涉及的教育政策过程包括议程设置、政策制定与变迁、政策执行、政策评估以及政策终结(失败)等主要环节。随着该研究范式的不断深入推进,该范式在扎根本土的经验研究方面愈益表现出自己在研究方法、资料获取等方面的技术路线;在理论导向的突破方面,由采用经典的西方政策制定、政策执行等政策过程的理论,逐步发展到本土化概念体系的自主开发或当今政策研究前沿知识理论的自觉应用。

二 运用某种理论对教育政策的解释性研究

有这样的一些研究成果,它们以具体的教育政策为对象,以某一种政策理论或相关理论为视角来就该政策进行解读。这类文献的一个基本特点是政策对象与理论工具阐释具体,会涉及对政策过程的适当介绍,但并未做明显的政策过程描述,因此,这类研究与"理论导向下的经验研究"范式的显著不同之处在于它是纯解释性的多一点,而实证的内容太少。这样的一种类型的政策过程研究,类似于有学者提出的政策分析方法中的"线性模式"(linear model),即"按一定的理论基础进行有关政策的应用性分析和研究"[1]。

实际上,以西方公共政策过程理论或其他相关理论来理解某一教育政策现象已成为研究的一种时尚。越来越多的教育政策研究文献跳出了教育学框架,从公共政策学等学科领域中去寻找理论或解释工具。如:张烨的《重读五十年代的院系调整——基于教育政策借鉴理论的视角》[2],从大卫·菲利普斯的政策借鉴理论的基本模型视角,重新审视了中国 20 世纪 50 年代的院系调整,对 20 世纪 50 年代具有典型借鉴特征的"院系调整政策"案例从跨国吸引、决策、实施以及内化/本土化四个过

---

[1] 特罗:《政策分析与教育》,谢维和、王薇编译,《比较教育研究》2000 年第 6 期。
[2] 张烨:《重读五十年代的院系调整——基于教育政策借鉴理论的视角》,《华东师范大学学报》2007 年第 1 期。

程进行了详尽的分析；许纪霖的《北大改革与商议性民主》① 一文从"商议性民主"的理论化概念视角对 2003 年北京大学教师聘任制改革这一个案进行了解读，有理有据地剖析了北大的这次"虽然目标未必民主，但方式上却具有商议性民主的某些基本特征"的政策改革过程，作者进而认为，北大改革的讨论，为商议性民主在中国的展开，提供了一个比较好的典范。俞健的《"就近入学"政策评估——弗兰克·费希尔公共政策评估方法的运用》② 一文是运用费希尔的公共政策评估方法对"就近入学"政策进行了一番评估，主要是围绕费希尔方法论框架之下的四种讨论形态，即项目验证、情景确认、社会论证和社会选择，对我国的"就近入学"政策进行评议。这类的文章还有很多，而且作为一种相对新颖的研究成果还在比较多地出现。

我们不难看出，上述文章在行文构思上的共性特点。这种运用一个中、微观的理论（甚至是一个概念、视角等）对某一教育政策进行解读式分析的文章读起来比较生动有趣，不少解释充分、有理有据的文章不失为一个好的研究，甚至在认识突破上不乏理论价值。再以颇为流行的"支持联盟框架"（The Advocacy Coalition Framework）理论为例，国内学者发表的论文研究有张文静的《美国肯定性行动的政策变迁——基于支持联盟框架的分析》（《清华大学教育研究》2009 年第 5 期）、吴越的《日本国立大学法人化的政策变迁研究——基于支持联盟框架的分析》（《复旦教育论坛》2009 年第 4 期）以及刘芳的《高等教育政策的创新过程：支持联盟框架的透视》（《高校教育管理》2007 年第 3 期）等。诚如鲍嵘教授所解释："近些年，政策过程研究中的'支持联盟框架'因为结构较为稳定、术语清晰，加上有意推广与验证，在许多国家和多个政策领域得到运用和修正。"③

---

① 许纪霖：《北大改革与商议性民主》，《学海》2005 年第 5 期。
② 俞健：《"就近入学"政策评估——弗兰克·费希尔公共政策评估方法的运用》，《教育科学研究》2006 年第 11 期。
③ 鲍嵘：《高教政策研究：两种可能的范式》，《清华大学教育研究》2009 年第 6 期。

三 教育政策的文本与话语分析路径

话语分析方法及相关的语言计量、词频统计等实证方法开始在我国教育研究中显现。李钢的《话语 文本：国家教育政策分析》是我国新近教育政策研究中运用文本分析法的典型代表成果。该著作由"理论知识构成"与"文本实验分析"两大部分组成。在文本实验分析部分，作者以《中国教育部政报》、全国教育工作会议叙事、群众来信以及政协提案为例，将话语作为教育政策分析的基本信息单位，选取大量有关教育政策的文本作为分析研究的对象，应用信息科学的若干原理结合社会语言学、传播学和文献计量等多学科的分析研究方法，专案对中国国家教育政策的话语传播特征、教育政策变化过程中的内在机制，以及与国家教育政策制定有关联的社会公众对于教育政策的话语特征进行了实证分析。①

涂端午的博士学位论文《价值的权威控制及其演变——1978—1998年中国高等教育政策文本分析》（2008）是对政策文本进行实证分析的又一个典型。该研究以 1978—1998 年的 533 个法规政策文本及 7473 条法规条款为研究的文本对象，通过建立文本话语分析框架和"解码"操作方法，再根据价值和控制两个维度及 14 个测量指标，对这些条款进行逐一编码和系统分析，这是一个细致的政策实证过程。在文本实证研究过程中，作者"捕捉"到了"政策文本数量增长背后所隐含的高等教育政策过程中的规律性现象和特点"等重要信息。作者从政策过程理论的角度尝试构建政策生产的理论分析框架，从一个新的角度观察和阐释了 20 年来我国高等教育政策的发展过程，在增进对我国高等教育政策现象的理解的同时，也为改善高等教育政策过程提供了有益的启示。

鲍嵘的《翻译与政治：20 世纪 50 年代中国大学改革的话语》② 也具这类研究的特点。除了像李钢、涂端午等强调明确的话语分析方法外，还有一些论文是针对政策文本的"解读式"分析，可将其归入这一类型中。

---

① 李钢：《话语 文本：国家教育政策分析》，社会科学文献出版社 2009 年版，第 1 页。
② 鲍嵘：《翻译与政治：20 世纪 50 年代中国大学改革的话语》，《雅典学园网》，http：//www. yadian. cc/paper/13026/，2007 – 07 – 27。

周彬的《〈面向 21 世纪教育振兴行动计划〉的政策分析》(《中国教育政策评论》2000 年) 一文,具体分析了《面向 21 世纪教育振兴行动计划》的政策目标、"六大工程" 具体措施以及与《中国教育改革和发展纲要》的关系等几方面的内容。

综观国内学者对教育政策过程所进行的话语文本分析方法,我们可以发现,这种综合应用了编码统计分析、叙事学分析、主题分类、词频统计等文本实证的政策研究成果,能够清晰地把握政策过程的一般特点,对有中国特色的教育政策的话语特征以及政策的生产、发展、传播等过程进行深度扫描,并在此基础上进一步做出理论化的抽象,赋予相应的合理解释,给我们提供了不少启示与深入思维的可能。

四 教育政策过程的案例研究

有一类以直接关注教育政策过程的案例性论文新近比较多地出现在期刊杂志上,我们把这类研究统称为 "教育政策过程的案例研究"。如闫广芬、芢庆辉的《高校扩招政策的制定、实施、效果及其调整》[①] 一文比较系统地呈现了我国高校扩招政策的制定、政策的实施、政策效果评价以及针对效果进行调整的近 10 年间的一个政策周期循环。有以下几个典型代表。

在论文论研究成果中,由陈学飞教授在《高校教育管理》(双月刊)杂志上领衔主持的 "高等教育政策与管理案例研究" 栏目是系统开展教育政策过程案例研究的新近代表性成果。2009 年,该栏目已公开发表了 5 篇代表作。(见表 2 - 2)

表 2 - 2 　　《高校教育管理》杂志有关教育政策案例研究的文章

作者	文章题目	发表期数	主要内容
安力	本科教学工作水平评估政策在院校层次的执行	2009 (1)	该文以某大学为例,重点介绍了本科教学工作水平评估在院校的执行情况,从备战阶段、指标分解、评估材料制作、教职工任务分配、整改等几个方面展开

---

① 闫广芬、芢庆辉:《高校扩招政策的制定、实施、效果及其调整》,《现代大学教育》2008 年第 3 期。

作者	文章题目	发表期数	主要内容
陈汉聪	规范与变通——国家独立学院政策在浙江省的实施案例研究	2009（3）	该文描述了浙江省二级学院的产生和发展过程、国家独立学院政策的出台及浙江省的实施情况
曹叠峰	师范生免费教育政策过程探析	2009（5）	该文分析了免费师范教育政策的出台背景、政策制定过程、政策执行过程中的博弈与争议以及初步评价与调整建议
王少峰	北京市"大学生村官"政策的由来与变迁	2009（6）	该文就北京市落实大学生村官政策的大致历程做了描述，并从"中央政策的地方选择性执行"论点为切入口对大学生村官政策进行了分析性解读
王友航 郝庆	保障高等教育质量：中国政府在行动——"高等教育质量工程"政策分析	2010（1）	描述了质量保障政策出台的社会背景和时代因素；对质量工程政策本身进行文本分析，发现政策设计中所存在的核心概念厘定不清、专业设置导向有失偏颇以及重点建设与均衡发展难以平衡等问题

　　该栏目最大的特点是，以客观的事实为依据，以精练和平实的陈述方式描述某一教育政策过程的某一具体环节的事实情况。该栏目的定位就是从某一个角度或某一个侧面来展示教育政策过程中的真实现象。政策研究者本人尽量以客观中立的姿态努力去呈现更为关键的事实，不做自我的价值倾斜和意向品评。更为重要的是，这些政策案例研究是要给读者提供可资反思和探讨的第一手梳理好的素材，将品评权交给读者，期待能够给读者以更多思维启示和深入阐释的空间。当然，从上述案例的实际情况来看，难免会习惯性地转向政策评价、建议等"主观方向"去做文章。

　　在描述性案例的研究方面，有少量研究开始尝试做分析性的案例研究，如贺武华的《杭州名校集团化政策过程分析——基于政策精英理性主导的视角》（《教育发展研究》2009年第5期）、《政策同形："国家示范性高职院校建设"政策制定的一种解释》（《职业技术教育》2009年第19期）。前者首先对"杭州名校集团化"的政策过程，主要涉及政策制定与实施两大环节进行了细致的梳理，呈现出了杭州名校集团化政策从酝酿到实施完善过程的整体概貌。文章第二部分基于"价值无涉"的政策过程案例的描述，自主提出"政策精英理性主导"的概念视角，对杭州名校集团化政策过程进行分析性解读。后者重在对"国家示范性高职院校建设"的政策制定过程进行事实描述，翔实地呈现出了"国家示范性高职院校建设"的来龙去脉。通过事实的陈述后，作者很快发现政策制定过程的一个特点，即无论是政策文本内容本身，还是教育政策决策者们的态度与初衷，"国家示范性高职院校建设"遵循了"211工程建设"的路径，体现了明显的政策仿效特点。于是，作者进而根据制度主义学派中的"组织同形"、"制度同形"理论，以"政策同形"的概念对我国"国家示范性高职院校建设"做了进一步的分析性研究。

此外，范国睿主编的《教育政策观察》是以研究和评论教育政策实践与理论问题为主要内容的专门性案例集刊。应该说，该集刊在关注教育热点问题、动态反映教育政策发展趋向的同时，也在做本土化教育政策研究的探索，诚如集刊定位所指出："尽可能地展示中国教育政策研究的大体风貌，呈现中国教育政策热点问题的流变过程，从而为国人探析教育政策的发展轨迹，洞悉教育政策的发展态势提供些许思考与经验。"① 这是国内学者从事本土化教育政策过程研究的一种重要迹象。《教育政策观察》已开始形成教育政策案例研究的风格。从集刊第一集所收编的文章来看，免费师范生教育政策、免费义务教育政策、普通高中课程改革政策、择校政策、农民工子女教育政策、《中小学幼儿园安全管理办法》等教育政策皆是教育政策案例研究的探索。这些研究多半围绕政策的背景与历史演变、政策的主要内容、政策的实施进展情况、政策对策建议等问题展开，有一定的事实描述和过程进展梳理。国家教育发展研究中心编著的《中国教育政策年度分析报告》②，是以年度报告的方式对该年中国重大的教育政策以及国际教育政策动态做介绍。如 2008 年的《中国教育政策年度分析报告》中的一个教育政策研究是"农村寄宿制学校学生补贴政策"，该文分析了该政策出台的背景、实施现状及问题等内容。值得一提的是，2007 年的报告略有创新，增加了"改革开放近 30 年我国公共教育

---

① 范国睿：《教育政策观察》，华东师范大学出版社 2009 年版，第 357 页。
② 国家教育发展研究中心：《中国教育政策年度分析报告》（2000—2008），教育科学出版社 2000—2008 年版。

政策变化述评"这一部分，这对研究有中国特色的教育政策是一份不可多得的资料。在袁振国教授主编的《中国教育政策评论》① 系列中，也有少量的实证性的教育政策案例研究。如郭振有的《中国教育督导制度的历史回顾与政策思考》（2003）对中国教育督导制度的创建和发展历程进行了回顾，尤其是对中国督导制度恢复重建所经历的五个曲折时期进行了概括梳理。马云鹏的《基础教育课程发展政策的反思》（2001），对新中国成立以来的基础教育课程政策发展分三个阶段来进行概述。檀传宝的《加强和改善德育工作的政策基础——对江泽民有关学校德育论述的文献分析》（2001）以文本分析论述为基础，系统梳理了江泽民有关德育思想论述的 53 篇文本，提炼概括出江泽民同志有关学校德育思想的主要观点与特点，并希望通过对国家领导人的学校德育思想的理解把握，为加强和改善学校德育工作提供政策基础。

五　教育政策过程访谈回忆类的研究

（一）政策决策亲历者的回顾

在关注教育政策过程的文献当中，有一类文献独特而生动，这就是针对某一具体的教育政策，通过人物专访、回忆的方式，对该政策决策、制定等过程进行深度再现的访谈、回忆性的文献。以改革开放 30 周年纪念、新中国成立 60 周年纪念等重要事件为契机，学术研究的各个学科领域也出现了一大批纪念、回顾性的研究成果，而针对具体的教育政策过程的访谈、回忆性质的文献也出现不少。这类文献是关注我国教育政策过程研究中的一朵奇葩，颇具典型性意义。这些文章的作者往往就是某一重大教育政策过程的亲身参与者、见证者甚至是关键性的决策者，他们在具体教育政策过程的事件细节描述与再现方面还原了重要的事实，就政策过程中的重要人物、日期、会议、讲话等细节方面展示了丰富而鲜活的第一手材料。而这些材料往往是作为"第三者"的研究者难以企及的，也很难拥有亲历者那样的体会。这些针对具体教育政策的访谈、回忆类的文献实际

---

① 袁振国：《中国教育政策评论》（1999—2008），教育科学出版社 2000—2009 年版。

上就是一个个描述生动的政策案例，也为深入的政策研究提供了翔实的素材。我们可择取数例来加以分析。

胡启立在《炎黄春秋》2008 年第 12 期上发表《〈中共中央关于教育体制改革的决定〉出台前后》一文。《中共中央关于教育体制改革的决定》是我国自改革开放以来教育领域启动改革的第一声春雷，是一份纲领性的文件。这份文件不仅对于解决当时教育上若干紧迫问题提出了解决之道，更为以后相当长一段时间中国教育的发展指明了方向。时任中央书记处书记、中央政治局委员的胡启立同志直接在邓小平、胡耀邦、赵紫阳领导之下，按照中央的部署，全过程主持了《中共中央关于教育体制改革的决定》这一文件的酝酿、调研和起草工作。毫无疑问，对这一重大教育政策过程的"还原"乃至是"解密"，作者是最有发言权的。该篇文章没有标题，给人以一气呵成之感。《中共中央关于教育体制改革的决定》出台的背景、任务布置、资料收集、调查研究、报告撰写与呈送、政治局常委批阅、书稿数易、下发征求意见、汇集意见、书记处会议讨论、全教会学习与修改、邓小平同志讲话吹风、中央政治局开会讨论并公布等政策关键环节，在简洁的语言中娓娓道来。从 1984 年 10 月 29 日中央书记会的正式启动，到 1985 年 5 月 27 日正式发布，我们能够清晰地看出一项国家重大教育政策制定过程的来龙去脉，整个"故事"情节完整，关键事件串接到位。这些鲜活具体的一手资料是第三方研究者通过文献查阅、调查访谈等方式难以获得的。比方说，文中比较清晰完整地记述了政策出台前的一线调研过程。调研计划于 1984 年 11 月 20 日启动，历时半个多月，辗转四个省，前后到过几十所学校，大大小小开了近百个座谈会，与逾千人座谈、交流、讨论。调研活动的设计与组织、座谈会情景、各单位被访人员的发言内容、不同省市的教育差异与特点感受，甚至一些经典性的话语都记载翔实，历历在目。通过这么一篇回忆录，我们还能进一步了解到中央重大决策的真实运行过程，尤其是能够比较好地了解党政权力结构、决策机制、最高领导人行为等更为深层次的政策过程因素，对我们洞察有中国特色的教育政策过程的内在机理与一般特色大有裨益。

吴本厦在《学位与研究生教育》2007 年第 4 期上发表了《我国建立

学位制度的决策和立法过程》一文。文章结合作者参与起草《中华人民共和国学位条例》及其实施过程的经历，较为翔实地回顾了我国建立学位制度的决策和立法过程，并阐述了四点体会。吴本厦同志是原国务院学位委员会办公室主任，原国家教育委员会研究生司司长，无疑就这一问题他最有发言权。作者开篇就指出："我国建立学位制度已有 27 年的历史，学位与研究生教育事业的发展和改革也已经取得令世人瞩目的重大成就。但研究这段历史的一些文章，对我国建立学位制度的决策和立法过程，大多是语焉不详。"① 该文具体而真实地再现了具体日期里包括邓小平同志、李先念同志、叶剑英同志、彭真同志以及教育部官员等在内的一大批政策决策关键人物的指示、报告、谈话等内容。通过该文，读者可以一目了然地掌握从 1979 年 2 月 24 日提出报告到 1980 年 2 月 12 日人大常委会委员长签署公布的一年时间里，我国学位制度建立的缘起、制度过程的日程进度与组织安排、决策起草者及其分工、重要会议讨论、重要的问题与波折、各个部门的观点与分歧等政策过程的关键人和事。而且，更重要的是，读者通过细心阅读这么一篇数千字的精练概括文献，可以很容易触发更多的思考，也就是说，它给研究者提供了展开思维、深入思考的可能，我们可以在它的基础上再做思考。比方说，学位条例政策过程所体现的决策特点、学位条例的历史意义、学位条例的改革走向等问题，都可以在阅读《我国建立学位制度的决策和立法过程》一文时自由阐发。

中国教育战略学会会长郝克明教授自 20 世纪 80 年代中期以来，直接参与了中央政府、教育部（国家教委）许多重要政策的调研起草工作，如《中国教育改革和发展纲要》及其实施意见、《全国教育事业"九五"计划和 2010 年发展规划》《面向 21 世纪教育振兴行动计划》《中共中央国务院关于深化教育改革全面推进素质教育的决定》《2003—2007 年教育振兴行动计划》等。发表在《教育发展研究》2007 年第 10 期上的《教育重大决策科学化、民主化的范例——参加〈中国教育改革和发展纲要〉研讨和起草过程的体会》一文回顾了作者参加《中国教育改革和发展纲

---

① 吴本厦：《我国建立学位制度的决策和立法过程》，《学位与研究生教育》2007 年第 4 期。

要》（以下简称《纲要》）研究和制定工作的这段历程。《纲要》产生的历史背景、组织领导、日程进度、主要活动等政策过程细节，如"从《纲要》研究制定过程来看，对《纲要》的思路和主要内容，中央政治局常委前后曾讨论过 4 次；政治局全体会议讨论过两次；国务院常务会议和办公会议讨论过 5 次。这在教育发展的历史上是从来没有过的"①。在行文表述上，作者还结合自身从事宏观战略研究的经验体会，以当时要解决的主要问题矛盾为抓手，如围绕《纲要》的规划到 21 世纪初的教育发展战略思想和战略选择、教育发展的数量目标、教育体制改革等问题，进一步展开，揭示了《纲要》政策制定过程的主要细节。作者还就《纲要》的政策过程所展示出的意义、启示谈了自己的体会，一是宏观决策的正确之于教育事业发展和成功的重要性；二是包括决策的程序、政策方案选择、政策的实施与立法、政策的执行以及监督与评估等在内的教育决策的科学化、民主化的重要性。应该说，这两点体会对于一位亲身参与见证中国的重大教育政策制定过程的决策者而言是言为心声的，实际上，换一个角度，是政策研究者在政策过程研究后的结论性发现。

对教育政策过程进行回顾的回忆性、访谈性的文献还有不少，而且伴随我国改革开放以来教育改革与发展的不断推进，对过去重要教育政策过程研究的文献还会出现。这类型的政策过程案例有着鲜明的自身特色，也是非政策亲历者所无法完成的。比如说，《中国教育改革和发展纲要》与《面向 21 世纪教育振兴行动计划》颇具相似性，同是对国家重要宏观教育政策的研究，但周彬的《〈面向 21 世纪教育振兴行动计划〉的政策分析》与郝克明的《〈中国教育改革和发展纲要〉研讨和起草过程的体会》行文风格和展示的信息完全不一样。

（二）阶段性教育政策变迁过程的回顾性研究

阶段性的教育政策过程的回顾也是一项很有中国特色的教育政策研究现象，每逢一些重要的年份，如新中国成立多少周年、改革开放多少周年等，但凡出现一些对重大政策过程进行回顾的文章，在阐述政策的变

---

① 郝克明：《教育重大决策科学化、民主化的范例——参加〈中国教育改革和发展纲要〉研讨和起草过程的体会》，《教育发展研究》2007 年第 10A 期。

迁、演变过程的基础上，都会对相关问题再做深入的思考。如和震《我国职业教育政策三十年回顾》① 一文，翔实地分析了改革开放 30 年来我国职业教育政策演变所经历的恢复阶段（1978—1984）、发展阶段（1985—1996）、滑坡阶段（1997—2001）以及重振阶段（2002—2008）四个重要阶段过程。基于对变迁过程的细致分析，作者进而掌握了我国职业教育政策的一些问题与特点，如政策取向在不同的历史阶段曾发生过数次重大的转变，同时由于政策工具不充足、价值冲突、政策目标与手段不对应等问题的存在，影响到政策实施的质量等。我们以改革开放 30 周年为例，列举以下在中文核心期刊上公开发表的代表性政策过程案例研究（见表 2 - 3）。

表 2 - 3　　改革开放 30 周年回顾性教育政策过程研究论文举例

论文题目	所涉政策	作者	刊物	发表时间
我国农村教育政策 30 年的演进与变迁	农村教育政策	张乐天	南京师范大学学报（社会科学版）	2008 - 06
致力于更加公平的教育：义务教育政策三十年——基于改革开放 30 年义务教育政策与法制建设的思考	义务教育政策	尹力	清华大学教育研究	2008 - 06
三十年来高校毕业生就业制度变革的回顾与现行制度的分析	毕业生就业政策	赵世奎 文东茅	中国高教研究	2008 - 08
改革开放 30 年的中小学德育政策	中小学德育政策	冯婉桢	中国教育学刊	2008 - 12
我国民族教育政策 30 年	民族教育政策	陈立鹏	中国民族教育	2008 - 11
改革开放 30 年就业政策与实践探析	就业政策	陈跃	西南大学学报（社会科学版）	2008 - 06
改革开放 30 年基础教育政策的回顾与思考	就业政策	高鸿源	中小学管理	2008 - 11
高考政策 30 年	高考政策	覃红霞	东南学术	2007 - 04
我国职业教育政策三十年回顾	职业教育政策	和震	教育发展研究	2009 - 03
我国中小学教师教育政策三十年之演变	教师教育政策	卢维兰	教学与管理	2008 - 10
我国民族教育政策 30 年	民族教育政策	陈立鹏等	中国民族教育	2008 - 11

---

① 　和震：《我国职业教育政策三十年回顾》，《教育发展研究》2009 年第 3 期。

论文题目	所涉政策	作者	刊物	发表时间
三十年来农村职业教育政策评价与建议	农村职业教育政策	李峻	国家教育行政学院学报	2008 – 05
改革开放后中国农村基础教育政策的历史演进（1978—2008）	农村基础教育政策	马桂萍 丁明强	绥化学院学报	2008 – 08
三十年来我国民办高等教育政策价值取向的变迁	民办高等教育政策	佟欣	浙江树人大学学报（人文社会科学版）	2009 – 03
对改革开放三十年农村职业教育政策的回顾与思考	农村职业教育政策	李光寒	教育与职业	2009 – 05

六　我国教育政策过程研究现状简评

（一）教育政策研究的学理性、科学性欠佳

总体来说，有关教育政策方面的著述不可谓不多，像教育政策生产一样进入一个繁荣时期。但真正算得上"政策研究"的成果并不算多，大凡平铺直叙、泛泛而谈，缺乏深度和色彩。其中既有方法论上的缺陷，更有研究取向上的滞后性。诚如有分析所指出的那样："在教育政策和教育法律的研究方法上，我们通常所用的仍然是定性研究，习惯于对文献的概括和总结，从概念到概念，从理论到理论"[①]。张曙光团队在开启《中国制度变迁的案例研究》这一重大案例库建设时就指出了同样的问题，就是在经济学的以往研究中，"除了一些就事论事的调查报告以外，居统治地位的是概念之争和空泛议论，既无假设前提，也不作经验检验，像样的个案研究自然很少，事实的比率太低"[②]。

（二）关注教育政策过程的研究成果渐多

通过文献的系统跟踪与综述发现，当前涉及教育政策过程研究的成果渐多，"政策研究"的意识明显趋强，特别是一批硕博论文开始以具体的中国教育政策为研究对象。然而，规范意义上的"政策过程案例研究"成果难求，多数混杂于"政策研究"、"政策分析"等之中，如围绕某一

---

① 黄明东：《教育政策与法律》，武汉大学出版社 2007 年版，第 5 页。
② 张曙光：《中国制度变迁的案例研究》（第一集），中国财政经济出版社 2000 年版，第 6 页。

政策所做的理性思考、反思体会等。相对而言，人们一般习惯于对一个政策的出台制定予以较多的关注和研究，而对政策的执行过程、发展演变过程以及终结退出过程则不是很重视。与此同时，有关政策过程的综合性研究成果较多，即不能太专注于政策过程中的某一环节展开，政策过程的细节研究投入不够，多为粗线条。如果按照政策过程分类，对这些政策案例进行严格意义上的归类与区分较难。一些政策案例开始自觉导入西方某一理论（类似分析性案例），但总体上与我们期待的"基于理论导向的经验研究"有一定的差距，特别是"经验"的实证不足。值得一提的是，借助纪念改革开放 30 周年、新中国成立 60 周年等重要庆典契机，一些政策过程"回顾"式成果日渐增多，在一定程度上对政策文本进行了梳理，这些颇具中国特色的社会主义教育政策研究值得重视。

　　总体而言，我国教育政策研究成果尽管不断迭出涌现，但亦良莠不齐，集中的问题是，科学意识、方法意识、学科意识、实证意识与本土意识等有待加强。

第三章 中国教育政策过程的脉络渊源

无论是过去还是现在，无论是在形式上还是在内容上，中国教育在诸多方面都表现出了显著的国情特点。尤其是近一个时期以来，中国特色的社会主义教育事业的规模、速度、质量、效应、内涵等都以独树一帜的姿态屹立于世界教育大舞台，非常显著地展示着自己的特色与魅力。我们同样能直观感受到中国教育政策与众不同的特点，能轻易觉察到与西方国家的差异。然而，感性经验认识需要上升到理性认识，需要透过现象看本质，这就有一个抽象、提炼的过程。有中国特色的教育政策过程到底体现在哪里？孕育与促成"中国式"教育政策的内在机理是什么？以下几方面的特点分析就是试图回答这些问题。

第一节 "源与流"：中国特色社会主义事业与公共教育政策

中国特色社会主义伟大旗帜，是当代中国发展进步的旗帜，是全党全国各族人民团结奋斗的旗帜。凝聚着当代中国各族人民的共同理想，是指引着当代中国走向未来的根本路径。我国改革开放以来取得的一切成就的根本原因，归结起来就是：开辟了中国特色社会主义道路，形成了中国特色社会主义理论体系。包括邓小平理论、"三个代表"重要思想以及科学发展观等重大战略思想在内的中国特色社会主义理论体系，坚持和发展了马克思列宁主义、毛泽东思想，是马克思主义中国化的最新成果。只有坚持这个科学理论体系，才能指引党和人民的事业从胜利走向胜利。改革开放以来，我国经济社会发展的实践已经充分证明，在当代中国，坚持中国特色社会主义道路，就是真正坚持社会主义；坚持中国特色社会主义理论体系，就是真正坚持马克思主义。

一　相关研究对中国特色社会主义教育的探索

当代中国教育是中国特色社会主义事业的重要组成部分。百年大计，教育为本；教育是民族振兴、社会进步的基石，是提高国民素质、促进人的全面发展的根本途径，党和国家历来高度重视教育。经过新中国成立以来特别是改革开放以来的艰辛努力和探索，在以毛泽东同志、邓小平同志、江泽民同志、胡锦涛同志为核心的党的四代中央领导集体的领导下，全党全社会同心同德，艰苦奋斗，我们已经开辟出一条具有中国特色社会主义现代化教育的发展道路，我国社会主义教育事业正在蓬勃发展，不断焕发出旺盛的生机和活力。中国特色社会主义理论是指引我国建设有中国特色社会主义教育事业的行动指南，当前全国教育系统正以中国特色社会主义伟大旗帜统一思想、凝聚力量，始终不渝地贯彻执行党的基本理论、基本路线、基本纲领、基本经验，加快发展中国特色社会主义教育事业。

在这样的国家教育背景与前提下，有中国特色社会主义的教育事业的研究与探索必然会顺时代之需而涌现。俞家庆主编的《中国特色社会主义教育理论研究》①一书认为，在邓小平理论、"三个代表"重要思想以及科学发展观等重要战略思想中，都包含着关于教育的重要论述。党的四代中央领导集体在总体设计和规划改革开放的蓝图时，始终把教育摆在优先发展的战略地位，对教育的性质、任务、发展战略都做出了新的概括总结和理论创新。其基本思想，一以贯之，与时俱进，不断丰富和发展，形成了中国特色社会主义教育理论。中国特色社会主义教育理论是中国特色

---

① 俞家庆主编：《中国特色社会主义教育理论研究》，中国人民大学出版社 2008 年版。

社会主义理论体系的重要组成部分。张健主编的《建设有中国特色的社会主义教育》[①] 是较早探索有中国特色社会主义教育的成果之一，该书从当时党和国家的大政方针与经济社会发展的战略背景出发，分析了中国特色社会主义教育在战略定位、社会功能以及各级各类教育、各大教育改革与发展的重点领域中的问题、特点与方向。金一鸣主编的《中国特色社会主义教育研究》[②] 从中国特色社会主义教育研究的基础、中国特色社会主义教育体制、中国特色社会主义学校教育改革等几个方面进行探讨。该书系统回顾总结了新中国成立以来对社会主义教育的认识和实践的探索历程及主要经验和教训，对邓小平同志关于建设有中国特色社会主义教育的思想进行了阐述，对当前面临的若干基本矛盾做了较为深入的研究，对中国教育体制和学校教育作了全方位研究。邓晓春的《论建设中国特色的社会主义高等教育》[③] 一书以建设有中国特色社会主义的理论、路线、方针和原则为指针，以社会主义教育思想为依据，以探索我国高等教育如何更好地适应社会主义现代化需要、适应 21 世纪挑战为主要内容，着重从坚持有中国特色的社会主义高等教育的办学方向、办学宗旨、培养目标、育人途径、改革道路及战略方针六个侧面，论述了我国高等教育建设与发展所必须遵循的原则和方针。中国共产党十六届三中全会坚持以人为本，树立全面、协调、可持续的科学发展观以及构建社会主义和谐社会成为我们的理论基础与行动指南。朱永新主编的《科学发展观与中国教育改革》[④] 一书以科学发展观为指导和视角，对教育发展的核心理念、区域教育发展、城乡教育发展、弱势群体教育以及教育的全球化与本土化等问题进行了分析、审视。总之，伴随着中国特色社会主义事业建设的深入推进，有中国特色的教育研究也在深入开展，其中，本土化的教育政策仍有待跟进。

二　中国特色社会主义理论与中国特色社会主义教育事业

中国特色社会主义，是当代中国发展进步的旗帜，是全党全国各族人

民团结奋斗的旗帜。改革开放以来，我国在邓小平建设有中国特色社会主义理论的指导下，确定了中国特色社会主义经济体制、政治体制等各个领域改革与发展的历史内容，引领中国全面发展进步。我们的教育是中国特色社会主义事业之下的教育，是在党的教育方针指引下，为中国特色社会主义服务，培养能够推进我国经济社会建设的合格人才。

　　党的十一届三中全会后，邓小平理论是指引我国社会主义现代化事业不断前进的旗帜，邓小平教育理论是这一科学体系的重要组成部分。"以邓小平同志为核心的党的第二代中央领导集体，确立社会主义初级阶段基本路线，开始建设符合国情的中国特色社会主义事业，对我国教育事业重大问题特别是教育地位作出了深刻阐释，逐渐形成了邓小平教育理论体系，成为邓小平理论的重要组成部分。"[1] 陈至立同志指出："邓小平教育理论全面阐明了教育与经济发展和社会全面进步之间的辩证关系，确立了教育在社会主义现代化建设中的优先发展战略地位；将教育的改革与发展融入中国改革开放和现代化建设的总体设计之中。"[2] 此后，"三个代表"重要思想、科学发展观以及党的十八大精神等，均高举中国特色社会主义伟大旗帜，开拓创新，积极探索实践中国特色社会主义伟大教育事业。

　　加大对中国特色社会主义教育的理论与实践研究，是新时期的一个重要课题。1993 年，由中共中央和国务院颁发的《中国教育改革和发展纲要》指出，在 20 世纪末，要形成具有中国特色的、面向 21 世纪的社会主义教育体系的基本框架，再经过几十年的努力，建立起比较成熟和完善的社会主义教育体系，实现教育现代化。党的十四届三中全会通过的《关于建立社会主义市场经济体制有关问题的决定》指出，要改变政府包揽办学的状况，形成政府办学为主与社会各界参与办学相结合的新体制。自党的十四大以及《中国教育改革和发展纲要》颁布以来，中国特色社会主义教育事业的研究也随之出现。

　　党的十六大以来，以胡锦涛同志为核心的党中央，建设中国特色社会

---

　　① 张力：《60 年教育兴国之路与教育地位变迁——教育 60 年大事记》，《中国教育报》2009 年 9 月 15 日第 3 版。

　　② 陈至立：《千秋基业，壮丽诗篇——共和国教育 50 年》，《教育研究》1999 年第 9 期。

主义伟大事业，创新发展党的教育理论，坚定不移走中国特色社会主义教育发展道路，开创了教育事业科学发展新局面。无论是"普九"攻坚战的全面胜利，还是高等教育在校生总规模跃居世界第一位，有中国特色的教育事业在 21 世纪取得了举世瞩目的成就。中国特色社会主义教育发展道路，是中国特色社会主义道路的重要组成部分。袁贵仁部长撰文指出："这条道路，既凝结了中国共产党领导人民发展教育事业的基本经验，又反映了世界教育发展规律；既坚持了马克思主义教育基本理论，又体现了中国国情；既坚持了社会主义教育的基本原则，又借鉴了人类文明优秀成果；既继承了我国教育的优良传统，又具有鲜明的时代特征。深刻回答了我国教育改革发展中的一系列带有方向性、根本性、战略性的重大问题。"[①]当前，中国特色社会主义教育事业前进的方向得到了进一步的明确，《国家中长期教育改革和发展规划纲要》提出以"优先发展、育人为本、改革创新、促进公平、提高质量"为工作方针，提出"到 2020 年，基本实现教育现代化，基本形成学习型社会，进入人力资源强国行列"的战略目标。

党的十八大以来，非常鲜明地强化了中国特色社会主义道路方向。十八届三中全会将"推进国家治理体系和治理能力现代化"定位全面深化改革的总目标，即完善和发展中国特色社会主义制度、推进国家治理体系和治理能力现代化。这是相辅相成的一个整体。

三　中国特色社会主义教育事业与教育政策

十一届三中全会后，中国进入社会主义事业发展新时期。在探索建设中国特色社会主义道路的实践中，教育事业也在光辉思想理论的指导下迎来了春天。"邓小平教育理论是从我国社会主义初级阶段基本国情出发，具有中国特色和时代特征的当代中国的马克思主义教育理论，是新时期我国社会主义教育事业发展的指导思想，是制定和贯彻党和国家教育方针、政策的理论基础。"[②]邓小平理论指导下的经济体制改革的巨大成功带动

[①]　袁贵仁：《坚定不移走中国特色社会主义教育发展道路》，《中国高等教育》2012 年第 13/14 期。

[②]　陈至立：《千秋基业，壮丽诗篇——共和国教育 50 年》，《教育研究》1999 年第 9 期。

了公共政策各个领域、各个方面的全面发展。经济体制和社会发展的转轨，使公共政策问题比其他任何时候都显得格外引人注目和重要。

从党和国家的重要教育决策中最能看清这种"源与流"的关系。我们通过一些政策文件的行文表述可以很直观地看到这样的一种印记。如，1985 年发布的《中共中央关于教育体制改革的决定》，是继 1984 年《中共中央关于经济体制改革的决定》之后，中国特色社会主义的重要组成部分；再如，《国家教育事业发展"十一五"规划纲要》的第一句话写道："为全面落实科学发展观，坚持教育优先发展，充分发挥教育事业在现代化建设中的基础性、先导性、全局性作用，依据《中华人民共和国国民经济和社会发展第十一个五年规划纲要》，特制定本纲要。"[①] 尤其值得强调的是，2010 年中共中央、国务院颁发的《国家中长期教育改革和发展规划纲要（2010—2020）》明确以党的思想路线为其指导思想，全面贯彻党的教育方针，强调指出，"要高举中国特色社会主义的伟大旗帜，以邓小平理论和'三个代表'重要思想为指导，深入贯彻落实科学发展观"，要"全面贯彻党的教育方针，坚持教育为社会主义现代化建设服务，为人民服务，与生产劳动和社会实践相结合，培养德智体美全面发展的社会主义建设者和接班人"。

中国特色社会主义教育事业的改革与发展牵涉教育的方方面面，确实是一项伟大的工程。宏观上包括教育理念与各级各类人才培养标准、教育办学与管理体制，微观上包括课程内容、教育教学方法等。以我们最为熟知的办学与管理体制的改革为例。原有与计划经济体制相一致的教育办学和管理体制是一个封闭、垂直的系统，政府权力高度集中，统管了学校人、财、物等教育资源的配置与使用，学校在很多方面缺乏必要的自主办学权，在很大程度上是政府的附属品。而在中国特色社会主义教育事业的探索之下，扩大学校办学自主权、理顺政校关系、发展多元多样化的投资办学形式、建立现代学校制度等方面的工作得以轰轰烈烈地推进。这些工作的深入开展都是与国家的具体的大

---

① 教育部：《国家教育事业发展"十一五"规划纲要》，国发［2007］14 号，2007 年 5 月18 日。

环境分不开的。

　　周济同志在教育系统学习贯彻党的"十七大"精神座谈会上的讲话中深刻指出："我国教育改革和发展的实践同样证明,只有高举中国特色社会主义伟大旗帜,全面贯彻党的教育方针,才能在教育工作中始终保持正确的政治方向,培养德智体美全面发展的社会主义建设者和接班人;只有高举中国特色社会主义伟大旗帜,坚持教育为现代化建设服务,为人民服务,才能办好人民满意的教育;只有高举中国特色社会主义伟大旗帜,坚持解放思想、实事求是,推进教育的改革开放,才能不断突破教育发展面临的困难和障碍,推动教育事业的持续发展;只有高举中国特色社会主义伟大旗帜,坚持不懈地以改革创新的精神加强教育系统党的建设,保持共产党员先进性,建设一支忠诚于党和人民教育事业的教师和干部队伍,才能为教育改革发展提供坚强的保证。"① 当前,发展我国特色社会主义教育事业必须在科学发展观的统领下,坚持走中国特色的社会主义教育道路,落实教育优先发展的战略地位和实施科教兴国战略。中国特色社会主义要求下的教育事业有其自身特征与内在规律性,我国公共教育政策的自身内涵与特点也必须反映中国特色社会主义事业的发展特点,走中国特色社会主义教育发展道路。

表 3 - 1　　与中国特色社会主义紧密联系的重要教育方针、精神指示②

日期	重要教育方针、精神	相应的中国特色社会主义道路理论	备注（重要意义）
1978 - 12 - 23	作出重点转移到社会主义现代化建设上来的战略决策（包括教育）	党的十一届三中全会	破冰:《解放思想,实事求是,团结一致向前看》
1982 - 09	把教育作为实现 20 年国民经济翻两番的重要保证	党的十二大报告,提出建设有中国特色的社会主义这个命题	在中国社会主义建设史上,第一次把教育提高到现代化建设战略重点之一的地位

---

　　① 周济:《高举中国特色社会主义伟大旗帜,推进我国教育事业科学发展——在教育系统学习贯彻党的十七大精神座谈会上的讲话》,2007 年 10 月 24 日。
　　② 参见张力《60 年教育兴国之路与教育地位变迁——教育 60 年大事记》,《中国教育报》2009 年 9 月 15 日第 3 版。

续表

日期	重要教育方针、精神	相应的中国特色社会主义道路理论	备注（重要意义）
1983－10－01	"教育要面向现代化，面向世界，面向未来"题词	改革开放基本思想；深刻揭示了社会主义现代化建设及迎接世界未来综合国力的竞争对教育的客观要求	我国社会主义的人民教育事业非常重要的指导思想和指导方针，为转变教育思想和教育观念指明了方向
1985－05	《中共中央关于教育体制改革的决定》	《中共中央关于经济体制改革的决定》等重要理论指导	全国教育工作会议把教育体制改革与同期进行的经济和科技体制改革紧密联系起来；将教育改革纳入改革开放和现代化建设的总体设计之中
1985－05－19	邓小平全国教育工作会议上的讲话精神，对《中共中央关于教育体制改革的决定》的组织实施提出明确要求	从战略高度提出各级领导要像抓好经济工作那样抓好教育工作	对于确立教育在社会主义现代化建设中的地位至关重要，在探索中国特色社会主义教育发展道路的进程中具有定准基调的重要意义
1987－10	把发展科学技术和教育事业放在首要位置；发展教育和科学是百年大计	党的十三大第一次系统地、深刻地阐明了社会主义初级阶段的理论；第一次全面扼要地概括了有中国特色的社会主义理论的要点	"使经济建设转到依靠科技进步和提高劳动者素质的轨道上来"的思想开启了改革开放新时期教育事业大发展的序幕
1991	百年大计，教育为本	中央提出的两个文明建设	教育是社会主义物质文明和精神文明建设极为重要的基础工程。它对提高全体人民的思想道德和科学文化素质，对培养一代又一代社会主义事业的接班人，具有重大的战略意义
1992－10	把教育摆在优先发展的战略地位的战略部署	党的十四大报告	这是江泽民同志首次确认教育优先发展战略地位的重要表述，是对社会主义初级阶段基本国情条件下教育发展道路的准确定位，对近十多年来教育发展具有非常重大的指导意义
1993－02－13	《中国教育改革和发展纲要》	实现党的十四大所确定的战略任务，指导20世纪90年代乃至21世纪初教育的改革和发展，使教育更好地为社会主义现代化建设服务	明确20世纪90年代到21世纪初的教育事业发展的目标、战略和指导方针，教育体制改革等问题

续表

日期	重要教育方针、精神	相应的中国特色社会主义道路理论	备注（重要意义）
1995－05	党中央和国务院决定实施科教兴国战略	社会主义现代化建设理论	强调加快社会主义现代化建设进程必须依靠科技和提高劳动者素质
1997－05	切实把教育摆在优先发展的战略地位	党的十五大关于 21 世纪社会主义事业全局的论述	
1999－01－13	国务院批准教育部《面向 21 世纪教育振兴行动计划》	为实现党的十五大确定的社会主义现代化建设宏伟目标而奋斗	是在贯彻落实《教育法》及《中国教育改革和发展纲要》的基础上提出的跨世纪教育改革和发展的施工蓝图
2002－11	把教育和人力资源开发作为四大目标之一	党的十六大与全面建设小康社会目标部署	
2005－10	坚持教育优先发展。加快教育发展，是把我国巨大人口压力转化为人力资源优势的根本途径	党的十六届五中全会对国民经济社会发展"十一五"规划的建议	
2006－08－19	坚持把教育摆在优先发展的战略地位，是我们党和国家提出并长期坚持的一项重大方针，也是发挥我国人力资源优势、建设创新型国家、加快推进社会主义现代化的必然选择	中央政治局第 34 次集体学习中讨论教育体制改革专题	
2006－10	提出"坚持教育优先发展，促进教育公平"的重要理念	党的十六届六中全会与构建社会主义和谐社会部署	
2007－10	教育放在"加快推进以改善民生为重点的社会建设"部分的首要位置；"优先发展教育，建设人力资源强国。教育是民族振兴的基石，教育公平是社会公平的重要基础"	党的十七大报告	从人力资源大国迈入人力资源强国行列的新的动员令
2008－12－19	优先发展教育，大力促进就业，努力使全体人民学有所教	《胡锦涛在纪念党的十一届三中全会召开 30 周年大会上的讲话》	
2010－07－15	落实党的十七大关于"优先发展教育，建设人力资源强国"的战略部署	《国家中长期教育改革和发展规划纲要（2010—2020 年)》	

第二节　党政关系变量与中国教育政策过程特点

教育问题与政治经济社会有着千丝万缕的联系。"教育政策是教育领域乃至社会领域中社会政治和教育政治活动的形式和结果，教育政策活动是社会政治行为在教育领域中的集中体现。"① 教育政策的研究在很大程度上要超越政策文本本身，研究一旦深入推进就无法做到"就事（政策本身）论事"了。这一道理犹如英国比较教育学家萨德勒所言："校外的事情永远比校内的事情重要。"首先进入我们分析视野的重要外部关系是国家政治权力结构。本书认为，认识、理解有中国特色的政府组织与党政关系很重要，这是理解我国教育政策过程本土化特色的一道重要门槛。"教育政策是有关教育的政治措施。教育政策的制定和实施本身既是一种重要的政治行为，同时又是各种政治行为综合影响的产物。"② 而长期以来一直作为我国公共政策运行过程中的核心变量——党政关系，是理解我国国家政治权力结构的重要突破口。

一　理解我国公共政策过程中的"政府"

美国著名政治学家戴维·伊斯顿将政治解释为围绕政府制定和执行政策而进行的活动，是一种实现社会价值的权威性分配的活动。政党是分析国家政治权力和公共政策的一个重要维度，政党作为利益集团自然要通过公共政策来实现"利益聚合"。我国的国家权力结构及党政关系是理解我国政府行为和公共政策过程不可逾越的"国情"。我国是社会主义国家，实行党领导下的政府工作负责制，党的各级委员会主管大政方针、重大人事任免、重大事务决策等工作，因此，实际上以各级党委为施政核心的政党也是行政权力的中心，是公共政策主体的核心力量，在公共政策过程中起着主导作用。"在实行一党制的国家中，公共政策在一定程度上完全可

---

① 刘复兴：《教育政策的四重视角》，《清华大学教育研究》2002 年第 4 期。
② 黄明东：《教育政策与法律》，武汉大学出版社 2007 年版，第 10 页。

以被视为执政党的政策。"① 胡伟的研究指出，共产党组织在当代中国不仅事实上是一种社会公共权力，而且也是政府机构的核心。这与西方国家的政党只是一种社会性组织的情况不同，不能以西方的政党理论来套用中国的现实。作者进而指出，从比较政治学的视野上看，中国共产党的结构和功能更接近西方国家的政府，而不是其政党。② 在我国，党政关系，体现为作为执政党的中国共产党组织与我国各级人民代表大会、各级人民政府、各级人民法院和检察院等共同履行当代中国社会公共权力的组织机构之间的关系。政府概念的定义有广义和狭义之分，有研究更为宽泛地解释了党政关系中的"政"——"党政关系中的'政'，则是一个有着多种含义的，在使用上相当广泛的概念，包括'政权'、'政府'、'政协'、'行政'、'政法'、担负一定'政治任务'的人民团体等多种含义"③。因而，党政关系实际上也就是广义政府在公共权力履行中所体现出的各种错综复杂的关系。无论党政关系呈现怎样的状态，有一点需要明确的是，理解我国党政关系中的党委与人大、党与行政组织、司法组织等的各种关系，不能简单地从应然或法理学角度来看待，更要从有中国特色社会主义的国情实际出发。总而言之，"着力认识'党政关系'，实际上是寻求当代中国政府过程的要旨，是寻求解析这一过程的突破口。显然，这是分析和阐述当代中国政府过程必须首先进行的一项基础性的工作"④。

　　总体上说，我国学者朱光磊、胡伟、王骚等对有中国特色的政治权力以及政党关系、政府过程等问题做了较为系统而深刻的研究，相关认识是适合国情的。《中国大百科全书·政治学》对此的解释是："广义的政府泛指行驶国家权力的所有机关，包括立法、行政和司法机关；狭义的政府指国家政权机构中的行政机关，即人们通常讲的政府部门。"⑤ 广义的政府概念有助于理解中国政府，然而，"中国政府"还应有更广的范围，那就是要把作为国家与政府体系领导核心的中国共产党纳入进来，毫无疑

---

① 谢明：《公共政策导论》，中国人民大学出版社 2006 年版，第 35 页。
② 胡伟：《政府过程》，浙江人民出版社 1998 年版，第 17 页。
③ 朱光磊：《当代中国政府过程》，天津人民出版社 2002 年版，第 60 页。
④ 同上书，第 61 页。
⑤ 《政治学》，中国大百科全书出版社 1992 年版，第 479 页。

问，我国的政府是在政党的领导之下，也与政党难以分割。如有研究指出："共产党组织在当代中国不仅事实上是一种社会公权力，而且也是政府机构的核心——无论就广义的政府还是狭义的政府而言都是如此。如果把中国国家党组织排除在'政府'之外来分析当代中国政府的过程，不仅无法解释政府决策和执行的基本动力和作为，而且可以说在根本上是不得要领的。"①

二 共产党组织在我国教育政策过程中的公权履行

政党的政策行为是政治生活中的重要部分。我国实行的中国共产党领导下的多党合作制，中国共产党作为执政党，政策功能体现出强威权性、稳定性和连贯性。有学者认为，"在我国，中国共产党是政府体系的领导核心，也是政策中枢。尽管从形式特征上看，当代中国的公共政策是由三部分构成的，即党的政策、人大立法和行政决策，但在某种意义上可以说，人大立法、行政决策都是中国共产党政策的具体实施"②。自改革开放以来，我国重要的教育政策往往是党的基本路线与大政方针的具体落实，在很大程度上又是邓小平、江泽民等党和国家领导人建设有中国特色社会主义理论及其教育思想的反映。例如，改革开放初期，邓小平教育思想是"文化大革命"结束后我国教育政策的指导方针，其核心思想一是对"文化大革命"教育路线的彻底否定；二是指出了教育要为经济建设服务的方向，如教育的"三个面向"，"尊重知识、尊重人才"、"教育如何把沉重的人口负担变为人力资源"、"科学技术是第一生产力"的战略思考等。在进入社会主义市场经济体制完善阶段，江泽民同志的"科教兴国战略"、"教育创新"、"人力资源是第一资源"等战略发展的总体布局，基本上成了新时期我国教育改革与发展中重大教育政策的具体体现。

与经济社会等各条战线领域一样，我国教育中的一系列规范性与操作性政策是以中共中央和国务院名义发布的或在其指导下制定的。我们熟知的有《中共中央关于教育体制改革的决定》《中共中央国务院关于深化教

---

① 胡伟：《政府过程》，浙江人民出版社 1998 年版，第 17 页。
② 沈辛：《当代中国政府与过程》，南开大学出版社 2008 年版，第 241 页。

育改革、全面推进素质教育的决定》《中共中央国务院关于进一步加强和
改进大学生思想政治教育的意见》等。执政党在我国重大教育政策决策
中扮演了重要角色，也承担了重大责任。胡启立在一篇文献中回忆改革开
放以来的第一次全国教育工作闭幕式上邓小平同志的讲话："我很高兴，
从去年十月以来，中央相继做出了三项改革决定。这些改革的总目标是一
致的，都是为了使我国消灭贫穷，走向富强，消灭落后，走向现代化，建
设有中国特色的社会主义。在七个月的时间里，办了过去多年想办而未办
成的事。这一事实，表明我们党的认识能力有了新的提高，表明我们党已
经能够创造性地运用马克思主义的基本原理，来解决当代中国社会主义建
设中的许多新问题。"[①] 中央决策代表了教育政策的最高级别，从理论上
讲应该是最具权威的了。这一点，1999 年启动的高校扩招政策最具典型
性。按照惯例，每年的高校招生计划的政策制定和实施都是由国家主管部
门根据社会发展的总需求进行调整和执行，社会对此也习以为常。然而，
1999 年的扩招政策的信息发布，却是"根据最近党中央、国务院的决
策"，既然一个主管部门的年度发展计划由国家最高决策作出，这就表明
这一决策非同一般。[②]

　　再放眼各级地方政府，我们不难发现，各级政府的政治权力精英往往
就是政策决策中心，特别是重大地方政策的决策者和监督执行者。为了比
较好地理解地方教育政策过程中的省委书记、市（县）委书记一把手决
策的行为，本文案例部分的《杭州名校集团化政策过程》一文就剖析了
典型政策精英——市委书记在具体教育政策过程中的地位与作用。

　　进一步分析可发现，一旦某项教育政策要上升到中央、国务院层面的
决策行为，往往是在当时特殊的经济、社会发展背景之下的行为。例如，
《中共中央关于教育体制改革的决定》就是在邓小平有关教育的思考，尤
其是在《中共中央关于经济体制改革的决定》《中共中央关于科技体制改
革的决定》出台的直接背景下促成的。教育部原副部长张天保回忆道：

---

① 胡启立：《〈中共中央关于教育体制改革的决定〉出台前后》，《炎黄春秋》2008 年第 12 期。
② 康宁：《论教育决策与制度创新——以'99 高校扩招政策为案例的研究》，《教育研究》
2000 年第 10 期。

"在谈到这两个决定的贯彻实施时，小平同志都强调，他最关心的还是人才问题。而解决人才问题，教育是基础，不改革教育体制，人才培养就无法满足社会主义建设的需要。因此，制定与这两个决定相配套的教育体制改革文件，以完成中国体制改革的整体战略部署迫在眉睫。在这样的背景下，中央决定尽快制定《中共中央关于教育体制改革的决定》。"① 这些中央级的教育政策往往会成为一个时期内其他相关教育政策、法规制定的直接依据，尤其是在政治观点、理论、路线、方针等方面定好了调子。因此，这些由中央直接决策的重大政策与国家最高权力机关——全国人民代表大会通过的基本教育法律一样，成为一定时期内教育改革与发展的基本政策、总政策，如 1985 年颁发的《中国教育改革和发展纲要》既有全局性、方向性的总揽政策，也有具体到各个方面的基本政策。而且，这些政策往往比基础性教育法律更有执行力。以下，我们以表格的方式简要介绍改革开放以来我国由党中央制定的主要教育政策（见表 3-2）。

表 3-2　　　　　　近年来以中共中央名义发布的重要教育政策②

时间	政策名称	更高的政策背景③
1985-05-27	《中共中央关于教育体制改革的决定》	1984 年的《关于经济体制改革的决定》、1985 年的《关于科技体制改革的决定》以及邓小平的相关教育思想与战略思考
1987-05-29	《中共中央关于改进和加强高等学校思想政治工作的决定》	强调高等学校改进和加强思想政治工作
1985-08-01	《中共中央关于改进学校思想品德和政治理论课程教学的通知》	适应社会主义现代化建设、适应新时期青少年心理发展的具体状况以及各方面改革的需要

① 张天保：《〈1985 年中共中央关于教育体制改革的决定〉发布》，《中国教育报》2009 年 9 月 4 日第 1 版。

② 本文所指的中共中央文件，系指以党中央名义或与有关部门合署发布的文件，不含中共中央宣传部、中共中央办公厅、中共教育部党组等中央下属机构发布的政策，也不含以中共中央名义印发的下属机构制定的政策文件。此外，我们通常讲的中央法规，是指由中央有权机构（人大、法院、检察院、国务院及其直属部委局）制定的有拘束力的规范性文件。与地方法规相对应。

③ 在我国教育政策内容的表述习惯中，一般会在政策文本的开头部分强调该政策的重要性，也即交代该政策出台的重要宏观背景因素，如贯彻中国共产党的最近重要精神指示、顺应当今国内外时局变化的需要等。

时间	政策名称	更高的政策背景①
1985 - 10 - 04	《中共中央关于进一步加强青少年教育预防青少年违法犯罪的通知》	青少年违法犯罪现象严重，青少年思想政治工作薄弱
1988 - 12 - 25	《中共中央关于改革和加强中小学德育工作的通知》	为适应当前深化改革，扩大开放和加快社会主义现代化建设步伐的新形势的要求，进一步加强和改进学校德育工作
1993 - 02 - 13	《中国教育改革和发展纲要》	落实十四大的重要精神；是20世纪90年代乃至21世纪初教育改革和发展的蓝图，是建设有中国特色社会主义教育体系的纲领性文件
1994 - 08 - 31	《中共中央关于进一步加强和改进学校德育工作的若干意见》	我国改革开放和社会主义现代化建设事业进入了一个新的发展阶段。深化改革、扩大开放和加快社会主义现代化建设步伐是新形势的需要
1999 - 06 - 13	《中共中央、国务院关于深化教育改革，全面推进素质教育的决定》	第三次全教会；全面贯彻落实党的十五大精神，构建一个充满生机的有中国特色的社会主义教育体系
1999 - 09 - 29	《中共中央关于加强和改进思想政治工作的若干意见》	对"法轮功"的政治斗争需要加强新时期的思想政治工作
2004 - 08 - 26	《中共中央、国务院关于进一步加强和改进大学生思想政治教育的意见》	深入贯彻党的十六大精神
2007 - 05 - 07	《中共中央、国务院关于加强青少年体育增强青少年体质的意见》	以迎接2008年北京奥运会为契机，全面落实科学发展观、深入贯彻党的教育方针、大力推进素质教育

第三节　中国教育政策过程中的价值取向特点

政策的目的与类型的不同，固然会导致其价值取向的差异。西方公共政策学研究者对此有很多的探索，并加以"模型化"。如我们熟知的洛维（Thodore Lwoi）在20世纪60年代所提出的著名的四种政策类型便是典

① 在我国教育政策内容的表述习惯中，一般会在政策文本的开头部分强调该政策的重要性，也即交代该政策出台的重要宏观背景因素，如贯彻中国共产党的最近重要精神指示、顺应当今国内外时局变化的需要等。

型，即规制性政策、分配性政策、再分配性政策和构成性政策。

一 教育政策价值的多维取向与动态平衡

从一定范围的时空维度看我国的教育政策，会发现政策在价值取向上所存在的一些特点，其中最为引人注目的一个特点就是多维取向与动态平衡。多维，是指教育政策在政策目的上内置了比较多的利益诉求，而且，在一定时期上看，这些诉求甚至是矛盾的、杂乱的。而动态平衡，则指政策在制定、实施过程中的权变性。综观我们的教育政策，可以发现它们试图在调节一系列矛盾中寻找平衡，一直以来，在面对诸如大众教育需求与国家的实际教育供给能力、长远规划与当前实际、个人本位与国家社会需要、集权与分权、权利与义务责任、教育的质量与数量、教育的规模与效应、教育的普及与提高、教育的公平与不公、大众教育与精英教育、专才与通识教育、多元化个性与共同道德基础等问题矛盾，教育政策都试图做出平衡推进的努力。这种强的政策价值导向性的特点可以形成明显的政策波动的周期。

如 20 世纪 90 年代初，为了更好地适应社会主义现代化建设的需要和高端技术、信息革命对教育的要求，当时党和政府特别强调高校在这方面发挥作用，还集中力量支持重点大学建设。重点建设高水平大学的政策还直接辐射到中学、小学。如在《纲要》规定办好 100 所左右的重点大学的同时，国务院提出，要求每一个县办好一两所重点中学，在全国办好1000 所左右实验性、示范性的高中。1995 年，原国家教委印发了《关于评估验收 1000 所左右示范性普通高级中学的通知》，提出"各地要建设一批实施素质教育的示范性普通高中"；2001 年，国务院颁布了《关于基础教育改革与发展的决定》，再次提出"各地要建设一批实施素质教育的示范性普通高中"；应该说，重点或示范性建设高中政策的设计是没有错的，而且在很大程度上发挥了示范性作用，在一些县市就是当地的最高学府。然而，有关"示范性"的政策又显然与诸多教育公平的理念与政策相互冲突，因为它的理念基础是非均衡发展理论，走的是重点发展策略。从重点大学到示范高中再到实验小学，从"国家队"到"省队"再到"地市队"，学校被人为地从时间上加以排序，谁优先发展，谁后发展，谁重点发展，谁无所谓发展。

我们尚需考察一个具体的教育政策案例来进一步说明教育政策价值的多维取向与动态平衡的特点。这个案例就是期待"一石双鸟"的"师范生免费教育新政"。在我国高校普遍实行教育成本分担机制之际，2007年出台的师范生免费教育新政无疑是一颗重磅炸弹，是该年度名噪一时的一项重要教育政策。一石激起千层浪，这一"反其道而行之"的国家政策随即引起了教育界内外各阶层人士的极大关注。

师范生免费教育政策仍处于试点与摸索阶段，一些问题正处研究当中，实践中的争论也在延续。师范生免费教育的财政投入机制、招生与录取政策、人才培养机制、就业与人事管理以及从业后的发展等诸多问题仍是云雾重重，政策运行中潜在的目标偏离与失真现象已备受各界瞩目，人们不禁在问：它能确保吸引有志优秀青年报考师范类院校、加强一线优秀教师的培养吗？它能直接为落后的西部农村贫困地区教育输送优秀师资吗？尤其是在政策示范与扩散方面，地方师范院校对此又该如何学习借鉴？诸多问题仍需假以时日。因此，现在对师范生免费教育新政做评论为时尚早。

从政策主体（政策制定者）的视角来看，免费师范生政策将成为引领我国教师教育变革的重要力量，成为实现教育公平战略的一项重要举措。国家推出师范生免费教育新政既是精神鼓励倡导性的，也是制度协议约束性的；既尊重多样化需求与自主选择，又在本质上预设一种封闭式的定向培养模式；既是长远谋略，也是当下权宜之计。如此本身就充满变数与信息不对称的政策预示了政策主体与政策客体（免费师范生）之间的长久博弈，并为政策相关者种种行为的发生预留了空间。如何让优秀的生源甘于扎根于落后地区的教育一线，这显然不是一个"捆绑式"政策就能打包处理好的问题。因此，师范生免费教育政策多少又具有一厢情愿的理想导向设计的意味，人为地赋予了"一策多能"的偏好。一方面是优秀的、有职业抱负的考生从事教师职业的选拔性需要；另一方面是支援西部地区师资严重匮乏的扶贫性需要，而用"免费"来连接这两个不太"同道"的目标，这在定位上即存在先天的矛盾。

如此看来，师范生免费教育新政在具体实施过程中还会面临不少问题与障碍，政策目标与内容的重心不稳，更容易让政策执行者在实际操作中陷入迷惘的困境，也易于诱发政策对象主观上的目标游离行为。从当前各种舆论反应来看，政策试行两年来博弈与异议不断，而至于长时段的政策实效（如承诺毕业后从事中小学教育 10 年以上，先到农村义务教育学校任教服务 2 年）则更值得留待实践去检验。

二 教育政策效力因教育政策价值功能而异

加拿大学者戴维·伊斯顿（D. Easton）对公共政策概念的理解是："公共政策是对全社会的价值作有权威分配。"① 引用此定义是因为它在很大程度上揭示了政策的本质。有关公共政策的分类有多个标准，如从层次上分，我们熟知的有元政策、一般政策、具体政策；从实际关涉政策对象的利益角度来看，有物质性政策和符号性政策。再如，根据涉及公共政策的功能作用，可将政策分为分配性的、调节性的、自我调节性的、再分配性的以及规制性的政策。这一点很像美国学者洛威（Theodore J. Lowi）提出的划分政府政策的分配政策、规制政策和再分配政策三种类型。从政策的功能类型来看，我们可以分为分配型、再分配型、象征型、自律型等不同性质的政策；也可以分为改革型、调整型、创新型、重申型、手段型、目的型、先行型和后继型等。

教育政策因其价值取向上的差异，会直接导致功能发挥上的差异。不同政策在不同功能的发挥上各有侧重，如导向作用、协调作用、控制作用、规范作用，总体上体现出教育政策在动态中平衡的特点。一般而言，政策的目标越具体，解决的问题针对性越强，那么政策的启动就会越快，时效也会越好。例如，素质教育政策、新课程改革政策相对来讲就很难实施也很难达到时效；而义务教育全免费政策、部属院校师范生免费教育试点政策等就相对容易执行。

在公共政策的诸多分类中，我们可以选择一个维度来做深入一点的探讨。有一种对政策的分类办法，是将政策称为物质性的政策和符号性的政

---

① D. Easton. *The Political System*. New York：Kropf，1953，p. 129.

策。物质性政策是将实际有形的资源或实质性的权力提供给政策受益人，或者是将不利的条件加之于损益人，如新近国家在中小学推行绩效工资政策以及一些地方给边远山区教师推出的特岗津贴政策就属于此类。而后者，即符号性政策所能分配的是"无形的许诺"，很少对受益与损益的相关群体产生实际效果。因此，对人的行为很少产生影响。① 受这一分类的启示，结合我国教育政策类型的自身特点，依据政策内容中"带不带钱"的维度标准，用本土化的语言尝试将教育政策分为"带钱的政策"和"不带钱的政策"，来分析政策价值取向上的不同所带来的政策执行等环节中的实际差异。之所以提出这么一个分类概念，主要是近些年来，我国教育政策特别是国家层面的教育政策在这方面表现明显。实际上，这种分类的维度契合了胡宁生教授提出的公共政策中的"财力资源"概念，即指用于具体政策过程的款项。公共政策一般是政府为主导力量制定和实施的解决社会公共问题的活动，因此公共政策行使中所发生的各种费用，通常也是由公共财政来支付的。②

　　所谓"带钱的政策"，简而言之，就是政策内容里牵涉了具体的财政性经费拨款或与物质性待遇相关的内容，这类政策往往是项目性、工程性的政策，获得了政策支持的主体也就是获得了相应财政经费。我们熟知的包括"211 工程"、"985 工程"、"马工程"、"农远工程"、重点学科基地建设、国家精品课程建设、寄宿制学校工程建设、师范生免费教育政策等。

　　相反，"不带钱的政策"，则是政策本身不牵涉经费等物质性待遇问题，政策或是倡导性的，或是规制性的，但都不具备"经济方面的好处"。如 2003 年颁发的《民办教育促进法》虽说对举办者有一些土地使用等方面的优待，但总体上说，《民办教育促进法》是一个给政策不给钱的政策。2004 年的"一费制"（教育部、国家发展和改革委员会、财政部《关于在全国义务教育阶段推行"一费制"收费办法的意见》（教财〔2004〕7 号〕）对地方政府和学校而言无疑不是，在一些地方甚至一时

---

　　① 参见张金马《公共政策分析：概念·过程·方法》，人民出版社 2004 年版，第 44—45 页。
　　② 参见胡宁生《现代公共政策学——公共政策的整体透视》，中央编译出版社 2007 年版，第 116 页。

间还造成了巨大的教育经费缺口，使得办学经费更为捉襟见肘。因此，在建立公平、合理的义务教育经费投入分担机制，并对各级政府的执行情况进行有效的监督之前，"一费制"就是一种中央不给钱、让地方"大放血"的政策。再如，2007年的义务教育经费保障政策，对地方政府而言基本上是一种不带钱的规制性政策，如文件表述道："从2007年秋季学期开始，东部地区也应加大落实农村义务教育阶段家庭经济困难寄宿生生活费补助政策的力度，所需资金主要由地方财政自行承担。根据东部地区各省市政策落实情况及其财力状况等因素，中央财政给予适当奖励。"① 在不带钱的政策中，有一些政策最为明显，即主要表现为政府给"政策"，政策本身作为一种资源赋予相关利益群体。

政策"带不带钱"的差异在政策执行中体现出很大的行动差异，这在我国是一个颇为明显的特色现象。我国的由中央倡导地方执行的农民工子女教育政策，就是一个典型的"不带钱"的倡导性政策，但又是具有很强规制性特点的中央政策。如2006年《国务院关于解决农民工问题的若干意见》强调："输入地政府要承担起农民工同住子女义务教育的责任，将农民工子女义务教育纳入当地教育发展规划，列入教育经费预算，以全日制公办中小学为主接收农民工子女入学，并按照实际在校人数拨付学校公用经费。"这种"出政策不出钱"的政策给流入地政府执行带来了一些困惑，如有研究指出，"由于'两为主'政策是一项'没有新资源'的政策，流入地政府在利用既有资源来执行新政策的过程中陷入困境"②。与此同时，这种"出政策不出钱"的政策其实也给中央政府与地方政府间留下了很大的博弈空间，政策执行的差异空间也很大，政策执行过程中的利益相关者就政策目标如何实现进行持续而隐晦的谈判、策略对抗与相互评介妥协。这种差异性在另一项有关国家示范性高职建设政策中表现尤为明显。为了落实1993年《中国教育改革和发展纲要》提出的积极发展

① 财政部、教育部：《关于调整完善农村义务教育经费保障机制改革有关政策的通知》，财教〔2007〕337号，2007年11月26日。

② 周佳：《教育政策执行研究——以进城就业农民工子女义务教育政策执行为例》，教育科学出版社2007年版。

高等职业教育的方针，教育部分别于 2000 年 6 月和 8 月，先后两次下发
《关于确定北京工业技术学院等 15 所高等学校为示范性职业技术学院建
设单位的通知》（教发 ［2000］140 号）、《关于支持第二批示范性职业技
术学院建设有关问题的通知》（教发 ［2000］160 号）文件。然而，这两
个政策文件以及与之被启动的 31 所示范性高职并没有发挥多少实际作用，
很多高职院校并不太在意甚至不清楚有过这两个政策，政策在悄然无息中
熄火。原因何在？本书认为，一个重要原因就是这项政策是"不带钱"
的，只发个文，象征性地倡导建设示范性高职，这对各地方政府、高职院
校等利益主体而言是激不起兴趣的。时隔 5 年，往事被重新提起，国家还
是希望通过建设示范性高职院校来促进职业教育的大发展。2006 年 11 月
3 日，《教育部、财政部关于实施国家示范性高等职业院校建设计划加快
高等职业教育改革与发展的意见》（教高 ［2006］14 号）出台。该政策
计划从全国一千余所高等职业院校中，选择办学定位准确、产学结合紧
密、改革成绩突出、制度环境良好、辐射能力强的 100 所高等职业院
校，分年度进行重点支持，带动全国高等职业院校办出特色，提高水
平。一石激起千层浪，这回效果不一样。全国上下各相关利益主体的神
经一下子警醒、紧张起来，纷纷开展了争夺示范性高职院校建设大战。
为什么这一次的积极性如此之高，与上一回的反差如此之大呢？毫无疑
问，这回是"带钱"的政策，评审通过意味着可以获得中央一笔不菲
的建设资金。同是一个意思的政策，前后效果竟相差十万八千里，个中
缘由耐人寻味。

表 3-3　　　　　　　"带钱"的政策与"不带钱"的政策比较

类别	政策取向	政策利益主体	政策实效	政策举例
"带钱"的政策	具有实质性利益	能充分调动相关者的积极性去落实该政策	各政策主体所要追求的目标具体，易于执行	"211 工程"；"985 工程"；"重点学科基地建设政策"；"示范性高职院校建设"
"不带钱"的政策	象征性的意义，多为倡导性	通常难以充分调动相关者的积极性去落实该政策	博弈空间很大，政策调整与废止的可能性也大	"农民工子女教育政策"；《民办教育促进法》；"一费制"

"带钱"与"不带钱"只是一个形象的通俗说法，实际上，以政策有没有实质性好处来区分，在实践中有很多我国教育政策可以落入这两个象限当中。此外，类似于这样的"二元分析"维度还有很多，如根据教育政策的权威控制性的程度，可以区分出"刚性政策"与"弹性政策"的分析维度。前者如带有"禁止"、"取消"等字眼的教育政策；后者则多为"建议"、"试行"类的政策。

三　教育政策价值的冲突与政策的频繁波动

改革开放以来，尤其是社会主义市场经济体制建设深入推进的世纪之交以来，在多元价值观以及各种利益诉求取向的影响下，教育政策日渐成为教育行政部门一个频繁使用的工具手段，政府试图通过政策手段来调节大大小小的教育矛盾、解决方方面面的教育问题，似乎政策是万能的。这样一来，直接导致了我国的教育政策在一个时期内充满矛盾、易变的特点，政策的走马观花式的更迭与存废取代，给人以"计划不如变化快"之感，政策间的摩擦和冲突以及政策前后左右的不衔接、不连贯和空白断档，以致产生了在政策文件繁多频发的同时，却出现政策脱节、政策盲从和政策灰色区域，滋生政策执行中的投机主义与"钻空子"行为等不良现象。针对法制步调不一致、局部与全局关系不协调，以及政出多门、政令不一和各行其是，甚至一些地方和部门违法出台的一些规章制度和政策性文件等现象，2010年9月，温家宝同志在全国依法行政工作会议上的讲话中指出，"今后，各级行政机关要严格遵守宪法和立法法的规定，按照法定权限及程序立法和出台规范性文件，加强合法性审查，做到下位法与上位法不矛盾、不抵触，政策之间'不打架'。各地方和部门都要顾全大局，维护国家整体利益，自觉执行中央决策和国家法律，做到有法必依、执法必严、违法必究"[1]。

我国是教育大国，针对方方面面的教育问题必然要通过制造大量的相应教育政策来进行管理、处置。教育政策日积月累，自然就会形成一个庞

---

[1]　温家宝：《在全国依法行政工作会议上的讲话》，《人民日报》2010年9月20日第2版。

杂的教育政策文本库，在从中央到地方的各级各类纷繁复杂的教育政策中，便会有很多政策文本之间出现前后（政策制定的时间）、上下（政策制定的主体）、左右（与其他相关政策）等的冲突矛盾。

　　"公立学校转制"是教育政策价值在一个特定时期内发生剧烈冲撞的一个典型。转制学校曾在世纪之交引起了教育内外各界人士的广泛关注。其实，学校转制问题与国家企业改革中的"国进民退"与"国退民进"的争议有着极为相似的逻辑。从教育行动振兴计划开始，政府有意识地引导和鼓励公立学校转制，但是随着转制后问题的急进突出，形势的快速变化，政府发现转制的不妙，于是刹车禁行。然而，转制了的学校怎么办呢？这个问题大约在学校转制十余年后的 2006 年成为焦点，转制学校到了发展的十字路口，政府也只有顺势责令学校做出是"进"（彻底变为民办学校）还是"退"（退回一般意义上的公立学校）的抉择。从转制学校十余年短暂的发展过程不难看出，政府政策实施态度及其背后的价值取向也是相时而行的。转制学校到如今可谓早已销声匿迹，然而其"后遗症"即便到了今天仍会有所复发。一个典型的例子是，2009 年 6 月 12 日，浙江省教育厅下发《关于调整杭州外国语学校办学体制的决定》（浙教计 [2009] 93 号），一纸令下，杭州外国语学校需要将"办学体制逐步转为公办体制"、"招生采取'推荐加电脑派位'的办法"。这所身份含糊的国有民办学校终在强势行政权力干预下寿终正寝。据悉，浙江省教育厅日前也正在对全省 50 多所"既不是公办，也不是民办"、影响公平竞争的国有民办中学进行改制、规范办学行为。我们从这个案例不难看出政策顽疾消除的艰难。

　　我国当前教育政策价值的多维取向与内在冲突所导致的政策频繁调整、更替的现象值得重视，最直接的后果就是致使教育政策体系紊乱，缺乏稳定性和连续性，并导致不能正常地对政策进行评估与终结。可以这么说，科学意义上的政策评估与终结工作在我国还未步入理性之门。政策缺乏稳定性和连续性除了导致政策系统的紊乱外，还影响政策目标群体的某种法定权利的实现，导致政策目标群体对于政府产生不信任和抵触情绪。"政策频繁变动、朝令夕改，往往使政策执行主体感到无所适从，长此下去，他们慢慢便会失去对政府及其政策的信赖，从而漠视政策，导致令不行、禁不止，政策的权威严重流失。"① 要改进当前的这种现状，还得从政策目标的价值取向源头开始，任何一项公之于众的成文政策都应努力兼顾政策目标合理性、明晰性、具体性、协调性、稳定性等因素。与此同时，教育行政部门还需加大对教育政策自身的管理力度，加强对政策制定的规划调控，重视对废弃政策的清理、终止工作。

---

① 丁煌：《政策制定的科学性与政策执行的有效性》，《南京社会科学》2002 年第 1 期。

第四章　中国教育政策过程的路径特点

在我国的政策过程尤其是制定与执行的环节当中，有一些很有中国特色的政策行为现象，如政策酝酿中的吹风、"抖包袱"；政策制定中的动员、宣传；政策执行中的试点、推广；政策评估中的声势浩大；以及政策终结时的有始无终。中国教育政策在制定、执行以及评估等环节存在怎样的路径依赖或线路阻滞，改革开放以来中国教育政策在整体上又体现出什么样的路径，自下而上与自上而下的路径在中国教育政策过程中存在什么样的关系，等等，这些问题同样值得深入探讨。

第一节　精英决策与群众路线相结合

一　教育决策精英角色地位的日益凸显

有研究指出，中国的决策模式是一种典型的精英决策，决策过程基本取决于权力精英的作用，特别是深受人格化权力结构的影响。① 教育决策中的政策精英主要包括政府权力精英和专家学者精英；相对而言，社会精英，比方说企业家等在教育政策制定中的作用要比其他领域小些。权力精英尤其是各级党政领导及教育行政部门精英群体发挥着重要作用。由党中

---

① 胡伟：《政府过程》，浙江人民出版社 1998 年版，第 254 页。

央、国务院发布的教育政策多半由国务院总理、国务委员等主导；教育部颁发的文件则由部长、司局长牵头。权力精英在政策过程中的作用主要体现为"定调子"，即基本锁定了政策的主要精神原则和内容范围。

专家学者在教育政策决策中的影响作用近年来日渐凸显。各路专家学者往往成为具体教育政策决策的智囊，在一定程度上能影响教育政策的制定。在重大教育政策制定时，常可听到他们的观点主张并见到他们忙碌的身影。其一，在政策的调研环节，他们承担了重要任务，常以政策调研者的身份到各地各部门开展调查研究工作，并适时提出咨询报告；其二，在政策的起草环节，往往他们还被委以重任，受权力精英委托起草担纲相应的政策文本初稿，提供不同版本的政策方案；其三，政策制定全过程中的建言献策，特别是针对有关方面的征求意见提出意见和建议，以提高政策质量。

我们以国务院领导和组织制定的《国家中长期教育改革和发展规划纲要》为例，通过其领导小组和工作小组的成员名单的"强大联合阵容"可以充分说明这一问题（见表4–1）。

值得一提的是，以往政策精英与学术精英，或者说决策文化者与学术文化者在教育政策过程乃至教育活动中交往不够。现在，教育政策决策者与教育理论研究者家、教育实践一线人员的联系日趋紧密。陈至立同志在2002年全国教育科学"十五"规划课题评审会上的讲话也强调了教育科研活动必须树立为重大教育决策服务的意识，研究教育发展中出现的热点、难点问题，对于一些教育问题做出长远的、全局性的和深层次的科学研究，提出新思路、新办法，为教育决策当好参谋。

二　教育政策过程中的群众基础与参与

胡伟指出，政府的政策过程不仅受制于政府系统内的权力结构和体制，而且关联到政府系统与其外部环境的输入和输出，特别是共产党同群众以及政府于社会的交流方面。就此而言，政策运作的主要规范不仅是民主集中制，而且更根本的是中国共产党的群众路线。[①]群众路线体现在教

[①]　胡伟：《政府过程》，浙江人民出版社1998年版，第74页。

表 4 –1   "精英荟萃"：《国家中长期教育改革和发展规划纲要》
成员名单①

身份	领导小组		工作小组	
组长	温家宝	国务院总理	刘延东　国务委员	
副组长	刘延东	国务委员	周　济　教育部部长 项兆伦　国务院副秘书长 张　茅　发展改革委副主任 袁贵仁　教育部副部长 张少春　财政部副部长	
成员	张　平 周　济 万　钢 李毅中 谢旭人 尹蔚民 孙政才 谢伏瞻 路甬祥 陈奎元 徐匡迪 张玉台 项兆伦 陈宜瑜 邓　楠	发展改革委主任 教育部部长 科技部部长 工业和信息化部部长 财政部部长 人力资源和社会保障部部长 农业部部长 国研室主任 中科院院长 社科院院长 工程院院长 发展研究中心主任 国务院副秘书长 自然科学基金会主任 中国科协副主席、书记处第一书记	曹健林　科技部副部长 陈求发　工业和信息化部副部长 王晓初　人力资源和社会保障部副部长 张桃林　农业部副部长 江小涓　国研室副主任 白春礼　中科院副院长 武　寅　社科院副院长 潘云鹤　工程院副院长 卢中原　发展研究中心副主任 孙家广　自然科学基金会副主任 齐　让　中国科协副主席	

育政策过程当中，就是要求党和国家各项政策的制定应符合人民群众的利益。教育政策的群众路线也就是民意路线。现代政府倡导服务型政府、民主型政府的理念，坚持科学发展观，坚持以人为本是新时期我国的执政理念。政策过程的群众路线就是弘扬我党一贯倡导的"一切为了群众，一切依靠群众，从群众中来，到群众中去"的工作方法，将这一精神贯彻到政策过程中去。具体而言，政策精英在决策前、决策中以及政策实施中，要深入基层，广泛开展调查研究，发动群众参与讨论，收集民意，掌握实际情况并反映群众的需求。具体到教育政策过程，就是要充分体现民意，反映群众呼声。

此外，我们还应看到，群众的觉悟在提高，底层的智慧与自下而上的

---

① 国务院办公厅：《关于成立国家中长期教育改革和发展规划纲要领导小组和工作小组的通知》，国办发［2008］112 号，2008 年 10 月 7 日。

自主创新摸索在教育领域也是不可小觑的力量。正如中国青年报社谢湘副社长所指出的那样：“改革开放唤醒了人们的权利意识，对政府出台的各种政策，人们不会像从前一样完全被动地接受，而要求有知情权、质询权，当然也要有说话权。诸如学生和家长的权利问题、教育公平问题、教育质量问题等等，人们开始有了有权过问的意识，我们应当把这看作社会进步的标志。”① 因而，政策过程的群众参与和群众基础，在广度与深度两个方面都应该深入，这是确保制定一个让人民群众满意、符合中国国情和时代特点的、高质量的、管用的教育政策基本保障。群众基础的主要体现：其一，在价值取向把人民群众的满意放在首位，注重人民群众的满意度；其二，在行动与态度上，尊重群众首创，广开言路，群策群力，发扬民主，集思广益。本书将在下章就《国家中长期教育改革与发展规划纲要》的政策过程分析中进一步阐述教育决策的群众路线问题。

我们还要看到，中共十八届三中全会自颁布《中共中央关于全面深化改革若干重大问题的决定》以来，我国公共治理体系正从以“个人魅力和权威”为主导向以“提高效率＋广泛参与”为基础转变，这是政府职能转变、加强公共服务等的必然诉求。

第二节　自上而下与自下而上的互动

一　两种政策路径的利弊简析

自上而下（top-down）与自下而上（bottom-up）是公共政策学中针对政策过程特别是政策制定和执行过程中常见的一种分析路径。自上而下与自下而上双向互动的政策过程特点与精英与群众相结合的路径在逻辑上接近，但侧重点不一样。本文更侧重于指教育政策过程中，政府间的信息对流与相互影响的过程。从政策主体的角度来看，主要是指各级政府、教育

---

① 王旭明：《为了公开：我当新闻发言人》，作家出版社 2009 年版。

行政部门以及学校在政策的探索性实践中的双向互动路径。

　　一般而言，自上而下的路径强调的是政策过程的权威控制，政策是由集权的、层级的行政组织策划或制定的，强调层级制的指挥命令关系，下级是在上级的指挥领导之下，多半是服从与执行的角色。理论上讲，这种政策过程的路径取向强调中央政府、决策官员在政策执行中的核心作用，无疑忽视了来自严格的官僚体系控制之外的利益相关者的参与，影响了政策目标达成所需要的其他积极性与创造性因素，忽视政策过程的系统功能发挥。总而言之，它容易导致中央与地方的脱节，政策制定者和政策执行者的背离，政策目标与政策结果的偏离。

　　自下而上的政策过程则强调基层的利益相关者的自主权与积极行动，上级政策决策者应给予基层官员或地方执行机构自由裁量权，使其能适应复杂的政策环境，在理论上强调政策执行机关的互惠与基层的裁量权，重视相互间的沟通。有研究从政策执行的环节对自下而上的模式做了这样的解释："强调应该给予基层官僚或地方执行机关自主裁量权，使之能够适应复杂的政策情境，中央的政策制定者，其核心任务并不是设定政策执行的架构，而是提供一个充分的自主空间，使基层官僚或地方执行机关能够采用适当的权宜措施，重新建构一个更能适应执行环境的政策执行过程模式。"[1] 毋庸置疑，自下而上路径的最大问题就是它的低效与高决策成本，民主的机制未必能快速统一共识办成事、集中力量办大事。"议而不决"、"推而不动"等现象在教育行政管理、政策执行中司空见惯。

二　综合型决策模式的理想选择

　　从我国教育决策的发展历程来看，它经历了由传统经验型决策向理性型决策再向现代的综合型决策发展的过程。从新中国成立到改革开放前，我国主要实行计划经济体制，政策制定由党和国家统一规划，社会利益分化与利益诉求主体不够强大，包括教育政策在内的公共政策大多是由政治权力主导的自上而下一元模式。特别是新中国成立初期，这种自上而下的

---

　　① 李允杰、丘昌泰：《政策执行与评估》，北京大学出版社 2008 年版，第 56 页。

路径主要是根据政治精英自身的经验来进行决策，而且大多是模仿、移植国外（主要指苏联）的教育政策，教育政策几乎没有民主科学的成分可言。个人的主观意愿与"阶级"思维方式甚至还给教育决策带来了很大的灾难。随着改革开放的深入，社会利益多元化显现，经济体制改革带动各个领域的全方位改革，自下而上的政治与政策要求日渐增多，政策过程的客观环境发生变化，教育决策得到极大的改善，决策的科学化、民主化与绩效化水平不断提高，并走出了一条从点到面、由浅入深的渐进式决策模式和综合式决策模式的道路。①

事实上，纯粹的自上而下或自下而上都是不够理想的过程模式。当前，无论是政策制定者还是政策执行者，都需要在政策过程中相互结合，相互支持，相互沟通，在政策实践领域越来越多地强调二者的上下互动路径。上下互动的模式并不是专指政策过程的政府间传递，"上"和"下"是相对而言的。例如，一所高校的某一政策决策，"上"可能就是校领导、党委会等主体，"下"可能就是中层教学与行政部门乃至教师、学生代表。

当前，高校自主招生政策行进与争议皆如火如荼。我们不妨以2009年11月发布的北京大学《"中学校长实名推荐制"实施方案》的政策制定过程为例来加以说明，该政策是高校探索自主招生政策的一部分。2009年4月，北京大学召集浙江15所重点中学校长召开了一次招生工作的研讨会。在那次会议上，浙江省杭州二中校长叶翠微提出，国内一些办学条件较好、生源质量优秀的中学，其校长可以个人名义和自身信誉为担保，向知名高校推荐优秀学生。这个建议向上传递给北大有关部门和领导，受到充分的重视。可见，该政策出台的起因及政策议程设定是自下而上的。此后，"北大招办"这一中层结构开始组织相关专家学者对此进行充分讨论和调研，并征求全国部分中学校长的意见。这是政策决策过程的进一步自下而上。2009年5月，北大召开自主招生战略研讨会，邀请教育部考试中心相关负责人、部分专家学者、全国部分中学校长和学生代表就进一步探

---

① 参见黄忠敬《我国教育政策制定过程之探讨》，《教育理论与实践》2003年第7期。

索自主招生选拔新模式进行了深入讨论，形成了基本共识。这个过程是北大校方发起的自上而下的互动行为。在此基础上，经北大自主招生专家委员会和北大招生委员会审议，形成了《北京大学"中学校长实名推荐制"实施方案》。政策制定环节里完成了最后一个自上而下的政策行为。以下我们进一步以图片的方式呈现这一"上下互动"过程。① 详见图4-1。

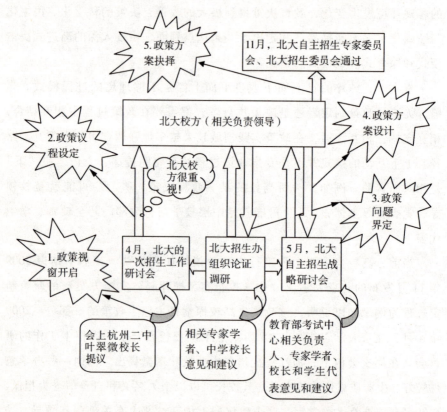

图4-1 北京大学"中学校长实名推荐制"政策制定过程

政策过程中的"上下互动"模式，充分发挥了政策的民主性与科学性，相关信息更加透明对流，能有效防止"上有政策，下有对策"、"你有政策，我有对策"、"下级政策架空上级政策"等现象。

---

① 参见柴葳《中学校长实名推荐制：多样化人才培养模式新探索》，《中国教育报》2009年12月15日。

第三节　政策试点与示范并举

一　政策试点与示范的国情特色

政策试点是我国政策执行环节的一个重要原则。试点政策与示范性突破也是我国公共政策过程中的一个特色。有研究指出，"党的十一届三中全会以来，我国政策执行模式主要是试验模式，即实验—总结—推广模式"①。"试点"，即选择一定的政策对象，进行典型试验，在试点中观察、分析、总结经验教训。政策试点的合理性在于，由于政策执行存在资料缺乏、认知有限、经验不足以及现实中主客观因素限制，很难预料一项政策目标是否正确、政策执行的最终结果是否与当初设想的政策目标一致。"在政策试点、实验过程中，既可以检验政策的正确与否，发现问题与偏差，及时向政策制定者反馈信息，修改和完善公共政策；又可以从实验中获得带有普遍指导意义的信息，如执行的程序、方法、步骤、注意事项等，为公共政策的全面实施取得有益的经验。"② 有研究分析到，改革政策的制定模式是我党在实事求是思想路线的指引下，在中国特定的环境中形成的，这种模式的核心思想是：在改革的目标尚不完全明确，对改革政策的后果不能充分掌握的情况下，我们逐步展开政策措施，通过试点、实验的方法进行政策效果测试，及时反馈测试的各种信息，评价试点政策，并加以完善修正，形成完善的政策。③

教育政策试点也是一个很有中国特色的现象。我国幅员辽阔，人口众多，经济文化千差万别，地域环境差异很大，各种影响教育的因素可谓错综复杂。这就决定了我国的教育政策多少都会带有"摸着石头过河"的模式特征。教育政策的试点与示范性突破是政策决策者为了验证其决策的

---

① 金太军等：《公共政策执行梗阻与消解》，广东人民出版社 2005 年版，第 162 页。
② 吴元其、周业柱：《公共决策体制与政策分析》，国家行政学院出版社 2003 年版，第 143 页。
③ 张粟：《政策制定的模式选择》，《兰州学刊》1997 年第 3 期。

正确性、可行性，并在全面施政之前掌握实施该政策的执行方案，而在一定范围内选择一定对象进行一种局部性决策实施活动。每逢我国重要的教育改革，"每改必试"几乎成了惯例。一项教育政策的启动，意味着新的改革探索的开始，既然是探索就会有不确定因素，因此需要试点、积累经验，逐渐推进。教育试点政策的意义在于探路，从试点中逐步明确政策目标，形成成熟的政策，从而成为下一阶段政策推广的优势带头政策。如我国于 1999 年 5 月启动的第八次课程改革，便坚持"先实验，后推广"的实施原则。我国新一轮基础教育课程改革工作从 2001 年秋季第一批试点，到 2005 年全面推开，大体分为以下循序渐进的阶段：酝酿准备阶段、试点实验阶段、全面推广阶段。试点性政策在文件呈现方式上多半是通过在政策文件后加上"试行"、"暂行"等字眼或"关于×××试点工作的意见"等方式公之于众。如 2001 年 7 月教育部颁布的《基础教育课程改革纲要（试行）》；2007 年 5 月 9 日，国务院办公厅转发的教育部、财政部、人事部、中央编办等关于《教育部直属师范大学师范生免费教育实施办法（试行）》。"中央政府通过对部属师范大学的直接资助，率先垂范，地方各级政府在条件成熟时将以此为仿效，由经费扶持逐步扩大到其他政策、制度方面的优惠。政策试点成功以后，有望迅速推广，以彻底缓解现阶段教师队伍的资源短缺状况。除首批试点的六所部属师范大学外，以西北师范大学、四川师范大学为代表的一批地方师范院校已经开展师范生免费教育试点。"①

表 4 - 2　　　　　　　　　　　试点教育政策举例

年份	政策试点内容	相关政策	试点范围
2001	新课程改革（初中）	《中共中央国务院关于深化教育改革全面推进素质教育的决定》；《基础教育课程改革纲要（试行）》等	教育部在全国建立的首批 38 个国家课程改革试验区
2001 - 11 - 16	"一费制"收费	国家计委、财政部、教育部关于坚决落实贫困地区农村义务教育阶段试行"一费制"收费制度的通知	农村贫困地区

---

① 徐辉：《改革开放三十年来中国高等师范教育学费政策研究》，《辽宁师范大学学报》（社会科学版）2009 年第 2 期。

续表

年份	政策试点内容	相关政策	试点范围
2001 – 06 – 07	免费教科书提供	教育部、财政部印发《关于对全国部分贫困地区农村中小学生试行免费提供教科书的意见》	全国部分贫困地区农村中小学,家庭经济困难学生
2001 – 06 – 08	把农业技术、经营、管理等内容纳入教育内容的"绿色证书"政策	教育部、农业部关于印发《关于在农村普通初中试行"绿色证书"教育的指导意见》的通知	各省级教育行政部门根据实际情况选择试点,逐步推开
2003	自主招生改革试点	《教育部办公厅关于做好高等学校自主选拔录取改革试点工作的通知》(教学厅〔2003〕2号)等	全国 22 所高水平大学
2004	普通高中新课程改革实验	教育部对新课程改革方案的批复	山东、广东、海南、宁夏4省区
2006	现代远程教育试点高校网络高等学历教育招生	《教育部关于做好 2006 年现代远程教育试点高校网络高等学历教育招生工作的通知》(教高〔2006〕2号)	北京大学等 66 所试点高校
2006 – 12 – 09	优势学科创新平台试点	教育部、财政部《关于试点建设"优势学科创新平台项目"的意见》	中国地质大学、中国矿业大学、中国石油大学、中央财经大学、北京科技大学
	农村现代远程教育试点		
2007	部属高校免费师范生教育政策	2007 年 3 月 5 日十届全国人大五次会议的政府工作报告及随后的文件	教育部 6 所直属师范大学
2009	重点加强农村中等职业教育并启动免费政策试点	见 2009 年教育部工作重点	农村中等职业教育
2009 – 11	中学校长实名推荐制	《北京大学"中学校长实名推荐制"实施方案》	13 个试点省(区、直辖市)39 所中学

在我国党和政府的政务行为中,"典型示范,逐步推广"或"先立后破,先实验后推广"是一种惯常做法,这种政策调整中所采取的渐进思想和方法,也易于被人接受。教育政策试点中的重点突破常以示范性政策和重点建设(支持)性政策的方式推行,它也是一类颇具本土特色的教育政策过程现象,教育政策重点突破与政策试点有相似之处,如二者都是在局部范围内、针对少数对象实施的教育政策。但二者仍有区

别，"试点"当然是不成熟的，有待后续观察和改进的；而"示范"性地推行的政策，则强调该政策本身的成熟性、带头性与扩散性，尽管该政策可能也是一项新实施的政策，但政策制定者赋予了它"点"上突破的功能。

二　政策试点与示范中的问题分析

我国的重点建设或示范性教育政策的出现与我国是教育大国、教育政策辐射面广人多有关，需要"集中资源办大事"。此外，教育改革是一项复杂的社会系统工程，因此也必须坚持重点推进。从政府和教育职能部门的角度来讲，当然希望有一些典型的样板性政策出现，以给其他地方、其他领域的政策实施树立样板，起到带头促进的作用。以招生考试政策改革为例，像这样关系"千家万户"的政策，几十年的改革似乎总是处于"试点"之中。20世纪90年代后期的"3＋X"高考招生制度改革，2014年以上海、浙江为先行试点所启动的考试招生制度改革，均是重点教育政策试点的典型。这年来，我国教育政策领域中的"国字号"示范性政策现象异常鲜明，诸如通过具体的教育政策所启动的"国家重点学科基地建设"、"国家精品课程建设"、"国家级特色专业"、"国家级教学团队"、"国家示范性高职院校建设政策"、国家重点建设高校和学科（"211工程"）、"国家重点支持创建世界一流大学"（"985工程"）、"国家优势学科创新平台建设"（"小985"）等。

表4－3　　　　　　　　　重点（示范）性教育政策举例

年份	政策试点内容	政策出处	试点办法
1980－10－14	示范性普通高级中学	《关于分期分批办好重点中学的决定》	各省自己掌握标准评选
1993－02	示范性骨干学校或培训中心	《中国教育改革和发展纲要》	中心城市的行业和每个县都应当办好一所至两所
1993－05－10	重点中专	《国家教委关于评选"国家级、省部级重点普通中等专业学校"的通知》	省部级重点中专学校数应控制在学校总数的20％以内，国家级重点中专学校从省部级重点中专学校中择优遴选

续表

年份	政策试点内容	政策出处	试点办法
1993 – 07 – 15	"211 工程"重点建设项目	《国家教委关于重点建设一批高等学校和重点学科点的若干意见》	100 所左右高等学校和一批重点学科
1995	示范性普通高级中学验收	《国家教委关于评估验收 1000 所左右示范性普通高级中学的通知》	分批验收 1000 所
1999 – 01 – 13	"985 工程":重点支持国内部分高校创建世界一流大学和高水平大学	《面向 21 世纪教育振兴行动计划》	一期名单(34 所)
1999 – 06 – 14	推动高等学校人文社会科学研究事业的发展和科学研究体制的改革	教育部关于印发《普通高等学校人文社会科学重点研究基地建设计划》的通知	从 1999 年到 2001 年分三年滚动评审确定 100 个左右
2006 – 12 – 27	加强国家重点学科建设	《教育部关于加强国家重点学科建设的意见》	2007 年,286 个一级学科,679 个二级学科
2006 – 11 – 03	示范性高职院校建设政策	《教育部、财政部关于实施国家示范性高等职业院校建设计划加快高等职业教育改革与发展的意见》	计划建设 100 所,实际重点建设的 108 所高职
2004 – 03 – 03	"长江学者奖励计划"和"高等学校创新团队计划"	《2003—2007 年教育振兴行动计划》	高校高层次创造性人才
2005	开展创建规范教育收费示范县活动	《国家七部委关于开展创建规范教育收费示范县(市、区)活动的意见》	县(市、区)按示范县标准自评,认为自身符合各项评选条件的,可向地(市)等层层申报,参加评审
2009 – 06 – 14	落实部属师范大学师范生免费教育示范性举措	《教育部关于"教师教育创新平台项目"实施工作的意见》	北京师范大学等 6 所部属师范大学

政策试点与重点突破相结合的政策路径在现实中遭到一些批评。主要的问题是对试点政策和重点政策这些先行者的评估、改进工作做得不够实。通过试点,随时总结经验、完善政策本该是该模式的中心环节,然而现实中这一环节工作有所忽视。试点政策执行后,对其评价至关重要,如果没有做好评估、调整改进就盲目推广,那么先行的政策并没有实现试点

的职能，既没有捕获成功的原因，也没有掌握失败的教训，更没有拿出政策全面推广实施所需的改进方案。以轰轰烈烈的新一轮基础教育课程改革为例，该政策首先没有考虑到全国范围内普适性与差异性的矛盾，新一轮基础教育课程改革，无论东部、西部，还是城市、农村，课改指导思想、课改内容、课改要求等都是一致的。此外，在新课程改革的推行过程中，有些学校为了贯彻政策标准，满足课改硬性要求，一定程度上存在形式主义的倾向，应付上级的检查。① 人们对重点和示范性教育政策最大的异议就是政策本身的公平性问题，如重点高中政策。改革开放以来，在邓小平同志等的直接倡导下，重点高中政策在我国一度以国家政策的方式推行，也奠定了我国当前各县市高中办学的基本格局。重点高中政策后来遭到社会的广泛批评，国家开始有意识淡化"重点"二字，于是出现了"实验高中"、"示范性高中"等称谓，然而，政策的精英性并没有多大改变。

教育政策的"试点"风，即便是"再试行"也说明了政策执行效力不够的问题。久而久之，政策试点就成了一种虚假的仪式，容易"生米煮成熟饭"，得不到利益相关者的支持和信任，从而导致政策的低效或失败，变成"试错"。总体上说，政策试点与重点突破是教育政策实施中的一个有着重要意义的过程。试点政策应严格遵照"总体规划、试点先行、重点突破、分步实施"的原则推进，坚持贯彻"以点带面，逐步推开"的行动法则，切忌短暂试点、虚假试点、盲目试点、急于推行。我国任何一项教育政策的实施都牵涉面广，工作复杂，各级政府、教育行政部门应视实际情况，先行试点，取得经验后，逐步推广。切忌在条件不成熟时，一哄而上，搞"一刀切"，搞短平快。要注意培养、树立、宣传一批好的典型，总结推广先进经验，以促进政策实施实际功能的有效发挥。

---

① 参见张亚星《我国新课程改革的形成与政策分析》，《教学与管理》2007 年第 6 期。

第四节　政策传递、继承与仿效扩散

一　政策传递与继承类型分析

这里分析的教育政策过程中的政策传递、嫁接、继承、仿效与扩散的行为，主要是指政策制定者的行为，但其外在表现则是政策文本之间的内在联系。政策传递常发生在上下级政府或部门间。

1. 纵向政策间的传承

通常情况之下，上级政策主体下发了一个政策文件，对应的下级部门需要再以文件（通知）的方式在本级层面动员、执行。在我国国民经济社会发展中有一个传统性的政策规划，就是五年计划。实际上类似于五年计划的政策还会以其他形式展现。教育领域中也不乏诸如此类的具有传递性、继承性的常规政策，如每隔多少年的教育发展规划、往复性的教育改革项目。如 1949 年到 20 世纪初，我国内地基础教育课程先后经历了八次重大改革，在其不同的历史条件下，对课程计划、课程标准、教材进行改革，这就说明新课程改革政策是有一种传统继承与路径依赖性的。以具体的第八次新课改的政策过程观之，里面仍"嵌套"了一个子政策系统的传递与承继关系：1999 年 6 月，《中共中央国务院关于深化教育改革全面推进素质教育的决定》提出，要"调整和改革课程体系、结构、内容，建立新的基础教育课程体系"；2001 年 6 月，《国务院关于基础教育改革与发展的决定》进一步明确了"加快构建符合素质教育要求的基础教育课程体系"的任务。经过充分酝酿和研究，2001 年 7 月，教育部制定了《基础教育课程改革纲要（试行）》，确定了改革目标，研制了各门课程的课程标准或指导纲要；2001 年秋季，义务教育各学科课程标准（实验稿）实施；2003 年秋季，修订义务教育阶段课程计划、各学科课程标准以及《地方课程管理与开发指南》《学校课程管理与开发指南》和中小学评价与考试的改革方案。

2. 横向政策间的流通

教育政策经常会在横向主体之间互相影响、借鉴，如学校之间、教育行政部门之间以及教育行政部门内部各处室之间，这种现象可以理解为政策的横向传递。

本书曾系统地考察宁波市北仑区的区域教育均衡发展的系列政策，发现了政策发展中的传承与创新关系①。研究发现，北仑教育政策不是零散的、随意变动的。北仑教育部门的领导换了一届又一届，但北仑基础教育的均衡发展之策却并未出现人为的中断，其"传承与创新并举"的政策演进历程实属难能可贵。以指标硬性分配的招生录取政策的变迁为例。在招生录取的公平追求上，北仑积十余年之经验，将"招生指标硬性分配"这一政策从公办普高扩展到重点高中再扩展到优质民办初中。《2008 年北仑区办学体制改革试点学校初中招生方案》将区外语学校、芦江书院和东海实验学校 3 所民办学校纳入了指标硬性分配的招生政策的指向范围。该政策规定，"三校"2008 年招生采取将招生计划直接分配到校的办法，分配依据是各小学毕业生总人数和近两年各小学通过学业测试择优录取升入"三校"的学生人数。具体的招生计划分为两部分：50% 的招生计划按各小学毕业生总人数占全区总数的比例确定分配指标；另 50% 的招生计划按 2006—2007 年各小学通过学业综合测试录取人数占当年招生学校总录取人数的比例的平均值确定分配指标。通过对招生政策扩展路径的探析，我们不难看出北仑教育改革与发展中的政策传承与创新，具体表现就是政策发展的渐进性、连续性与可持续性。政策的传承与创新还体现在北仑公共教育政策对宁波市、浙江省乃至中央政策的贯彻执行与发展创新上。最典型的是：不断完善对弱势群体就学的"助、奖、补、减、帮"多元帮扶政策。如上文所分析的对外来工子女的资助政策中，北仑的做法还进一步发展到与浙江省政府推出的"资助扩面"、"爱心营养餐"等重点扶持性政策对接，将原本针对欠发达地区农村的优惠倾斜政策进一步扩展到外来工子女，使外来工子女在获取相关资助方面也获得了"同城化"

---

① 参见方展画、贺武华《以政策软实力促进基础教育均衡发展——解析"北仑现象"》，《人民教育》2008 年第 24 期。

的待遇。

二 政策仿效与扩散现象概述

与政策传递相近的政策行为是政策的仿效与扩散。如果说传递是一种程序化的行为，那么仿效与扩散更加倾向于自主、自发的行为，更具主动性、积极性和变通创造性。当然，实际上，政策的传递继承与仿效扩散往往是同时进行的，并不存在严格意义上的区分界限。

2000 年 4 月 6 日，中共中央办公厅、国务院办公厅下发《关于推动东西部地区学校对口支援工作的通知》（厅字 [2000] 13 号），启动实施"东部地区学校对口支援西部贫困地区学校工程"和"西部大中城市学校对口支援本省（自治区、直辖市）贫困地区学校工程"（"两个工程"）。一年后，对口支援政策取得了阶段性成果，国务院于 2001 年将"西部大中城市学校对口支援本省（自治区、直辖市）贫困地区学校工程"扩展为全国性的"大中城市学校对口支援本省（自治区、直辖市）贫困地区学校工程"。这是一个政策扩散的过程，对口支援政策的对象范围获得了进一步扩大；与此同时，教育部又于 2005 年下发《教育部关于实施"援疆学科建设计划"的通知》（教研函 [2005] 2 号），推出援疆学科建设计划；后又与国家民委合作，启动对口支援民族院校等专门项目；这也是对原有对口支援内容的一次扩散；同年 6 月，教育部启动实施"对口支援西部地区高等学校计划"，首次确定了北京大学与石河子大学等 13 对东西部高校的对口支援建设的关系。这又是对口支援政策的一次扩散行动，即从中小学校层面扩展到高校层面；2006 年 9 月，教育部《关于进一步深入开展对口支援西部地区高等学校工作的意见》（教高 [2006] 12 号）下发，这是对 2001 年《对教育部关于实施"对口支援西部地区高等学校计划"的通知》（教高 [2001] 2 号）政策精神的进一步传递、发展。

我们不妨再以国务院先后两次转发的两个极为密切的教育政策为例做进一步的说明。1998 年 12 月，国务院转发教育部《面向 21 世纪教育振兴行动计划》（1998—2002）（国发 [1998] 4 号），《面向 21 纪教育振兴行动计划》是在贯彻落实 1995 年《教育法》及 1993 年《中国教育改革和发展

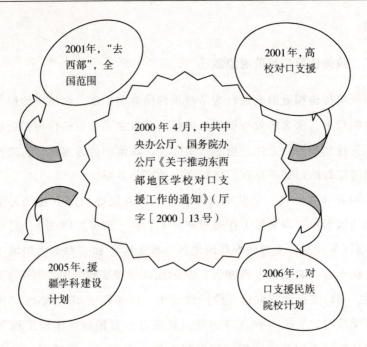

图4－2　"两个工程"政策的扩散图

纲要》的基础上提出的跨世纪教育改革和发展的蓝图，是这两个重要政策法规精神内容的继承与发展。2004年3月3日，国务院再次批准了教育部《2003—2007年教育振兴行动计划》（国发［2004］5号，简称新一轮《行动计划》）。这一计划是教育系统落实科教兴国和人才强国战略，加快教育改革与发展的基本蓝图，新一轮《行动计划》是在《面向21世纪教育振兴行动计划》顺利实施并取得显著成效的基础上形成的。我们总体上可以看出由国务院或中央转发的《中国教育改革和发展纲要》《教育法》《面向21世纪教育振兴行动计划》以及《2003—2007年教育振兴行动计划》这几大教育政策之间紧密连接、依次传递的关系。

表4－4　　　　　国务院三个"行动计划"政策的传接

	《中国教育改革和 发展纲要》	《面向21世纪教育 振兴行动计划》	《2003—2007年教育 振兴行动计划》
日期与文件号	1993－02－13　中发 ［1993］3号	1999－01－13　国发［1998］ 4号	2004－03－03　国发［2004］ 5号

续表

	《中国教育改革和发展纲要》	《面向 21 世纪教育振兴行动计划》	《2003—2007 年教育振兴行动计划》
政策背景	为了实现党的十四大所确定的战略任务，指导 20 世纪 90 年代乃至 21 世纪初教育的改革和发展，使教育更好地为社会主义现代化建设服务	贯彻党的十五大所确定的目标与任务，落实科教兴国战略，全面推进教育的改革和发展，提高全民族的素质和创新能力	贯彻党的十六大精神，实施科教兴国和人才强国战略，切实把教育放在优先发展的地位，加快教育改革与发展
政策功能	指导改革，规划发展	谋划发展，规划未来	谋划发展，规划未来
政策时效	20 世纪 90 年代初至 21 世纪初的 10 年间	五年一规划，1998—2002 年	五年一规划，2003—2007 年
政策内容与结构	6 个部分，50 个要点	12 个部分，50 个要点	14 个部分，50 个要点

上述三次"教育振兴行动计划"是同一级政府间的前后传递，政策决策者在有意保持政策的连贯性。政策信号还会在不同层级政策主体间进行传递与仿效扩散，这也是我国教育政策间关系的一个重要方面。比如说，国家层面有"国家精品课程"建设政策、"国家重点学科基地"建设政策、"国家示范性高职院校"建设政策等"国字号"政策，与此对应则是省级政府相应做出的"省级精品课程"建设政策、"省级重点学科基地"建设政策、"省级示范性高职院校"建设政策等"省字号"教育政策。我们不妨以浙江省"十一五"期间的省级示范性高等职业院校建设为例来说明政策在上下之间传递的行为。2009 年 3 月，浙江省教育厅、浙江省财政厅正式发文《关于确定省级示范性高等职业院校建设计划立项建设单位的通知》（浙教高教〔2009〕53 号）正式拉开了省级示范性高职建设的序幕。参照国家示范性高等职业院校的建设标准，浙江省启动省级示范性高职院校建设政策，"十一五"期间财政将投入 2 亿元专项资金重点建设好 20 所省级示范性高职院校，周期为 3 年（2009 年 6 月至 2012 年 6 月），在"建设路径"上，一要优化专业设置，二要深化课程开发，三要丰富教学模式，四要强化师资队伍，五要改善实训条件；在"评价验收"方面采用滚动方式进行，其中 2010 年 12 月为中期评价，2012 年 6 月进行终期验收。

教育政策的传递继承以及扩散仿效有利于保持政策的连贯性、持久性，防止不必要的政策冲突。然而，这种行为也容易导致形成政策路径依赖后的惯性、惰性思维，阻碍政策创新行为的发生。

第五节　政策学习与本土化移植创新

一　教育政策的学习与借鉴

政策传递与扩散主要还是针对本土教育政策之间发生的行为，而政策学习与本土化移植创新（有的研究称政策转移、政策传播、政策模仿等概念）则主要是针对本土与外来政策之间的信息交换与实践转换的过程关系。政策、制度的学习与移植是一种日趋深化与普遍化的国际性现象。"政策转移已成为民族国家学习别国的政策经验、吸取别国的政策教训，融入现行国际政治经济秩序的政策选择路径之一。"[1] 与政策学习和政策移植密切相关的概念和研究还有政策转移、政策借鉴、政策引进、政策吸收、政策效仿等，本文不对这些概念做区别性研究，而是从整体上把握它们的共性基本内涵。魏淑艳博士对狭义的政策转移进行了界定："一个民族国家（或超国家组织）的某项公共政策、政策知识、行政管理安排和机构等向另一个民族国家迁移的现象和过程。"[2] 这种对政策转移的理解方式可用来理解本文所指的政策学习、移植问题。

教育政策具有共性和开放性，是可资借鉴的，在当今开放的全球化时代，教育政策在不同国家间的学习转移与移植创新现象也实属常见。新中国成立初期，我国高等教育全面移植苏联模式，出现了照搬苏联模式的"一边倒"现象。改革开放以来，我国教育的改革与发展在放眼全球、学习西方先进经验方面同样日益往纵深方向推进。1983 年，邓小平同志为北京景山中学题词"三个面向"，"面向世界"便是三者之一，成为指导

① 魏淑艳：《中国公共政策转移研究》，东北师范大学出版社 2006 年版，第 1 页。
② 同上书，第 20 页。

我国教育改革与发展的战略方针的重要组成部分。近年来，随着国际交流的频繁与信息网络化的便利，政府官员等通过出国考察、会议信息交流、资讯传媒等途径能比较方便地获取世界各国的教育情况。我们熟知的"长兴教育券"便是出国考察时将"异国种子"带回来的一个经典例子。2000 年 11 月，刚刚上任长兴县教委主任的熊全龙，在美国加州罗斯密学区考察，第一次听说了"教育券"，认为可以带到他所在的"百强县"实践，以解决当时所面临的教育困扰。于是，经过将近 10 个月的筹备，2001 年 9 月新学期开学时，"长兴教育券"便成为一个县级教育行政部正式推出的政策创新。

教育政策的外来借鉴大致有两种呈现形式，其一，国外具体教育政策的学习借鉴，这种借鉴方式不是说百分之百地照抄照搬，也会结合实际进行本土化变通，比如说有中国自身特色实践特点的各地各类型教育券政策；其二，没有具体的西方已有的某项教育政策的影子，却是在西方教育思想理论、政策科学知识、国家教育战略蓝图等指导或影响下进行的政策改革或政策制定，比如，众所皆知的我国新一轮课程改革政策。

我国公共教育政策借鉴学习和参照比较西方政策经验的现象多有表现，比较典型的，如一些与市场主义、后现代主义、建构主义等改革主张密切相关的教育政策。从具体一点的教育政策来看，如公立学校转制（国有民办）与美国的"公校私营"、特许学校模式。此外，我国的学分制改革、大学城（高教园区）建设、教育成本分担、产学研孵化基地、通识教育等改革主张及其政策行动逻辑多少受到西方相关理论、思潮等的影响。

二　从舶来品到本土化创新

"本土"、"本土化"是颇具中国话语意境的词语。远的不说，伴随改革开放的深入推进，国人的思想、文化、生活方式等日益走向国际化，甚至是泛西化。与此同时，人文社会科学的学术研究中有关本土化回归的各种呼声也正在勃兴。本土化，从语义上讲，就是要顺应与依存于本国、本民族、本地区以及自身语言思维等的实情与需要，而动态地发展、彰显自我的过程。"本土化的目的是要以本土概念为基础，逐步建立起自己的解释框架和理论系统，最终开拓出自主性、原创性的学术新境域，从而使本土经验在理论与实践两个方面都获得知识的智慧提升。"① 教育政策的学习与移植是具有一定风险的政策决策（制定）。怎样的教育政策借鉴、移植易于接近成功、"洋为中用"？在借鉴学习西方教育政策经验时应注意什么样的问题？教育政策本土化应体现什么样的国情意识？

　　我们还是以在中国土壤扎根、范围逐步扩散的舶来品教育券政策为例来加以说明。长兴教育券为什么能在长兴试水成功且不断由长兴而向全省、全国扩散呢？笔者以为，关键在于它被带进中国的那一天起就开始进行本土化变通，教育决策者们对"弗里德曼式教育券"的理念进行了彻底的改造——在本质上将西方教育券原初意义上的自由择校和效率至上理念转向公平导向和扶贫、扶弱实践，这种改造类似于当年陶行知先生对杜威"教育即生活"、"学校即社会"思想"翻个跟斗"——改造为"生活即教育"、"社会即学校"一样，尽管这种变通一直受到国内不少推崇纯粹的"弗氏自由选择理念"的专家学者的质疑与反对。教育券在中国的实践转眼就已经 10 年了，它早已冲出浙江而在全国多个地方甚至是教育领域以外的部门找到了自己的舞台。我国教育券的实践放弃了自由、效率的本意，转向平等、公平的实践，体现在三方面②：其一，资助贫困学生。针对贫困家庭子女上学资助而专门发行教育券，以教育券来部分抵免学费，这几乎是我国各地普遍性的做法。其二，帮助弱势学校吸引生源。比如浙江、江西等地对职业学校进行扶植的职业教育券（我国职业学校相对普通高中而言，处于弱势地位，而且就读者一般也不是收入高、条件好的家庭的子女）。如当年长兴清泉武校等三所职校在教育券推行后报名人数暴增，这有教育券的因素。其三，鼓励社会力量办学。政府通过教育券，将财政资金适当引入民办学校，对于民办学校的发展影响更大。这是

---

　　① 王彦明：《本土的抑或本土化的——我国教学理论研究的路径选择》，《教育发展研究》2010 年第 22 期。

　　② 参见贺武华、邹小斌《中国教育券本土化转向：实践变通与反思》，《职业技术教育》2007 年第 13 期。

政府对民办学校"合法性"、与公办学校"平等性"认可的表现，对稳定民办学校的生源，吸引更多的民间资金投资办学，发挥了很大的作用。当前，教育券在我国被较为广泛地用于扶助贫困学生、促进民办教育发展、支持中等职业教育发展、扶持农村学前教育发展和提供大学生就业培训等多个领域，然而，万变不离其宗的是，皆以公平为导向，都是我国各地政府从实际出发，对教育券进行了本土化变通之后的政策实践。

　　总之，关于各种文明间的移植模仿问题，我国古代早就有"南橘北枳"之说，这仍然是当今时代我国教育政策域外借鉴与移植应注意的一个基本原则。因此，我们尤其需要强调的是，外来教育政策的借鉴需要保持清醒的主体意识，切莫盲目依附和照搬照抄。教育政策之间的借鉴与融合需要进行必要的本土化改造过程，不能直接构成替代的关系。理性、科学的政策学习与移植应该是从自身实际出发，因人、因时、因事、因地制宜而创造性地变通外来政策，这种变通有可能是"重神似，轻形似"，但也有可能是"轻神似，重形似"，关键是适合自己的需要，为我所用。

第五章　有中国特色的教育政策多维关系

　　万花筒是一种光学玩具，只要往筒眼里一看，就会出现一种美丽的"花"样。将它稍微转一下，又会出现另一种花的图案，不断地转，图案也在不断变化，因而得名"万花筒"。把我国千奇百怪的教育政策比作在万花筒一头放着的各色玻璃碎片，它们经过三面玻璃镜子的反射就在筒的另一端形成各种图案——光怪陆离的教育政策间关系。

第一节　"政策间性"：生命型教育政策过程初探

　　毋庸置疑，本文提出"政策间性"这一概念，是受哲学用语/理论"间性"、"主体间性"的启发，并进行简单的借鉴模仿。

一　主体间性的启示与移植

　　"主体间性"（Intersubjectivity），指处于交往关系中的人，均是主体，没有客体。主体间性哲学契合了当今时代发展的需要，主体间性理论表达了多元共生的整体理念，这种理念无疑揭示了现代生活的公共本质。主体间性的关键特征一般可概括为以下三个方面：交互联系性，现实中的交往主体转向"主体—主体"、"主体—中介—主体"交互联系模式；独立平等性，主体间对话和话语的独立性与平等性，相互尊重、理解与促进；可沟通理解性，主体与主体共同分享经验与信息，形成了可沟通理解的平台，多元共生。①

主体间性哲学在西方哲学中主要是从认识论中提出，其最初步的含义是指主体与主体之间的统一性，强调认识主体之间的相互协调以及联系、情境在认识中的作用，关涉知识的客观普遍性问题。但在其他的领域中，主体间性的意义是有差异的。如本体论的主体间性，意指存在或解释活动中的人与世界的同一性，它不是主客对立的关系，而是主体与主体之间的交往、理解关系；在社会学（伦理学）领域，意指作为社会主体的人与人之间的关系，关涉人际关系以及价值观念的统一性问题；等等。随着哲学社会科学发展的发展，由"主体间性"理论进一步发展衍生出"文本间性"、"文化间性"、"媒体间性"等概念。

二　政策间性概念的自主阐释

综合上述有关观点，本文取其主体间性之"一般意义上的关系或联系"的含义来理解"政策间性"，意指政策之间的关系或联系。一方面，强调政策文本不是孤立的"他者"对象，而是作为"主体"的交互与共在关系的存在，是政策与政策之间的关系存在。另一方面，也折射出了"文本"背后，政策利益相关者之间的交互性。

使用政策间性这一概念，体现出以下几方面的新意：

其一，视单个的政策文本本身为独立性的"生命体"存在，体现了政策的能动性与鲜活性，而不是简单依附于人、寄居于事。大到一个国家，小到一个部门，教育政策之间体现的是一种交互主体性的关系，我们不能简单将某一教育政策看作原子式的个体。总之，政策间性既体现了作为政策连续体的"生命过程性"，也反映了政策主体的鲜活性、具体性。

其二，教育学研究中的"主体间性"问题日益成为一个显学，凸显受教育者自身作为主体的存在，与教育者构成双主体的角色，如"教学主导、学生主体"的表述甚至写进了《国家中长期教育发展改革和发展

---

① 参见周菲《"主体间性"理论视域中的公共生活》，《河北学刊》2006 年第 5 期。

规划纲要》。教育学是研究人的学问，包括教育政策在内的教育研究问题（对象）皆应从人的主体性高度来看待。诚如有研究指出，当代教育在重视人、重视主体，进而又科学地发展成强调主体间时，人们也越来越重视教育由单子式、占有式、强迫式的主体性转向复合式、互有式、自愿式的主体间性。[①]

此外，"政策间性"较之于"政策间的关系"在表述上更为凝练、形象，也有一种"习惯成自然"之感。

三 政策间性教育运用的意义

教育是面向人、关乎人、为了人的复杂、独特性活动，教育的人学意义决定了它对人的主体性的永恒追求与探索。然而，时至今日，我们依然可以看到现代化社会、21 世纪教育的主体性困境。反思我们当前的教育困境，有学者指出："一个很大的问题就是教育理论的前提令人质疑，用主客体的理论指导来培养主体的人，在理论上出现了缘木求鱼的内在悖论，在实践中出现混乱和不彻底指导策略。所以应该彻底清算主客关系的长远影响，确立主体间性是当代教育的基本特性，这是教育发展的本真取向。"[②] 教育从主体性转向主体间性，尽管只有一字之差，却蕴含着极大的教育理论、实践的不同。诚如有研究所指出的那样，"与工具性教育追求工具化的人相反，属于交往行为范式的教育所追求的是一种大写的人，大写的人不是单子式的主体，而是能与他人共生的主体，这种大写的人也就是具备主体间性的人"[③]。

无论人们注意或重视与否，教育政策之间的各种关系都存在一种客观现象。一政策或多或少会与另一政策发生关系。然而，要说清楚中国各级各类教育政策之间的关系特点并不是一件容易的事，甚至是一件不太可能的事。这里有大到党政体制、小到不同政策主体等方面的因素，一句话，

---

① 张丽娜：《高等教育呼唤主体间性》，《中国高教研究》2007 年第 7 期。
② 康伟：《教育研究范式转换：从主体性到主体间性》，《教育科学》2006 年第 6 期。
③ 岳伟、王坤庆：《主体间性：当代主体教育的价值追求》，《华东师范大学学报》（教育科学版）2004 年第 6 期。

有很多因素变量在影响政策关系模式的输出。因此，我们只能从教育政策万象中捕捉若干有代表性的教育政策关系现象进行概述。

一个政策往往不是该政策本身，可能起初还是就事论事，但是随着政策的执行与深入实施，会牵涉相当复杂的政策关系网。中国诸多教育政策之间是如何关联、相互支撑的，甚至又是如何互相冲突、政策挤兑、导致内耗的？这是值得深入探讨的一大问题。作为教育活动之一的教育政策过程，以什么样的理念去建构，以什么样的视角去理解，以及以什么样的方式来实践，同样会产生很不一样的结果。以"生命意义"观之，教育政策过程同样可理解为主体间性的存在。尽管现实中的教育政策可能并非那么合乎人意、体现事理，有着这样那样的不足，但这并不影响我们对更为人本、彰显人学教育政策的探索。

总而言之，教育走向大写的人，教育政策何尝不是要为人学教育服务？从主体间性对我国教育政策进行审视与解读，最能反映新时期有中国特色社会主义教育政策哲学基础、教育政策价值取向、教育政策内容指向、教育政策运行评价、教育政策改革创新等的需要。尤其是主体间性所蕴含的自由、平等、民主、对话、理解、共识等精神，是当下教育政策的必然追求。

第二节 教育问题政策办：教育政策的常规功能

教育领域的工作常会有系统、综合以及持续推进的教育政策行为，具体体现为政策间的加强、支持行为，如治理教育乱收费、加强教师职业道德建设等。仅从政策文件行文来看，我们常可见"进一步"、"补充通知"、"重申"等。教育政策配套是尤其典型的一种政策加强型行为。

一 教育政策配套：政策加强与支持

政策配套或配套政策是我们耳熟能详的一个政策词语，体现了政策之间相互调试、支持与加强的关系。政策配套也牵涉不同部门之间为加大政策推进的力度所做的协同努力，例如，一项重要省级教育政策的出台，往往牵涉财政部门、人事部门等配套政策支持。

2007 年 1 月，教育部和财政部联合下发《关于实施"高等学校本科教学质量与教学改革工程"的意见》（教高〔2007〕14 号），正式启动了"高等学校本科生教学质量与教学改革工程"（以下简称"质量工程"）。

"质量工程"是我国全面贯彻党中央、国务院关于"把高等教育的工作重点放在提高质量上"的战略部署，是践行"办人民满意的教育"的宗旨、经国务院批准实施的重大本科教学改革项目。这是继"211 工程"、"985 工程"和"国家示范性高等职业院校建设计划"之后，我国在高等教育领域实施的又一项重大工程，是新时期深化本科教学改革，提高本科教学质量的重大举措。

浙江省根据国家质量工程的精神内容，结合浙江省省情及各高校校情，总体规划，通盘考虑，确定了具有基础性、全局性、发展性和引导性的项目作为改革的突破口。2007 年 6 月，浙江省教育厅、财政厅联合发文出台《关于实施"十一五"期间全面提升高等教育办学质量和水平行动计划的通知》（浙教计〔2007〕77 号）（以下简称"行动计划"）。"行动计划"旨在深入贯彻实施国家"质量工程"项目，全面部署"提高高等教育质量"核心工作，是浙江省进入 21 世纪以来深入推进教育改革、全面落实素质教育、促进高等教育质量整体提升的又一重大工程项目。

围绕"行动计划"这一统领性政策，浙江省教育厅各职能部门先后制定了《重点专业建设管理办法》《精品课程建设管理办法》《教学名师评选办法》《教材建设与管理办法》《大学生科技竞赛创新工程实施办法》《教师教学质量评估办法》《教学研究与改革立项管理办法》《校外实习基地建设管理办法》等几十个基础性文件。

随着行动计划的深入推进，相关项目的增多，浙江教育行政部门及时加强管理，陆续制定了《浙江省教育厅办公室关于开展国家精品课程网络检查的通知》《关于举行电子商务专业建设与学科竞赛专题研讨会的通知》《浙江省教育厅关于 2006 年普通高校新专业、精品课程、新世纪教改项目抽查和专家随机听课情况的通报》等检查、指导性文件。

　　同时，浙江省教育厅严格要求各高校对照省级"行动计划"要求，制定相应的系列政策文件和相关配套文件，落实相关配套措施，使之互相融合、密不可分，构成一个纲举目张、政令畅通的有机整体。各高校教学质量工程项目普遍实行校级、厅（省）级、部级三级管理制度，并在实践中不断加强项目的建设和管理，提升项目工程的运行质量。

表 5-1　　浙江省教育厅有关省级"质量工程"的系列配套文件

序号	发文字号	发文内容
1	浙教计〔2007〕77 号	浙江省教育厅、浙江省财政厅关于实施"十一五"期间全面提升高等教育办学质量和水平行动计划的通知
2	浙教高教〔2007〕9 号	浙江省教育厅关于 2006 年普通高校新专业、精品课程、新世纪教改项目抽查和专家随机听课情况的通报
3	浙教办高教〔2007〕43 号	浙江省教育厅办公室关于对高等学校 2007 届本专科毕业设计（论文）进行抽查的通知
4	浙教高教〔2007〕60 号	浙江省教育厅关于公布第一批省级实验教学示范中心名单的通知
5	浙教办高教〔2007〕113 号	浙江省教育厅办公室关于申报 2007 年新世纪高等教育教学改革项目的通知
6	浙教办高教〔2007〕118 号	浙江省教育厅办公室关于组织开展第三届高等学校教学名师奖、首届高等学校教坛新秀奖评选表彰工作的通知
7	浙教高教〔2007〕167 号	浙江省教育厅关于公布 2007 年度省普通高校精品课程名单的通知
8	浙教高教〔2007〕172 号	浙江省教育厅关于公布 2007 年省级实验教学示范中心建设项目的通知
9	浙教办高教〔2007〕186 号	浙江省教育厅办公室关于开展高校教学专项抽检和验收工作的通知
10	浙教办高教〔2007〕188 号	浙江省教育厅办公室关于召开 2007 年省高等学校教学名师奖、教坛新秀奖评审会议的通知
11	浙教电传〔2007〕119 号	浙江省教育厅办公室关于召开 2007 年省高等学校新世纪教学改革项目评审会议的通知
12	浙教电传〔2007〕123 号	浙江省教育厅关于第三届高等学校教学名师奖和首届高等学校教坛新秀奖拟获奖名单公示

续表

序号	发文字号	发文内容
13	浙教高教〔2007〕199号	浙江省教育厅关于公布2007届普通高校毕业设计（论文）抽查结果的通知
14	浙教高教〔2007〕205号	浙江省教育厅、浙江省劳动和社会保障厅、浙江省旅游局关于公布2007年全省高等学校学生职业技能大赛获奖名单的通知
15	浙教计〔2008〕11号	浙江省教育厅关于下达2007年省大学生科技竞赛和职业技能竞赛经费的通知
16	浙教办高教〔2008〕18号	浙江省教育厅办公室关于做好在杭高校教师互聘工作的通知
17	浙教高教〔2008〕53号	浙江省教育厅关于印发2007年普通高校教学专项抽检和专家听课情况的通知
18	浙教高教〔2008〕56号	浙江省教育厅关于表彰第三届高等学校教学名师奖和首届高等学校教坛新秀奖获奖教师的决定
19	浙教高教〔2008〕63号	浙江省教育厅关于公布省普通高校重点专业名单的通知
20	浙教高教〔2008〕64号	浙江省教育厅关于公布2007年度本科高校重点建设专业的通知
21	浙科竞〔2008〕2号	关于公布浙江省高等学校首届师范生教学技能竞赛获奖名单的通知
22	浙教计〔2008〕104号	浙江省教育厅、浙江省财政厅关于下达2007年省大学生科技竞赛职业技能竞赛经费的通知
23	浙教办高教〔2008〕75号	浙江省教育厅办公室关于做好2008年度省质量提升行动计划项目评选工作的通知
24	无文号	浙江省教育厅关于2007年度省级高校教学团队和省级高校人才培养模式创新实验区名单公示的通知
25	无文号	浙江省教育厅办公室关于召开2008年省高等学校精品课程评审会议的通知
26	浙教办高教〔2008〕98号	浙江教育厅办公室关于对普通高校2008届本专科毕业设计（论文）进行抽查的通知
27	浙教高教〔2008〕142号	浙江省教育厅关于公布首届高等学校省级教学团队名单的通知
28	浙教高教〔2008〕146号	浙江省教育厅关于公布高等学校省级人才培养模式创新实验区名单的通知
29	浙教高教〔2008〕148号	浙江省教育厅、浙江省财政厅关于公布2007年新世纪高等教育教学改革项目及下达补助经费的通知

续表

序号	发文字号	发文内容
30	浙教办高教〔2008〕110号	关于举办2008年全省高等学校学生职业技能大赛的通知
31	浙教高教〔2008〕154号	浙江省教育厅、浙江省财政厅关于实施浙江省大学生科技创新活动计划的通知
32	浙科竞〔2008〕11号	关于举行第三届浙江省大学生英语演讲竞赛的通知
33	浙科竞〔2008〕12号	关于举行第五届浙江省高职高专实用英语口语大赛的通知
34	浙科竞〔2008〕13号	关于举行浙江省普通高校第五届大学生财会信息化竞赛的通知
35	浙科竞〔2008〕14号	关于召开2008年浙江省大学生电子设计竞赛赛前组织工作会议的通知
36	浙科竞〔2008〕15号	关于聘请浙江省第二届大学生电子设计竞赛测评专家的通知
37	浙教办高教〔2008〕144号	浙江省教育厅办公室关于公布2008届普通高校毕业设计（论文）抽查结果的通知
38	浙科竞〔2008〕16号	关于举行浙江省高等学校第二届师范生教学技能竞赛的通知
39	浙教高教〔2008〕195号	浙江省教育厅、浙江省财政厅关于下达2007年度下沙高教园区师资互聘课时补助经费的通知
40	浙教高教〔2008〕196号	浙江省教育厅、浙江省财政厅关于下达2007年度省高校精品课程补助经费的通知
41	浙教高教〔2008〕197号	浙江省教育厅、浙江省财政厅关于下达2008年度省普通高校精品课程补助经费的通知
42	浙教办高教〔2008〕170号	浙江省教育厅办公室关于开展高校教学专项抽检和验收工作的通知
43	浙教高教〔2008〕228号	浙江省教育厅、浙江省财政厅关于下达省第四届高等学校教学名师奖和第二届高等学校教坛新秀奖奖金的通知
44	浙科竞〔2008〕18号	关于召开2008年浙江省大学生学科竞赛工作研讨会议的通知
45	浙科竞〔2008〕19号	关于公布2008年大学生数学建模、电子设计、程序设计、机械设计、结构设计、多媒体作品设计和财会信息化、电子商务、英语演讲、师范生教学技能竞赛获奖名单的通知
46	浙教高教〔2009〕6号	浙江省教育厅、浙江省财政厅关于公布2008年新世纪高等教育教学改革项目及下达补助经费的通知
47	浙教高教〔2009〕16号	浙江省教育厅、浙江省财政厅关于下达2008年省大学生科技竞赛职业技能竞赛经费的通知

续表

序号	发文字号	发文内容
48	浙教电传〔2009〕22号	浙江省教育厅办公室关于报送第六届高等教育省级教学成果奖电子文档及推荐评审专家候选人的通知
49	浙教高教〔2009〕30号	浙江省教育厅、浙江省财政厅关于下达2008年度大学生科技创新活动项目补助经费的通知
50	浙教办高教〔2009〕22号	浙江省教育厅办公室关于开展第六届高等教育省级教学成果奖励工作的通知
51	无文号	浙江省教育厅办公室关于召开第六届高等教育教学成果奖评审会的通知
52	浙科竞〔2009〕1号	关于举行电子商务专业建设与学科竞赛专题研讨会的通知
53	浙科竞〔2009〕2号	关于举行浙江省第六届大学生机械设计竞赛的通知
54	浙科竞〔2009〕3号	关于举行浙江省第八届"宝业杯"大学生结构设计竞赛的通知
55	浙教办高教〔2009〕36号	浙江省教育厅办公室关于公布2008年普通高校教学专项抽查和专家听课情况的通知
56	浙科竞〔2009〕4号	关于举行浙江省第四届大学生电子商务竞赛暨全国高校"创意 创新 创业"电子商务挑战赛浙江分赛区选拔赛的通知
57	浙教办高教〔2009〕46号	浙江省教育厅办公室关于开展省第五届高等学校教学名师奖第三届高等学校教坛新秀奖评选工作的通知
58	浙科竞〔2009〕5号	关于举行浙江省第六届大学生程序设计竞赛的通知
59	浙科竞〔2009〕6号	关于召开2009年浙江省高校财会信息化竞赛与财会教学改革研讨会的通知
60	浙教办高教〔2009〕54号	浙江省教育厅办公室关于做好2009年度省高校重点教材建设工作的通知
61	浙教办高教〔2009〕67号	浙江省教育厅办公室关于申报2009年新世纪高等教育教学改革项目的通知
62	浙教办高教〔2009〕73号	浙江省教育厅办公室关于做好2009年度省级精品课程建设项目推荐工作的通知
63	浙教高教〔2009〕77号	浙江省教育厅办公室关于认真做好2009年省本科重点专业建设项目推荐工作的通知
64	浙科竞〔2009〕9号	关于召开2009年浙江省电子设计竞赛指导教师高级培训班的通知

续表

序号	发文字号	发文内容
65	浙科竞〔2009〕8号	关于组织2009年全国大学生数学建模竞赛工作的通知
66	浙科竞〔2009〕10号	关于举行第八届浙江省大学生多媒体作品设计竞赛的通知
67	浙科竞〔2009〕11号	关于举行第六届浙江省高职高专实用英语口语大赛的通知
68	浙教高教〔2009〕92号	浙江省教育厅关于要求批准第六届高等教育省级教学成果奖项目的请示
69	浙教函〔2009〕89号	浙江省教育厅关于推荐2009年度高等学校第四批特色专业建设点的函
70	浙科竞〔2009〕12号	关于举行浙江省第一届大学生生命科学竞赛的通知
71	浙教电传〔2009〕121号	浙江省教育厅办公室关于开展新世纪高等教育教学改革项目交流评审工作的通知
72	浙科竞〔2009〕13号	关于举行浙江省第六届大学生财会信息化竞赛的通知
73	浙科竞〔2009〕14号	关于举行浙江省第四届大学生英语演讲竞赛的通知
74	浙教高教〔2009〕117号	浙江省教育厅办公室、浙江省经济和信息化委员会关于举行浙江省第一届大学生工业设计竞赛的通知
75	浙教办高教〔2009〕115号	浙江省教育厅办公室、浙江省人力资源和社会保障办公室关于举办2009年全省高等学校学生职业技能大赛的通知
76	浙科竞〔2009〕15号	关于举行浙江省高等学校第三届师范生教学技能竞赛的通知
77	浙教高教〔2009〕153号	浙江省教育厅关于公布第六届高等教育省级教学成果奖获奖项目的通知
78	浙教高教〔2009〕163号	浙江省教育厅、浙江省财政厅关于公布2009年度省普通高校精品课程建设项目并下达补助经费的通知
79	浙教办高教〔2009〕129号	浙江省教育厅办公室关于做好2009年度省级教学团队推荐工作的通知
80	浙教高教〔2009〕189号	浙江省教育厅、浙江省财政厅关于下达2008年度在杭高校师资互聘课时补助经费的通知
81	浙教办高教〔2009〕144号	浙江省教育厅办公室关于开展本科院校合格教学实验室建设和申报工作的通知
82	浙教高教〔2009〕187号	浙江省教育厅、浙江省财政厅关于下达第六届高等教育省级教学成果奖奖金的通知
83	浙教高教〔2009〕188号	浙江省教育厅、浙江省财政厅关于下达2009年新世纪高等教育教学改革项目补助经费的通知

序号	发文字号	发文内容
84	浙教办高教〔2009〕153号	浙江省教育厅办公室关于公布2007年省新世纪高等教育教学改革项目中期检查结果的通知
85	浙教高教〔2009〕203号	浙江省教育厅关于公布2009年省本科重点专业建设项目的通知
86	浙教办高教〔2009〕172号	浙江省教育厅办公室关于公布2009届普通高校毕业设计（论文）抽查结果的通知
87	浙教电传〔2009〕240号	浙江省教育厅办公室关于组织开展省级实验教学示范中心建设点推荐工作的通知
88	浙教高教〔2009〕213号	浙江省教育厅关于公布高等学校2009年度省级教学团队名单的通知
89	浙教办高教〔2010〕19号	浙江省教育厅办公室关于做好2010年度教育部高等学校教学质量与教学改革工程项目推荐申报工作的通知
90	浙教电传〔2010〕79号	浙江省教育厅办公室关于开展"质量工程"和"行动计划"总结工作的通知
91	浙教办高教〔2010〕72号	浙江省教育厅办公室关于公布2009年普通高校教学专项检查情况的通知

二 教育政策的应急与救火

应急政策往往表现为只管眼前，甚至是数年之内的事情；救火的政策则常见于处理一定时期内所遇到的教育难题，如突发性事件。这类政策的出台往往比较快，步子急。2009年6月22日，教育部、卫生部印发《学校甲型H1N1流感防控工作方案（试行）》（教体艺〔2009〕6号）的通知，以便科学有序地指导教育系统做好甲型H1N1流感疫情防控工作，提高防控和应对甲型H1N1流感的能力，有效控制疫情在学校、托幼机构的传播、蔓延，保障学生、教职员工的身体健康和生命安全，维护正常的教育教学秩序和生活秩序。

我国教育政策试点暴露了一些不良现象。本书下文所分析的我国近年大量出现的庞杂繁多的"治理乱收费"政策，多半就是出现了一个现实问题，有关部门就赶紧下发一道文件所致。以上文所提到的试点政策为例，试点政策现实中是"点"到为止，"试"了也白试。试点之后没有对试点政策的执行情况进行必要的评估、调整，便直接进入扩大范围，甚至全国推广的环节。总体上讲，主要表现为试点政策并未履行"试点"的职能，或者说只是一个形式意义上的假试点、空试点。就新课程改革政策而言，人们议论最多的就是推广铺开太快，先行的试点省份并未给后推行新课改省份留下什么经验教训就推广执行。有一个案例：2009 年 12 月 11 日，山东省教育厅公布了《山东省普通中小学考试管理规定（试行）》，严格管理中小学的各类考试。然而，沿着"试行"的思路，去查阅近年来山东出台的教育规定，几乎都是"试行"和"暂行"：2005 年的《〈普通高等学校学生管理规定〉实施细则（试行）》，2005 年的《山东省普通高中学生学业水平考试工作管理暂行规定》，2007 年的《山东省普通中小学课程实施水平评价方案（试行）》，2008 年的《山东省普通中小学基本办学条件标准（试行）》，以及与考试管理规定同天推出的《山东省基础教育教研工作基本规范（试行）》。[①]

"政策救火"凸显政策对教育问题解决的重大功能。如国家对西部地区实施的"两基攻坚计划"、"特岗计划"等。特岗计划是从 2006 年开始启动的，当时的背景是"国家两基攻坚"硬仗打完，校舍硬件等问题基本解决，然而师资力量等软件资源缺乏依然严重。就是针对西部地区一些"两基"攻坚县教师紧缺的事实，加强充实农村师资力量的计划，由中央财政支持，公开招募高校毕业生到"两基"攻坚县的农村义务教育阶段学校任教。到 2009 年"特岗计划"已经在西部地区实施了整整三年，共招聘了近 6 万名特岗教师，覆盖西部近 500 个县 6400 多所学校，也就是说，目前有近 6 万名特岗教师活跃在西部的农村教育战线上。[②] 2009 年 2 月 23 日，教育部、财政部、人力资源和社会保障部、中央编办及时联合印发了《关于继续组织实施"农村义务教育阶

---

①　熊丙奇：《教育政策不能总是在"试行"》，《新京报》2009 年 12 月 14 日。
②　续梅：《教育部介绍"农村义务教育教师特设岗位计划"情况》，http://www.edu.cn/jiao_ shi_ zheng_ ce_ 50/20090327/t20090327_ 368956.shtml，2009 - 03 - 19。

段学校教师特设岗位计划"的通知》，决定扩大实施"特岗计划"。
2009 年，中央财政实施的国家计划设岗增加到 5 万名，实施范围由西
部地区"两基"攻坚县为主扩展至中西部地区国家扶贫开发重点县。

　　在我国，发生突发性教育事件或者针对某一多发性教育难题，会有
相关政策的出台。这类型政策具有很强的针对性和事后性，也体现出了
政策随教育发展与时俱进的需要。以《校车案例管理条例》为例，由
于"夺命校车"事故频发，2011 年 11 月，温家宝同志在第五次全国妇
女儿童工作会议上指出，国务院已经责成有关部门迅速制定校车安全条
例。2012 年 3 月，时任国务院总理温家宝主持召开国务院常务会议，
审议并原则通过《校车安全管理条例（草案）》。2012 年 4 月，国务院
第 617 号令发布《校车安全管理条例》。至此，校车通行优先权及对校
车使用提供者、使用许可、驾驶人员、通行安全、乘车安全以及法律责
任等系列规范与要求在法律上得到高度的重视。又比如，近年来，学生
遭教师性侵案件频发，引起了社会各界的广泛关注，影响极坏。教育部于
2014 年 1 月制定下发了《中小学教师违反职业道德行为处理办法（征求
意见稿）》（以下简称《办法》），明确"对学生实施性骚扰或者与学生发
生不正当关系"等十余项行为属于"违反师德"，将视情节轻重分别给予
相应处分。此举引起了社会广泛的热议，将"性骚扰"等字写进师德法
规更是引起轩然大波

　　应该说，教育的应急与救火政策在一些特殊情况下是必需的。但通常
情况下不应该通过疾风骤雨的政策行为来解决教育问题，这容易导致政策
的近视与急功近利，容易导致顾此失彼的"鸵鸟政策"现象①。比如说，
关于教师性侵的相关规定可能在处理方式上过于草率，它将教师职业道德
降到了非常低的标准。

---

　　①　传说中鸵鸟遇到敌害时，会立即把头插进沙子里，以为这样就可以避过祸端。后来，人
们用"鸵鸟政策"形容那些顾头不顾尾的人和事。

第三节 政策问题政策办:教育政策的膨胀与低效

一 "政策问题政策办"现象识读

"政策问题政策办",说的是教育决策者、政策制定者通过教育政策来解决原有教育政策没有解决的问题。政策制定、发布的逻辑就是,不断通过制定新的政策来强化人们对有关问题的认识。政策执行中的不力反而会导致政策工具的进一步使用,政策制定者想通过制定一个政策来强化。这一点,我们最常见的是一些标以"进一步"字样的政策文件。为什么要"进一步"呢?显然是前一政策"不够用"或"用得不好"。有研究将1993年的《中国教育改革和发展纲要》和2010年的《国家中长期教育改革和发展规划纲要》这两个重要的国家纲领性教育政策做了些比较,认为条文中的很多表述意思都差不多:"1993年的条文中,'逐步'有35个之多,'探索'则有4个,就如前述——这些条文,与教育发展的现实对照,我们无奈地发现,17年之后,这些'逐步',还在'逐步'之中——而2010版中,'逐步'(21个)略有减少,但'探索'(41个)却大幅增加。"① 这确实从一个侧面反映出了我国教育政策本文之间的重复累赘与创新、时效不足的一面。

"政策问题政策办"思路的后果是,大量的政策被制造出来,又被人为地埋没掉,政策在不断地膨胀堆积没人清理,政策的实效很低甚至是微乎其微。比如说,2007年6月18日,国务院批准的《国家教育事业发展"十一五"规划纲要》(国发〔2007〕14号)。笔者人为,这么高规格的一个中央政策实际上并不具备实质性的意义,甚至会被人淡忘。尤其是在国发〔2007〕14号才下发一年之后,也即"十一五"规划试水开局的第一年,另一项同类型"国字号"规划未来的政策制定工作便轰轰烈烈地

---

① 熊丙奇:《改革"教改"》,《南方周末》,http://www.infzm.com/content/42446,2010 - 03 - 10。

在全国范围内重新启动，有意或无意将"十一五"规划迅速湮灭。2008年8月29日，温家宝同志主持召开国家科技教育领导小组第一次会议，审议并原则通过《国家中长期教育改革和发展规划纲要》（以下简称《规划纲要》）制定工作方案，正式启动了《规划纲要》研究制定工作。而且，政策决策者将《规划纲要》定位为进入21世纪以来我国第一个教育规划纲要，是指导未来12年教育改革和发展的纲领性文件。

二　"政策问题政策办"的政策低效与膨胀分析

为了更好地说明政策的低效或无效膨胀现象，我们以国家治理乱收费政策为例来做进一步的说明。党中央、国务院以及教育部、国家计委、财政部和地方各级人民政府，十分重视治理学校乱收费的工作，态度也是非常坚决的，已先后采取了一系列治理的措施。我国治理教育乱收费（尤其是中小学校乱收费）的政策何其多！单单国家层面，诸如党中央、国务院、教育部、纠风办、计委、财政部等部门的专门会议部署、通知、讲话等几乎年年都有，"教育部"、"教委"的名字在反复更迭，但有关治理乱收费的教育政策却像传统节目一样被保留下来。非常有意思的一个现象是，每次文件的措辞都不可谓不严厉，诸如"制止"、"坚决治理"、"不折不扣"、"紧急"等。更有意思的是，个别政策为了强调政策的重要性，还会正儿八经地罗列往年的政策，似乎通过重申的方式来形成排山倒海之势。如1993年下发的《国家教委关于坚决纠正中小学乱收费的通知》有这样的严格规定："今年新学期开学前后，各地教育行政部门要立即严格按照国家教委、国家物价局、财政部《关于清理整顿中小学收费项目有关问题的通知》（教财字［1989］010号）和国家教委《印发〈关于坚决制止中小学乱收费的规定〉的通知》（教财［1991］38号）的规定，认真开展一次清理整顿工作。"1993年的政策强调要严格执行5年前的政策内容，试问有几个中小学校长还留有记忆呢？我们再以2001年国务院纠风办、教育部下发的《关于进一步做好治理教育乱收费工作的意见》（国纠办发［2001］10号）文件为例，文件第三点"治理工作的主要措施"之四是："各级教育行政部门和学校必须不折不扣地贯彻执行国务院办公厅转发国家教委等部门《关于 1996 年在全国开展治理中小学乱收费工作实施意见的通知》（国办发［1996］18 号）、《教育部、国家计委关于进一步加强农村中小学收费管理制止乱收费的通知》（教电［2000］285 号）、《关于坚决治理农村中小学乱收费进一步加强管理的通知》（教电［2000］424 号）、《关于 2000 年高等学校招生收费工作若干意见的通知》（教电［2000］188 号）、《教育部、国家计委、财政部关于坚决治理农村中小学乱收费问题的通知》（教电［2001］46 号）、《教育部、国家计委、财政部关于 2001 年高等学校招生收费工作有关问题的通知》（教电［2001］45 号）等文件提出的任务、要求，对本地区出台的各种教育收费项目进行一次全面清理，凡有违背上述文件规定的，应立即废止。"文件中列举了长长的一串数年前的政策文件名，还加了一个"等"字，可见，此类文件之多，也暴露了政策制定者对政策效力的某种不自信。更有甚者，对于乱收费政策干脆换汤不换药，只是改个年号将陈年政策拿出来再发文。如有记者发现，"从 2000 年开始，教育部、发改委、财政部等部门，几乎每年都会发一个类似的通知，要求各级各类学校学费应保持稳定。比如，2007 年和 2008 年也曾要求，学费标准应不高于 2006 年秋季学期收费水平"①。更令人诧异的是，从 2004年到 2009 年的 6 年间，教育部等七部门联合印发的治理乱收费政策的标题几乎都完全一致——《关于×××年规范教育收费进一步治理教育乱收费工作的实施意见》，这么一个多部门重拳出击的政策竟然只是顺手依葫芦画瓢而已！这种依葫芦画瓢的游戏进一步"击鼓传花"，红头文件层层往下转发，到了省、市、乡镇等层级，政策主体也只是象征性地在上级的文件前加一个"关于转发……的通知"的帽子，也懒得根据实际情况再做些政策加强的补充性工作。这种习惯性的"翻政策老皇历式"的强调，尽管态度严肃、措辞严厉，却制造了一种严重的"狼来了"的假象，政策越往下传耗散就越大，其实就是习惯性的政策流产。政策低效的严重后果是乱收费现象屡禁不止，政策"条条高压

---

① 王石川：《反反复复发文　年年岁岁乱收费》，《中国青年报》2009 年 7 月 14 日。

线，就是不带电"，即便进入 2007 年义务教育全免时代，"一边免费，一边乱收费"的现象仍未被"坚决制止"。我们在发出"治乱减负"谈何容易的感叹时，其实是反映政策执行不力或者无效的问题，进而言之，靠大量通过政策制定、发布的方式是无济于事的，政策的大量生产与内生性繁殖并没有制止丑恶的教育乱收费现象。"不断印发文件会导致政策强度淡化，政策客体不会去选择刺激强度较弱的政策，直至政策成为一纸空文。"①

表 5－2　　　　　　国家治理教育乱收费政策知多少
——近 25 年相关政策的初步统计

序号	发布日期	政策文件名	政策（制定）主体	文件编号	备注（政策标的）
1	1985－10－31	《关于制止向农民乱派款、乱收费的通知》	中共中央、国务院	中发［1985］21 号	强调乡和村兴办教育的收费办法、发展农村教育事业的资金保证等问题
2	1989－05－19	《关于清理整顿中小学收费项目有关问题的通知》	国家教委、国家物价局、财政部	教财字［1989］10 号	清理整顿中小学收费项目
3	1990	《关于坚决制止乱收费、乱罚款和各种摊派的决定》	中共中央、国务院	中发［1990］16 号	各领域宏观上的指导
4	1990－11－15	《关于教育系统纠正行业不正之风的通知》	国家教育	教监［1990］005 号	教育系统纠正行业不正之风
5	1991	国家教委《印发〈关于坚决制止中小学乱收费的规定〉的通知》	国家教委	教财［1991］38 号	坚决制止中小学乱收费
6	1991－02－05	《印发何东昌、邹时炎等同志在全国教育系统治理"三乱"工作紧急会议上讲话的通知》	国家教委办公厅	教治厅［1991］2 号	"制止'乱收费'"为首要解决的两个问题之一

①　杨颖秀：《中小学乱收费屡禁不止的政策视界》，《教育理论与实践》2004 年第 8 期。

续表

序号	发布日期	政策文件名	政策（制定）主体	文件编号	备注（政策标的）
7	1992	《关于坚决制止中小学乱收费的规定》	国家教委	教财〔1992〕38号	坚决制止中小学乱收费
8	1992 - 12 - 31	《关于切实做好教育收费工作的通知》	国家教委办公厅	教财厅〔1992〕9号	规划教育收费，重申（教财字〔1989〕10号）等文件
9	1993 - 08 - 25	《关于坚决纠正中小学乱收费的通知》	国家教委	教财〔1993〕61号	坚决纠正中小学乱收费
10	1993 - 09 - 17	《关于纠正一些地方取消农村教育费附加的通知》	国务院办公厅	国办函〔1998〕78号	依法足够征收农村教育费附加
11	1993 - 09 - 24	《关于加强中小学收费管理工作的通知》	国务院办公厅	国办发〔1993〕66号	重申教财〔1993〕61号，严格区分义务教育阶段与非义务教育阶段关于收费的政策界限
12	1993 - 10 - 06	《关于印发部分省市加强中小学收费管理工作座谈会会议纪要的通知》	国家教委办公厅	教财厅〔1993〕6号	传达国家教委治理乱收费的有关精神
13	1994 - 04 - 14	《关于转发北京市教育局对中小学校实行统一收费卡制度的通知》	国家教委办公厅	教财厅〔1994〕3号	号召学习统一收费卡制度
14	1994 - 09 - 20	《关于进一步做好学校收费工作的通知》	国家教委	教财〔1994〕56号	进一步做好学校收费工作
15	1994 - 10 - 24	《关于印发部分省市中小学收费管理工作座谈会议纪要的通知》	国家教委办公厅	教财厅〔1994〕9号	制止中小学乱收费工作的实施意见
16	1994 - 12 - 19	《关于禁止通过学生征收集资费等有关事项的紧急通知》	国家教委办公厅	教财厅〔1994〕12号	禁止通过学生征收集资费
17	1995 - 02	《关于贯彻党中央、国务院今年纠风工作部署实施意见的报告》	国务院纠风办	国纠办报〔1995〕2号	纠风工作总体部署

序号	发布日期	政策文件名	政策（制定）主体	文件编号	备注（政策标的）
18	1995 – 04 – 25	关于贯彻《关于治理中小学乱收费工作的实施意见》的通知	国家教委	教监〔1995〕2 号	治理中小学乱收费工作
19	1996	《关于1996 年在全国开展治理中小学乱收费工作实施意见的通知》	国务院办公厅转发教委等部门文件	国办发〔1996〕18 号	年度治理中小学乱收费工作
20	1996 – 07 – 25	《关于严禁以勤工俭学名义乱收费的通知》	国家教委	教备〔1996〕27 号	以勤工俭学名义乱收费
21	1996 – 11 – 07	《关于开展全国中小学收费检查的通知》	国家计委、国家教委	计价检〔1996〕2582 号	全国范围内开展一次中小学校的收费情况检查
22	1996 – 12 – 16	《义务教育学校收费管理暂行办法》	国家教委、国家计委、财政部	〔1996〕18 号	规范义务教育阶段学校的收费行为，防止教育乱收费现象
23	1996 – 12 – 16	《普通高级中学收费管理暂行办法》	国家教委、国家计委、财政部	教财〔1996〕11 号	普通高级中学收费管理
24	1996 – 12 – 16	《高等学校收费管理暂行办法》	国家教委、国家计委、财政部	教财〔1996〕101 号	高等学校收费管理
25	1996 – 12 – 16	《中等职业学校收费管理暂行办法》	国家教委、国家计委、财政部	教财〔1999〕101 号	中等职业学校收费管理
26	1997	《关于印发农村教育集资管理办法的通知》	国家教委、国家计委、农业部、财政部	教基〔1997〕3 号	加强农村教育集资的监督管理
27	1997 – 02 – 21	《关于印发1997 年治理中小学乱收费工作的意见的通知》	国家教委	教监〔1997〕2 号	建立健全"收费卡"制度
28	1999	《关于做好落实"收支两条线"规定工作的通知》	教育部	教财〔1999〕11 号	将学校上缴预算外资金专户的学杂费等教育收费资金按时足额拨还各学校
29	1999 – 06 – 28	《关于制止向普通高校毕业生乱收费的通知》	国家计委、教育部	计价检〔1999〕738 号	普通高校毕业生乱收费

续表

序号	发布日期	政策文件名	政策（制定）主体	文件编号	备注（政策标的）
30	2000	《关于进一步加强农村中小学收费管理制止乱收费的通知》	教育部、国家计委	教电〔2000〕285号	制止农村中小学收费
31	2000	《关于坚决治理农村中小学乱收费进一步加强管理的通知》	教育部	教电〔2000〕424号	坚决治理农村中小学乱收费
32	2000-06-05	《关于2000年高等学校招生收费工作若干意见的通知》	教育部、国家计委、财政部	教电〔2000〕188号	高校招生收费，违背规定乱收费的，要坚决予以查处
33	2001	《关于2001年高等学校招生收费工作有关问题的通知》	教育部、国家计委、财政部	教电〔2001〕45号	高等学校招生收费
34	2001	《关于印发关于全国中小学收费专项治理工作实施意见的通知》	教育部办公厅	教监厅〔2000〕1号	中小学收费专项治理
35	2001	《关于坚决治理农村中小学乱收费问题的通知》	教育部、国家计委、财政部	教电〔2001〕46号	坚决治理农村中小学乱收费
36	2001-11-16	《关于坚决落实贫困地区 农村义务教育阶段试行"一费制"收费制度的通知》	国家计委、财政部、教育部	计价格〔2001〕2477号	治理整顿农村中小学乱收费，切实减轻农民负担
37	2001-07-09	《关于做好农村中小学公用经费标准定额核定工作确保学校正常运转有关问题的通知》	财政部、教育部	财教〔2001〕38号	任何部门和单位也不得挤占、挪用、截留或平调农村中小学办公经费
38	2001-05	《国务院关于基础教育改革与发展的决定》	国务院	国发〔2001〕21号	在国家扶贫开发工作重点县等农村贫困地区义务教育阶段，实行"一费制"收费制度
39	2001	《关于进一步做好治理教育乱收费工作意见》	国务院纠风办、教育部	国纠办发〔2001〕10号	进一步做好治理教育乱收费工作

序号	发布日期	政策文件名	政策（制定）主体	文件编号	备注（政策标的）
40	2001	《关于2001年高等学校招生收费工作有关问题的通知》	教育部、国家计委、财政部	教电［2001］45号	高校招生收费
41	2001 - 06	《关于进一步认真做好农村中小学收费专项检查的通知》	教育部		农村中小学收费检查工作
42	2001 - 06 - 12	《关于进一步做好治理教育乱收费工作的意见》	国务院纠风办、教育部	国纠办发［2001］10号	制止教育乱收费、减轻学生负担
43	2002 - 05 - 27	《关于建立教育收费公示制度的通知》	国家计委、财政部、教育部	计价格［2002］792号	规定对学校收费要实行公示制度，以增强收费的透明度
44	2002 - 08	《关于进一步做好治理中小学乱收费工作的紧急通知》	教育部、国务院纠风办	教电［2002］269号	进一步做好治理中小学乱收费工作
45	2002 - 08	《关于严厉禁止高等学校招生违规收费的紧急通知》	教育部		禁止高等学校招生违规收费
46	2003	《关于做好2003年学校收费工作有关问题的通知》	教育部、国家发展改革委、财政部	教财［2003］4号	2003年学校收费工作
47	2003 - 04 - 09	《关于印发周济部长在全国教育系统治理中小学乱收费工作电视电话会议上的讲话的通知》	教育部	教监［2003］1号	认真贯彻中纪委二次全会精神从严治教，坚决治理学校乱收费
48	2003	《关于严禁截留和挪用学校收费收入加强学校收费资金管理的通知》	财政部、教育部	财综［2003］94号	加强对学校收费资金的管理
49	2003 - 06 - 23	《关于2003年治理教育乱收费工作的实施意见》的通知	国务院办公厅转发教育部等部门	国办发［2003］59号	2003年治理教育乱收费工作

序号	发布日期	政策文件名	政策（制定）主体	文件编号	备注（政策标的）
50	2003－08－29	《关于开展全国治理教育乱收费专项检查的通知发改价检》	国家发改委等七部委	发改价检〔2003〕1072号	开展全国治理教育乱收费专项检查
51	2004－01－28	《关于在全国义务教育阶段学校推行"一费制"收费办法的意见》	教育部、国家发改委、财政部	教财〔2004〕7号	从2004年秋季新学年开始，在全国义务教育阶段学校推行"一费制"收费办法
52	2004	《关于严禁研究生招生单位举办考研辅导班的通知》	教育部办公厅	教学厅〔2004〕15号	针对研究生的乱收费
53	2004－03－08	《关于2004年治理教育乱收费工作的实施意见》的通知	教育部等七部委	教监〔2004〕3号	治理教育乱收费工作
54	2005－02－23	《教育部等七部门关于2005年治理教育乱收费工作的实施意见》	教育部等七部委	教监〔2005〕8号	治理教育乱收费工作
55	2005	《民办教育收费管理暂行办法》	发改委、教育部、劳动和社会保障部	发改委〔2005〕309号	收费与使用公示等
56	2005	《关于做好2005年高等学校收费工作有关问题的通知》	教育部、国家发改委、财政部	教财10号	高等学校收费
57	2005－03－04	《关于高等学校招生工作实施阳光工程的通知》	教育部	教学〔2005〕4号	杜绝招生违规收费，严禁与招生录取挂钩的乱收费行为
58	2005	《关于做好清理整顿改制学校收费准备工作的通知》	国家发改委、教育部	发改委〔2005〕2827号	清理整顿改制学校收费
59	2005	《关于开展创建规范教育收费示范县（市、区）活动的意见》	教育部等七部委	教监〔2005〕7号	开展创建规范教育收费示范县活动
60	2005－08－16	《关于严厉禁止学校违规收费落实政府对教育的投入责任的紧急通知》	教育部、监察部、国务院纠风办	教监〔2005〕10号	严厉禁止学校违规收费

续表

序号	发布日期	政策文件名	政策（制定）主体	文件编号	备注（政策标的）
61	2006	《关于贯彻〈义务教育法〉进一步规范义务教育办学行为的若干意见》	教育部	教基〔2006〕19号	规范义务教育收费
62	2006	《关于加强民办高校规范管理引导民办高等教育健康发展的通知》	国务院办公厅	国办发〔2006〕101号	收费与使用公示等
63	2006	《关于在农村义务教育经费保障机制改革中坚决制止学校乱收费的通知》	教育部等五部门	教财〔2006〕6号	严禁"一边免费、一边乱收费"
64	2006－04－06	《关于2006年治理教育乱收费工作的实施意见》	教育部等七部门	教监〔2006〕6号	年度治理教育乱收费工作
65	2006－06－29	《中华人民共和国义务教育法》	十届全国人大常委会第二十二次会议修订	中华人民共和国主席令第五十二号	第56条：学校违反国家规定收取费用的，由县级人民政府教育行政部门责令退还所收费用
66	2007	《关于建立健全普通本科高校、高等职业学校和中等职业学校家庭经济困难学生资助政策体系的意见》	国务院	国发〔2007〕13号	各级各类学校收费标准应保持基本稳定且不高于2006年秋季学期收费水平
67	2007	《关于2007年规范教育收费，进一步治理教育乱收费工作的实施意见》	教育部等七部委	教监〔2007〕4号	对做好本年的规范教育收费、治理教育乱收费工作提出了明确要求
68	2008－05－12	《关于2008年规范教育收费进一步治理教育乱收费工作的实施意见》	教育部等七部委	教监〔2008〕7号	规范教育收费进一步治理教育乱收费
69	2008－01－04	《关于进一步加强考研辅导活动管理的通知》	教育部	教学〔2008〕1号	严禁高校及其教职工举办或与社会办学机构联合举办任何形式的考研辅导活动等

续表

序号	发布日期	政策文件名	政策（制定）主体	文件编号	备注（政策标的）
70	2008 – 12 – 30	《关于公布取消和停止征收 100 项行政事业性收费项目的通知》	财政部、国家发改委	财综〔2008〕78 号	自 2009 年 1 月 1 日起全国统一取消义务教育阶段借读费、学杂费等
71	2009 – 04 – 30	《关于 2009 年规范教育收费进一步治理教育乱收费工作的实施意见》	教育部等七部委	教监〔2009〕5 号	规范教育收费进一步治理教育乱收费年度工作

　　这张还未收集完全的有关治理教育乱收费的政策单子着实令人震惊，这还不包括省级以下地方政府与相关部门的响应配套政策，我们除了赞叹党和政府对该问题的足够重视之外，还能说什么呢？试问，有几人清楚仅"治理教育乱收费"一项就如此之多的教育政策？我们通过国家治理教育乱收费的政策不难发现，以政策来养政策，以政策来强化政策的路径与政策生产方式在导致政策文本大量膨胀的同时，最终伤的是政策本身的生命力，导致政策作用的相互稀释。中央层面政策制定者麻木地"唱独角戏"的政策发文行为，使得这些政策到了地方政府与各个学校也只能是会上念念，墙上贴贴，抽屉"睡大觉"。这种极为不正常的政策制定与执行现象实际上早已被常人识破，被政策执行者"反忽悠"。且看一组数据——据权威部门统计，最近 3 年来，全国共派出检查组 5.6 万个，检查各类学校 87.6 万所，共查处违规收费案件 1.9 万件，受党政纪处分 5931 人，累计清退违规资金达 13.7 亿元。表面看起来，这可以看作职能部门的一项显赫政绩，但若从反面解读，恰可说明乱收费何其严重。①

　　教育政策膨胀的另一原因是我国重视政策生产却忽视政策终结环节的行政传统，政策过程虎头蛇尾的现象严重。笔者以为，针对这种"文件复制"的徒劳无功现象，应该及时对这些年来的乱收费政策做一番清理，以文件的方式予以正式的终结，然后根据情势变化的实际需要，统一口

---

①　王石川：《反反复复发文件　年年岁岁乱收费》，《中国青年报》2009 年 7 月 14 日。

径，以专门制定、下发一道关于治理乱收费的政策，这一政策应该考虑全面，有一定的前瞻性（上述政策文本大量出现的一个重要原因就是政策的救急性），问题针对性强，实施的操作性手段具体，同时明确规定政策执行的评估、惩罚等措施。笔者梳理了众多有密切关联的各级各类教育政策，很难发现后位政策会对先位政策的执行效果以及何去何从的问题做一个交代。

实际上，早在 1989 年，国家教育委员会下发《关于公布废止与自行失效规章及规章性文件目录的通知》（教策字［1989］002 号），该文件对新中国成立以来至 1988 年年底由教委（包括原教育部、高教部、国务院科教组等）发布，以及以教委为主与有关部委联合发布的规章及规章性文件进行了清理，并确定了第一批应予废止或自行失效的规章及规章性文件。其中，因适用期限已过，适用对象消失或已有新文件代替，而自行失效的规章及规章性文件 347 件，因被后发的文件废止或内容有重大错误应予废止的 68 件。① 然而这些工作并没有作为常规工作予以坚持下来。令人倍感欣喜的是，极个别地方政府、教育主管部门实施了对过时政策进行废止的自主行为，这让我们看到了政府科学行政的"星星之火"。河北省教育厅有首开先河之功。2002 年 9 月 26 日，河北省教育厅发布《关于公布废止文件目录的通知》（冀教政法［2002］7 号），对自 1980 年以来河北省教育行政部门制发的规范性文件进行了清理，决定废止 174 个文件，并将目录予以公布，自公布之日起废止。② 2006 年 10 月 31 日，河北省教育厅再度发布《关于公布废止文件目录的通知》（冀教政法［2006］19 号），对 2005 年年底之前省教育厅制发的规范性文件进行了全面清理。决定废止了 328 个文件，并对文件目录进行公布，自公布之日起废止。③ 四年之内，河北省教育厅果断地废止了 502

---

① 国家教育委员会：《关于公布废止与自行失效规章及规章性文件目录的通知》（教策字［1989］002 号），1989 年 8 月 7 日。

② 河北省教育厅：《关于公布废止文件目录的通知》（冀教政法［2002］7 号），2002 年 9 月 26 日。

③ 河北省教育厅：《关于公布废止文件目录的通知》（冀教政法［2006］19 号），2006 年 10 月 31 日。

个省级部门下发的教育政策。这五百多个文件真可谓五花八门，牵涉各个教育领域、各种教育问题，可是，没有了它们，河北省教育也一样正常运行，甚至是更好地运行。可见，对这些实际上已经索然无味的"鸡肋"完全可以弃之而后快！只有大规模清除了旧的低效、无效政策，才有可能更好地轻装上阵，促进推陈出新。无独有偶。2008 年 11 月 2 日，浙江省人民政府《关于进一步加强和改进进城务工人员子女教育工作的意见》（浙政发［2008］69 号）印发，该文件的最后一句话是"《浙江省人民政府办公厅关于进一步做好流动儿童少年义务教育工作的意见》（浙政办发［2004］109 号）同时废止"。这种明确的后位政策优于先位政策、避免政策冲突而予以着重的行文强调现象着实罕见。我国有政策制定、生产而无政策终结的现象值得重视，必须做好对到期政策、无效政策的清理、废除工作。

当然，"政策问题政策办"，也会有积极的一面，我们常看到的政策配套、政策加强、政策嫁接现象便是其一。教育改革是一项复杂的社会系统工程，必须坚持整体配套、重点推进，"配套政策"是一种很有中国特色的政策间关系，它能够对相关政策起到强化与支撑的作用。我们还是以宁波市北仑区的区域教育发展政策为例来说明这一现象①。北仑教育政策不是孤立、静止的。在促进基础教育均衡发展的各项政策之间，体现出明显的相互嫁接、相互关联、相互支持的特点，在整体上形成了一个有效的政策网络。比如，城乡学校的捆绑式发展政策（公办学校与公办学校）就与公办学校结对帮扶外来工子女学校政策（公立学校与民办学校）贯通，形成了同类型政策的有效嫁接。再如，有关均衡配置城乡师资力量的政策，从农村教师补贴到职称评聘、骨干教师评选等，北仑有关促进区域师资均衡发展的政策互相呼应，构成整体，形成合力。

---

① 参见方展画、贺武华《以政策软实力促进基础教育均衡发展——解析"北仑现象"》，《人民教育》2008 年第 24 期。

第四节　政策弹性空间：利益相关者博弈的温床

一　政策弹性空间概念的提出

托马斯·戴伊（Thomas R. Dye）的公共政策概念在一定程度上颇受人们的欢迎，他认为，"公共政策就是政府所选择的作为与不作为"①。其实，这一概念理解的思路反映了公共政策本身的一个特点，本文理解为政策的弹性空间。任何一项政策，无论是倡导性的还是规制性的，都存在政策本身所内生性的空间，也就是我们常说的"回旋的余地"。这种空间的存在，赋予了政策主体一定的自由裁量权，如政府在选择什么作为、什么不作为、怎么作为、何时何地作为等政策行为时，存在着一个自由裁量度的问题。比方说，一项政策是禁止某种教育行为的，但并未将没有被禁止的另一种教育行为排除在外，那么，这种行为在该政策面前就应该是合情合理存在的。对政策弹性空间，不同的学者采用了极为类似的概念。张凤合博士使用的是"政策空间"（policy space），用以解释政府选择做什么、怎么做的范围、影响力的强弱等，"从作为到不作为的巨大空间，无论政府是客观使然还是主观故意，它都是公共政策存在的区间"②。林小英博士使用"策略空间"的概念来分析民办高等教育的政策变迁，作者从合法性的视角抽象出"策略空间"的含义是：作为行动者的政策对象为了获得与社会合法性相一致的行政合法性，或为了满足自身的政策需求，通过采取策略行为而发现和利用的、由政策系统结构性制约所决定的合法化条件。③

本书采取政策的"弹性空间"概念，更为中性、客观和全面。它首

---

① 托马斯·戴伊：《理解公共政策》（英文第十版），中国人民大学出版社 2004 年版，第 1 页。
② 张凤合：《公共政策价值取向中的政策空间》，《南京社会科学》2005 年第 5 期。
③ 林小英：《民办高等教育政策变迁中的策略空间》，博士学位论文，北京大学，2004 年，第 1 页。

先强调了政策本身内在性的弹性可能；其次，它同时也给政策利益相关者提供了寻找空间的可能，即林小英提出的"策略空间"层面。正是因为政策弹性空间的存在，利益相关者就会为之进行持续的博弈；而这种"弹性空间"也必定会在现实中以各种形式表现出来，比如，政策生产部门留有余地的自由裁量权，政策执行者在规范之下所行使的权变之权。一项政策从制定到执行再到调整变迁，也必定会出现各种各样的实际效果。作为代表某种利益诉求与聚合的利益相关者，无论是政策主体还是政策客体，必定要在法定政策之内寻找合理的政策空间，以使自己的行为不违反政策规定。另一种情形是，不少政策主体为寻租获利，还要千方百计"创造"空间，铤而走险压压政策黄线，游走于政策的边界。我们现实中常说的"上有政策，下有对策"、"钻政策空隙"、"打制度擦边球"等便是如此。

二　政策弹性空间存在合理性解读

政策弹性空间的存在有很多种方式，却是合理的，是政策目标本身所具有的一种属性。从积极的意义上来说，如果政策目标缺乏必要的弹性，则政策执行就会失去相应的灵活性、变通性和互动性。当然，现实当中，我们更多地看到了政策弹性空间所带来的问题。比如，从政策目标与政策结果来看，它们之间横亘的是一个巨大的关于政策执行的黑箱，政策执行的过程要经历领会、解释、宣传、制定具体实施方案等行动环节。在政策执行的实际过程中会有很多变数，难免要发生政策目标的偏离与信息的耗散，出现政策目标缩水、变形、走样，甚至落空的现象，常被理解为政策失真。这种失真可以是政策执行者误解或有意曲解所致，也可能是无辜的政策结果。我们以中央大学生村官政策的地方政府选择性执行行为为例来说明政策弹性空间在上下政府间何以可能发生。

时下，10万大学生"村官"计划正掀起新一轮"知青下乡"热潮。有关大学生村官的最早权威性政策是2005年6月中共中央办公厅、国务院办公厅下发的《关于引导和鼓励高校毕业生面向基层就业的意见》（中办发［2005］18号），《关于引导和鼓励高校毕业生面向基层就业的意见》第 10 条指出，要大力推广高校毕业生进村、进社区工作。从 2006 年起，国家每年有计划地选拔一定数量的高校毕业生到农村和社区就业，争取用 3—5 年时间基本实现全国每个村、每个社区至少有 1 名高校毕业生的目标。随后几年间，中央还出台了相应的加强政策。

18 号文件提出的如何引导和鼓励大学生面向基层就业的工作内容有九项之多，然而，目前为什么只有"大学生村官"政策这一项执行得较为彻底呢？对此，上文提及的王少峰《北京市"大学生村官"政策的由来与变迁》一文，以"中央政策的地方选择性执行"为论点，进行了适切的解释论证。地方之所以要有选择性地执行政策或者能够选择性地执行政策，通常并不是主观上刻意对政策目标的有意识选择、偏离，而是基于特定的历史条件与场域。回到 18 号文件，该政策内容宽泛，目标不够聚焦，光牵涉的政策执行主体就有省级政府、企业、大学生等。其中的"大学生村官"政策是由北京市委组织部联合教工委、农工委等 10 个部门来贯彻执行，众所皆知，市委组织部是一个强势部门，作为"大学生村官"政策的执行主体，它更有优势，这就不难理解"大学生村官"政策的执行会被优先选择而且执行起来更具实效。当然，王文还分析了其他方面的原因，如政策本身的吸引性、操作上的便利以及情感基础等以说明为什么"大学生村官"政策能够被优先"选择性执行"。

因此，从正面看政策的选择性执行，实际上就是从实际出发，具体问题具体分析，抓政策的主要矛盾和矛盾的主要方面，重点突破。我们常说，政策执行要讲究忠实性、灵活性、创造性以及以人为本等原则，北京市政府从 18 号文件九个方面内容中选择"大学生村官"一项作为重点突破，其实是"原则性与灵活性辩证统一"的政策执行原则的体现。政策执行中的灵活性，是指在不违背政策精神和目标的前提下，政策执行者从实际出发，采取灵活多样而有针对性的方法、措施和手段，因人、因时、因事、因地制宜地创造性地执行政策，目的是使政策目标能更好地实现。再乐观一点估计，地方政府的政策选择性执行其实还可能会是政策的创造性执行，尤其是蕴含着本土化、地方化的政策执行变通可能，实际上这种自主创新空间与可能也是政策制定者预留的。

　　然而，在人们普遍对政策执行的目标偏离现象进行批评的同时，我们还应该看到，在特定情况、特定阶段，政策目标的不完全实现的现象也是一种理性的政策执行行为，不无合情合理、合乎时宜的一面。政策执行的主体、环境、所拥有的资源与条件等皆有差异和变数。政策执行环节更应该容忍一定限度上的灵活性与变通性。试想，全国几十个省（市）落实中央的18号文件或具体的"大学生村官"政策，若依葫芦画瓢，"省省一面"，那也不太正常，至少不值得称道，毕竟省情不一样，政策执行主体的能力也不一样。组织理论学派认为，一个目标明确的政策能否有效执行，关键要看执行主体的主客观条件，主观上要看能否理解领会政策和愿不愿意执行；客观上要看资源条件与执行能力情况。

　　总体上说，公共政策本身具有原则性和灵活性相统一的特点，这也就决定了任何一个政策目标的执行都具有一定的合理弹性空间，温床也好，黑箱也好，我们需要辩证理解政策利益相关者对政策弹性的把握，需要在政策的强制性与刚性规范中合理寻找并利用好具有一定限度的弹性空间。

第五节　政策矛盾：教育政策间的冲突与挤兑

一　教育政策"打架"现象探析

　　在我国数量繁多且每日激增的诸多各级各类教育政策中，有一种政策现象值得关注，它不像"政策变迁"、"政策替代"、"政策转移"、"政策扩散"等成为政策科学里的通用概念。它反映的是一种什么现象呢？就是教育政策之间会"打架"，发生冲突、挤兑，即出现政策之间相互倾轧、互成矛盾与斗争的现象。

　　教育政策间的冲突与矛盾关系，从表现形式来看有以下情形：一是上位政策与下位政策；二是先期政策与后来政策；三是不同部门（处室）之间的政策；四是外来"洋政策"与本土政策等。从具体指向来看，有政策内容、政策目标、政策价值取向、政策利益、政策工具手段、政策评价等的矛盾。

政策冲突与矛盾有轻重之别，试举影响较大的两例。为破解进城务工农民子女的上学难问题，2001 年国家明确提出了"以流入地政府为主，以公办学校为主"的"两为主"政策。"两为主"虽然在一定程度上解决了农民工子女入学难的问题，但该政策本身激发了系列教育政策冲突，如公办学校与民办学校办学政策等。另一个典型的政策冲突例子是"非公非民、亦公亦民"的办学政策和民办学校教育政策之间的矛盾冲突。前者有"国有民办"、"独立学院"、"转制学校"、"民办公助"、"一校两制"、"校中校"等所谓的多种"公立学校"实现形式，而实际上都是打着政策的合法性与变通性旗号，挤兑民办教育发展的空间。如《中国教育改革和发展纲要》提出的"民办公助"、"公办民助"的导向性政策在实践中已经被证明了是一项"骑墙"的政策，尽管在特定历史时期，它起到了化解教育资源短缺的问题，但与《民办教育促进法》的条文发生冲突，对民办教育发展起到了负面的干扰作用。

表 5－3　　　　　　　　　　　相互冲突的教育政策举例

	甲政策	乙政策
第一对	"8 号文件"等独立学院发展的系列政策；公立学校转制政策	《民办教育促进法》等民办教育发展政策
第二对	就近入学	电脑派位
第三对	重点学校、实验学校、示范学校政策	促进教育均衡发展的相关政策
第四对	"公校不择校，择校找民校，与名校办民校"	"限分数、限钱数、限人数"的择校政策
第五对	流动人口子女教育	农村留守儿童教育
第六对	浙江省政府的"四大工程"政策	长兴县的教育券政策

教育政策在矛盾冲突中的执行，直接导致政策执行力不高和效率低下。政策冲突是常见现象，不应回避，要以积极的态度去应对、化解。

二　教育政策矛盾的原因分析

政策相互矛盾、政策相互冲突的现象在政策过程中时有发生，这不仅影响了政策的权威性、时效性，给政策的执行力带来了困难，而且还会继续产生消极影响，形成不良的政策氛围。教育政策的冲突挤兑现象既发生在同级政府、教育行政部门等颁发的政策中，也发生在纵向不同层级政府与部门之间。教育政策冲突现象的发生，从根上讲源于政策自身是为其特定目的而存在的公共教育价值与利益诉求，而且是在特定环境与语境下制定的，这就会使得任何一项公共政策的视野关照是有限的。"由于制定教育政策的主体自身利益的客观存在，决定了教育政策的确定、实施必然带有明确的利益倾向，要想每项教育政策都能照顾到方方面面，有得无失，有利无弊，这是不现实的。"① 政策矛盾的出现的原因很复杂，最常见的有以下几种。

首先，政出多头、互不沟通是政策挤兑的一个常见原因。现实中，我们常见政府政出多头、部门林立、机构繁多且职责不明、多头决策的不良行政行为。比如，在国家层面的教育部组织机构中，有几十家处室，皆在不同程度上掌握着教育资源，形成了处室为政的惯例，极易导致政出多头。虽看似相互支持，都很重视，家家在管，实则家家都不在管。治理教育乱收费政策最为典型。党中央、国务院、教育部、纠风办、计委、财政部等部门，或联合或独立下发的文件也是相互呼应的，但其实都没有专门的部门来一以贯之，常抓不懈。

其次，新老政策交替时，政策挤兑是常有的事情，使得一些利益相关者赶到了"脚后跟政策"——新的政策似乎以该利益相关者的脚后跟为线制定政策，一切不在新政策之列。我们常说的"新人新办法、老人老办法"亦属此种情形。避免政策的冲突还应努力做到新老政策的协调衔接，应做到"新政策不与老政策打架"。

最后，领导人为性的意图与偏好也是导致政策矛盾的一个原因。如在领导人更换的过程中，我们常见政策不能延续连贯的现象。新官上任三把火，总得在重大决策部署方面有新的体现甚至是改弦易辙。

多数情况下，政策冲突或者挤兑的现象实际就是政策的横向关系

---

① 蒋园园：《穿行于理想与现实之间：教育政策衡平论》，《现代教育管理》2012 年第 4 期。

（部门不同政策之间）与纵向关系（前后政策之间）缺乏一致性和协调性所致。因此，政策运行的协调机制、监督机制就显得尤为重要。

第六节　政策调控与干预：教育政策的人为左右

一　人为调控与教育政策倾斜

在我们的日常生活中，常常会很自然地遇到一些这样的教育政策："高考加分政策"、"三限政策"、"捆绑政策"、"结对子"政策、"对口支援"政策、"薄弱学校改造工程"、"电脑派位"、"就近入学"等，需要说明的是，这些并不是一个学校或有关部门的自发行为，而是通过公共政策予以明确的政策行为，而且多半是以一个局部的小政策去影响一个全局性的大政策。这些政策给人什么样的第一印象呢？人为性与主观色彩浓重，颇具中国文化与中国话语特征。

政策的人为性调控和主观色彩的一个常见现象就是，对一个整体性政策的局部破坏，切开一个小口子，人为赋予了政策特殊性与特权性，甚至是人为地破坏，是"小政策与大政策相抵触"、"特殊政策与一般政策相抵触"的现象。比如考试加分政策，在我国向来就有"考试面前，人人平等"之说，然而，奥数竞赛、艺术特长等加分政策使得高考出现很多不尽如人意的地方，就连地方的高考状元也得分"裸考状元"与"加分状元"。尤其是，一些地方的高考加分做法还暗箱操作或直接中饱私囊，高考加分中的腐败和不正之风引起社会广泛愤怒。如一度在社会流传和影响甚广的"绍兴高考加分门"事件就是一个典型，绍兴一中2009年参加航海模型加分测试的19名考生中，13名考生是当地各部门官员子女，其余6名也都是教师子女。① 实际上，一项既定的健康的政策，如果被随意变动，就会导致各目标群体处于不同的规则和标准之下，导致不公，

---

① 李剑平：《浙江高考航模加分者被指多来自权势家庭》，《中国青年报》2009年5月15日。

"形成同一条件、不同规则、不同结果的不合理状况，进而会造成普遍的结构性短期行为并在此基础上演化出各种可能会致使政策变形走样的投机执法"①。

在我国的公共政策现象中，有一种"政策倾斜"的说法，"政策倾斜"或"倾斜政策"的提法颇为流行，与政策倾斜相近的概念还有政策扶持、政策支援等。细究起来，倾斜政策的过多实施会产生很大的负面影响，虽然政府在实施倾斜性政策时会更多地考虑弱势群体的需要，但是这一政策手段并不值得倡导。因为尽管政策是有价值取向的，但是某项具体教育政策一经制定、发布，就意味着它需要一视同仁地对待政策利益相关者，在一个既定的政策内，不应该随意突破一点政策规则，或衍生出一些相关的差异性利益需要。"从政策本身的公平属性来看，政策应是不偏不倚的，是不能倾斜的，'倾斜'就意味着要打破不偏不倚的公平状态。政策的作用具有普遍性，在政策面前人人平等，实行于一定范围的政策赋予这一范围内人们的任务和要求，权利和机遇都是一致的。"② 继"211 工程"、"985 工程"之后，教育部、财政部于 2006 年年底开始试点建设"优势学科创新平台项目"。这是国家为提高高等教育实力和水平的又一重大举措。"优势学科创新平台项目"的建设方式采用"985 工程"科技创新平台建设模式，项目建设单位从属于"211 工程"建设的学校但不属于"985 工程"建设的学校中选择。从建设方式以及建设高校的产生方式不难看出，"优势学科创新平台项目"设置的人为主导性之微妙，人们习惯称为"小 985"。坊间不少评论指出，"优势学科创新平台项目"就是为了缓解"985 工程"院校和实力型"211 工程"学校之间产生的矛盾才推出的。

二 教育的政策干预与调控

政策的主观性干预还表现为上级政府与职能部门对下级政府与职能部门的政策进行干预与调控。这一点尤其体现在各种利益与资源的分配上，

---

① 丁煌：《政策制定的科学性与政策执行的有效性》，《南京社会科学》2002 年第 1 期。
② 同上。

如在下达各种资金名额、分派各种指标任务等时。1993 年 9 月 17 日，国务院办公厅下发《关于纠正一些地方取消农村教育费附加的通知》（国办函 [1998] 78 号），对地方减轻农民负担的自发行为予以了"纠正"式干预，文件"摆政策，讲道理"，重申了征收农村教育费附加的合理性与合法性。文件指出："近来，一些地方把农村教育费附加的征收作为减轻农民负担的一项内容予以取消或暂停执行，这是不妥的，应立即予以纠正。"随后，国家教委于 10 月 16 日便下发了《国家教委关于转发〈国务院办公厅关于纠正一些地方取消农村教育费附加的通知〉的通知》（教财 [1993] 70 号），文件进一步强化了国务院的精神指示，敦促各地做好本年度的农村教育费附加的征收工作，而且明确了日程表："各省市区教委（厅、局）将今年 1—10 月的城乡教育费附加征收情况于 11 月 30 日前报告我委。"

我们还可以"国家高等教育质量工程"政策来进一步说明政策干预与调控的人为性痕迹。政策从某种意义上讲就是利益调节的工具和行为过程。往往一项教育政策的出台被人为地预设了重要的使命，需要对政策对象及涉及的问题进行功能强化或行为矫正。提及质量工程政策，人们很容易将它与轰动一时的高校扩招政策联系起来。在一定程度上，高校扩招政策所带来的高校经费不足、师资短缺、管理不济等问题最终汇集到一个核心的命题——高教质量难保。因此，政府于 2007 年正式启动"质量工程"，这是把高等教育发展的战略重点转移到提高教育质量上来的重大举措和鲜明信号，其建设经费也是新中国成立以来在"提高高校教学质量"方面投入最大的一项专项经费，政策启动两年来，它已经在高教领域产生了广泛而深刻的影响。

我们没有理由去怀疑这一政策及时雨的意义。然而，伴随"质量工程"建设成效的初步显现，相关问题也进入了学者的视野。上文提及的王友航、郝庆关于"高校质量工程政策"分析一文已敏锐感知到了作为政策的"质量工程"在政策目标预设、政策行动逻辑中所存在的问题。说白了，它是以某一拔尖的标准去框套那些早已伸长脖子在等候且可够得着的竞争者，这个运动项目是适合长颈鹿的，而对斑马、骆驼等芸芸众生不利。因此，说是"资助"、"建设"，实则是一次终结性的选拔评比，项目评审获得通过者自然就获得了一批丰厚的奖金，以便好上加好；不能获得评审通过的，则拿不到钱，自然也就事不关己，遑论启动专项建设了。该文的意义就在于发现了该政策文本本身所暗含的只管评审结果不太关乎质量建设过程本身的逻辑缺陷。坊间对政府巨额投入高校的工程建设项目多以"抢钱"、"烧钱"字眼来形容。"抢钱"，指各大高校竭尽所能去争取"国字号"的各种项目；"烧钱"，则是指资金一旦到位便迫不及待地去花钱、花光钱。

质量工程政策属于分配性的政策类型。它的受益人是特定的群体，即该政策只向数个或一拨高校、教师提供利益，当然，该利益的获得也没有导致其他高校、教师受损。政府实施此类"带钱"的分配型政策，贵在能对花钱行为进行有效监控，是边建设边投钱，边投钱边评估，在动态中考量建设资金的时效。该文的意义还在于反省了人们常说的政策目标是为了"锦上添花"还是"雪中送炭"的理性抉择问题。诚然，锦上添花的政策支持也是需要的，有时候还很重要，如让第一梯队大学去冲击世界一流大学的"985 工程"，重大科技攻关的"863 计划"、"973 计划"，等等。然而，直接面向或深度辐射 2000 多所各级各类高校、2300 多万在校生的高教质量工程，却不应该做如是定位。合理的政策逻辑应该是，通过项目的支持性建设来看谁的长进多，谁的长进快，也即政策支持前后的绩效落差、增幅对比情况。通俗地讲，也就是看增长率、进步率，因而质量建设更多的是要自己跟自己比。这样，谁都有希望，谁都有动力；既可以鞭打快牛，也可以拉动慢牛。当然，要将这一理想落实到政策行动，还有很多政策设计时的技术性问题。

反观"质量工程"旗下的"高质量教材"、"国家级精品课程"、"国家级教学团队"、"实验教学示范中心"、"国家级高等学校教学名师"等目标和数据，再联系反思一下"985 工程"、"211 工程"、"国家示范性高职院校建设"（俗称"高职 211"）等财政资金注入可观的国家重大政策，我们不难发现此类人为性干预政策在目标与行动上所存在的脱节，政策实际结果不无初衷偏离。我们没有必要去怀疑或谴责"质量工程"政策对象（高校或教师）的"政策寻租"行为，但也许我们有必要去反思政策决策者、制定者的"政策设租"行为。无论是有意的还是无意的，不可否认，教育政策生产部门在设定政策租金，甚至"有意垂钓"，让高校众相争夺，挑起"事端"。这或许是值得有关部门警醒的一个征兆。

第六章　"中国式"教育政策过程的 案例实证分析

　　教育研究需要回归真实的教育世界。中国教育政策集中体现了中国教育的内涵与特色，其研究则尤其需要扎根国情、深入本土、发掘真实。因在交易费用、产权、企业和社会成本问题方面的研究做出重要贡献而获得诺贝尔经济学奖的科斯，其"研究真实世界"的质朴手法为经济学研究树立了新风，甚至被誉为对过往经济学权威研究的离经叛道。笔者认为，立足中国教育国情、直面真实的教育世界去找问题、做学问、立言论，是我们当前开展教育政策研究尤其需要注重的一个价值取向。

　　本书致力于中国特色的教育政策过程研究，前面五章从学理层面做了些探讨，试图找出一些中国式教育政策的"内在特质"。本章则拟从理论的抽象回到现实的关照，选择《国家中长期教育改革与发展规划纲要（2010—2020）》等若干典型教育政策案例，汲取经济学、管理学等学科案例研究的一般经验，尤其是遵循"理论导向下的政策经验研究"范式，进一步展开对中国教育政策过程的实证研究。所选择的案例既考虑到表面上的代表性，也考虑到深度上的可推进性，既有中央教育政策也有县级政府层面的教育政策，既有宏观广义性的教育政策也有微观领域的具体教育政策。当然，案例选择更考虑到政策过程周期这一维度，分别在政策制定、政策执行、政策变迁、政策评估等基本政策过程环节切入了相应教育政策案例。

　　本章所做的案例研究，不是为了案例本身而刻意所为，总体上说，它们是服务于全书的思想立意与篇章布局结构的需要。从理想或曰应然的层面来说，本部分的案例实证就是要围绕"有中国特色的教育政策过程"这一主题深入开展研究，以鲜活的案例事实来形象注解抽象的学理框架，以求管中窥豹、一叶知秋之效。诚如周其仁教授所认为的那样："实例包含了回答问题的要素，但是实例本身并不能自动回答问题。从实例的研究到得出对真实世界里经济制度、经济组织和人的经济行为的理解，中间还需完成一个跳跃，这就是把实例一般化。"① 这种将"实例一般化"的功夫便是本章之定位与追求所在。

第一节　政策制定:《教育规划纲要》与中国特色教育决策

《国家中长期教育改革和发展规划纲要（2010—2020)》（以下简称《教育规划纲要》）是站在新的历史起点上，应加快推进教育改革和发展之需而生。《教育规划纲要》的制定对于建设人力资源强国、满足广大人民群众接受良好教育的需求、全面建成惠及十几亿人口的小康社会具有重大战略意义，注定要在社会主义新中国教育发展史册上重抹一笔。政策本身的重要性也必然会反映到政策过程中去，与《教育规划纲要》文本本身同样具有里程碑式意义的是作为政策过程（现象）的《教育规划纲要》。《教育规划纲要》的政策制定过程无论是从时间到空间，还是从程序到人员参与，等等，都体现了它的独特性与深刻性，是有中国特色的公共政策过程的一个生动体现。当前，在全国上下大举学习实践《教育规划纲要》之际，我们仍可进一步探究、发掘和彰显《教育规划纲要》的政策过程意义。

一　《教育规划纲要》政策形成过程简要回顾

政策制定是一个复杂的活动过程，重大的政策制定尤其如此。一项教育政策的制定通常包括教育政策问题认定、政策议程设定、规划调研、政策方案设计和政策表达与合法化等几个阶段。制定《教育规划纲要》，是

---

① 周其仁：《研究真实世界的经济学——科斯研究经济学的方法及其在中国的实践》，《中财精品网》，www.cfinance.com.cn/show/file_ show.asp? fi ..., 2011 – 09 – 09。

党中央、国务院作出的重大决策。胡锦涛同志高度重视，多次作出重要指示，强调要把教育摆在优先发展的战略地位，加快提高教育现代化水平，建设人力资源强国，这些精神指示为《教育规划纲要》制定指明了方向。从 2008 年 8 月时任总理温家宝主持召开国家科教领导小组会议启动《教育规划纲要》研制工作始，至 2010 年 5 月温家宝同志主持召开国务院常务会议，审议并通过《教育规划纲要》，《教育规划纲要》研究制定历时一年零九个月；再到 7 月 8 日以中共中央、国务院的名义正式印发，政策制定周期接近两年。其间主要经历的阶段有调查研究、起草论证、公开征求意见等，这是一个持久的拉锯战。

（一）政策酝酿与调研阶段（2008 年 8 月至 2009 年 2 月）

作为进入 21 世纪以来我国第一个中长期教育规划纲要，也是立足于 21 世纪第一个 10 年向第二个 10 年迈进的教育事业新起点，国家必然要高瞻远瞩，运筹帷幄，从战略和全局高度精心谋划未来 10 年我国教育事业改革和发展的蓝图。因此，政策酝酿是一个很早就进入决策者视野，未雨绸缪、从长计议的过程。

1. 政策启动：高层主导下的议程确立

政策议程的设立是政策制定过程中起始阶段的重要功能活动。从正式的官方信息发布来看，《教育规划纲要》政策议程的确立从 2008 年年初就正式提出了。早在 2008 年 3 月全国"两会"闭幕之际，胡锦涛同志、温家宝同志就分别作出重要指示，指出要在深入调查的基础上研究制定中长期教育规划纲要，把研究制定中长期教育规划纲要作为新一届政府必须着力做好的一件大事。

2008 年 8 月 29 日，温家宝同志主持召开国家科教领导小组第一次会议，审议并原则通过《教育规划纲要》制定工作方案，正式启动研究制定工作。成立《教育规划纲要》领导小组，温家宝同志亲任组长；成立《教育规划纲要》工作小组，刘延东同志任组长。此外还成立了由 500 多位专家学者参加、近 2000 人参与的 11 个重大战略专题组，组织了上百人的专家咨询队伍，邀请全国人大、全国政协、各民主党派、各级各类学校、科研机构、企事业单位以及海外高校负责人等各领域高层次专家组成咨询组，东部、中部、西部9个省、区、市分区域规划小组和7个教育分领域规划小组也相继成立。

2. 政策酝酿：广泛的民意征求与政策动员

政策问题一经提上议事日程，紧接着就进入问题分析研究的阶段了。作为工作小组组长，刘延东同志于2008年10月14日主持召开了《教育规划纲要》工作小组第一次会议，具体部署了《教育规划纲要》调研起草工作；10月22日，主持召开《教育规划纲要》制定工作座谈会，听取了11个重大战略专题调研组和总体战略研究组的工作进展情况汇报；12月23日，主持召开第一次全体咨询专家会议，听取咨询专家对研究制定《教育规划纲要》的意见和建议。

在征求专家及有关方面意见建议的基础上，2009年1月7日，教育部下发《〈国家中长期教育改革和发展规划纲要〉公开征求意见工作的通知》，要求广泛动员，积极组织广大干部和师生员工围绕《教育规划纲要》建言献策，一直到2月底，此阶段为向社会各界开展第一轮公开征求意见工作，重在问需于民。通过百姓对工作组归纳提炼的若干重大问题的回答，来切实了解老百姓需要什么教育、需要解决什么问题，从而使纲要的起草更具针对性。政策制定前的第一轮征求意见工作分两个阶段进行。第一阶段，从1月7日到2月6日，请社会各界针对36个专题发表意见和建议；第二阶段，从2月7日到2月底，工作小组办公室凝练出4个方面共计20个社会各界高度关注的重大问题，请社会各界出硬招、实招、新招。截至2月28日，工作小组办公室共收到电子邮件、信件14000多封，网民通过教育部门户网站发帖11000多条；各界人士在社会网站、高校校园网上发帖210多万条。① 2月7

---

① 戴维·伊斯顿在《政治生活的系统分析》中建构了一个政治系统分析模式。其中，"输入"概念是指环境系统对政治系统的支持和压力，即社会中的各种行为到底怎样影响政治领域中发生的事情的"概括性变量"。然而，伊斯顿认为，某些要求可能产生于政治系统内部的精英人物，这是一般系统理论的"输入"概念所不能解释的。因为，"这些要求并非产生于在社会非政治领域中担任角色时人们的经验，而是直接来自政治角色本身，即来自政治系统内部这样的要求，不同于我们一直在讨论着的输入"。"内输入"概念由此被伊斯顿提出来描述政策决策中政治角色的经验与活动。参见戴维·伊斯顿《政治生活的系统分析》，王浦劬译，华夏出版社1999年版。《规划纲要》工作小组办公室：《〈规划纲要〉第一轮公开征求意见工作顺利结束》，《中国教育和科研计算机网》，http：//www.edu.cn/ghgy_7788/20090302/t20090302_362007.shtml，2009-03-01。

日，教育部公布规划纲要收到反馈意见110万余条，收到意见的规模在教育部历史上是空前的。

（二）政策方案规划与文本起草阶段（2009年3月至2010年2月）

经过长时间的细致调研与周密部署，大约自2009年3月开始，《教育规划纲要》的实质性研制工作随即全面、有序展开，中心工作由以调研为主转向以文本的起草制定为主。文本起草工作截至2010年2月，这一阶段持续约一年时间。在这近一年的时间里，政策制定者需完成问题界定、条件分析、目标确定、各种方案的设计与论证、结果预测以及方案抉择等环节工作。

其间的2010年1月11日至2月6日，时任国务院总理温家宝在中南海先后主持召开高等教育、职业教育、基础教育、管理体制、群众代表五次座谈会，就正在制定中的《教育规划纲要》听取社会各界人士的意见和建议，尤其在第五次座谈会上，温家宝专门邀请来自基层的学生家长、中学生、农民、工人、进城务工人员、自由职业者代表等进行探讨，并在之前还曾去学校听课。

（三）政策方案完善与合法化阶段（2010年3月至3月28日）

第三阶段的主要工作是针对政策文本初稿向社会各界征求意见，在问政于民的过程中逐步完善政策文本并使之合法化，成为一个真正具有法定权威的政策，确保政策的有效执行。

1. 开展对政策文本初稿的民意征求及完善工作

2010年2月28日至3月28日，教育部向社会公布《〈国家中长期教育改革和发展规划纲要〉（2010—2020）征求意见稿》，启动第二轮征求民意工作，进行为期一个月的征求意见，第二轮征求民意工作重在问计于民和问政于民。主要方式：一是通过新闻媒体、各大网站征求社会各界人士意见；二是利用"两会"之机，重点听取人大代表、政协委员意见；三是征求中央有关部门、各民主党派中央、各省区市党委政府意见建议；四是召开各种形式座谈会，有针对性地听取意见；五是请联合国教科文组织、世界银行、经合组织、欧盟等部分国际组织提出意见。① 同时，国务

---

① 教育部：《教育规划纲要工作小组办公室负责人答记者问》，《中国新闻网》，http://www.chinanews.com.cn/edu/2010/07－30/2436690.shtml，2010－07－30。

院新闻办公室 2 月 28 日上午 10 时就《教育规划纲要》公开征求意见举行
新闻发布会，教育部部长袁贵仁等五部委领导出席发布会。

为期一个月的民意征求工作得到了社会各界人士的广泛响应，他们通
过信函、媒体、网络等方式积极建言献策。"截至 3 月 28 日 24 时，《教育
规划纲要》工作小组办公室共收到意见建议 27855 条，其中电子邮件
8317 封，信函 1064 封，教育部门户网站网友发帖 18474 条。此外，从媒
体和网络收集的报道评论与意见建议 249 万多条。"① 4 月 8 日，教育部
就《教育规划纲要》第二轮公开征求意见工作结果的有关情况举行座
谈会。征求意见稿形成后，"针对《教育规划纲要》过程文本，有 660
多个单位、1800 余名各界人士提出意见建议 6100 多条。文本前后进行
了 40 多轮大的修改"②。

2. 各层级政策主体的审议与政策合法化

政策合法化通常被认为是政策制定的最后一个环节，就是要通过一套
正规的程序（法律规定性的或习惯性的程序），使政策具有民意性、权威
性和约束性的过程。政策合法化的程序一般是审查、听证、征求意见、通
过、签署、批准、颁发等，实质上就是内容合法化与程序合法化的统一。
在我国，政策合法化大体上就是政策社会化，即公共政策成为人们普遍遵
循的非法律化的社会规范的过程。《教育规划纲要》是一项重大的国家政
策，要获得最后的通过，需要按程序履行相应的审议流程并使文本内容广
为人接受。2010 年 4 月到 6 月，是纲要送审稿报送党中央、国务院审议
的过程。审议过程中，中央领导同志对送审稿提出了一系列重要指导意
见。《教育规划纲要》工作组根据每次的会议精神指示，都对纲要文本作
了相应的修改完善。

2010 年 4 月 15 日，温家宝同志主持召开国家科教领导小组会议，审
议并原则通过《教育规划纲要》送审稿。

---

① 《规划纲要》工作小组办公室：《教育部：〈规划纲要〉二次公开征求意见结束》，《中国
教育和科研计算机网》，http://www.edu.cn/xin_ wen_ dong_ tai_ 890/20100330/t20100330_
461027.shtml，2010 - 03 - 30。

② 杨银付：《〈教育规划纲要〉的理念与政策创新》，《教育研究》2010 年第 8 期。

2010 年 5 月 6 日，温家宝同志主持召开国务院常务会议，审议并通过《教育规划纲要》送审稿。

2010 年 5 月 27 日，胡锦涛同志主持召开中央政治局常委会，审议并通过《教育规划纲要》送审稿。

2010 年 6 月 21 日，胡锦涛同志主持中共中央政治局会议，审议并通过《教育规划纲要》送审稿。

2010 年 7 月 8 日，中共中央、国务院印发《教育规划纲要》。

2010 年 7 月 13 日至 14 日，中共中央、国务院在北京召开全国教育工作会议，会议动员全党全社会全面实施《教育规划纲要》。

2010 年 7 月 15 日，刘延东同志主持召开座谈会，就贯彻落实全国教育工作会议和《教育规划纲要》作了全面部署。

2010 年 7 月 16 日，《教育部关于认真学习贯彻全国教育工作会议精神全面实施教育改革和发展规划纲要的通知》下发（教办〔2010〕8 号）。

表 6 - 1　　　　　　《教育规划纲要》政策制定过程主要事件表

时间	政策过程主要事件
2008.08.29	温家宝同志主持召开国家科教领导小组第一次会议，审议并原则通过《教育规划纲要》制定工作方案，正式启动研究制定工作
2008.10—12	刘延东同志先后三次主持召开起草工作相关会议
2009.01.07	教育部下发《〈国家中长期教育改革和发展规划纲要〉公开征求意见工作的通知》启动第一轮民意征求
2009.02.07	教育部收到反馈意见 110 万余条，收到意见的规模在教育部历史上是空前的
2010.01.11—02.06	温家宝同志先后召开五次座谈会，就规划纲要听取各界人士的意见和建议
2010.02.28—03.28	教育部发布《〈国家中长期教育改革和发展规划纲要〉（2010—2020）征求意见稿》，启动第二轮征求民意工作；国新办举行新闻发布会
2010.04.15—05.06	温家宝同志先后主持召开国家科教领导小组会议和国务院常务会议，审议并通过《教育规划纲要》
2010.05.27—06.21	胡锦涛同志先后主持召开中央政治局常委会和中共中央政治局会议，审议并通过《教育规划纲要》
2010.07.08	中共中央、国务院印发《教育规划纲要》

二　《教育规划纲要》的政策过程特点解读

历时两年的《教育规划纲要》制定，是在党中央、国务院的周密部署、各级领导组织直接领导、各级各类专业人士精心投入与社会各界人士热情参与下完成的，它凝聚了全党全社会的智慧，体现了国家和人民的意志与需要。《教育规划纲要》政策过程所反映的核心精神是科学与民主决策，充分展示了颇具中国特色的公共政策过程现象。

（一）党及其高层领导的"内输入"

政策是一种政治行为。"内输入"是由美国学者戴维·伊斯顿提出的一个政治系统分析理论的学理性概念，强调的是政治系统内部所产生的愿望、意向、偏爱或利益，一句话，突出了权力精英在政治决策中的作用。毋庸置疑，中国政策过程具有不同于西方国家的自身特点。基于当代中国社会结构分化的程度较低、社会利益的表达与综合并非由各种社会结构来承担，而是由权力精英将他们所认定的社会利益输入公共政策当中去的现实认定，我国学者胡伟等对戴维·伊斯顿提出的"内输入"加以改造变通，用以揭示中国公共政策过程的特点——"概括地说，决策过程中的利益要求不是由政治体系外部的社会结构输入政治体系（决策中枢），而是由权力精英自身来进行利益要求的输入，即'内输入'"①。我们可以借此进一步理解我国政治精英在中国政策过程中的作用：党组织和高层领导基于对"人民利益"的体认和对决策的自主判断与规划，经过分析、研究和调查后对社会利益进行综合与表达；决策过程中的利益要求不是由政治体系外部的社会结构输入政治体系，而是由政治精英来进行"内输入"，政策问题的提出与议程设置更多地体现为内在提出与动员、自主导向与理想导向相结合的特点。需要强调的是，自主定义后的有中国自身特点的"内输入"决策是与我国的政治体制与环境相吻合的，其功能的发挥也合乎国情需要。提"内输入"并不只是输入权力精英自己的要求，更非排除民意与社会诉求。如果说这种"内输入"特点

---

① 胡伟：《政府过程》，浙江人民出版社 1998 年版，第 283 页。

在改革开放之初因政策过程是"自上而下"为主导而一度表现过重，那么，伴随改革开放的深入，"内输入"更多的是一个开放的结构，社会利益多元化诉求以及自下而上的各种"外输入"在政策过程中亦扮演着举足轻重的角色。

《教育规划纲要》的制定不仅仅是中央政府和各级政府的事情，也是党中央和国家领导人的精神意旨，是在党中央部署下展开的。最高政治精英在《教育规划纲要》政策过程中的主要作用体现为"定调子"，为政策的主要精神、基本原则和内容等把关导航。首先，从指导思想来看，《教育规划纲要》高举中国特色社会主义伟大旗帜，以邓小平理论和"三个代表"重要思想为指导，深入贯彻落实科学发展观，全面实施科教兴国和人才强国战略，认真落实党的十七大关于优先发展教育、建设人力资源强国的总体部署。在研究制定过程中始终坚持全面贯彻党的教育方针，坚持把中国特色社会主义理论体系特别是十六大以来党的理论创新成果作为思想基础，认真学习贯彻党的四代领导集体关于教育工作的重要论述，加强和改善党对教育工作的领导，坚定不移走中国特色社会主义教育发展道路。① 其次，从党的高层领导人来看，中央政治局常务等党和国家领导同志对《教育规划纲要》制定工作十分关心，分别以实际调研、书面意见、批示等多种方式对起草工作进行指导，提出意见建议。胡锦涛同志多次深入学校调研，了解人民群众教育需求。"2009年6月，胡锦涛在黑龙江省考察期间，专程来到从事特殊教育的哈尔滨市燎原学校，看望智障学生，祝愿孩子们健康快乐成长。在审阅《教育规划纲要》文本时，胡锦涛特别批示要关注特殊教育。为此，《教育规划纲要》在发展任务部分专门增加第十章'特殊教育'的内容。"②

（二）多路政策精英的联袂决策

我们常说，中国的政策决策过程多为权力精英主导，特别是容易受人

---

① 参考教育部《教育规划纲要工作小组办公室负责人答记者问》，《中国新闻网》，http://www.chinanews.com.cn/edu/2010/07－30/2436689.shtml，2010－07－30。

② 徐京跃等：《国家中长期教育改革和发展规划纲要诞生记》，《中国网》，http：//www.china.com.cn/news/txt/2010－7/30/content_20612016.htm，2010－07－30。

格化权力结构的影响，而社会力量参与不够、影响较弱。客观上讲，我们也存在决策精英与学术精英、社会精英等交往不够的问题，甚至在决策文化中还会留有"长官意志"、"拍脑袋决断"、"乱指挥"等不良积习。然而，此次《教育规划纲要》的政策决策却更多地体现了来自政府、学术界、社会等各路精英的携手联袂，互动合作，特别是决策精英、规划精英和咨询层精英（专家学者）间的有效交往与互动。值得一提的是，随着教育改革与发展的深入推进，教育决策者与教育理论研究者、教育实践一线工作者的联系日趋紧密，张力渐增。学院派教育研究也日益关心、关注教育改革的生动实践，政策意识与服务意识日趋加强。

仅《教育规划纲要》领导小组和工作小组的组长、副组长以及成员名单的"强大联合阵容"就可以充分说明这一问题。而且，每一个成员及其所在机构又领导、会集了全国相应的各路政策精英，如中央教育科学研究所、国家教育发展研究中心以及北京大学等科研院所最具权威的专家学者分别加入相应的队列。《教育规划纲要》工作小组办公室下设文件组、调研组和综合组，分别负责纲要的文本起草、组织协调、调研讨论和综合服务工作，他们合理分工，协同推进。工作小组办公室还组织了由国务院有关部委、教育行政管理部门、高等学校、科研院所共500余名专家学者组成的11个重大战略专题调研组；组织著名专家学者和经验丰富的教育工作者担任课题组长，实行双组长制；各路决策精英先后对11个战略专题的36个子课题、20个重大问题进行了深入细致的调研。此外，还委托了多个境外社会研究机构和世界银行等国际机构开展调研，调动8个民主党派、六大教育协会等组织机构参与纲要制定。

专家学者在此次《教育规划纲要》的制定中发挥了重要作用，整个过程中常可听到他们的观点言论，见到他们忙碌的身影。其一，在政策的调研环节，他们承担了重要任务，常以政策调研者的身份到各地各部门开展调查研究工作，并适时提出咨询报告；其二，在政策的起草环节，多半被委以重任，担纲执笔文字起草工作，提供不同版本的政策方案和素材；其三，在政策制定全过程中积极建言献策，特别是针对征求意见工作提出意见和建议，直接为提高政策质量服务。

（三）群众路线与民意的广泛深入

科学民主决策，广泛聚集民智，这是中国共产党人的优良传统，也是起草一个让人民满意、符合我国国情和时代特点的《教育规划纲要》的重要保证。"政府的政策过程不仅受制于政府系统内的权力结构和体制，而且关联到政府系统与其外部环境的输入和输出，特别是共产党同群众以及政府与社会的交流方面。就此而言，政策运作的主要规范不仅是民主集中制，而且更根本的是中国共产党的群众路线。"① 群众路线是中国共产党领导和决策的一个基本方法，政策过程的群众路线就是弘扬我党一贯倡导的"一切为了群众，一切依靠群众，从群众中来，到群众中去"的工作方法，切实将这一精神贯彻到政策过程当中。群众路线具体到教育政策过程当中，就是要求党和国家各项教育政策符合人民群众的利益，教育政策的群众路线就是民意路线。具体而言，在教育决策前、决策中以及政策实施中，要深入基层，广泛开展调查研究，发动群众参与讨论，收集民意，掌握实际情况并反映群众的需求。此外，我们还应看到，群众的觉悟在提高，近年来教育领域的底层智慧与自下而上的自主创新十分活跃。因而，教育政策过程的群众参与和群众基础，在广度与深度两个方面都应该深入，这是确保制定一个让人民群众满意、符合中国国情和时代特点的高质量、管用的教育政策的基本保障。

此次《教育规划纲要》的政策制定过程开走群众路线之先河、创反映民意诉求之新风。尽管以往的教育政策制定也会注重调研、听取群众呼声、征求群众意见等，但这次群众路线走得更远，工作做得更细致，社会各界对《教育规划纲要》的研究制定工作给予了极大关注。《教育规划纲要》的群众基础主要体现在以下两个方面：其一，在价值取向上把人民群众的满意放在首位，注重人民群众的满意度。《教育规划纲要》的制定充分体现了解决人民群众迫切需要解决的难点热点问题的特点，以有没有解决人民群众迫切需要解决的问题为标准，以人民群众满不满意为决策水平高低的重要衡量尺度。其二，广开言路，群策群力。《教育规划纲要》

---

① 胡伟：《政府过程》，浙江人民出版社 1998 年版，第 74 页。

的研究制定过程是发扬民主、集思广益的过程，也是统一思想、凝聚共识的过程，充分体现了决策者与民意互动为教育改革与发展开辟未来的特点。特别是工作组在调研后即启动了声势浩大的征求意见工作，充分利用网络等多种通信手段，组织专门队伍，以广泛、多元、畅通的渠道，快速、全面、有效地收集各界人士提出的意见建议。

党和国家研究制定《教育规划纲要》的过程彰显了一种重要的信号，那就是我们的重大教育决策已从中央层面注重采取开放的、民主的方式，日益体现精英决策与民众参与相结合、渐进推进与互动生成的特点。一方面，研制过程充分整合了政策精英的权威性与专业性力量；另一方面，充分问计于民、广泛征求社会各界意见，努力实现决策科学化、民主化。这种"双向互动"模式为制定一个高质量的政策提供了基本保障，是达成政策共识、提高政策认同的最佳路径。

三　《教育规划纲要》政策过程的行动意义

依法行政是现代政治文明的重要标志。现代政府倡导服务型政府、民主型政府的理念。"一个政党取得政权后，应当把党的意志通过法定程序变为宪法和法律，依照宪法和法律治理国家，这是党在夺取政权与执政时期的最大区别。"① 这些年来，我们国家逐步形成了一套科学民主决策的制度和工作机制。制定和执行公共政策是现代政府履行其基本职能的重要方式。"在一个现代开放的社会中，政府公共政策的制定过程往往与政策实质内容同等重要。政策制定过程本身的变化往往体现着社会政治文明的进步与发展"。②

（一）充分展示党和政府执政新理念

坚持科学发展观、坚持以人为本是新时期我国的执政理念。2004 年国务院发布《全面推进依法行政实施纲要》；2007 年国务院公布《中华人民共和国政府信息公开条例》；2009 年中央制定了《关于实行党政领导干

---

① 温家宝：《在全国依法行政工作会议上的讲话》，《人民日报》2010 年 9 月 20 日第 2 版。
② 薛澜：《集群贤智慧　谋发展大略——评〈国家中长期教育改革和发展规划纲要〉的制定过程》，《中国教育报》2009 年 1 月 11 日第 3 版。

部问责的暂行规定》。随着"执政为民"理念的不断完善,我国依法行政、法治政府建设和民主法制进程深入推进。与此同时,民意也日益在政府决策和民主法制进程中彰显出巨大的力量。党的十七大报告明确指出:"制定与群众利益密切相关的法律法规和公共政策原则上要公开听取意见。"2008年4月15日,十一届全国人大常委会第二次委员长会议决定,"今后法律草案一般都向社会公布,广泛征求各方面意见"。决策是行政行为的起点,科学民主决策是推进依法行政和实现政策可持续发展的先决条件。温家宝同志在2010年的政府工作报告中强调:"越是攻坚克难越要科学民主决策。"要落实科学民主决策,就必须实施重大事项调查研究和集体决策制度,重大决策专家咨询制度、公示制度、公开征求意见和社情民意反映制度,决策跟踪反馈和责任追究制度,切实健全保障科学民主决策程序。

《教育规划纲要》政策过程的每一个细节、每一个环节都深刻地体现了现代政府依法行政和科学民主决策的元素。政策制定是一门学问,讲究科学性,需要遵循基本的程序和原则。从发现问题和确立政策议程开始,一项政策的制定期间要经历政策目标确定、政策调研、方案设计与论证等基本流程。《教育规划纲要》的决策过程扎扎实实地落实了每一个环节的工作,如在决策前深入细致地开展调查研究,向全社会、全国人民、各个阶层群体广泛征求、吸纳意见,真正了解老百姓所想、所盼、所急,全面掌握各方实际情况,情真意切问需于民;在决策研制中广泛应用先进科学思想和技术、手段,在尊重客观规律和立足于实际情况的基础上发挥人的主观能动性,开展科学的研究论证,群策群力问计于民、问政于民。正是在这么一个尊重群众、相信群众,关注民生、反映民愿,注重程序、强调科学的决策过程中,充分展示了中国政府推进政治民主化进程、落实以人为本执政理念的实际行动。

(二)深入传播党和国家的教育方针精神

教育是人类事业的奠基性工程,事关一个国家和民族的千秋万代;教育也是重大国计民生问题,历来为全社会所关注。党和国家对教育的"一举一动",尤其是每一个重大教育指令的发出,都必然要跨越千山万水，牵动千家万户。开放、透明的《教育规划纲要》制定过程本身就是一个宣传、传播党和国家的教育方针精神并使之逐步深入人心、获得共识与认同的过程。

纵观《教育规划纲要》诞生的全过程，每一项具体规划目标和每一个重大问题都可以拿到全社会去讨论，充分听取社会各界意见，特别是广泛听取一线校长、教师、学生和家长的意见；社会所关注的每一个教育热点、难点问题，连"素质教育推进难"、"教育行政化、同质化严重"等敏感话题也毫不忌讳掩饰，皆可大胆争论；政策决策者的决策权也是公开透明地在阳光下运行，接受监督。通过政策主客体间以及与全社会间的一系列"互动"过程，从中央到基层、从部委职能部门到民间社团组织，国家的精神意图与政策信息层层深入，步步扩散。《教育规划纲要》的研制动员人力之多、覆盖面之广、社会参与度之高、持续时间之长以及问题研究之深入，是以往教育政策过程所无法比拟的。实际上，通过一个广泛而深入的长达两年之久的"传输"与"互动"过程，在对正式政策文件进行宣传与学习之前，有关《教育规划纲要》的主要精神和内容早已是随风潜入夜，深入人心。

（三）示范性彰显政策过程中的求真与创新

政策决策模式通常有自上而下和自下而上两种类型。一般而言，自上而下或者小部分人的决策毕竟才智有限，创造性难有保障；且容易导致政策信息的失真，甚至是人为失误。而自下而上的政策制定则可以汲取充分的民间智慧，尊重基层首创。古训云"兼听则明"，科学民主的决策应是统筹兼顾自上而下和自下而上的双重优点，力求做到上下互动和民主协商，为创新创造条件，为求真培育土壤。当前，我们越来越意识到领导"拍脑门"、"一支笔"决策的危害，这也是导致失误并造成巨大损失时有发生的重要原因。在新中国成立后并不算长的一段历史中，我们在办学指导思想和教育决策上曾犯过不少错误，一些重大教育决策失误的教训也是惨痛的。对一个引领 10 年、影响深远的国家战略性教育规划纲要，科学性、时效性与引领性是第一位的，而要达到这些标准，确保政策本身的远见卓识，就离不开政策过程中对创新与求真的尊重与追求，离不开政策决策者们及全社会群策群力贡献聪明才智的努力。

问计于民、问政于民是《教育规划纲要》起草过程的突出亮点。面对日趋复杂的教育改革环境，面对日益多元与个性化的教育诉求，只有真切问计与问政于民才能确保决策科学合理，才能引导民意发挥积极作用，激发基层踊跃献计献策的主动性和创造力。《教育规划纲要》从一开始就坚持解放思想，改革创新，摒弃各种先入之见和条条框框的束缚，大力营造广纳群言、鼓励创新的氛围。《教育规划纲要》的起草过程就是一个求真与创新的态度与精神引导、体制机制搭建以及方法行动示范的过程。数千名专家和各方人士参与调研、数万余人次参与座谈和研讨、210 多万条的意见建议、500 多万字调研报告以及文本前后进行的40 多轮大的修改……这些数字与事实，记录着党和政府尊重群众首创、广集众智的民主科学决策过程。事实证明，来自广大专家学者和人民群众的真知灼见、源于基层实践的宝贵经验为《教育规划纲要》提供了灵感，贡献了智慧。

刘延东同志指出，此次《教育规划纲要》，体现了满足人民愿望与遵循教育规律结合、立足国情与借鉴国际先进理念经验结合、广纳群言与专家咨询结合、听取教育系统意见与听取社会各方面建议结合、充分论证与凝聚共识结合的特点。《教育规划纲要》的政策制定过程与政策本身一样都具有划时代的意义，充分展示了有中国社会主义特色的政策决策的特点与优越性。回顾《教育规划纲要》的政策制定过程，确实有很多理念值得发扬光大，有很多经验值得总结推广，有很多做法值得深入实施。

第二节　政策执行：农民工子女教育政策从中央到地方

政策合法化过程完成后，即进入政策过程的重要环节——政策执行。20 世纪 70 年代以来，西方政策学也将公共政策研究的重心从政策制度转移到政策执行及后续评估、调整环节上。美国学者艾利森认为，"在实现政策目标的过程中，方案确定的功能只占10%，而其余90%取决于有效的执行"①，其重要性可见一斑。农民工子女教育政策是一个时期以来最具中国国情特色的重大教育政策之一。本节以农民工子女教育政策为例，重点考察从中央到省再到市三级政府如何执行这一关系千家万户、经济社会发展的重大教育政策，以此管窥政策执行过程中的政策主体行为、政策目标达成过程中的利益博弈等复杂行为。

一　国家在倡导：农民工子女教育政策的发展演变

外来进城务工就业农民子女（以下简称农民工子女），俗称城市"第二代移民"，如同农民工一样，是时代的产物。进城农民工作为中国改革开放和推进城市化建设等政策实施后迅速出现的一个群体，占据中国城市流动人口的绝大多数，其规模仍在不断扩大。在我国，随父母流动的农民工学龄子女已是一个庞大的群体。农民工子女接受教育的问题是一个特殊的时代课题。这一社会问题在"三农"问题背景下，显得尤为突出。

（一）议程设立：农民工子女教育从社会问题到政策问题

应该说，时下的农民工子女受教育问题的源头从时间上可追溯到改革开放。正是因为改革开放的大潮使中国大地呈现出人口流动的大趋势，刮起了"孔雀东南飞"之飓风，带来了农民工大规模进程务工的迁徙运动。

然而，在改革开放后的近20年时间里，国家及有关教育行政部门并未及时觉察到进城务工人员子女基础教育特别是义务教育方面存在的现实问题，也并未意识到解决这些问题的重要性和迫切性，因而在有关法规、政策中丝毫没有涉及农民工子女接受基本教育的问题，即便1995年通过的《中华人民共和国教育法》明确规定"中华人民共和国公民有受教育的权利和义务"；"各级人民政府要采取各种措施保证适龄儿童、少年就学"。有研究指出："在我国大力发展城市的过程中，流动人口子女的教育问题被边缘化了——国家在1996年以前一直都未出台任何关于流动儿童教育的有体系的政策法规，流动儿童的教育处在'真空地带'"②。

---

① 转引自安德森《公共决策》（中译本），华夏出版社1990年版，第176页。
② 周序：《流动儿童教育政策中的社会控制理念》，《江西教育科研》2007年第5期。

20 世纪 90 年代以后，随着工业化、城镇化、现代化进程的加快，我国流动人口剧增，流动人口子女就学问题更为突出（被称为第二波民工潮）。每日在各大小城市潮水般涌动着的数千万农民工大潮，其中不乏 16 岁以下的少年儿童。这么大的一个群体，这么重要的一个社会现实问题，不可能一再被熟视无睹下去，它必然会成为民众议论、媒体关注的一个社会问题。比如，《中国教育报》就曾于 1995 年 1 月 21 日、23 日、24 日一版刊发《流动人口子女教育探讨之一、二、三》系列新闻报道，这不但引发了社会的热烈讨论，还促成了各地关于流动人员子女就学办法的出台。一些地方还把保证外来工子女就学作为贯彻《义务教育法》的一项重要内容，要求纳入《义务教育法》的执法范围，并作为义务教育考核的指标。① 大致在 20 世纪 90 年代中后期，政府和社会各界意识到流动人口子女教育问题，是关系到普及九年义务教育、提高全民族文化素质的大问题，应该摆到有关领导的议事日程。

与此同时，政府也重视农民工的地位和作用：农民工是我国改革开放和工业化、城镇化进程中涌现的一支新型劳动大军。农民工问题事关我国经济和社会发展全局；维护农民工权益是需要解决的突出问题。农民工子女的受教育问题不仅事关教育机会的平等，也事关社会的安定团结和经济的健康发展。因此，解决农民工子女的教育问题，逐渐成为政府的政策重心之一。而且，政府认识到对流动人口子女教育应从长计议，应尽快制定流动人口子女入学的暂行规定和管理办法。

（二）农民工子女教育政策的发展历程

1. 重视与探索

1996 年 4 月，原国家教委依据《义务教育法》及其《实施细则》，拟定了《城镇流动人口中适龄儿童、少年就学办法（试行）》（以下简称《试行办法》），提出了解决城镇流动人口中适龄儿童、少年就学的新思路，并开始在北京、上海、天津、河北、浙江、广东等部分省市进行试点。《试行办法》颁布后，各地积极响应，纷纷采取各种措施落实流动人

---

① 编者的话：《热点之一："流动的孩子"哪儿上学？》，《中国教育报》2003 年 7 月 7 日第 22 版。

口子女入学问题。

《试行办法》第九条规定：城镇流动人口中适龄儿童、少年入学，由其父母或其他监护人持流入地暂住证，向流入地住所附近中小学提出申请，经学校同意后即可入学；第八条规定：城镇流动人口中适龄儿童、少年就学，应以在流入地全日制中小学借读为主；第十五条规定：城镇流动人口中适龄儿童、少年在流入地接受教育，流入地学校或教学班、组，可以向其父母或其他监护人收取一定的费用。从这两项规定中我们不难管中窥豹，看到《试行办法》的局限性，受到当时经济社会发展的限制，对流动儿童教育权利难以真正起到保证的作用。

1998 年 3 月，在经验总结积累的基础上，原国家教委、公安部联合颁布了《流动儿童少年就学暂行办法》（以下简称《暂行办法》）。《暂行办法》对流动人口子女基础教育中流入地、流出地政府的责任，适龄儿童就学的办法等作出了规定。标志着政府对流动人口子女基础教育问题的态度开始转变。许多地方政府也开始制定和出台配套的政策和实施细则，着手解决这一问题。在此后的一段时间内，《暂行办法》对解决城市流动人口子女的基础教育问题发挥了积极作用。然而，这样的政策同样只是保证了农民工子女接受教育的合法性，难以保证真正受教育的过程和质量。如《暂行办法》第七条是这样规定的："流动儿童少年就学，以在流入地全日制公办中小学借读为主，也可入民办学校、全日制公办中小学附属教学班（组），以及专门招收流动儿童少年的简易学校接受义务教育。"在收费问题上，《暂行办法》与《试行办法》无异，第十一条规定："招收流动儿童少年就学的全日制公办中小学，可依国家有关规定按学期收取借读费。"

2. 反思与改进

时下，我国农民工正历经三大转变，即由亦工亦农向全职非农转变；由城乡流动向融入城市转变；由谋求生存向追求平等转变。

21 世纪初以来，流动人口子女基础教育问题迅速升温，成为各方关注和讨论的热点话题。随着对流动人口问题的认识不断深入，解决流动人口子女基础教育问题，明确成为各级政府的重要责任。21 世纪初以来，政府对农民工子女这一教育政策问题更为重视，更为关注受教育者的实际效果，特别是在收费、同等待遇等问题上较第一阶段有明显的认识突破。

2001 年，《国务院关于基础教育改革与发展的决定》指出"要重视解决流动人口子女受义务教育问题"；规定流动儿童在流入地接受义务教育既要以"全日制公办学校为主"，也可以"采取多种形式"。

2003 年 1 月，国务院办公厅《关于进一步做好农民进城务工就业管理和服务的通知》，规定"农民工子女在当地的全日制公办中小学入学，在入学条件等方面与当地学生一视同仁，不得违反国家规定乱收费"，"加强对社会力量兴办的农民工子女简易学校的扶持，将其纳入当地教育发展规划和体系"，"流入地政府要专门安排一部分经费，用于农民工子女就学工作"。

3. 完善与明确

2003 年 9 月，国务院办公厅转发教育部、中央编办、公安部、国家发展改委、财政部、劳动和社会保障部《关于进一步做好进城务工就业农民子女义务教育工作的意见》（以下简称《意见》）。这是一个迄今为止针对农民工子女在流入地接受义务教育的最明确、最强硬的政策。从此，"同城待遇"成为一个重要的政策特征。

《意见》明确提出：流入地政府负责进城务工就业农民子女教育，要制定规章，将进城务工就业农民子女义务教育工作纳入当地普及九年义务教育工作范畴和重要工作内容；要将进城务工就业农民子女义务教育纳入城市社会事业发展计划，将进城务工就业农民子女就读学校建设列入城市基础设施建设规划；要安排必要的保障经费，使进城务工就业农民子女受教育环境得到明显改善，九年义务教育普及程度达到当地水平。

《意见》指出，要充分发挥全日制公办中小学的接收主渠道作用。全日制公办中小学要充分挖掘潜力，尽可能多地接收进城务工就业农民子女就学。在评优奖励、入队入团、课外活动等方面，学校要做到对进城务工就业农民子女与城市学生一视同仁。流入地政府财政部门要对接收进城务工就业农民子女较多的学校给予补助。城市教育费附加中要安排一部分经费，用于进城务工就业农民子女义务教育工作。积极鼓励机关团体、企事业单位和公民个人捐款、捐物，资助家庭困难的进城务工就业农民子女就学。要根据学生家长务工就业不稳定、住所不固定的特点，制定分期收取费用的办法。通过设立助学金、减免费用、免费提供教科书等方式，帮助家庭经济困难的进城务工就业农民子女就学。

《意见》规定要"建立进城务工就业农民子女接受义务教育的收费标准，减免有关费用，做到收费与当地学生一视同仁"，"加强对以接收进城务工就业农民子女为主的社会力量所办学校的扶持和管理"，打工子弟学校的"设立条件可酌情放宽，但师资、安全、卫生等方面的要求不得降低"。

4. 政策的后续支持

2004 年年初，财政部首次明确提出："在城市中小学就学的农民工子女，负担的学校收费项目和标准与当地学生一视同仁，不再收取借读费、择校费或要求农民工捐资助学及摊派其他费用。"

2006 年 3 月 27 日，《国务院关于解决农民工问题的若干意见》（简称《国务院意见》）。《国务院意见》指出，当下农民工在培训就业、子女上学、生活居住等方面也存在诸多困难，这些问题引发了不少社会矛盾和纠纷。解决好这些问题，直接关系到维护社会公平正义，保持社会和谐稳定。《国务院意见》特别强调要切实为农民工提供相关公共服务，并把"保障农民工子女平等接受义务教育"作为政府提供公共服务的一个重要内容。明确指出，"输入地政府要承担起农民工同住子女义务教育的责任，将农民工子女义务教育纳入当地教育发展规划，列入教育经费预算，以全日制公办中小学为主接收农民工子女入学，并按照实际在校人数拨付学校公用经费"。为了保证教育公平，做到"同城待遇"，《国务院意见》还进一步对城市公办学校、输入地政府、输出地政府的职责做了明确的规定："城市公办学校对农民工子女接受义务教育要与当地学生在收费、管理等方面同等对待，不得违反国家规定向农民工子女加收借读费及其他任何费用。输入地政府对委托承担农民工子女义务教育的民办学校，要在办学经费、师资培训等方面给予支持和指导，提高办学质量。输出地政府要解决好农民工托留在农村子女的教育问题。"

2006 年 6 月，全国人大通过新修订的《义务教育法》。新《义务教育法》第一次将流动人口子女受教育问题写入法律："父母或者其他法定监护人在非户籍所在地工作或者居住的适龄儿童、少年，在其父母或者其他法定监护人工作或者居住地接受义务教育的，当地人民政府应当为其提供平等接受义务教育的条件。具体办法由省、自治区、直辖市规定。"

从上述梗概可以看出，从 1996 年的《城镇流动人口中适龄儿童、少年就学办法（试行）》，到 2006 年新颁布的《义务教育法》，20 年间，党中央、国务院对农民工子女就学问题日益高度重视。国家出台了多项涉及流动儿童教育的政策法规。特别是在"借读"、"缴纳借读费"等热点难点问题上敢于面对和攻破，例如在敏感的收费问题上，从"不得违反国家规定乱收费"到"收费与当地学生一视同仁"，再到明确提出"不再收取借读费、择校费或要求农民工捐资助学及摊派其他费用"。再比如，对民工子弟学校，从逐步纳入教育发展规划和体系，到提出要加强对打工子弟学校的管理和扶持，再到对不合格学校的坚决取缔。这些都逼真反映了农民工子女教育政策的演变过程，深刻揭示了矛盾与问题的发展及解决路径。"虽然流动儿童教育的环境、质量等问题还没有得到彻底解决，但国家关于流动儿童就学的政策已经形成了一个较为连续、较成体系，不断完善发展的体系。"[1]

二 地方在执行：浙江落实农民工子女教育的政策行动

浙江省农民工子女受教育的情况如何？保障农民工子女接受教育的工作机制运行如何？农民工子女面临哪些被城市边缘化的危机？新一代移民如何真正融入城市舞台、"城市化"？农民工子女教育问题与构建和谐社会、建设社会主义新农村存在什么样的关系？回答这些问题亟须对现状作实证性的实际调查分析和进一步的理论探索。

（一）农民工子女教育政策的下移与实践操作化

1. 省级政府贯彻落实

农民工子女教育问题由社会问题上升到政策问题后，主要表现为国家

---

① 周序：《流动儿童教育政策中的社会控制理念》，《江西教育科研》2007 年第 5 期。

层面自上而下的政府推进行为。上文已经较为清晰地梳理了国家层面（中央政府、各部委）十余年来的政策变迁过程。接下来，我们要分析的是作为政策最重要的主体的省级以下地方政府的政策实施问题。

2003 年，国务院连续颁发了《国务院关于进一步加强农村教育工作的决定》（国发〔2003〕19 号）和《国务院办公厅转发教育部等部门关于进一步做好进城务工就业农民子女义务教育工作意见的通知》（国办发〔2003〕78 号）等重要政策文件。为响应中央号召、贯彻上级方针政策，浙江省政府于 2004 年 11 月 16 日下发了《浙江省人民政府办公厅关于进一步做好流动儿童少年义务教育工作的意见》（以下简称《浙江省意见》）（浙政办发〔2004〕109 号）。这是浙江省政府对农民工子女教育加强领导、明确责任、统筹安排的重要文件。《浙江省意见》明确了流入地县级政府、教育行政部门、公安部门、建设规划部门、财政部门、机构编制部门、劳动保障部门、价格主管部门等相关主体各自的权责义务。《浙江省意见》规定了流动儿童的入学条件：

流动儿童户籍所在地没有监护条件，且具备以下条件的，可到暂住地县级教育行政部门或乡（镇）街道统筹安排的学校提出接受义务教育的就学申请。

其一，其父母或其他法定监护人在暂住地已取得暂住证并暂住一年以上；

其二，其父母无违反计划生育政策，并持有当年度《流动人口婚育证明》。

此外，我们需要强调的是，省级政府出台的关于做好流动儿童少年义务教育工作的十条意见，总体上说是指导性的、规范性的，具体怎么做，做的程度如何仍然得由地方政府去把握。

2006 年 4 月 14 日，浙江省下发《关于浙江省义务教育中小学生免除学杂费实施意见的通知》（浙政办发〔2006〕66 号）。浙江省政府决定从 2006 年秋季开始，全省义务教育阶段中小学生全部免除学杂费。在浙江就读小学和初中的外来务工人员子女，符合条件的和浙江本地户籍学生一样免交学杂费。根据通知精神，符合条件的外来学生是指在户籍所在地无监护条件、其父母或其他法定监护人在暂住地已取得暂住证并暂住一年以上，并依法缴纳社会保险或与用人单位签订劳动合同（或取得工商执照）、其他证明材料齐全的需在转入地就读的学生。具体由各市、县（市、区）教育部门会同相关部门制定免费对象审定实施办法。

2008年11月，浙江省政府出台《浙江省人民政府关于进一步加强和改进进城务工人员子女教育工作的意见》（浙政发［2008］69号）。这是在为切实贯彻《中共浙江省委关于全面改善民生促进社会和谐的决定》，进一步加强和改进浙江省进城务工人员子女教育工作，促进教育科学和谐发展背景下制定的。文件规定，在浙江省流入地接受义务教育须符合以下条件：进城务工人员子女户籍所在地无监护条件，其父母或其他法定监护人已持有浙江省流入地（县级）普通人员居住证，或具有领取普通人员居住证条件（取得暂住证或临时居住证一年以上，有相对固定住所和稳定职业，按规定缴满基本养老保险年限，领取暂住证或临时居住证后无行政拘留以上处罚、违法生育等记录），并能提供与居住证申领条件相关的证明材料，需在流入地就学的进城务工人员直系子女。

表6-2　　　　　　浙江省政府下发的主要农民工子女教育政策

日期	政策名	政策号	备注
1990-12	浙江省教委颁发的《浙江省义务教育证书制度（试行）》		进城务工人员子女"义务教育登记卡"
2004	浙江省人民政府办公厅《关于进一步做好流动儿童少年义务教育工作的意见》	浙政办发［2004］109号	
2006-04-14	《关于浙江省义务教育中小学生免除学杂费实施意见的通知》	浙政办发［2006］66号	
2006	浙江省委、省政府《关于进一步加强和改进对农村进城务工人员服务和管理的若干意见》	浙委［2006］10号	
	浙江省人民政府《关于解决农民工问题的实施意见》	浙政发［2006］47号	
2008-11-02	浙江省人民政府《关于进一步加强和改进进城务工人员子女教育工作的意见》	浙政发［2008］69号	

上述农民工子女教育政策流变的一个总体倾向是，政策日渐宽松，导向越来越有利于外来务工人员子女接受义务教育，而且优待好处增多。

2. 地市政府衔接推进

中央政策经由省级政府的明确施政后，一时间，在浙江省各级市、县、乡镇到学校，类似于"外来务工人员子女在××地入学的规定"的文件纷纷出台，各地教育门户网站上也随处可见。我们仅以杭州市为例来理解地市政府对农民工子女教育政策的衔接与推进。2004 年 11 月 3 日，杭州市教育局出台第一部关于非杭州户籍的外来务工人员子女就学的管理办法——《关于外来务工人员子女在杭就学的暂行管理办法（试行）》，对处于义务教育阶段的非杭州户籍的外来务工人员子女入学、转学、教育管理以及民工子女学校作了明确规定。《试行办法》在规定外来务工人员子女与杭州孩子享受一样奖惩待遇的同时，也设置了外来学生入学的门槛。

根据规定，凡在户籍所在地有监护条件的外来务工人员的子女，应当在户籍所在地接受义务教育；户籍所在地没有监护条件，且其父母或监护人在杭州市已取得暂住证并暂住一年以上，同时又与用人单位签订一年以上并由劳动部门认可的劳动合同或取得工商执照的，可以申请就学。

另外，外来务工人员子女入学时应该提供以下材料：流出地政府外出务工证明；家庭户籍原本和监护人身份证；在杭州的有效暂住证和房产证（房屋租赁证明）；监护人与用人单位签订并由劳动部门认可的劳动合同或监护人的工商执照；适龄儿童的计划免疫接种卡。持以上材料到居住地相对就近的学校联系，如遇居住地附近学校接收有困难，可到居住地的区、县（市）教育局登记，由居住地的教育行政部门统筹解决，不得择校。

（二）政策执行之外来务工人员子女教育的主要接收渠道

20 世纪 90 年代以来，浙江经济发展步入高速成长期，开始成为东南沿海地区流动人口的主要集聚地之一，大批农民工进城，衍生了其子女接受教育的问题。1999 年年初，浙江杭州诞生了全国首所由流入地政府举办的民工子弟学校。之后，浙江各地相继成立了公办、民办形式的许多民工子弟学校。通过几年的发展，浙江已形成了"以公立学校随班就读为主渠道、以单独举办的公立民工子弟学校为次渠道、全社会关心民工子女教育"的格局。目前,浙江省流动人口子女入学率已达 96%,居全国领先地位。

1. 民工子弟学校教育的率先兴起

1999 年年初,杭州江干区教育局正式成立了专门招收外来农民工子弟的公办民助小学——天成小学①。这是我国第一所专门招收流动人口子女的公办民助、自收自支的小学。

天成小学以不收赞助费、路远的孩子有车定点接送、提供午餐、小学毕业解决初中入学问题、教师文明执教等服务承诺,受到了外来分工人员的热烈欢迎。

2002 年,学校在笕桥镇黎明村还开办了天成小学分校,这为更大范围地满足外来务工人员子女入学需求创造了条件。办学三年后,学校办学规模从开办初的 11 个班、579 名学生迅速发展到今年的 21 个班、1103 名学生。②

2003 年 9 月 2 日,在天成小学的基础上发展起了国内第一个进城务工人员子女的教育集团——杭州市天成教育集团。天成集团的办学定位清晰,力求做到"办学社会化,管理人本化,教育均衡化"。学生来自全国25 个省级行政区。2006 年,天成集团招收了 2800 名外来务工者的子女。

天成小学解决农民工子女上学的成功创新经验很快就在杭州扩散。没过多久,杭州下城区教育局也成立了一所国有民办的民工子弟学校——杭州明珠实验学校。当年(1999 年)该校就招到近 300 名学生。一年后,明珠又开办了初中,成为杭州第一所专门招收民工子弟的九年一贯制学校。在短短的三年内,明珠再度扩容,发展了两所分校和一所幼儿园,在校学生达到 1700 多人,实现了对民工子女从幼儿园到义务教育的十二年一贯制教育。2003 年 10 月,明珠教育集团学校成立。明珠教育集团学校是一个联合体学校,由公办石桥中学、国有民办的明珠实验学校和纯民办

---

① 天成小学的前身是一所未经任何部门审批的、招收民工子女入学的简易学校——"鲁冰花希望小学"。该学校校舍是违章建筑,"教师"多半没有任职资格,学校的实验仪器、图书更是少得可怜。杭州江干区教育局当机立断,对这一非法教育机构依法取缔。正式撤销了"鲁冰花希望小学"后,原先的在读学生全部进入新的天成小学就读。

② 参见杭州江干区教育局《杭城第一所"农家学校"天成小学办学三周年》,http://www.hzedu.net/Template/exaMessenge3.aspx?id=23080,2002-10-08。

的明珠幼教中心三部分组成，集团学校性质为国有，拥有中、小、幼 66个教学班，学生 3000 余名，教职工 210 人。目前，明珠实验学校是杭州市规模最大、环境优雅、设施先进、师资力量最强的一所专门招收流动人口子女的特色学校。

仅从 1999 年到 2001 年的三年时间里，除了天成、明珠外，杭州市还有运河校、蓝天小学成功开办。时下，树人小学、北秀小学、光明小学、育才第二实验学校等都是响当当的农民工子弟学校。2007 年，杭州市新增 9 所进城民工子女学校。截至 2007 年，杭州民工子弟学校共已达 47 所。

2. 同城待遇与公立学校接收主力军

如此庞大的外来务工人员子女的就学问题最终还得通过流入地原有公立学校来消化。

早在《国务院关于解决农民工问题的若干意见》（国发〔2006〕5号）文件中就明确了"两为主"（以流入地区政府管理为主，以全日制公办中小学为主）的原则。"两为主"精神规定进城务工者子弟办理了城市人口暂住证的入学问题，按照到当地教育行政部门指定的学校读书，与当地学生享受同等待遇。不能到指定学校读书的进城务工者子弟，可到民办学校读书，需要选择学校读书的，按择校生对待。"两为主"政策是解决农民工子女接受义务教育问题的有力举措，明确了政府的职责，标志着解决农民工子女接受义务教育问题已经成为一种政府行为。

根据中央提出的"两为主"政策精神，浙江省各地政府结合实际，出台了一系列与农民工子女教育相关的政策，"两为主"政策实施以来，流入地政府对农民工子女教育进行了很大的努力，浙江省进城农民工子女教育的主力军仍是当地公立学校。以杭州市为例，2007 年杭州市接纳14.17 万余名符合条件的进城民工子女就学，比上年增加 2.17 万人。最新统计数字显示，杭州市已有 90% 的公立学校接纳了近 9.68 万名进城农民工子女就学。[1] 截至 2007 年，外来务工人员子女在宁波市接受义务教

---

① 沈伟红：《今年杭州市接纳 14.17 万余名民工子弟》，《钱江晚报》2007 年 1 月 23 日。

育，在公办学校的比例超过六成。

（三）政策执行之外来务工子女上好学的举措

1. 经费保障

经费保障特别是专项经费投入是进城务工人员子女接受义务教育的基本前提。农民工子女教育经费应列入流入地政府预算内教育经费，按照学校接收农民工子女的实际人数核拨公用经费，从而确保学校的正常运行。杭州市为农民工子女教育设立专项经费，其中市本级财政已累计投入专项经费1090万元，用于补助招收进城民工子女的学校。2007年秋季开始取消借读费，外来农民工子女入学享受同城待遇。① 富阳市从2008年春季入学起，开始实行包括外来务工人员子女在内的全市城乡义务教育阶段学生免收课本费和作业本费，仅此一项，富阳市财政就要付出2400万元为学生埋单。有研究还提出，中央应设立农民工子女教育专项资金，以流入地农民工子女的规模为依据，划拨相应的教育经费、公用经费，分担流入地政府财政压力。②

2. 创新体制

体制创新，主要是针对学校运营方面的办学体制、管理体制。前文提及了在杭州首创的农民工子弟集团化办学模式——天成教育集团。又比如，宁波市、慈溪市在全国首创"镇办民营"的办学模式。随着民工子弟数量成倍增加，公办学校现有教学资源已经难以满足需要，2001年，慈溪市决定兴办新民工子弟学校，并推出了"政府资助、镇（街道）教育部门承办、校长公派、民校运作"的全新办学模式。他们把在教学网点调整中腾出来的质量较好的校舍无偿提供给民工子弟学校，每年还拨出专项资金给学校配备教育设施，并提出学校不需要产生任何经济效益，此举也大大降低了学生的费用。"镇办民营"模式的顺利运行，给民工子弟学校带来众多可喜的变化。目前，16所学校的学生已经达到1.2万名。③

---

① 沈伟红：《今年杭州市接纳14.17万余名民工子弟》，《钱江晚报》2007年11月23日。

② 中央教科所课题组：《进城务工农民随迁子女教育状况调研报告》，《教育研究》2008年第4期。

③ 罗涟浩等：《在全国首创"镇办民营"办学模式，慈溪"民工子弟学校"脱胎换骨》，《宁波日报》2005年5月4日。

再比如，农民工子女在流入地参加中考、接受高中阶段教育等受到《户籍法》等有关规定的限制，农民工及其他流动人员子女随父母就读"上得了学却升不了学"问题比较突出，这是进一步推进城乡统筹发展和教育公平的障碍。然而，针对这种体制封闭的现状，新的教育公平政策开始"破冰"。安徽省教育厅规定，2008 年中考，进城务工就业农民及其他流动人员子女，可在流入地就读学校报名并在流入地参加考试录取，也可按照本人意愿回户籍所在地报名参加考试录取。① 这在全国率先破除户籍对农民工子女参加中考的限制。

3. 规范引导

农民工子女进城接受教育是一个庞大的系统工程。牵涉的部门、人员和教育因素很多。从长远、可持续性发展的角度来看待进城务工农民工子女教育，需要加强管理，规范办学，引导相关利益群体的行为。在浙江的相关教育网站，比如浙江教育网、浙江教育在线以及各中小学校的校园网上，我们经常可以看到有关农民工子女入学的相关信息，如条件、名额等。由于教育部门实行预告制，事先把进城民工子女就学的条件，通过媒体、网络向社会公布，因此进城民工更多地了解了相关政策。此外，教育部门提供"入学服务卡"，把进城民工子女入学的条件印成资料，发放到他们手中，让其对照条件，提前做好入学准备。

4. 政策推动

政府层面的政策推动是推进解决农民工状况与教育问题的有力抓手。例如，为了确保对农民工子女进行全口径的统一动态学籍管理，可以尝试建立全国性的电子学籍管理系统，为农民工子女入学、转学、升学提供"一条龙"服务；再比如，为了保障农民工子女在流动过程中的政府经费支付到位，可以实施教育券制度。实际上，在浙江一些地方已经开始实施。从 2008 年春季入学开始，绍兴县开始面向县域内的外县籍学生发放免费教育券。据了解，本次免费教育券的发放对象为两类：一类为正常转入绍兴县就读的学生，另一类为父母或其中一方在绍兴县经商、务工并能

---

① 本报讯：《安徽：流动人员子女可在流入地参加中考》，《中国青年报》2008 年 4 月 28 日。

提交相关证件的学生。经过绍兴县教育局初步估计，2008 年这两类学生的总人数将达 14800 人左右，占绍兴县义务教育学生总人数的近 15%，其中初中生约为 2300 人，小学生约为 12500 人。[①]

三 同在蓝天下：绍兴"两个为主"政策的示范性执行

浙江绍兴市在落实外来务工人员子女教育，尤其是近年来在落实"同城待遇"、执行"两个为主"政策方面取得了有目共睹的成绩，可以说是上级政策在地方示范性执行的一个典型。

（一）政策背景：农民工流入城市与农民工子女教育受重视

绍兴地处长江三角洲南翼，是首批全国 24 个历史文化名城之一，经济情况良好。随着绍兴经济的快速发展和城市化的快速推进，全市进城务工就业的农民工总数已超过 100 万，接近常住人口的 1/4。农民工对绍兴经济社会发展的贡献功不可没，是推动绍兴经济社会又快又好发展的重要力量。

农民工进城后的子女教育问题，逐步成为流入地政府需要积极应对与迫切解决的一个重要问题。绍兴市委、市政府对此高度重视，认识统一，行动有力。认为外来农民工子女的入学问题不仅仅是一个教育问题、经济问题，而且是一大社会问题、一大政治问题。解决好这一问题，是涉及千万家庭的"民心工程"、"德政工程"，是事关长远的"基础工程"、"战略工程"。农民工子女教育问题，小处着眼是孩子健康成长、接受基本教育的问题，也是解除农民工本人后顾之忧的民生问题；大处着眼，则是提高一代国民的综合素质、实现教育公平、维护社会稳定、促进和谐社会建设的问题，也是优化发展环境、加快经济社会发展、促进绍兴可持续性发展的长远之计。这一点，绍兴市人民政府办公室发《关于进一步做好流动儿童少年义务教育工作的意见》（绍政办发 ［2005］ 115 号）可窥一斑而知全豹。绍政办发 ［2005］ 115 号文件指出："做好流动少年义务教育工作是统筹城乡均衡发展，维护社会稳定，落实'富民强市'战略的迫

---

① 熊菁：《特别报道：浙江省迎来免费义务教育时代》，中国宁波网，http：//www.cnnb. com. cn，2008 - 02 - 24。

切需要，更是各级政府和有关部门的共同职责……各地各有关部门要确保流动儿童少年‘有书读，读好书’。"

与此同时，绍兴市委、市政府高度重视、积极贯彻执行国务院关于农民工子女教育的"两个为主"方针。在外因与内需的双重驱动下，绍兴市农民工子女教育工作取得了骄人的成绩，较好地解决了农民工子女的入学难问题。如到 2007 年 9 月，全市共接纳义务教育阶段农民工子女入学 61600 人，占全市义务教育阶段在校生数的 13.2%，做到百分之百保障入学。绍兴市逐步形成了落实农民工子女教育的四个经验（特点）：一是纳入政务范畴，保证农民工子女正规入学；二是拓宽入学渠道，保证农民工子女就地入学；三是实行入学绿卡制度，保证农民工子女方便入学；四是落实同城待遇，保证农民工子女平等入学。

（二）绍兴落实农民工子女教育的主要示范性政策及过程

1. 绍兴市农民工子女教育政策的演变

2002 年 7 月 8 日，绍兴市教育局《关于市区流动人口中义务教育对象就学问题的实施办法》（绍兴市教普字［2002］110 号）。实施办法对流动人口中义务教育的对象、就学原则、施教学校等进行了规定。明确指出，"流动人口中义务教育对象在全市区全日制公办中小学就学，实行申请借读的原则"。根据"借读"这一基本原则，实施办法对哪些学校可以用来作为流动人口的入学学校、借读手续及收费等做了具体的规定。总体上看，2002 年的实施办法对流动人口子女的上学问题是谨慎的、有限准入的。尤其是在借读的手续与收费问题上，设置了基本的门槛。"借读"明确标示了流动人口子女与当地孩子在上学性质方面的区别，身份泾渭分明。

2005 年 8 月 24 日，绍兴市人民政府办公室发《关于进一步做好流动儿童少年义务教育工作的意见》（绍政办发［2005］115 号）。意见明确了绍兴市要贯彻执行中央、省政府有关"两个为主"的政策精神，确保流动少年"有书读，读好书"。在全日制公办中小学主渠道外，还强调要切实加强民工子弟学校教师队伍建设、加强民工子弟学校的管理等问题。

2005 年 8 月 26 日，绍兴市教育局《关于对外来民工子女入学实行

"入学绿卡"制度的通知》（绍市教普字［2005］102号）。

2005年8月，绍兴市政府专门召开全市农民工子女入学工作会议，就入学对象、入学模式、收费标准和管理职责等做出了明确规定。

2006年11月，《绍兴市解决农民工子女入学问题的实施意见》正式出台。

表6-3　　　　　　　　绍兴有关农民工子女收费规定的改变

时间	文件	主要精神
2002 - 07 - 08	《关于市区流动人口中义务教育对象就学问题的实施办法》	学校可收取法定的借读费，对困难学生可酌情减免代管费
2005 - 08 - 24	《关于进一步做好流动儿童少年义务教育工作的意见》	学校可按照国家、省规定收取借读费、课本费、作业本费
2005 - 08 - 26	《关于对外来民工子女入学实行"入学绿卡"制度的通知》	除向入学学校缴纳法定的借读费外，其他收费与当地学生一视同仁
2006 - 06 - 05	《绍兴市群贤小学招生简章》	实行与本地学生一视同仁，除免收杂费外，再免去借读费

2. 绍兴市农民工子女教育的主要政策行动

绍兴市通过采取以公办学校入学为主，民办公助和国有民办学校入学为辅，民办学校入学为补充的多渠道入学模式，有效地接纳了农民工子女在流入地就学。

（1）高标准创建公办专门的农民工子女示范性学校

为了切实落实农民工子女教育，绍兴市在坚持全日制公办中小学敞开大门接纳的同时，仍在寻求一种新的突破，试图在农民工子女教育方面树立一块"样板"。

在2005年8月24日下发的绍政办发［2005］115号文件中提出，"市本级将在袍江工业园区新建一所现代化的民工子弟学校"。随后，绍兴市教育局向绍兴发改委呈交教计字［2005］43号文件。

2005年7月1日，绍兴市发改委下发《关于建造袍江区工业区外来民工子弟学校的批复》（［2005］1号）。文件指出：根据国务院和省政府关于"民工子弟入学坚持以流入地政府管理为主，坚持以公办中小学为主"的要求，经研究，同意在袍江工业园区内建造一所外来民工子弟学校——群贤小学，以适应外来民工来我市务工的需求。根据文件规定，该学校建设规模为 36 个班，用地 40 亩，建筑面积 18000 平方米，总投资 3200 万元。群贤小学按照省标准化学校一类标准建设，是一所全省乃至全国一流的公办农民工子弟学校。2006 年 8 月 23 日，绍兴市机构编制委员会下发《关于同意建立绍兴市群贤小学的批复》（绍兴编［2006］36 号）。批复规定，群贤小学为全民事业单位，编制 20 名，经费由财政全额拨款。2006 年 9 月 1 日，群贤小学在袍江工业园区建成开学。2007 年 9 月 11 日，绍兴市机构编制委员会下发《关于同意调整市属部分学校编制的批复》（绍兴编［2007］43 号），将群贤小学编制再从 42 名调整为 48 名。

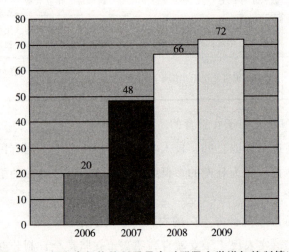

图 6-1　绍兴市机构编制委员会对群贤小学增加编制情况

（2）教育券对农民工子女上学的"强行"扶助

自长兴教育券试水以后，浙江省各级各类学校各种形式的教育券大量发放，绍兴也不例外。为了让贫困民工子女入学无忧，绍兴较早地实行一项以"低保户子女、福利监护对象、烈士子女、五保供养对象、残疾学生、低收入家庭"等八类家庭经济困难学生为资助对象的政府教育券工程，教育券每学期发放一次，经费由各级财政统一列支，每学期由教育行政部门汇总统一报结。教育券一开始只对符合条件的本地学生发放，现在这项制度已经扩大到所有的中小学生，包括农民工子女，凡符合八类条件的农民工子女也列为发放对象，享受同城待遇。①

　　我们以具有 30 多万外来人口的绍兴县为例。2006 年，为切实保障外来人员子女的就学权利，绍兴县推行"外县籍学生免缴杂费教育券"，教育券的面值为小学生 100 元、初中生 130 元，全县有 6000 名左右的外县籍学生因此受益。② 从 2008 年春学期起，绍兴县开始面向县域内的外县籍学生发放免费教育券。教育券的发放对象为两类：一类为正常转入绍兴县就读的学生，另一类为父母或其中一方在绍兴县经商、务工并能提交相关证件的学生。经过绍兴县教育局初步估计，2008 年这两类学生的总人数将达 14800 人左右，占绍兴县义务教育学生总人数的近 15%，其中初中生约为 2300 人，小学生约为 12500 人。③

附 6.1　绍兴县 2007 年下半年"外县籍学生免缴杂费教育券"发放公告（2007 年 8 月 8 日）

　　一、享受教育券对象的条件和要求

　　享受教育券的对象为：根据《义务教育法》规定必须依法入学，且符合以下 1、2 两条中其中一条的非绍兴县户籍的义务教育阶段学生。

　　1. 正常转入我县就读的学生，指经组织人事部门批准调入或引进人才、留学回国工作、随军、港澳台及侨胞、投资创业等人员的子女需在我县就读的学生。

　　2. 父母或其中一方在本县经商、务工并能提交以下相关证件的学生。

　　（1）户籍所在地乡（镇）人民政府或公安机关出具的户籍所在地无监护条件的证明；

　　（2）本县公安机关颁发的在本县暂住一年以上的暂住证；

　　（3）本县社会保障机构颁发的社会保险证或学生父母与本县企事业

---

　　① 陈国阳：《创新体制和制度，切实解决农民工子女入学问题》，绍兴教育网，http：//www.sxsedu.net/lookxw.asp? xw_ id =5749，2007 – 05 – 25。

　　② 高洁：《绍兴县：免费"教育券"抵充学杂费　六千余学生受益　外来人员子女享受同县待遇》，《绍兴县报》2006 年 8 月 31 日。

　　③ 绍兴县教育局：《绍兴县将万余张免费教育券送给外县籍学生》，新浪网，http：//news.sina.com.cn/c/edu/2008 – 2 –21/170413451160s.shtml，2008 – 02 – 21。

单位签订的劳动合同或本县工商部门颁发的工商营业执照，或本县有关部门颁发的合法证照（如出租车、三轮车运营证等）；

（4）新转入的学生，必须提供户籍所在地乡（镇）级人民政府或学校签发的准予在外入学的证明和原就读学校出具的已接受教育的证明以及相关的学籍管理档案。

其中（2）、（3）两项的证件必须提供复印件，原件经工作人员查验后归还。

二、发放时间和地点

1. 已于 2007 上半年在本县领过教育券的学生，若居住地及就读学校不变，则由原就读学校初审、镇街教管办审查造册发放，不必再到现场领取（证明不齐的要补齐）。

新转入的学生和在本县未领过教育券的学生，严格按上述要求验证，到父母暂住地或工作所在地的镇（街）发放地点领取教育券。

2. 教育券发放时间为 2007 年 8 月 21 日至 8 月 22 日。工作时间为 8：00—11：30，12：30—16：30。

3. 发放地点：柯桥街道安排在实验中学、柯桥小学教育集团明珠校区内；柯岩街道、华舍街道、湖塘街道、兰亭镇、富盛镇、王坛镇在镇（街）中学内；齐贤镇、安昌镇、钱清镇、杨汛桥镇、夏履镇、漓渚镇、孙端镇、陶堰镇、平水镇、稽东镇在镇中心小学内；福全镇在福全小学内；马鞍镇在滨海小学内。

三、教育券的使用

1. 学生在报名注册时将"教育券"交给就读学校（含民工子弟学校），按教育券的面值（省级有关部门核定的杂费标准，2007 年初中为 130 元，小学为 100 元）抵充现金。

2. 教育券券面上必须注明学生及在绍的父母或其监护人姓名。

3. 教育券仅限学生本人使用，要妥善保管，不得污损，涂改无效，遗失不补。

希望符合条件的外县籍学生家长，准备好相应的证明材料，按本公告指定的时间到暂住地所在镇（街）的发放地点按时领取教育券。

教育局联系电话：85686957　　　　84126627　　　　84126634

（3）"入学绿卡"制度开辟入学绿色通道

为了进一步方便外来民工子女入学工作的机制和方法，绍兴市教育局与越城区文教局协商研究，决定从 2005 年开始，对外来民工子女在市区公办小学和初中入学实行"入学绿卡"制度。农民工子女只要持有"入学绿卡"，就可以到指定学校入学，学校必须无条件接收，从而在制度上保证了农民工子女方便入学。2005 年 8 月 26 日，绍兴市教育局《关于对外来民工子女入学实行"入学绿卡"制度的通知》（绍市教普字［2005］102 号）。

"入学绿卡"的发放对象需符合四项条件：其一，户口不在越城区、袍江工业区、镜湖新区且户籍所在地没有监护条件；其二，父母或法定监护人与当地工作单位签订劳动合同或在当地经商并取得工商执照，已取得《暂住证》并暂住一年以上；其三，父母持有当年度《流动人口婚育证明》；其四，身体健康，未完成九年义务教育并自愿到市区公办中小学入学的外来民工子女。"入学绿卡"由教育局专设窗口，集中办理，每年两次。入学对象凭"入学绿卡"到市区指定学校注册入学。通知规定，除向入学学校缴纳法定的借读费外，其他收费与当地学生一视同仁。

（4）规范与扶持民办农民工子弟学校

从 2002 年开始，绍兴市针对当时农民工子女办学秩序较为混乱的实际，坚持"堵疏结合"的方针，取缔非法办学，经过两年的努力，全市共取缔非法办学 30 余起，比较好地保障了农民工子女接受正规教育，维护基本的教育公平。对合法达标的外来公民独立举办的民工子弟学校，全部纳入教育行政部门管理，当地政府在公用经费和人员经费上每年都有不低于上年度的补助，目前这类学校全市有 4 所，这些学校适当缓解了公办教育资源的紧张，更重要的是尊重农民工子女在文化习俗、生活习惯以及便利上学方面的教育需求。

与此同时，绍兴市政府还大力扶持合法举办的民工子弟学校 21 所，在校学生达 12450 人，约占农民工子女入学总数的 1/4。缓解了公办中小学入学压力，同时将公共教育资源输入民工子弟学校，促进学校的规范与健康办学。绍兴市在扶持民办农民工子弟上学方面，主要是采取"民办公助"或"国有民办"的体制。

绍兴县在这方面的探索尤为突出。2004 年专门出台《关于鼓励公办学校和公办教师创办规范的农民工子女学校的意见》（绍县教成［2004］124 号），利用网点调整后的学校资源积极发展民办性质的农民工子弟学校，提出了一系列鼓励措施，包括根据学校规模和管理情况实行公用经费和教师工资补助，对公办教师到农民工子弟学校任教给予保留编制、工资照发等政策倾斜等。

附6.2   绍县教成［2004］124 号文件的主要精神

三、教育局把外来民工子女的义务教育工作列入各镇（街道）教育总支的年终岗位考核之中，特别是对创办规范的民工子女学校有突出成绩的镇（街道）教育总支书记和中心小学校长给予考核加分和表彰奖励。同时设立民工子女学校专项资金，对在安全工作、教学质量等方面有突出成绩的优秀民工子女学校进行表彰。

四、外来民工人数超过本镇（街道）常住人口的40%，所在镇（街道）教育总支应充分利用网点调整后空置的校舍和场地，举办公办的外来民工子女学校，或由公办学校创办规范的民工子女分校，实行独立核算、独立运作。外来民工子女在各年级中人数达到可独立编班的应独立编班。

五、教育局大力鼓励公办教师创办规范的民工子女学校。凡公办学校教师独立创办外来民工子女学校，经教师本人申请，所在镇（街）教育总支批准（县属学校由学校批准），教育局认可的，其教师身份、行政职务等全部保留，县及以上政府规定部分工资（含补贴、奖金）由编制所在学校发放。办学收益结余部分主要用于举办者奖金，同时在评优、评职、聘任等方面予以优先考虑。

六、对公办学校和公办教师创办的民工子女学校，如果父母有一方在绍兴县工作并取得暂住证的学生超过 300 人，由县教育局拨付与公办学校相同标准的生均公用经费。

七、对公办学校和公办教师创办的民工子女学校,如果父母有一方在绍兴县工作并取得暂住证的学生超过 300 人,实行教师工资的适当补助,按以上规定的学生人数确定教师工资补助数量,从开始举办起,第一年拨给每生 600 元,第二年拨给每生 400 元,第三年起每年拨给每生 300 元的资金用于补助教师工资。

八、公办教师创办的民工子女学校,在规模达到 500 人以上时,如创办者需要,教育局可另行委派校长(或业务校长)协助举办者进行管理,凡被委派进入民工子女学校的校长(或业务校长),保留其教师身份、行政职务,并由编制所在学校发放县及以上政府规定部分工资(含补贴、奖金),如果成绩突出、表现优秀的另行表彰奖励。

(5)公办学校"全免"政策提供优质教育资源

自 2007 年以来,我国义务教育进入"全免"时代。外来流动人口子女理应享受真正的免费义务教育。随着外来务工人员子女入学教育条件的日益改善,外来务工人员也开始为其子女寻求优质教育资源,这方面的需求随着相关待遇的改善而日益成为当地政府及有关教育行政部门和外来务工人员共同关注的社会问题。公办学校资源很自然地进入了"利益相关者"的视线。事实上,2006 年,浙江省人民政府办公厅转发了浙江省教育厅等部门《关于浙江省义务教育中小学生免除学杂费实施意见的通知》(浙政办发〔2006〕66 号)文件,从 2006 年秋季学期,浙江省就已免除城乡义务教育学杂费;2008 年春季开始,浙江省全省义务教育阶段学生全部免除课本费、作业本费;从 2008 年春季入学开始,浙江省又免除了符合入学条件的农民工子女义务教育阶段借读费。随着"借读费"的免除,农民工子女和浙江本地孩子一样享受义务教育阶段"全免费"。

以绍兴县为例,为保证符合条件的外县籍学生接受平等优质的义务教育,2008 年,绍兴县教育局出台《进一步规范和调整民工子女学校办学管理的意见》。据此,自 2008 年春季学期开始,绍兴县国有民营形式办学的民工子女学校，将逐步全部转为公办性质的民工子女学校。今后，所有公办的民工子女学校，将作为镇（街）中学、中心小学的分校或教学点，统一名称。将各镇（街）施教区内的民工子女学校管理和民工子女教育工作，纳入镇（街）教管办和初中、中心小学的统筹管理、考核和教育质量评估范围。除柯桥城区的实验中学教育集团、实验小学、柯桥小学教育集团外，各公办学校和民工子女学校不得拒收符合条件的民工子女就近入学。实行承包办学的国有民营民工子女学校，到 2007 年秋季学期结束后，中止承包合同。

3. 绍兴市农民工子女教育政策执行的特点

（1）高调执行中央政策，同城待遇

绍兴市对肩负外来农民工子女义务教育工作态度重视，行动坚决。绍兴市政府对落实好农民工子女教育问题的意义有着切身的感受，各级党委政府也是从内心深处怀抱给农民工子女妥善提供合理义务教育的愿望与信心，一贯坚持以"两个为主"的要求来解决农民工子女的入学问题。绍兴市以实现"外来农民工子女和本地孩子同城待遇"为目标，以"两个为主"为方针，创新体制，将农民工子女入学纳入政务范畴，拓宽入学渠道，实行"入学绿卡"等制度，做到了百分之百保障入学。

（2）地方权力精英的"内输入"决策

其实，在当地有关农民工子女教育怎么落实、落实到什么程度，这样的问题是有争议的。当地老百姓与一些官员对用绍兴财政收入支撑外来务工人员子女就学的反对意见不少。调研了解到，当时人们对建立专门的袍江工业区外来民工子弟学校问题上争议很大，领导层也分歧很大。然而，项目最终得以决策通过，关键时候需要一种强大的力量一锤定音。时任市委书记王永昌是坚定的支持者。他认为："发达地区需要承担起解决外来务工人员子女的就学问题，这既是一个经济问题，更是一个关乎构建和谐社会的政治问题。"这个按照浙江省标准化学校一类标准建设的群贤小学，被绍兴市委、市政府列为 2005 年全市重点工程和民心工程。

创办群贤小学的决策过程充分体现了政策决策的"内输入"特征。胡伟对有中国特色的精英决策过程中的"内输入"利益表达与综合现象进行了精辟的论述。他认为,在当代中国,社会利益的表达与综合通常由权力精英通过分析、研究和调查而将社会民众认定的社会利益输入公共政策当中。群贤小学得以顺利创办体现了以市委书记为首的地方权力精英聚合群众利益需求(而不仅仅是权力精英自己的要求)、"为民做主"(外来务工人员)的特点。①

(3)调研先行,科学决策

绍兴市在有关农民工子女教育的政策出台前,重视加大政策调研,依据调研事实进行科学决策。《关于市区流动人口中义务教育对象就学问题的实施办法》《关于进一步做好流动儿童少年义务教育工作的意见》等政策文件都是在各级有关部门联合调研的基础上完成的。尤其值得强调的是,像创建群贤小学这样的决策,无论是在建校前还是在开学前,都经过精心的调研部署。如《绍兴群贤小学招生工作的调研报告》,是在2006年开学前完成的,该报告翔实地分析了外来民工子女在绍兴入学的学校分布、家长意向、费用开支等情况,对群贤小学顺利完成招生、开学工作提出了具体的工作方案。

四 样板难示范:农民工子女教育好政策的尴尬

(一)"绍兴模式"所产生的急剧社会效应

应该说,浙江省落实国家农民工子女教育政策执行力度大,积极性高,且取得了有目共睹的成绩,在全国也是走在前列。根据中央提出的"两个为主"政策精神,浙江各地政府结合实际,及时出台了一系列与农民工子女教育相关的政策,自"两个为主"政策实施以来,流入地政府对农民工子女教育进行了很大的努力,浙江省进城农民工子女的教育的主力军仍是当地公立学校。以杭州市为例,2007年杭州市接纳14.17万余名符合条件的进城民工子女就学,比上年增加2.17万人。最新统计数字显示,杭州市已有90%的公立学校接纳了近9.68万名进城民工子女就学。②又如,截至2007年,外来务工人员子女在宁波市接受义务教育,

---

① 胡伟:《政府过程》,浙江人民出版社1998年版,第285页。
② 沈伟红:《今年杭州市接纳14.17万余名民工子弟》,《钱江晚报》2007年1月23日。

在公办学校的比例超过六成。

回到绍兴。2007 年 5 月 25 日上午,"共享蓝天"全国关爱农村留守流动儿童大行动启动电视电话会议在北京召开。会上绍兴市教育局陈国阳局长作了《创新体制和制度,切实解决农民工子女入学问题》的经验介绍,在解决民工子女入学难问题方面绍兴成为全国"模板",全国人大常委会副委员长、全国妇联主席顾秀莲,教育部副部长陈小娅等,都对绍兴经验大加赞赏,认为值得全国教育系统学习。①

再以群贤小学为例,学校冠以"绍兴市群贤小学",取意"群贤毕至"。如今,群贤小学已成为当地落实农民工子女教育的一个典范样板。群贤小学无疑是全国推进农民工子女教育实践中的一个新事物。其新意与意义在于,它是当地政府花巨资、高标准与当地公办学校一视同仁对待的专门面向农民工子女的学校。学校不但在建设投入与日常运行上是全额公共财政支持的,学校 70 名教职工的编制也是公办事业单位性质的。群贤小学的顺利举办引起了各方热切关注与广泛报道。如《人民日报》的《绍兴市群贤小学:民工子弟学校的笑声》报道等。2006 年 12 月,群贤小学四(2)班的王开雄小朋友惊喜地收到了一封来自家乡——重庆市委书记汪洋写的信。汪洋在信中说:"你能够在一所公办现代化民工子弟学校开心快乐地读书,十分幸运。"②

为了切实了解绍兴县外来务工人员子女在流入地接受教育的真实情况,我们还专程奔赴绍兴市做了一次实地调研。走进绍兴,走进学校,所见所闻让人深刻地感受到绍兴落实农民工子女教育所取得的不凡业绩,尤其是现代化的文明学校——群贤小学给人以激动与震撼。我们在群贤小学收集的资料与做的访谈、问卷调研资料有很多,以下就以学生的部分问卷的基本统计情况做个交代,以管中窥豹。

问卷调查在 1—6 年级学生中进行抽样发放,每个年级抽取 40 人,对

---

① 吕瑜洁:《绍兴"入学绿卡"引起全国关注 市教育局在全国会议上作经验介绍》,《绍兴日报》,转引自绍兴网,http://www.shaoxingdaily.com.cn/news/content/2007-5/26/content_46104.htm,2007-05-26。

② 周雨、李珩:《汪洋回信民工子女:新年寄祝福 温暖送民工》,《重庆日报》2006 年 12 月 25 日。

239 份有效问卷进行了统计分析。其中 1—2 年级学生在填写问卷时有老师辅助读题、解释。我们设计的第一道问卷是想了解外来务工人员子女在群贤小学上学的一个总体满意度情况。基本情况见表 6 - 4。

表 6 - 4　　　　群贤小学孩子对在这里上学接受教育的总体看法

选项	人数	百分比（%）
满意	75	31.4
很满意	138	57.8
一般般	16	6.7
不满意	0	0
无所谓	4	1.6
缺失值	6	2.5
总计	239	100

调查显示，接近九成孩子对在流入地接受义务教育的总体效果予以了认可，而且超过一半以上的孩子认为"很满意"，明确表示"不满意"的没有。

为了进一步确认孩子在流入地上学的基本感受，我们还设计了一道比较性的问卷，通过与在老家上学对比的方式，看看他们更倾向于选择在本地读书还是在外地上学。调查结果是，65.3% 的孩子认为在绍兴上学好，以绝对的优势高于其他选项，而且明确地表示"老家好"的比例也只占 5%。从中还可以看出农民工子女在流入地的融合度高，他们并不是简单地留恋在老家上学，而是综合考虑了在绍兴上学的好处。

表 6 - 5　　　　你觉得在这里上学与在老家上学相比，哪里好？

选项	人数	百分比（%）
这里好	156	65.3
两个地方差不多	44	18.4
老家好	12	5.0
无所谓，哪里上学都一样	23	9.6
缺失值	4	1.7
总计	239	100

　　而融合情况好、接受教育满意度高还可从以下问卷中进一步佐证。我们的问题是："你能适应这里的教育吗?"91.7%的孩子认为"能适应"或者"适应得好"。

表6-6　　　　　　　　　　　你能适应这里的教育吗?

选项	人数	百分比（%）
能适应	109	45.6
适应得很好	110	46.1
不怎么适应	13	5.4
不适应	3	1.2
缺失值	4	1.7
总计	239	100

　　就学期待也是考察学生满意度与认可度的一个指标。根据政策规定，流入地政府有义务给流动人口子女提供教育的程度是义务教育阶段，即上完初中。然而，有67.4%的孩子希望接受超过义务教育阶段的教育，而且其中有超过一半的孩子想在流入地一直念到大学。

表6-7　　　　　　　　　你希望在这里完成到什么程度的学业?

选项	人数	百分比（%）
小学	37	15.5
初中	40	16.7
高中	30	12.6
大学	131	54.8
缺失值	1	0.4
总计	239	100

　　我们的另一个较为深入的调研是针对思想认识与态度方面的，调查企图通过对外来务工人员子女对当地孩子、当地政府的看法来了解他们的心态。我们欣喜地发现，这些在城里享受到了蓝天白云的农村娃们更多的是怀有一颗阳光、感恩的心。如在问及"你对当地政府有什么看法时"，有64.1%的孩子表达了"非常感谢当地政府"的心语，是"当地政府有责任、有义务给我们提供教育"、"当地政府还应该给我们提供

更好的教育"两项加起来的两倍之多。可见,这些十来岁的孩子更多的是以一种平和的、善良的、感恩的、知足的心态来珍惜今天所享受到的教育资源,没有以一种弱势群体的姿态去强化"等、靠、要"的心态,一味地向社会索要。

表6-8   你对绍兴当地政府有什么看法?

选项	人数	百分比(%)
当地政府有责任、有义务给我们提供教育	29	12.1
非常感谢当地政府	153	64.1
当地政府还应该给我们提供更好的教育	37	15.4
没什么看法	15	6.3
缺失值	5	2.1
总计	239	100

(二)好政策新难题:浙江推进农民工子女教育的新困惑

然而,"好景不长"。浙江推进农民工子女教育诸多务实政策与切实行动开始遇到新的麻烦。就拿被社会广泛赞誉的"群贤模式"来说,为农民工子女教育高标准建造专门的公办学校,这当然是落实同城待遇最为真实有效的举措。那么,这么好的政策能否扩散或者复制呢?时至今日,类似于群贤小学这样的样板学校仍只有一所,而且,当地政府和教育部门也没有进一步扩大、扩散的愿望。

1. "低洼效应"产生了不容乐观的示范性效应

"低洼效应"是经济学术语,用以解释利用区域环境的比较优势,吸引外来资源向本地区汇聚、流动,促进本地区经济和社会的快速发展的经济发展现象。"低洼效应"可以很形象地用来解释流入地农民工子女教育现象。同城待遇所带来的"洼地效应"就是流入地与流出地相比,教育条件与质量更高,对农民工更具吸引力,形成了"优势",产生了仿效需求。① 执行"两个为主"政策以来,农民工子女教育报名人数远远超过招生计划数,学校爆满,成为浙江多数地市的新麻烦,被认为突破了保证优

---

① 参见贺武华《浙江基础教育公平问题研究》,浙江大学出版社2009年版,第129页。

质教育的"警戒线"。"低注效应"导致的上学需求增多，人满为患。以杭州市为例，2006年小学"杭州人"报名14500人，外来务工者子女登记12600人，如果全部接纳，新生将达到27100人，而这个数字已远远超出了杭州教育资源的承受能力。① 再以温州瑞安市为例，由于该市近年来力行农民工子女受教育"同城待遇"政策，引发了一系列新问题。"从2003年开始，外来借读的孩子以每年4000人的速度递增，现在已经超过3万人。一些学校已经处于超负荷运转，而前来就学的孩子仍然络绎不绝。"②

教育的计划性和流动人口的无序性，导致农民工子弟学校学生一年比一年多。但是，学校的总容量是有限度的，即便校长有心百分之百接纳农民工子女，但教育规模与条件总会达到临界点的。如果无限制地、无计划地扩展学生入学人数，可能很快就要影响到学校的正常办学，牺牲的不仅仅是在校学生的教育质量，也不利于农民工子女教育政策更为持久地推进。

2. 农民工子女教育质量缺乏有效保障

农民工子女教育起初是被当作一个解决"有学上"、能完成九年义务教育的较低层次目标来解决的。随着从中央政府开始的强化、推动，农民工子女教育逐渐摆脱了"温饱问题"。于是，家长、社会、政府等各界开始关注上学质量的问题。现在人们普遍关注农民工子女教育尤其是农民工子弟学校不同程度上存在的教学资源不足、师资水平落后、教学质量低下等问题。一些农民工子弟学校出现了课程偷工减料、教材随心所欲、班级人满为患的通病，这些不良现象直接影响到教育质量的保证和提高。民工子弟学校"收费低、教学质量也低"的现象确实普遍。

教育质量问题关系到民工子女教育的长远发展，应该说办学质量压力在与日俱增，需要各部门积极采取应对措施。例如，杭州市萧山区教育局

<hr>

① 张向瑜、王倩：《杭州教育拉响"超重"警报　民工子女多》，《杭州日报》2006年7月20日。
② 董伟：《浙江瑞安：农民工子女"同城待遇"引发新问题》，《中国青年报》2006年6月5日。

从 2004 年开始专门向农民工子弟学校委派督学员，除了监督这些学校严格执行教育教学标准外，也对学校工作提些可行性建议，甚至还帮着解决一些实际问题。萧山区派驻督学的做法是监督管理上的一大创新，值得在进一步总结经验的基础上，向全省乃至全国逐步推广。当然，投入保障与师资力量仍是基本的先决条件。

3. "同城待遇"仍面临巨大阻力

2004 年发布的《浙江省人民政府办公厅关于进一步做好流动儿童少年义务教育工作的意见》（浙政办发 ［2004］109 号）指出："流动儿童少年流入地县级政府负责本行政区域内流动儿童少年的义务教育工作。教育行政部门要将流动儿童少年义务教育工作纳入当地普及九年制义务教育工作范畴，指导和督促中小学认真做好接收就学和教育、教学工作。"这意味着浙江省的流动儿童少年可在暂住地接受义务教育，享受"同城待遇"。根据 2008 年 3 月 14 日"两会"期间周济部长在接受中外记者的集体采访时所公布的数据，现在全国大概有 2400 万进城务工人员的子女（农民工子女），其中有 800 万进了城，还有 1600 多万留在农村（留守儿童）。然而，调研了解到，当地老百姓普遍对政府"大兴土木"、花费巨大财政资金去落实外来农民工子女教育的行为表示不理解、不满意。一些地方政府也为"低洼效应"深感担忧，甚至不愿意将自己做得好的地方宣传出去。而且，地方教育行政部门说服乡镇（街道）政府领导去落实外来农民工子女教育的压力与困难越来越大。

毋庸置疑，完全解决好这么多孩子进城读书的问题，使他们享受"同城待遇"仍需要一个较长时间的过程，这个过程是伴随城镇化建设不断推进而推进的。我们从近年来的农民工子女教育政策演变中不难看出，党和政府高度重视并有决心解决好农民工子女的受教育大事。但是，整个工作要有目的、有计划地推进，既不能原地踏步，也不能操之过急。新《义务教育法》实施后，免费义务教育的到来已成为我国教育发展史上的里程碑式的事件。农民工子女受教育已受到各级政府的高度重视并在执行相关政策。然而，尽管新《义务教育法》从法律层面上保护了农民工子女平等接受教育的权利，但事实上，农民工子女就学难的现状并没有明显好转，落实"同城待遇"依旧困难重重。

　　4. 身份认同与文化融合裂缝不小

　　随着浙江的农民工子女入城受教育向深度和广度的推进，农民工子女与当地环境、当地孩子的文化融合与认同问题也日益凸显。有研究这样描述道："他们既是城市的'边缘人'，又是家乡的'异乡人'，进入不了城市优质的学校，又无法融入家乡的教育和升学系统，成为身份模糊的夹缝中的人，这将影响他们人格的形成和融入城市社会。"① 有研究将农民工随迁子女的融合教育释疑为："在公平价值理念下，使农民工子女在学习、生活和心理等方面与本地相融合，促使其全面和谐发展的教育。具体表现为：外来农民工子女对流入地学校、社区、班级的融合程度和流入地学校教师、学生、社区和教育行政人员对外来农民工子女的态度和行为方式的变化。"② 农民工子女城市受教育的认同与融合问题仍阻力重重。如在学生层面（城乡孩子间的情感、交往）、学校层面（学籍管理、班级编排）、教师层面（教学进度、教学方法、教材选择）等方面仍然存在不少麻烦与困惑。再比如，当地居民（父母）一般不情愿让农民工子女与他们的孩子合班上学，主张与外来农民工子女分班、分校。一些村集体甚至反对将农民工子弟学校建在村上，他们认为这既占用村集体土地，也占用了公用经费，还带来了诸多生活麻烦。可见，要公平和谐地让农民工子女接受好教育，还需城乡两类群体间进行平等对话、相互尊重、相互帮助，需要抛弃成见，增进了解，树立新的观念，不断探索实施融合教育的有效路子。

　　（三）农民工子女教育政策实施改进的初步思考与建议

　　农民工子女进城接受教育是一个庞大的系统工程，发展中的问题要在发展中解决。针对我国农民工子女上学所遇到的新难题，首先，要强调的还是经费投入，经费保障特别是专项经费投入是进城务工人员子女接受义务教育的基本前提。其次，要加强管理，规范办学，政府应引导、协调好相关利益群体的合理行为，要从长远、可持续性发展的角度来看待进城务

---

　　① 杨东平：《深入推进教育公平（2008）》，社会科学文献出版社 2008 年版，第 143 页。
　　② 湛卫青：《农民工随迁子女融合教育的困惑与对策》，《教育发展研究》2008 年第 10 期。

工农民工子女教育问题。最后，要注重体制与政策创新，在学校运营的办学体制、管理体制方面推进创新，让政府的政策成为解决好农民工子女教育问题的有力抓手。例如，为了保障农民工子女在流动过程中的政府经费支付到位，可以实施教育券制度。为了切实有效确保农民工子女教育经费的到位，可以在农民工子女中试行教育券，建立中央政府、流入地政府与流出地政府共同分担农民工子女义务教育经费的协调分担机制。将由三个政府共同分担的这部分农民工子女义务教育经费转为农民工子女义务教育基金，以教育券的方式提供给有需求的孩子，学生流动到哪里，就将教育经费带到哪里，实现"钱随人走"。再比如，流入地与流出地政府还应携手破除户籍对农民工子女参加中考等的限制，这在一些地区已开始政策试水，如安徽省教育厅规定，2008年中考，进城务工就业农民及其他流动人员子女，可在流入地就读学校报名并在流入地参加考试录取，也可按照本人意愿回户籍所在地报名参加考试录取。[1] 总之，只要从实际出发，加大投入，锐意创新，农民工子女教育中的问题就会逐步得到有效的化解。

事实证明，中央提出的"两个为主"方针能够切实解决农民工子女受教育难问题，是对当前教育难题的准确把握。农民工子女教育终究主要还是由流入地政府来负责，由公办教育资源来提供。尤其在全国实行免费义务教育的背景下，民办的农民工子弟学校不利于农民工子女接受好教育和公平的教育。绍兴市接下来还要对民办农民工子弟学校着手转制、改造，以公办的方式来解决农民工子女教育难问题。采访绍兴市基教处孙处长时，他动容地说道："农民工子女教育不是公办民办哪个为主、为辅的问题，义务教育说一千道一万就是财政保障问题。除非你是陈嘉庚，民办学校不赢利怎么能确保正常运行？"

农民工子女接受教育的问题是一个重大的时代性课题，需要不断进行深入的调查研究。农民工子女受教育的问题牵涉他们城市化状况、生存、就业等诸多问题，是事关解决"三农"问题、城乡统筹发展、社会和谐

---

① 本报讯：《安徽：流动人员子女可在流入地参加中考》，《中国青年报》2008年4月28日。

稳定的大事。深入揭示、探讨外来农民工子女教育所存在的新情况、新问题以及潜在的隐患问题，是一项重要的基础性工作。

　　"同在一片蓝天下，共享优质的教育资源"——一个任重而道远的时代性课题。

第三节　政策转型："国家示范高职建设"的政策发展

　　国家示范性高等职业院校建设计划是教育部、财政部于 2006 年 11 月正式启动的一项重要工程。它是全国高职教育改革发展的一个重要战略举措；是我国继实施高等教育"211 工程"之后，为提高高等职业教育质量、增强高等职业院校服务经济社会发展能力的一项重要举措，被称为高职教育中的"211 工程"。该计划从全国一千余所高等职业院校中，选择办学定位准确、产学结合紧密、改革成绩突出、制度环境良好、辐射能力强的 100 所高等职业院校，分年度进行重点支持，带动全国高等职业院校办出特色，提高水平。

一　国家示范性高职院校建设政策制定的合理解释

　　我国教育政策制定中素有"示范带头性"政策的传统，常冠以"重点"、"示范"、"实验"、"试点"等称呼，国家示范性高等职业院校建设政策便是其中的一个典型，自 2000 年以来，先后两次出现了示范性建设政策。

　　（一）"示范性"高等职业教育建设的主要政策过程描述

　　1. 2000—2001 年：建设 30 所示范性职业技术学院

　　（1）政策酝酿与探寻

　　据 1993 年《中国教育改革和发展纲要》提出的积极发展高等职业教育的方针，1995 年，原国家教委发布《关于开展建设示范性职业大学工作的通知》（教职〔1995〕15 号），提出"在专业改革的基础上建设一批示范性学校，逐步带动职业大学总体办学水平的提高，促进职业大学的健康发展"的目标要求,共九点。教职〔1995〕15 号其实是一项评估性的政策,如对于学校规模硬件方面的要求是:在校生规模达到 3000 人以上;占地面积 250 亩以上;建筑面积 8 万平方米以上;图书总数 25 万册以上;实验实习设备总值 1200 万元以上。

1999 年,教育部《面向 21 世纪教育振兴行动计划》由国务院批准(国发〔1998〕4 号),"行动计划"明确提出"挑选 30 所现有学校建设示范性职业技术学院",进一步明确了建设的任务与日程。

(2)政策制定与实施

2000 年 6 月 28 日,教育部《关于确定北京工业技术学院等 15 所高等学校为示范性职业技术学院建设单位的通知》(教发〔2000〕140 号)下发,北京工业职业技术学院等 6 所独立建制的职业技术学院和天津大学等 9 所本科院校中的高等职业教育学院获准,成为首批建设 15 所示范性职业技术学院重点建设单位。在 2000 年 9 月 14 日下发的《教育部关于启动第一批示范性职业技术学院建设的通知》(教发〔2000〕168 号)中,进一步就示范性高职院校建设的办学思想、教育教学改革、教师队伍建设、校内外实训基地建设以及中央财政专项资金的管理等问题予以了明确。

2000 年 8 月 15 日,《教育部关于支持第二批示范性职业技术学院建设有关问题的通知》(教发〔2000〕160 号)下发,通知从支持范围、基本条件、基本内容以及评选办法四个方面做出了指导性的规定。2001 年 6 月 15 日,《教育部关于确定北京联合大学等高等学校为第二批示范性职业技术学院建设单位的通知》(教发〔2001〕29 号)确立了第二批 16 所高校名单,在贯彻执行(教发〔2000〕160 号)文件精神的同时,强调结合与发展各校自身的学科专业特色和办学优势、明确专项资金与配套资金的标准以及使用方向等问题。

2. 2006—2008 年:建设 100 所国家示范性高等职业院校

国家示范性高职院校建设是"十一五"期间我国高等教育的一个大事,旨在通过 3—5 年的建设使示范院校在办学实力、教学质量、管理水平、办学效益和辐射能力等方面有较大提高,特别是在改革创新等方面取得明显进展，带动高等职业教育加快改革与发展，逐步形成结构合理、功能完善、质量优良的高等职业教育体系，更好地为经济建设和社会发展服务。这一政策的形成大致经历了以下主要阶段。

（1）政策环境与酝酿

近年来，高等职业教育规模持续扩大，改革步伐加快，服务经济社会的能力有了很大提高。然而，全面建成小康社会、走新型工业化道路，推进产业结构优化升级，转变经济增长方式，对我国人力资源的结构和素质提出了新的更高的要求。现代化建设需要数以亿计的高素质劳动者、数以千万计的专门人才和一大批拔尖创新人才。在高职发展的成绩面前，高职院校发展中的问题与不足同样突出。

2005 年，《国务院关于大力发展职业教育的决定》（国发〔2005〕35号）指出：实施职业教育示范性院校建设计划，在整合资源、深化改革、创新机制的基础上，按照地方为主、中央引导、突出重点、协调发展的原则，重点建设高水平的培养高素质技能型人才的 1000 所示范性中等职业学校和 100 所示范性高等职业院校。

2006 年发布的《中华人民共和国国民经济和社会发展第十一个五年规划纲要》的第二十八章"优先发展教育"的"教育发展重点工程"专栏中，提出"支持 100 所示范性高等职业学院改善办学条件"的目标。

（2）政策提出与启动

2006 年 11 月 3 日，《教育部、财政部关于实施国家示范性高等职业院校建设计划加快高等职业教育改革与发展的意见》（教高〔2006〕14号）出台。教高〔2006〕14 号是示范性高职建设的行动纲领，明确了实施国家示范性高等职业院校建设计划的重大意义、建设计划的目标任务和主要内容、责任措施与管理机制以及建设计划的具体步骤等。与此同时，教育部办公厅和财政部办公厅也联合下发了《关于做好 2006 年度国家示范性高等职业院校建设计划项目申报工作的通知》（教高厅函〔2006〕44 号）。

2006 年 11 月 13 日，国家示范性高职院校建设政策以会议的方式正式启动，周济部长发表重要讲话："今天，教育部和财政部联合召开会议，正式启动'国家示范性高等职业院校建设计划',布置、落实建设任务,推动全国高等职业院校深化改革,强化管理,提高质量,健康发展。"①

2007年6月7日,《国家示范性高等职业院校建设计划管理暂行办法》(教高〔2007〕12号)发布,它为规范和加强国家示范性高等职业院校建设计划的项目管理,促进示范性高职院校的建设与发展指明了方向。

(3)政策补充与改进

此后,在示范性高职院校建设按年度、分地区与分批推进的过程中,还制定了相关配套的补充、改进政策,如教育部办公厅、财政部办公厅《关于做好2008年度国家示范性高等职业院校建设计划项目申报工作的通知》(教高厅函〔2008〕18号)以及教育部、财政部《关于成立示范性高等职业院校建设计划实施工作办公室的通知》(教高函〔2007〕10号)等。

(二)非关联性的政策重复:一个令人费解的现象

在一个较短的时期内,国家分别于2000—2001年以及2006—2008年两度启动示范性高职院校建设,两者在形式与内容上都表现出极大的相似性与可比性。然而,这两个政策到底构成什么样的关系?它们之间存在一定的路径依赖与渐进式变迁吗?后者是对前者的继承发展还是纠正改进,抑或是纯属耦合?

一般而言,在一项政策文本的行为中,开篇会介绍一下政策的缘起、目标以及与上一个相关政策的关系等问题,常伴以"根据……""为了……"等表述方式。从公共政策学的角度来讲,政策之间存在上下、左右、前后的关系,政策主体在规划或制定政策时应该考虑到政策的时间和空间结构关系。现行的政策总是脱胎于先前相关政策或既定的政策环境,同时也为后续的政策做准备。有研究指出,"政策的纵向结构表现为各政策按时间变量顺序排列,即先行政策、现行政策与后续政策,这种先后的政策序列对政策的制定和实施也是非常重要的,现行的政策总是在

① 《教育部部长周济在国家示范性高等职业院校建设计划视频会议上的讲话》,中国教育科研网,http://www.edu.cn/news_127/20061114/t20061114_204894.shtml,2006年11月13日。

先行政策的基础上产生和贯彻的"①。然而，令人费解的一个事实是，从政策精神文本、文献资料及相关研究来看，政策制定者等并没有将前后两个政策联系起来。也就是说，前后间隔才 5 年的两个重要的高职教育政策尽管很相似，但看不出二者之间有任何的关系。从逻辑上讲，这两个政策应该存在一定的联系，二者应该形成相互补充、相互配合或超越发展的关系。比如说，前期两批 31 所试点院校被证明是成功的，政府接下来要在更大范围内推行；或者反过来说，被证明是失败的，于是政府重新布局，改弦易辙，再次遴选 100 所进行新的示范性建设，等等。但无论做何解释，都有牵强附会或断章取义之嫌，因为这并非是政策制定者的本意。这种貌似政策间隔性的重复现象，实乃政策断裂。

表 6-9　　　示范性职业技术学院建设与国家示范性高职院校建设

	示范性职业技术学院	国家示范性高职院校建设
政策执行的基本情况	2000—2001 年，两批 30 所（实际 31 所）	2006—2008 年，三批 100 所（实际 112 所）
政策直接精神来源	《面向 21 世纪教育振兴行动计划》（国发［1998］4 号）由国务院批准	《国务院关于大力发展职业教育的决定》（国发［2005］35 号）
政策制定主体	教育部	教育部、财政部
政策目标	起示范带头作用	示范、带动全国高职发展
建设内容（任务）	实验、实训场所建设；师资及管理人员的培训；编写适合我国高等职业技术教育特色的专业教材；高等职业技术教育改革与发展的相关课题研究	教学、实训条件、"双师型"教师、教学建设和教学改革、重点专业领域、社会服务能力、共享型专业教学资源库

此外，另一个令人费解的事实是，在国家示范性高职院校建设名单中，出现了 12 所先前的"示范性职业技术学院"，也就是说这 12 所高职院校被支持建设了两次，除去第一阶段中支持的 12 所综合性大学中的高等职业教育学院，获得两次建设支持的高职院校比例高达 63.2%。当然，这并不是说先前获得资助了就不应再次获得，但仍存在一些前提性问题：前 31 所尤其是其中的 12 所示范院校建设情况到底如何？再次建设这 12 所高职院校是出于奖励先进还是照顾落后？同理，另外 7 所高职院校未能再

---

① 严强、王强：《公共政策学》，南京大学出版社 2002 年版，第 215 页。

度获得机会的原因是什么？因此，教育部等相关部门对示范性高职院校的
评估定论是前提，并且对这种"重复建设"现象做出解释也是很有必要的。

示范性高职建设政策重在建设，在建设发展过程中体现出来的示范性
行动与意义才是最有价值的；示范性高职建设政策需要克服的最大问题也
在于把建设过程淡化、屏蔽掉的现象。如果学校只在乎如何能申请到几百
万元、几千万元的经费支持与项目的盲目纷争，只是将工作精力用于方案
的精心设计、评估材料制作、不切合实际地将钱花掉，势必会违背"示
范性建设"政策的初衷。

表 6 - 10 先后两次获得建设支持的高职院校名单

	2000 年（第一轮）	2001 年（第一轮）
2006 年（第二轮）	邢台职业技术学院、黄河水利职业技术学院	黑龙江建筑职业技术学院、深圳职业技术学院、杨凌职业学院
2007 年（第二轮）	北京工业职业技术学院、广州民航职业技术学院	芜湖职业技术学院、山东商业职业技术学院、南宁职业技术学院、新疆农业职业技术学院
2008 年（第二轮）		昆明冶金高等专科学校

（三）类"211 工程"：政策同形效仿的一个合适逻辑

在新制度主义的组织理论研究当中，"同形"这个概念是用来表征组
织同质化的过程。保罗·迪马吉奥和沃尔特·鲍威尔的一项研究中将制度
同形（isomorphism）变迁分为三种机制，其中一种是模仿过程。"当一个
组织的技术没有得到人们很好的理解时，当一个组织的目标模糊不清、相
互矛盾时，或者当一个组织的环境中出现了符号象征方面的不确定性时，
该组织可能以其他组织作为参照模型，来建立自己的制度结构。"[①] 这种
制度的模仿是对不确定性的一种回应，寻找和实施别人解决此问题的办
法，减少在"黑暗中摸索"的成本。

1993 年 7 月，国家教委发出《关于重点建设一批高等学校和重点学
科点的若干意见》，决定设置"211 工程"重点建设项目，即面向 21 世

① 保罗·迪马吉奥、沃尔特·鲍威尔：《关于"铁笼"的再思考：组织场域中的制度性同
形与集体利益》，沃尔特·鲍威尔、保罗·迪马吉奥主编：《组织分析的新制度主义》，姚伟译，
上海人民出版社 2008 年版，第 69 页。

纪，重点建设 100 所左右高等学校和一批重点学科点，1994 年 5 月开始启动部门预审。"211 工程"从此声名鹊起。实践证明，经过两个五年计划之后，"211 工程"对提高我国高等教育的整体水平、促进区域和行业间高等教育协调发展，起到了很大作用。与此同时，"211 工程"对其他各级各类教育以及各式各样教育政策产生了示范性的效果。国家示范性高职院校建设政策虽然与先前"内部"的示范性职业技术学院毫无瓜葛，却与"外部"的"211 工程"联系紧密，可从以下两个方面观之。

1. 政策决策者的肯定

国家示范性高职院校建设政策对"211 工程"的学习与效仿可以从官方决策者的理解中予以验证。周济部长指出，"如果说'211 工程'是国家面向 21 世纪高等教育的发展工程，那么'示范性高等职业院校建设计划'也是国家新时期新阶段高等职业教育的改革工程和质量工程，要带动全国高等职业教育的改革和整体质量的提高"①。时任副部长吴启迪认为，高等职业教育进行示范性院校建设，也要起到类似于"211 工程"的引领和示范作用，引领全国 1100 多所高等职业院校的改革和发展，带动整体质量的全面提高。"我们说，这是高等职业院校的'211 工程'，我们有研究型大学的高水平，也有高职教育的高水平。"②

2. 内在逻辑的一致性

国家示范性高职院校建设政策旨在加快建设 100 所理念先进、特色鲜明、质量优秀的品牌高职院校，充分发挥示范性院校在区域内的导向作用、示范作用和辐射作用，引领全国 1100 多所高等职业院校的改革与发展，带动整体质量的全面提高，也为区域经济社会发展提供强大的人才支撑。这种定位在内在逻辑上与"211 工程"是不谋而合的。"211 工程"与"国家示范性高职院校建设"在政策的目标、主体、评审程序与政策

---

① 《教育部部长周济在国家示范性高等职业院校建设计划视频会议上的讲话》，中国教育科研网，http://www.edu.cn/news_ 127/20061114/t20061114_ 204894. shtml，2006 – 11 –13。

② 吴启迪：《实施"国家示范性高等职业院校建设计划"引领高等职业教育质量的全面提高》，《中国高教研究》2007 年第 1 期。

运行等多方面表现出极大的相似性;尤其是二者都是通过"建设"来成为相关高校的示范,带动相应高校的发展,与以往强调结果的评估检验政策不一样,这两大工程都重在对建设的过程进行评估。这一点就如同《关于重点建设一批高等学校和重点学科点的若干意见》明确指出的那样,"211 工程"是"重点建设"高等学校,而不是"确定重点大学","工程建设是一个过程而不是宣布一批重点高校"。

表 6 - 11   "211 工程"与"国家示范性高职院校建设"比较

	"211 工程"	国家示范性高职院校
政策执行的基本情况	2000—2001 年,两批 100 所(实际 31 所)	2006—2008 年,三批 100 所(实际 112 所)
政策直接精神来源	国务院印发的《中国教育改革和发展纲要》及实施意见	《国务院关于大力发展职业教育的决定》(国发〔2005〕35 号)
政策制定主体	教育部	教育部、财政部
政策目标	国内领先、国际有影响,起到骨干和示范作用	一流高职,并起示范带头作用
遴选条件	在师资队伍、教学科研水平和条件、博士点和重点学科点、高层次专门人才培养、学术影响、自身特色、办学效益与国家贡献等方面表现突出	领导能力领先、综合水平领先、教育教学改革领先、专业建设领先、社会服务领先的要求
步骤程序	可行性论证、预审、预备立项、评审、批准立项等	申请、预审、论证、推荐、评审、地方部门公示与公布
实施办法	分批滚动实施,分期建设	按年度、分地区分批推进,逐年考核,适时调整,稳步发展
建设重点	侧重学科与研究	侧重专业与教学

二者内在逻辑的一致性还表现在两大工程都是"理想导向型"的政策制定。"211 工程"无须赘言,国家示范性高职建设同样赋予了示范性高职美好的愿望与寄托,假定通过抓好一批优秀的高职排头兵,可发挥它们对其余高职的示范与引领作用,在创建示范院校的进程中,为 1140 多所高等职业院校的改革与发展起示范作用,通过示范和带动,真正走出一条具有中国特色的高等职业教育发展之路。

可见,国家示范性高职院校建设政策的出现并不"突兀",只是它并非从内部政策发展起来,与自身系统内政策没有建立联结,却遵循外部移植借鉴的逻辑，是一种典型的来自外部的政策借鉴与效仿，此种现象可用新制度主义中的制度同形理论予以解释。保罗·迪玛乔和鲍威尔认为，现代组织在形式和实践上表现出极大的相似性，一旦组织领域形成，就会产生同质性的巨大动力。而理解这种同质性现象，最恰当的概念就是制度同形性，它是指在相同环境下，某一组织与其他组织在结构与实践上的相似性。[①] 国家示范性高职建设在一定程度上是对"211 工程"建设的模仿性同形。

二　从示范性院校建设看外源性政策的合理借鉴

国家示范性高职院校建设过程的政策同形效仿的事实与逻辑是成立的，接下来就需要对这种政策变迁的方式做一番理性检视。

（一）应保持政策变迁时必要的内部连贯性与继承性

一般而言，政策制定者会考虑以往的经验，会在现有政策的基础上，通过补充、修正和继承等方式来制定新的政策。"示范性职业技术学院建设"与"国家示范性高职院校建设"是大致同一时期、同一对象、由相同部门推出的两大"重量级"政策。上述分析已揭示了两大政策之间割裂、跳跃的奇异现象，从"示范性职业技术学院建设"到"国家示范性高职院校建设"，如此相似的两个政策理应建立一定的联系。"示范性职业技术学院建设"执行后为什么没有一个必要的评估环节？对此的得失分析、经验总结以及政策改进等实有必要。在我国教育政策领域，相对于政策文本的大量生产而言，政策的评估与正常终结工作却是十分贫乏的。这是一个值得重视的现象，生产政策固然重要，但若只管制定颁发而不关注政策实效，重叠累赘甚至是朝令夕改，就会导致政策的繁多无绪，思路混乱，走向一团糟，也直接导致政策的低效与失败。因此，如何保持同一（类型）政策前后必要的连续性与继承性是一个值得重视的问题。

（二）应重视对政策学习借鉴中的动机与实效进行评估监控

政策借鉴与效仿的基本前提是，政策针对的问题以及内在运行机理等

---

① 薛晓阳、陈家刚：《全球化与新制度主义》，社会科学文献出版社 2004 年版，第 13 页。

的一致性或接近性。如果两个政策之间并不存在较大的关联性与类比性，那么政策的效仿多少会出现水土不服乃至南橘北枳的现象。

政策在借鉴效仿的过程中会出现信息传递中的耗散与失真现象，这是政策执行中常有的现象，具体表现为：其一，政策的形似而非神似，只学其外表没有把握其内核；其二，依葫芦画瓢，没有结合具体的情况予以必要的变通；其三，断章取义为我所用，对原有政策进行自我随意的裁剪、加工。这些现象在从"211工程"过渡到"国家示范性高职院校建设"中，都难以避免。比方说，盲目攀高做强，照搬照抄，将"211工程"中的学科建设、人才的高学位学历、发表论文等做法简单套用到示范性高职。

此外，政策过程是有周期的，政策的利弊、得失需要一定的过程和时间才能去评估其实效。"211工程"是一个推行中的政策，"211工程"政策自身仍是一个需要假以时日并不断予以评估改进的政策，即便"211工程"的实效有了定论，急于借鉴到高职领域也可能存在一些冲突，遮蔽一些问题，尤其是对矛盾性、弊端性的问题容易被忽视。比如，"211工程"基本上是冲击世界一流大学战略目标的抓手，让一些学科接近国际先进水平，为建设创新型国家服务。这对其他参差不齐的高校而言没有多大的"示范性"意义，是很难被学习效仿的。

（三）应防患政策执行中的目标与中心任务偏离现象

示范性高职院校建设的政策动因是通过重点建设100所高职院校，使之成为名副其实的高职排头兵，并通过示范和带动，以发挥他们对其余千余所高职院校的示范和引领作用。然而，在实际当中，无论是政策制定者还是政策执行者，示范性高职院校建设政策在执行中的关注焦点却是谁能成为示范性高职院校，谁能获得政策支持。因此，现实中的普遍现象是，"资格遴选战"成为政策的实际行动逻辑，不少高职院校及有关部门上下全力以赴"全国示范性高职高专院校评估组"的评估工作，打的是政策资源获取的攻坚战，获取作为"结果"的荣誉和利益成了主旨。两种不良现象值得重视：其一，"建设"过程没有充分彰显。获得示范性高职院校建设称号与实惠还只是政策执行的一个开始，真正的政策执行应该体现在建设的过程，应该是对建设过程、建设结果进行评估，而不是评估先于建设。其二，"示范"功能遭遇冷落。目前，有关部门与高职院校对示范性作用缺少关注与评估。"从某种程度上说，国家示范性高职院校的核心内涵就是'示范'；能否起到'示范'作用，是示范性高职院校的根本标准，是示范性高职院校与普通高职院校的本质区别。"① 比如，2006 年启动的第一批院校已有 3 年，但没有相关文件、报告对它们的"示范性"作用予以必要的关注，也没有通过对第一批建设情况的合理评估来调整、规范第二批、第三批的政策执行。但也有这方面执行得较好的政策，比方说"高校对口支援"政策，但凡支援学校会在支持建设的实效方面进行自我评估或接受教育部等的评估。总之，忽视"建设"与"示范"实际上是政策执行中的目标偏离，是对原有政策精神文本的一种悄然违背，这种现象应该引起重视。

三　从"示范"到"骨干"：一场没有硝烟的战争

2010 年 9 月 17 日，"国家示范性高等职业院校建设计划"实施工作办公室，正式公示"国家示范性高等职业院校建设计划"骨干高职立项建设院校名单，100 所高等职业院校幸运脱颖而出（注：共有 120 所院校被各省推出来参加本次骨干高职院校建设项目的申报工作），将在国家政策支持下从 2010 年至 2012 年分三批开展示范高职院校项目"二期工程"建设工作。至此，从政策正式下文到政策评审结束，为期约 100 天的国家骨干高职院校遴选与评审战在万众瞩目中落下帷幕。当然，相关单位和个人可能通过非正式与非正规的政策渠道，在此前就获得了事实上已见分晓的相关评审信息。大幕已落，余温犹存，思考却像尘埃一样再度扬起。

（一）"教高〔2010〕8 号"：一纸文件飞来横福

2010 年 6 月，教育部、财政部联合下发了《关于进一步推进"国家示范性高等职业院校建设计划"实施工作的通知》（教高〔2010〕8 号）。若仅从字面看，人们会认为这只是一个普通的日常行文通知。然而，教高

---

① 陶珑：《创新·规范·示范——国家示范性高职院校建设的三个基点》，《江苏高教》2008 年第 4 期。

[2010] 8 号却是一个进入 21 世纪、继示范性高职院校建设计划以后，国家发展高职高专教育的又一重大政策部署。文件附带 3 个附件，分别是"国家骨干高职院校建设项目申报指南"、"国家骨干高职院校建设项目推荐书"和"国家骨干高职院校建设项目分省推荐名额表"。3 个附件非常清楚地标示了教高 [2010] 8 号的"特殊身份"，政策本身的"含金量"一目了然。

通知明确提出将在原有 100 所"国家示范性高等职业院校"建设计划的基础上，新增 100 所左右骨干高职建设院校。早已从第一轮国家示范高职争夺战或观赏中，看到了希望、激发了欲望的全国千余所高职院校十分清楚"骨干高职"对任何一所高职院校来讲都有非凡意义。从政策类型来看，教高 [2010] 8 号文件属于典型的分配性政策（与调节性的、规制性的政策相对），而且是牵涉重大的价值利益的分配性政策。"所谓分配性的政策，当政策涉及相关群体的利益时，受益人是特定的群体，即该项公共政策只向一个或数个受益群体提供利益。"[①] 教高 [2010] 8 号又是典型的物质性的政策（与符号性的政策相对），其"利"便是国家的公共税收财政。

教高 [2010] 8 号文件规定了国家骨干高职院校建设项目分省推荐名额，从最多的江苏省 11 个名额到最低的吉林等 5 个省份的 1 个名额，120 个名额以省级教育行政部门限额推荐的方式将利益大蛋糕"自上而下"分配到各个省份。教育部下分给各省名额的确定由基本名额和调剂名额两部分组成。基本名额以各地高职教育现有规模为依据，按照独立设置全日制高职院校在校生数占全国相应总规模的比例确定基本名额；调剂名额实际上为奖励名额，即对近三年高职院校平均初次就业率持续保持在 80% 以上的省份，增加 1 个推荐名额，对 2008 年被列为"国家重点培育（扶持）高等职业院校"的省份增加 1 个推荐名额。

（二）"骨干"遴选与评审：瞬间的狼烟四起

一石激起千层浪。教高 [2010] 8 号文件一经发布，这个夏天，与各地酷暑高温同时攀升的是热火朝天的"骨干高职"争夺战，一场紧急战

---

① 张金马：《公共政策分析：概念·过程·方法》，人民出版社 2004 年版，第 45 页。

斗在全国高职院校打响。事实上，在正式文件出台前，各种风声与议论推测已铺天盖地，早已是"山雨欲来风满楼"。教育部文件经省级教育行政部门进一步解读、制定操作实施文件后，进入 7 月，各省教育行政部门陆续开始操刀执行名额的遴选与推荐工作。于是，各高职院校从党委书记、院长一把手到各处室工作人员、一线普通教师，没日没夜整材料，"备战备荒"接受评审。坊间对此的一句形象说法是："书记攻关，院长汇报"；某省一位参加项目评审组织工作的教育厅工作人员这样描述评审会现场气氛："某院长汇报时手都在发抖。"

　　能否成为骨干高职院校，是一件影响高职院校发展的大事，有着深远的意义。这并非空穴来风或盲目攀比之举。高职院校不像本科高校，可以比拼博士点、硕士点、重点学科基地乃至 SCI 等科研成果，也没有"985工程"、"211 工程"、省属重点、研究教学型、教学研究型等那么多的级别层次分门别类之说。相对而言，国家和社会衡量高职院校彼此组间差异的变量与维度太少，最好的高职院校与最一般的高职院校并置在一起也不会引起人们的重视，真可谓是"千校一面"。一句话，高职院校舞台太少。因此，在国家示范性高职院校建设计划推出之前，占据中国高校半壁江山之多的高职院校很大程度上其实就是一个被人冷落的"市场"。尤其值得一提的是，各种沸沸扬扬的大学排行榜是将高职院校拒之门外的，高职院校不在各大社会评估机构视野之内，也似乎难登大雅之堂，专门针对高职高专序列的排行榜又几乎没有。然而，自国家 2006 年启动示范高职院校评审计划以来，任何一所高职院校只要摘得"国字号"桂冠，成为国家示范高职院校，无疑就是"法定"地进入全国高职院校排序前 10%以内（截至 2009 年，全国独立设置高职院校 1215 所），一跃跳进"高职211"① 行列，一下子与其他高职院校就有了天壤之别。因此，对每一所高职院校而言，成为示范高职院校的形式价值远远大于实质性价值。特别是在一些地方经济实力强的省份以及办学资金来源较为充裕的高职院校，获取中央财政经费支持甚至并不构成主要的推动力，给一个"示范"或

---

① 　相关论述可参见贺武华《政策同形："国家示范性高职院校建设"政策制定的一种解释》，人大复印资料《职业技术教育》2010 年第 1 期。

"骨干"的帽子却远比下达多少个千万元财政拨款实惠又重要。这一点可能与重在获取巨额财政投入、以建设世界一流大学为目标的"985 工程"、"211 工程"不一样。概而言之,教高〔2010〕8 号文件是高等职业院校面临的又一次新的发展机遇。

1. 高职院校紧张备战面面观

评审战一经打响,各有关高校针对同一主题的新闻爆料,几乎都充斥着浓浓的火药味,一时间,"紧急"、"挑战"、"硬仗"、"全力以赴"、"加班加点"等关键词语满天飞,显著地表明这一次评审工作的非凡意义与艰巨任务,几乎形成了一种特有的中国式"申报评审"文化。我们可通过两所高校校园网站上提供的自主报道来直观管窥这股浓浓的"战火硝烟味"。

湖南某高职院校:7 月 1 日上午,学院在食堂三楼会议室召开紧急会议……会议由×××副院长主持。由于这次申报的时间短、任务重,整个申报材料的形成一共只有两天的时间,要在如此短的时间内完成,是一次挑战。为此,院长×××指出,申报"国家骨干高职院校"是学院当前一项重要工作,要高度重视,各项工作已进入一级备战状态;各部门要实行分工负责,协调配合。并且要求各个系部、相关部门的同志众志成城,加班加点,克服困难,打好、打赢创建这场硬仗,尽一切努力做好申报工作。[1]

安徽某高职院校:6 月 29 日上午,学院在三楼会议室召开紧急会议,传达关于申报国家骨干高等职业院校的文件精神,会议由×××院长主持,院领导、各系部及行政部门的负责人参加了会议。由于这次申报的时间短、任务重,整个申报材料的形成一共只有三天时间,要在如此短的时间内完成,是一次挑战。为此,院党委书记×××要求,所有单位、所有抽调人员让位于本次工作,各部门实行分工负责,协调配合,要求各个系部、相关部门的同志加班加点,尽一切努力做好申报工作。[2]

---

[1] 刘坚平、伍益中:《学院部署申报"国家骨干高职院校"工作》,http://www.arthn.com/NewsSystem/Files/2010-7-2/2166.shtml,2010-07-02。

[2] 党委宣传部:《紧急部署,我院全力申报国家骨干高职院校》,http://www.abc.edu.cn/xctzb/ShowNews.asp?id=3505,2010-06-30。

2. 评审程序铜墙铁壁防泄密

评审程序是实际举措的载体，直接体现政策过程中各相关主体的实际行动。我们再通过两个省的评审做法来进一步理解这场"战争"的激烈。

6月29日，海南省教育厅印发《海南省教育厅关于召开国家骨干高职建设院校遴选工作会议的通知》（琼教高〔2010〕96号），该文件共印发6份。根据文件精神，海南省的评审工作安排在7月1—2日。通知要求，海南政法职业学院等5所申报学校必须于2010年6月30日前将申报材料连同电子文档报送省教育厅高等教育处，逾期不予受理。评审遴选的程序是：专家组实地考察申报学校办学条件（1小时），举行申报单位的汇报会（各申报学校均安排40分钟时间）。专家在琼期间的一切费用均由省教育厅承担，各申报学校在会议期间均不得以任何方式宴请专家或赠送专家礼品，不得以任何方式干预专家公平、公正评审，否则，省教育厅将取消其申报资格。①

一周后的7月6日，海南教育网公告《海南省教育厅关于对拟确定省级骨干高职建设院校和推荐申报国家骨干高职建设院校予以公示的通知》（琼教高〔2010〕101号）。文件指出：经学校申报、专家评审，并报经省政府同意，拟定海南经贸职业技术学院和琼台师范高等专科学校为省级骨干高职建设院校，推荐海南经贸职业技术学院为国家骨干高职建设院校。最终海南经贸职业技术学院从5所竞争高职院校中胜出，获取宝贵的一张门票。

表6－12   雷厉风行的评审黄金周

日期	主要事项
6月29日	教育厅下发（琼教高〔2010〕96号）文件，启动评审
6月30日	参评高校报送资料
7月1—2日	教育厅专家评审
7月6日	评审结果公示，下发（琼教高〔2010〕101号）文件
7月6—14日	评审结果进入公示期

① 参见海南省教育厅《关于召开国家骨干高职建设院校遴选工作会议的通知》，http://www.hngjc.cn/infodetail.jsp? id＝2505，2010－06－29。

浙江省是高职教育强省，此次审核通过参加评审的高职院校就有 13 所。在 13 所中最后要由"秘密"专家遴选 6 所推荐上报教育部。13 所高职院校皆非等闲之辈，在经过多年的酝酿筹备后，实力其实旗鼓相当了。因此，要从中再淘汰出局 7 所并非易事，也很难有一个平衡多方利益的答案。当然，这 6 所能否最终入选"国字号"，还得看教育部、财政部是确立 100 所还是 120 所（教高〔2010〕8 号是 100 所规划）。若是 100 所，则意味着仍有 1 所高职院校要掉下来。因此，排名先后是千钧一发、惊心动魄的。可以这么说，"5+1"张入场券最终鹿死谁手，对教育厅这个主裁判来说是一大考验。为了确保程序的公正权威与信息保密的万无一失，浙江省教育厅采取了超常规的运动战。

根据"浙江省推荐国家骨干高职建设院校评审方案"及其议程，整个评审过程可用"高度机密、完全①封闭、超常规格"来形容。评审会于 7 月 5 日在杭州金溪山庄举行。评审专家主要由浙江省本科院校的校长或分管教学科研工作的副校长组成，专家由教育厅高教处负责人单方面电话邀请通知，确保风声不走漏和行政不干预。评审会议由浙江省分管教育工作的副省长主持，分管副厅长介绍文件精神。参评院校按抽签次序陈述汇报并回答专家提问，陈述与答辩时间分别为 10 分钟和 5 分钟。

6 所高校名单当天、当场公布。当然，排在第六位的事后未能进入 9 月 17 日教育部公示的 100 所"国家示范性高等职业院校建设计划"骨干高职立项建设院校名单中。

（三）政策何为：门票争夺战后的理性反思

通过对（教高〔2010〕号）政策文本的解读以及对各省实际执行过程的考察，我们对有中国特色现象的政策运动概貌有了一个较为清晰全面的透视。然而，政策运动战解决了什么问题，没有解决什么问题，等等，它留给我们的却是一个开放的问题域。我们对国家示范高职院校二期工程的政策过程及政策本身尚需进行必要的理性反思甚至是质疑。

---

① 参见有关浙江省评审组织与方案的内部资料。

1. 评审还是建设：根本问题依旧被置之度外

近些年，高校重评审轻建设、重结果轻过程等功利化办学行为早已自爆无遗，广为人们诟病。国家示范高职院校建设计划，通常采取地方部门推荐、专家评审立项、年度绩效考核、分期安排经费的方式，按照预审申报、评审立项、验收挂牌的操作程序，分年度、分步骤实施。不难看出，作为政策过程的示范高职院校建设，实际上的重头戏落在立项评审环节。高校一旦获得评审通过，至于花钱搞建设的实质性环节工作便是家常便饭、平淡无奇了，高职院校应付检查、验收等工作多半也是久经沙场、易如反掌了。更重要的是，示范高职院校群体之间日渐成为一个"富人俱乐部"，它们通过各种协会、联谊会等官方半官方或自发的组织桥梁，早已结成了深厚的利益共同体关系。即便牵涉对经费使用、工程建设落实情况等环节工作的检查验收工作，其实多半也是这个共同体内部的事情，所谓的组织专家检查评估等工作，派来派去无非都是圈子里的人。因此，具体到"评审通过后"的这些不牵涉你争我夺的评估检查性工作，实属无关紧要、无关痛痒的平常之事。中国社会是熟人社会，示范高职院校与政府及教育行政部门在频繁的交往中也自然会"日久生情"。

2. 利益分配：没有绝对公平何以确保没有不满意

程序上的公正未必结果就是公正的。从公平理论角度来讲，对弱势群体越是强调机会、程序上的公平，实际上就是等于让他们参加进来充数、打水漂。为了能证明、展示自己的实力，各高职院校在材料准备上花费了大量的时间与精力。为了将推荐书、PPT、汇报材料等做得别出心裁，丰富翔实，各高校也是绞尽脑汁，群策群力。各高校报上来的材料过于比拼材料有多厚、注重包装有多新。试想，专家要在平均每所学校分配一刻钟左右的半天时间里，从一摞又一摞的材料中进行优劣比较，这是一个高难度的评估工作。而且，专家也只能是从材料到材料，事先对被评高校也不大可能有过必要的考察了解。这样，评审专家难免也会有信息失真、只顾及一面之词的时候。因此，这种利益分配性政策导向下的遴选评审是很难用绝对公平去衡量的，更不用说高校间的实际可比性如何。再如，某省评审出的上报教育部推荐名单全部集中在省会城市，没有考虑到必要的地域性平衡与政策的反向倾斜公平问题。

3. 扶强不扶弱：精英政策取向禁锢深重

国家骨干高职院校的政策初衷与评审过程，所体现的一个基本原则立场就是重奖强者，无视弱者。不管教育部是否意识到这一问题，或者是否明火执仗"扶强不扶弱"，但坊间尤其是高职教育界早已默认政府"扶强不扶弱"的政策事实，且至少在客观上致使强者更强、弱者更弱的高职院校发展格局，此次骨干高职院校建设政策的基频是精英导向的。

事实上，在国家政策的驱动下，各省对示范高职院校建设都形成了自己的规划部署，并在省级层面制定相应配套政策加以推进。如浙江省先后制定下发了《关于开展省级示范性高等职业院校建设工作的通知》（浙教高教〔2007〕207号）、《关于推进省级示范性高等职业院校建设的指导意见》（浙教高教〔2009〕192号）、《关于确定省级示范高等职业院校建设计划立项建设单位的通知》（浙教高教〔2009〕53号）以及《浙江省示范性高等职业院校建设计划管理办法（暂行）》（浙教高教〔2009〕92号）等政策文件。然而，省级层面的示范性高等职业院校建设的目标和任务多半就是进一步强化各自在办学实力、教学质量、管理水平、办学效益和社会服务能力等"常规"项目上的提高与发展，越加淡化甚至不提示范高职院校对非示范高职院校的示范与带动作用。2009年3月30日，经专家评审，并报经省政府同意，浙江省示范性高等职业院校立项建设名单出炉，确定浙江金融职业学院等20所高等职业院校为省级示范性高等职业院校立项建设单位。这20所"十一五"期间浙江省重点建设的省级示范性高职院校，将包括早已是"国字号"示范高职院校在内的一批省内最优最强的高职院校悉数囊括，省财政为此投入2亿元，并规定相关的院校主办单位和行业不少于1∶1的配套投入。校均2000万元的投入将用于"TOP 20"高职院校继续优化专业设置、深化课程开发、丰富教学模式、强化师资队伍以及改善实训条件等"老生常谈"工作，好一个锦上添花！这是典型的政策利益叠加和马太效应放大。

实际上，比针对百来所示范高职院校所进行的多次重复性建设同样重要甚至更重要的是，国家亟须针对上千所高职院校来一点差异性扶持政策，启动一下类似于"助跑"、"攀登"、"励志"等的工程建设计划。高职院校与本科院校不一样，沉积于冰山下的多数与显山露水的少数高职院校更不一样，它们多半坐落在地级市，直接面向地方，直接服务地方经济社会发展需要，在招生就业、资源获取、办学定位等诸多方面面临着巨大的任务与压力。办好全国遍布每一个地级市的区域性高职院校意义实属重大。

4. 从"示范"到"骨干"：措辞变动用意费解

作为上一轮高职院校示范性建设政策的延续与发展，新一轮骨干高职院校评审从道理上讲应该是在继续发扬原有政策的优势与经验的基础上，力除政策运行中的不良因素，切实推进政策的改进与完善，重点之一就是应该在"示范"二字上大做文章。然而，遗憾的是，第二轮示范高职（骨干）院校的评选工作似乎忽视了这一基本问题，而是继续只见树木不见森林、独门独院地在点上重复搞"现代高职教育"建设，这与《国家中长期教育改革与发展规划纲要》提出的形成"现代职业教育体系"的方向很不一致。采访一些高职院校院长，他们对关键字眼的转变也是语焉不详，没有确切答案。有院长认为，这是因为上一个政策规定是建设100所示范高职院校，政策已经到期，故不再使用"示范"。这样理解比较符合政策科学一般道理，即政策终结是一个正常的环节。但与中国政策过程的国情不符合。因为政策的自然延续在我国教育政策执行中也是常见的事实。比方说，"985工程"，起初是9所，后来发展到31所、35所，但名字仍然沿用"985"。因此，从政策文本自身的语义角度来理解似乎并不构成真正的原因。另有院长认为，国家示范性高职院校的建设当中，第一批100所主要解决工学结合的问题，第二批100所主干学校主要是解决产学合作的问题。这种理解仍未正面揭示为何要进行概念更迭。

从"示范"转向"骨干"潜伏着政策目标的背离与深层次隐患。我们知道，"国家示范性高职院校建设"初衷饱含着"示范"的寄托与热情，即想通过重点建设百来所高职院校给其他千余所高职院校起到带头、示范、领跑的作用。如教育部财政部《关于实施国家示范性高等职业院校建设计划加快高等职业教育改革与发展的意见》（教高〔2006〕14号）

就对政策的目标任务进行了规定："发挥示范院校的示范作用，带动高等职业教育加快改革与发展，逐步形成结构合理、功能完善、质量优良的高等职业教育体系，更好地为经济建设和社会发展服务。"然而，首批国家示范性高职院校建设项目完成之后，人们普遍认为，"示范作用"缺失是政策目标偏离或者没有完成的一个重要缺陷。国家花大力气"示范性"建设的"高职211"却并没有给其他高职院校指明道路、提供必要的帮助和带来信心希望。甚至，一些示范高职院校连网站资源信息也是评审通过后就对外屏蔽。按理说，新一轮重点高职院校建设应该进一步突出"示范"的功能，以弥补第一轮建设的不足。但适得其反，本次建设干脆有意淡化"示范"，换成"骨干"。能"示范"的一定是"骨干"，是"骨干"的却没有义务要"示范"。只谈骨干，淡化示范，导向是有害的。教育部高教司高职高专处范唯处长的观点一针见血："我们不仅要示（自己要做一个范例），而且要范（把范式表达出来）。"①

　　2010年9月，为学习宣传贯彻落实全国教育工作会议精神和教育规划纲要，推进高等职业教育新一轮改革发展，全面部署未来10年高等职业教育战线发展战略及发展任务，教育部专门召开了一次重要的全国性高等职业教育工作会议。会议明确提出，下一步高等职业教育改革与发展的战略目标是努力建设"中国特色现代高等职业教育"。此次全国高职改革与发展工作会上还提出了合作办学、合作育人、合作就业、合作发展"四个合作"主线，事实上，"四个合作"不仅是校企之间的事情，还应该在校际之间展开，高职院校之间的"示范与合作"无论在理论还是实践层面都意义重大、潜力巨大。也是在这次会上，教育部明确提出了"示范性职业教育集团学校建设"等重大项目与改革试点计划，这是非常有前瞻远见和注重时效的政策安排。再具体到地方政府，我们仍可欣喜地看到一些地方政府仍在努力坚守、维护政策的本意。如四川省提出："在'十二五'期间，将力争形成以国家示范高职院校为引领、国家骨干高职院校为带动、省级示范高职院校为支撑的高职教育发展格局。"（川教函

---

　　① 示范办：《教育部高教司高职高专处范唯处长和上海职教所马树超所长在上海、青岛两次会议上的讲话》，http：//sfb. yrcti. edu. cn/showart. asp？ art_ id＝362，2008－09－26。

[2010] 464 号）因此，在看到国家示范高职院校建设政策新曙光的同时，我们还是应大声疾呼、大力重申：国家示范性建设高职院校的政策的初衷与定位必须进一步明晰、强化，要通过新一轮政策的启动，切实引导、激励示范高职院校发挥对其他高职院校的辐射和引领功能；"示范（骨干）高职院校"应名副其实地担当高职院校"领头羊"重任，真正立足"排头兵"的角色去推进、带动中国高职院校教育的改革与发展。建设"中国特色现代高等职业教育体系"是一个系统的工程，国家示范抑或是骨干高职院校建设应首先朝着这一方向迈进。

第四节　政策变迁：独立学院办学政策的浙江经验

"浙江教育现象"是一个值得深入发掘的研究宝库。新中国成立 60 周年尤其是改革开放 30 余年来，浙江大地在经济、社会、教育等各条战线、各个领域涌现出了一大批创新性事物、创造性举措。浙江教育发展中的特色创新何其多！改革开放以来，浙江省大力实施科教兴省战略，不断深化教育改革，各级各类教育快速、健康、协调发展，浙江教育进入了一个前所未有的"又快又好"的发展时期。浙江教育日益向世人展示出不平凡的发展历程与鲜明的个性特色。浙江各级各类教育所取得的经验与日益彰显的特色已广为人知，越发表现出了一种迷人的"浙江教育现象"。李岚清同志在视察浙江省高等教育时曾指出："你们实现了我们所设想的 21 世纪中国高等教育的模式。"

研究浙江教育的发展与创新绝非简单的史料堆积、经验总结，而是要在史料考察的基础上重在探究规律，提炼特色，升华认识，要对浙江教育发展中的新理念、新制度、新模式等问题进行高度抽象与概括，重在从理论层面的高度来透视浙江省教育发展的特点和规律。研究中的一个重要方法导向是找准切入点，以案例的方式深入解剖，"以滴水见太阳光辉"的思路来深刻揭示、把握浙江经验推陈出新的过程及其所展现的内在性本质与特色。

一 浙江独立学院政策的创新历程

独立学院的产生和蓬勃发展是近年来我国高等教育领域内发生的一件重大事件，是高校办学机制创新与模式改革的一项重大突破和重大举措，对我国高等教育规模扩张和办学机制改革都做出了积极的贡献。周济部长曾指出，"独立学院是一个很好的创造"。所谓独立学院，指 20 世纪 90 年代末出现在我国的一种具有中国特色的新的高等教育办学模式，它是利用公有普通本科高校的有形和无形资产，采用市场机制等新机制、新模式而举办的相对于母体学校而言的本科层次的二级学院。

独立学院在浙江花枝独俏，是浙江教育重要创新事件中的一个典型。浙江大地，因其特有的文化因子与创新活力，在独立学院办学上一马当先，领军全国。浙江省的独立学院是在当地高等教育供给严重不足的困境中诞生的，采取了不同于已有高等教育办学模式的高等教育机构，1999 年至今，独立学院在浙江正好走过了 10 个年头。

以独立学院在浙江的创新实践为切入口，能"以小见大"、"以点带面"，反映浙江教育创新基本概貌、实质内涵及其本土化特色。本书在方法与技术路线上主要是通过对独立学院 10 年来的文献进行系统考察分析、对教育厅有关处室领导进行专访以及对若干代表性独立学院的实地考察调研的方式展开。在系统翔实的资料收集与整理的基础上，通过演绎、推理、文本分析等方式来提炼概括独立学院近 10 年办学与发展的浙江经验与浙江特色。

（一）独立学院产生的背景与环境：生机孕育，风起帆扬

1. 中央的政策精神感召

独立学院采取了具有中国特色的新型办学模式。独立学院这一新生事物的产生是顺应了时代发展之需，我们可以择取以下党和中央的精神、文件来窥探。

1999 年 1 月 13 日，国务院批转的教育部《面向二十一世纪教育振兴行动计划》明确提出，"今后 3—5 年，基本形成以政府办学为主，社会各界共同参与，公办学校与民办学校共同发展的办学体制"；同年发布的

《中共中央、国务院关于深化教育改革全面推进素质教育的决定》也指出，要"积极鼓励和支持社会力量以多种形式办学"，"形成以政府办学为主体、公办学校与民办学校共同发展的格局"。

1999 年注定是中国高等教育发展史上颇具特殊意义的一年。在这一年，党中央、国务院立足于我国现代化建设的全局，结合 21 世纪初期国家经济与社会发展的需要，为进一步拉动内需，缓解就业压力，并参照国际上的一些成功经验，做出了进一步扩大高等教育阶段招生规模的重大决策。1999 年 6 月上旬，朱镕基总理在其主持召开国务院总理办公会议决定：1999 年要"大幅度"扩大高等学校招生规模。在 6 月 15—18 日中共中央、国务院召开的全国教育工作会议上正式宣布：1999 年"大幅度扩大高等学校招生规模"，鼓励各地政府、高等院校扩大招生规模。1999 年 6 月 16 日，国家发展计划委员会联合教育部以特急内部文件的形式，联合发出《关于扩大 1999 年高等教育招生规模的紧急通知》（特急计电 [1999] 62 号），宣布 1999 年中国高等教育在年初扩招 23 万人的基础上，再扩大招生 33.1 万人。紧急通知要求各地方：通过发挥现有办学潜力和创造条件并举的方式，创造性地实现扩大招生规模；要求各级政府千方百计增加教育投入，以新的建设管理机制帮助解决扩大高等教育规模所需的必要基础设施，为扩大培养规模创造条件。当年实现了扩大 47% 的招生规模。

2003 年，党的十六届三中全会通过了《中共中央关于完善社会主义市场经济体制若干问题的决定》，这个重要文献中提出："完善和规范以政府投入为主，多渠道筹措经费的教育投入体制，形成公办学校和民办学校共同发展的格局"；"清理和修订限制非公有制经济发展的法律法规和政策，消除体制性障碍，允许非公有制资本进入未禁入的基础设施、公用事业及其他行业和领域"；"大力发展国有资本、集体资本和非公有资本等参股的混合所有制经济，实现投资主体多元化，使股份制成为公有制的主要实现形式"。

毋庸置疑，独立学院的出现是中央政策精神的一个具体行动。在一个正值中央加速高等教育大众化进程、启动高校扩招的特殊时期，无论是硬件资源还是教学资源，无论是制度创新还是寻租，高等教育供求矛盾的缓解所带来的规模急剧扩充为独立学院的孕育创造了条件。

2. 顺应民意,满足社会投资需求

巨大的社会需求与民间资金无疑是独立学院在浙江大地崛起的最有效的催化剂。在相对富庶的浙江大地,"教育就是一种投资"的观念已广为家长和学生接受,老百姓对品牌、优质教育资源需求一直就存在,自高等教育大众化以来,这种需求不减。应该说,老百姓追求教育名牌、愿意进行优质教育投资的心理与需求是无可厚非的。然而,供给矛盾的日益突出终究是一个聚沙成塔的大难题。时任浙江大学城市学院党委书记邹晓东指出:"浙江大学是浙江学子向往的一所著名高等学府,许多考生即使进不了浙大,仍希望利用浙大优质资源接受高等教育。城市学院的创建无疑给这部分考生以间接的机会,让他们融入名校氛围,享受优质资源,实现人生理想。浙江大学的品牌效应,大大提升了城市学院的知名度和影响力。"① 这种通过适度教育消费来获取具有质量品牌高等教育的二级学院无疑会在江浙等地率先试水。后来的实践证明,二级学院成了考生和家长的香饽饽,不少上了"二本"分数线的都宁愿多花钱来二级学院上学;这些年,独立学院的控制录取分数线一直不低。

与此同时,另一种需求也在萌动,那就是民间资本发达的浙江大地的教育投资需求。高等教育目前乃至今后相当长的时期内,仍然是一个巨大的卖方市场,人民群众对高等教育的强烈需求给独立学院的发展以有力的支撑,投资这份事业可以获得合理回报。浙江大学城市学院的办学便是最典型的明证。浙江大学城市学院通过树立市场价值取向和改革意识,面向市场办学,不断创新机制,实施灵活的融资发展战略,不靠国家拨款,寻求和吸纳社会资本、银行贷款和学生学费进行建设和发展。在 2003 年,就先后通过银行贷款、后勤服务社会化、组建教育发展公司、争取社会资本投资和社会捐赠融资近 6 亿元。

3. 浙江政府的战略部署需要

为了全面实施科教兴省战略,加快发展高等教育,进入 21 世纪以来,

---

① 邹晓东、徐波:《用新的机制和模式办好名校独立学院》,《中国高等教育》2003 年第 13/14 期。

浙江省委省政府与时俱进、高瞻远瞩地进行战略规划，绘制浙江教育蓝图。《浙江省教育现代化建设纲要》《浙江省高等教育改革和发展规划（2000—2020 年）》《浙江省教育强省建设与"十一五"教育发展规划纲要》《浙江省教育事业发展"十一五"规划》等一系列重要教育发展战略对浙江高等教育事业发展做出了具体的部署，提出了明确的日程表。浙江高校的发展水平与经济大省的地位仍不相符，尤其是浙江省第十二次党代会提出"创业富民、创新强省"这一今后一个时期推动浙江发展的总战略后，迫切需要高水平的建设人才。

　　如此，我们就不难理解浙江为什么会成为最早发展二级学院这种前所未有的新模式的"试验田"了。对此，有研究一针见血地指出，"时任浙江省分管教育的副省长鲁松庭及教育厅厅长侯靖方奉行一条原则：因地制宜，一切从实际出发"①。实际上，早在 20 世纪 90 年代初，伴随高等教育体制改革的推进以及全国第三次教育工作会议的召开，为了适应我国高等教育快速发展的需求，一些地方利用普通高校的教育教学资源吸引社会资金，进行具有国有民办二级学院性质的办学的大胆尝试，拓展了我国民办教育发展的新空间。潘懋元先生指出："这种借助公办院校母体的教育资源，又能够吸引民间资金，并采用民营机制发展的办学模式无疑解决了大众化发展中最为棘手的两大难题，质量和资金。所以虽为自发行为，但很快就得到教育行政部门的肯定，允许试办。"②

　　毋庸赘言，独立学院生逢其时，是顺应时代之需的产物。

　　（二）"二级学院"试水期：主动出击，先挖一桶金

　　独立学院的前身——"国有民办二级学院"（简称二级学院）率先出现在浙江等省市，随后迅速扩展至全国，发展迅猛。大致的时间段是1998—2003 年，这一时期可谓是二级学院的"春秋战国"时期，各地二级学院办学风起云涌。浙江独立学院在自主创新的过程中展示了以下特点。

---

　　① 王慧华、张冬素：《教育大变局——浙江重大教育新闻的幕后解读》，浙江大学出版社2006 年版，第 65 页。

　　② 潘懋元、吴玫：《独立学院的兴起及前景探析》，《中国高等教育》2004 年第 Z2 期。

1. 自下而上，先摸着石头过河

"竹外桃花三两枝，春江水暖鸭先知。"从 1998 年起，浙江和江苏两省就率先依托普通高校，吸引社会力量，利用银行贷款组建具有独立法人资格、经济独立核算的二级学院试点。

二级学院办学的第一个吃螃蟹者是宁波大学科学技术学院。1998 年，在面临高校间激烈的竞争和学校办学经费不足的情况下，宁波大学党委大胆提出了在校内开辟一块"试验田"的设想，即通过对宁波大学西校区（原宁波师范学院院址）的 230 多亩土地及教学设施的置换，按照成本收费的原则，兴办一所具有独立法人资格、独立校园、独立财务核算、相对独立的民办二级学院——宁波大学科学技术学院。这一探索很快获得了浙江省教育厅的支持。1999 年 4 月 22 日，浙江省政府经过认真研究批复了省教育厅和宁波市政府，同意宁波大学创办国有民办机制运行的二级学院。6 月 25 日，浙江省首个国有民办本科二级学院——宁波大学科学技术学院正式成立。

"忽如一夜春风来，千树万树梨花开。"让最初的这些探路者万万没有想到的是，这种办学模式在短短的时间内引起了浙江省高教界的强烈反响，激发了浙江省各本科院校、各地人民政府和社会力量的办学热情，一时间纷纷向浙江省政府提出了各自的办学申请。在这种情况下，对于民办二级学院这种新事物，应当采取什么样的政策策略？这是摆在地方政策精英面前的一个颇具挑战性的难题。是谨慎探索，先由个别学院进行办学试点，可行后再逐步推广，还是积极发展，全面推进，在发展中解决可能出现的问题？浙江省政府对此非常重视，省政府相关领导层、教育厅的决策层迅速启动专题调研、论证咨询，听取各方面意见，酝酿决策。1999 年 9 月，时任省长柴松岳、副省长鲁松庭最后以改革者特有的勇气果断作出决策：为了缓解当时浙江省高等教育面临的扩招压力，保护社会的办学热情，决定扩大民办二级学院的办学试点。① 此政一开，办学者纷至沓来。在此后短短的 1 年多时间里，浙江省独立学院如雨后春笋般"一夜抽千

---

① 王慧华、张冬素：《教育大变局——浙江重大教育新闻的幕后解读》，浙江大学出版社 2006 年版，第 67 页。

尺"。1999 年 4 月至 2001 年年初, 浙江省人民政府、教育部、国家质量技术监督局相继批准宁波大学、浙江大学、中国计量学院等 20 所普通高校试办二级学院。2003 年全省二级学院的招生和在校生已分别达 3 万人、8.64 万人, 占本科招生总数的 36.7% 及在校生总数的 34.3%, 近几年浙江新增的近一半本科招生计划是由二级学院完成的。目前, 全省独立学院 22 所, 在校学生近 17 万名, 占全省大学生总数的 1/5; 独立学院的招生每年占到浙江本科招生量的 1/3。

表 6 - 13　　　　　　浙江省二级学院获准试办时间表

时间	批准单位	批准单位	备注
1999 - 04 - 22	浙江省人民政府	宁波大学科学技术学院	1 所
1999 - 07 - 05	国家质量技术监督局	中国计量学院育英学院	1 所
1999 - 07 - 13	国家教育部	浙江大学城市学院	1 所
1999 - 08 - 04	浙江省人民政府	浙江工业大学之江学院 杭州电子工业学院信息学院 温州医学院仁济学院 浙江财经学院东方学院 杭州商学院国际经贸学院 杭州师范学院钱江学院 浙江师范大学行知学院 湖州师范学院求真学院	8 所
1999 - 10 - 10	浙江省人民政府	杭州应用工程技术学院科技学院 浙江工程学院设计与艺术学院	2 所
2000 - 01 - 05	浙江省人民政府	浙江中医药大学滨江学院 浙江海洋学院东海科学技术学院 浙江林学院天目学院 温州师范学院瓯江学院 绍兴文理学院元培学院	5 所
2001	国家教育部	浙江大学宁波理工学院	1 所
2003	浙江省人民政府	嘉兴学院南湖学院	1 所
2005 - 01	国家教育部	温州大学城市学院	1 所
2006 - 07	浙江省人民政府	同济大学浙江学院	1 所
2008 - 05	国家教育部	上海财经大学浙江学院	1 所

2. 创新传导与政府认可: "二级学院"试点期

二级学院这种自下而上的自发行为, 很快就得到教育行政部门的肯定, 允许试办, 进而出台文件为其正名。1999—2002 年, 大致是二级学院的合法化试点办学过程，也是地方创新推动政府认可过程。而政府的支持也成了独立学院发展的"加速器"。从浙江地方政府来看，1999 年，浙江省对高等教育办学体制进行了重大改革，省政府确定将兴办普通高校二级学院作为发展浙江省高等教育的重要手段。在纪念独立学院十周年论坛上，浙江省教育厅高教处处长庄华洁谈道："1999 年，随着国家高等教育规模的扩大，省委省政府作出了非常英明的决定，就是在浙江省扩大高等教育规模，一个重要的措施就是新办独立学院。"①

创新的示范传导效应进一步向上传递。浙江等地的二级学院出现后，教育部本着"尊重群众的首创精神，允许探索，允许试点"的原则，默许、关注着这类民办二级学院的发展。1999 年 7 月，教育部在浙江省批准了浙江大学城市学院等 5 所独立设置的二级学院试点校。随后，浙江省依托普通高校，吸引社会力量，利用银行贷款组建了 5 所具有独立法人资格、经济独立核算的二级学院。在其后的数年时间里，浙江其他高校纷纷效仿，全国各地也相继建起了类似的二级学院。

（三）新概念，新台阶："独立学院"的合法化发展时期

二级学院自产生之日起便处于争议之中，理论界和学术界对此众说纷纭，莫衷一是。办学主体模糊、产权关系不明晰、办学定位不明确、投资与管理体制混乱、师资设施等软硬件建设不到位、招生宣传的误导以及专业与人才培养的不合理等问题成了众矢之的。在浙江，地处小和山的浙江科技学院曾经还发生了与明日公司之间的股权争议②，官司一度影响很大，也直接导致了该校的独立学院停办，该校至今也没有办起独立学院。因此，浙江在摸索独立学院办学的过程中是付出了相应代价与资本的。对此，周济部长曾语重心长地说道："多少深刻的教训告诉我们，在正常化发展阶段，要想积极健康持续发展，必须强化管理，规范管理。发展需要规范，规范为了发展，这是符合辩证法的。毛主席有一句诗词，'天若有

---

① 欣闻：《浙江本科独立学院发展暨全球化人才培养电视高峰论坛》，http：//new. 50xiang. com/video/list. aspx？161，2009 - 05 - 15。

② 参见周涛《是谁拿走浙江科技学院的地？》等文章，杭州网，http：//www. hangzhou. com. cn/20040101/ca414945. htm，2004 - 04 - 28。

情天亦老，人间正道是沧桑'，说明这个道理。"①

　　其实，问题不可怕，怕的是没有应对问题的长远思路、战略规划与具体方法对策。尤其是新生事物发展中所出现的"打开了窗户进来了苍蝇"的问题更不可怕。发展中的问题应该在发展中解决。潘懋元先生对此给了了建设性的指路："当独立学院在政策鼓励和母体庇护与哺育下成长壮大的时候，就应当允许它在不造成国有资产流失的条件下，从母体彻底分离出去，成为完全的独立学院。翅膀硬了，羽翼丰了，独立飞翔是进化的规律。作为母体的普通本科高校，应当为此感到高兴而不是惋惜与不满。"②

　　针对二级学院试点期所出现的一些不规范的办学行为与发展中的新问题、新矛盾，教育部在对二级学院持观望态度长达 4 年之久之后，经过较长时间的调查研究和实践，并在反复征求各方面意见的基础上，最终于 2003 年 4 月 23 日制定了《教育部关于规范并加强普通高校以新的机制和模式试办独立学院管理的若干意见》（教发［2003］8 号，以下简称"8 号文件"），把普通高校按新机制、新模式举办的本科层次的二级学院统称为独立学院，明确提出试办独立学院一律采用民办机制，独立学院应具有独立的校园和基本办学设施，实行相对独立的教学组织和管理，独立进行招生，独立颁发学历证书，独立进行财务核算，应具有独立法人资格，能独立承担民事责任，这就是众所皆知的"六个独立"原则。

　　8 号文件是一个标志性的事件，总的指导思想是"积极发展，规范管理，改革创新"。政策一经出台，标志着独立学院作为新的办学形式获得了官方的肯定和认可，标志着"独立学院"进入合法化的探索与发展时期。此后，教育部又通过一系列具体的政策措施来落实、完善 8 号文件中提出的政策目标，独立学院政策执行过程也由此正式开始。循此纲领性精神，教育部进一步做出了相关部署。

　　2003 年 6 月 13 日，教育部召开了"普通高等学校以新的机制和模式试

---

① 周济：《促进独立学院持续健康快速发展》，《中国高等教育》2003 年第 13/14 期。
② 潘懋元、吴玫：《独立学院的兴起及前景探析》，《中国高等教育》2004 年第 Z2 期。

办独立学院工作会议",教育部部长周济发表了题为"促进高校独立学院持续健康快速发展"的讲话,强调独立学院要积极发展,突出一个"优"字;规范管理,突出一个"独"字;改革创新,突出一个"民"字。

2003 年 8 月 15 日,教育部发出了《关于对各地批准试办的独立学院进行检查清理和重新报批工作的通知》(教发函〔2003〕247 号),对已经过省级人民政府或省级教育行政部门批准试办的独立学院进行了检查清理及确认。

2004 年 1 月初,《教育部 2004 年度工作要点》发布,提出按照"积极发展,规范管理,改革创新"的原则,进一步促进独立学院健康发展,依法保障民办学校权益,认真落实土地、税收等优惠政策,大力推进体制与机制创新,支持和鼓励发展多种形式的民办教育,促进形成公办学校与民办学校共同发展的格局。

2004 年 11 月 29 日,教育部发出了《关于对独立学院办学条件和教学工作开展专项检查的通知》(教高〔2004〕21 号),并从 2004 年 12 月至 2005 年 2 月,分期分批对全国已经确认的独立学院的办学条件和教学工作进行了专项检查。

2005 年 3 月 22 日,在专项检查的基础上,教育部召开了"进一步做好独立学院试办工作网络视频会",时任教育部副部长的张保庆作了题为"统一思想,提高认识,注重质量,严格管理,努力促进独立学院健康、持续发展"的讲话,明确指出"独立学院总体上是积极的、健康的,成绩是主要的,这是一个基本判断",并表示今后应该继续加以支持,并适度加快发展,争取在未来几年使在校生总规模达到 200 万人,成为我国高等教育大众化的一支重要力量。

在教育部 8 号文件的政策鼓励下,在周济部长"进一步做好独立学院试办工作网络视频会"讲话精神的鼓舞下,全国各大普通高校试办的独立学院迅速增加,招生规模也迅速扩大。在国家进入独立学院大发展的"试办期",浙江独立学院更是摩拳擦掌,各显神通,这一时期,也是浙江独立学院的大好发展时期,在规范中反思成长。然而,8 号文件后,全国独立学院随之也进入了一段不安、期待与彷徨的时期。当时,二级学院顶着方方面面的考验，为二级学院的"正名"奔波成了浙江省教育厅上上下下的工作重点，压力特别大。就如 2004 年阴雨连绵的江南 4 月里，在浙江大学召开的"首届全国独立学院峰会"的主题一样，"西湖论道"研究的是独立学院"成长的烦恼"。阴云是逐步推开的：2004 年 6 月，教育部同意浙江二级学院当年继续招生，执行独立颁发文凭；2004 年 11月，《教育部关于对浙江省普通高等学校举办的独立学院予以确认的通知》（教发函［2004］373 号）下发，浙江工业大学之江学院等 17 所独立学院获得确认，至此，包括已于 2003 年首批确认的浙江大学城市学院和浙江大学宁波理工学院在内的 19 所独立学院获得确认（见表 6 - 14）。

表 6 - 14　　　　　经教育部重新确认具有普通高等学校招生
资格的 22 所独立学院

2003 年（2 所）	2004 年（17 所）	2005 年（1 所）	2009 年（2 所）
浙江大学城市学院 浙江大学宁波理工 学院	浙江工业大学之江学院 浙江师范大学行知学院 宁波大学科学技术学院 杭州电子科技大学信息工程学院 浙江理工大学科技与艺术学院 浙江海洋学院东海科学技术学院 浙江林学院天目学院 温州医学院仁济学院 浙江中医药大学滨江学院 杭州师范大学钱江学院 湖州师范学院求真学院 绍兴文理学院元培学院 温州大学瓯江学院 浙江工商大学杭州商学院 中国计量学院现代科技学院 浙江财经学院东方学院 嘉兴学院南湖学院	温州大学城市学院 （原温州师范学院 城市学院）	同济大学浙江学院 上海财经大学浙江 学院

（四）百尺竿头更进一步：独立学院的完善期

1.26 号文件的高瞻远瞩指引

自 2003 年 8 号文件颁发以来，浙江以及全国独立学院都经历了一段黄金发展时期。可以说，独立学院对民办学校造成的不公待遇质疑也好，政策骑墙的批评也好，毋庸置疑的事实是，独立学院在政府的"不管、默许"、政策的鼓励扶持下，确实获得了令人难以置信的发展，创造了中国高教史上的一个奇迹。然而，在享受了特殊待遇、被扶上一程后的独立学院理应脱离拐棍，以自主、自立的身份去寻找自己的出路，对自己负责。否则，"独立学院"就不是一个什么新生事物，甚至可以说是一个腐朽、没有生命力的旧事物。

2008年4月1日，《独立学院设置与管理办法》（通称26号文件）发布，一石激起千层浪。26号文件是基于我国高等教育改革和发展的宏观形势变化和独立学院自身发展面临的新情况、新问题，经过慎重研究，并在反复征求各方面意见的基础上作出的重要决策，必将对独立学院的健康有序发展起到重要作用。

"潮平两岸阔，风正一帆悬。"随着26号文件的发布，独立学院存在了九年之久的"既不是公办，又不是民办；既独立，又不是独立设置"的模糊身份宣告终结，走向真正意义上的"独立"，独立学院从长期以来一直处于一种"非公非民、亦公亦民"的尴尬境地走出来，走向身份纯粹的"民、独、优"金光大道，独立学院的法律地位进一步明确。26号文件明确了独立学院是民办高等教育的重要组成部分，属于公益性事业；确认了独立学院是独立设置的民办本科高校。澄清了独立学院发展过程中亟须解决的问题，完善了独立学院的有关政策与制度建设，明确了独立学院的法律地位，切实规范独立学院办学活动，是引导和促进独立学院健康发展的一项重要举措，是规范和指导独立学院健康发展的行动纲领。具体如下。

一是明确了独立学院的身份属性。26号文件规定，独立学院是指实施本科以上学历教育的普通高等学校与国家机构以外的社会组织或者个人合作，利用非国家财政性经费举办的实施本科学历教育的高等学校。独立学院是民办高等教育的重要组成部分，属于公益性事业。同时，明确独立学院资产结构，即参与举办的普通高校和社会组织或者个人在独立学院所占资产比例。

二是独立学院设置标准和参与举办者的资格。26号文件规定，独立学院的设置标准参照普通本科高等学校的设置标准执行。设立后的独立学院，应根据核定的办学规模充实办学条件，达到普通本科高等学校基本办学条件指标。参与举办独立学院的社会组织，应当具有法人资格。注册资金不低于 5000 万元，总资产不少于 3 亿元，净资产不少于 1.2 亿元，资产负债率低于 60%。参与举办独立学院的个人，应当具有政治权利和完全民事行为能力，个人总资产不低于 3 亿元，其中货币资金不少于 1.2 亿元。

三是明确独立学院法人治理结构与管理方式。26 号文件规定，要进一步建立健全独立学院董事会或理事会制度，作为独立学院的决策机构，完善内部运行机制，确保独立学院的办学自主权有效落实。26 号文件规定，独立学院理事会或者董事会由参与举办独立学院的普通高等学校代表、社会组织或者个人代表、独立学院院长和教职工代表等人员组成。独立学院院长由参与举办独立学院的普通高等学校优先推荐，理事会或者董事会聘任，并报审批机关核准。独立学院对学习期满且成绩合格的学生，颁发毕业证书，并以独立学院名称具印。独立学院按照国家有关规定申请取得学士学位授予资格，对符合条件的学生颁发独立学院的学士学位证书。

四是独立学院办学经费来源。26 号文件规定，普通高等学校主要利用学校名称、知识产权、管理资源、教育教学资源等参与办学。社会组织或者个人主要利用资金、实物、土地使用权等参与办学。国家的资助、向学生收取的学费和独立学院的借款、接受的捐赠财产，不属于独立学院举办者的出资。普通高等学校投入办学的无形资产，应当依法作价。独立学院使用普通高等学校的管理资源和师资、课程等教育教学资源，其相关费用应当按照双方约定或者国家有关规定，列入独立学院的办学成本。

五是明确独立学院发展方向。按照 26 号文件规定要求，在充分协商、达成共识的基础上，明确提出今后独立学院发展方向，即合作兴办独立学院或转设民办高校或其他。26 号文件还明确五年过渡期年度实施计划，提出申请教育部考察验收的具体时间。

从 8 号文件到 26 号文件，政策工具由精神鼓励性转向法制规范性（见表 6-15、表 6-16）。主要体现在以下几个方面。

表 6 - 15 　　　　从 8 号文件到 26 号文件：国家政策的关键性变化

变化指标	8 号文件	26 号文件
概念界定	独立学院是专指由普通本科高校按新机制、新模式举办的本科层次的二级学院	独立学院是指实施本科以上学历教育的普通本科高校与国家机构以外的社会组织或者个人合作，利用非国家财政性经费举办的实施本科学历教育的高等学校
身份属性	从国家到地方政府都没有明确的归属说明，管理体制模糊。"既不是公办，又不是民办"。在管理、师资、人才培养模式、文凭发放等方面与母校有着千丝万缕的联系	民办高等教育的重要组成部分；"独"字当头，失去了"母体光环"的照耀，从此"独自生存"。独立授予毕业证与学位。具有"民"的身份
发展过程与重点	重速度、规模发展	重质量；"优"、"独"、"民"
证书与文凭	独立学院可独立颁发毕业证书，学位证书需依靠申请方颁发	独立学院按照国家有关规定申请取得学士学位授予资格，对符合条件的学生颁发独立学院的学士学位证书
基本设置条件	校园占地面积不少于 150 亩；教学行政用房不少于 4 万平方米；教学仪器设备总值不低于 1 千万元；不少于 100 人的专任教师队伍	举办独立学院要不少于 500 亩的国有土地使用证，合作方注册资金不低于 5 千万元，总资产不少于 3 亿元，净资产不少于 1.2 亿元，资产负债率低于 60%
实际获益情况	公办高校直接从学费收入中提取 20%—30% 作为无形资产投入的回报，而合作方也往往直接从学费的收入中提取一定比例的资金	独立学院在扣除办学成本、预留发展基金以及按照国家有关规定提取其他必需的费用后，出资人可以从办学结余中取得合理回报

表 6 - 16 　　　　　国家层面独立学院政策的主要文本

颁布时间	发文单位	文号	政策名称
2003 - 04 - 23	教育部	教发 [2003] 8 号	《关于规范并加强普通高校以新的机制和模式试办独立学院管理的若干意见》
2003 - 08 - 15	教育部	教发函 [2003] 247 号	《关于对各地批准试办的独立学院进行检查清理和重新报批工作的通知》
2004 - 11 - 29	教育部	教高 [2004] 21 号	《关于对独立学院办学条件和教学工作开展专项检查的通知》
2005 - 02 - 28	教育部	教学 [2005] 3 号	《关于加强独立学院招生工作管理的通知》
2006 - 04 - 30	教育部办公厅	教发厅 [2006] 2 号	《关于对普通高校、独立学院办学条件等有关问题核查情况的通报》
2008 - 04 - 25	国务院学位委员会办公室	学位办 [2008] 17 号	《关于审批独立学院为学士学位授予单位工作的通知》

颁布时间	发文单位	文号	政策名称
2006 - 12 - 21	国务院办公厅	国办发〔2006〕101 号	《国务院办公厅关于加强民办高校规范管理引导民办高等教育健康发展的通知》
2008 - 02 - 22	教育部	教育部令第 26 号	《独立学院设置与管理办法》
2008 - 03 - 05	教育部高教司	教育部司局函件	《关于〈独立学院设置与管理办法〉的工作说明》

2. 浙江省独立学院的踏实行动

规范独立学院设置和管理任务十分繁重。在 2008 年 2 月 29 日全国独立学院工作会议上，周济部长明确指出：独立学院的发展进入了新的阶段，面临的形势也发生了很大的变化。在新形势下，独立学院的主要任务不是增加学院数量和扩大办学规模，而是稳定规模、规范管理和提高质量。周济部长强调，要积极稳妥、分步有序地做好 5 年过渡期的有关工作，组织本地区独立学院按照国家有关规定取得学士学位授予权。

浙江省早已未雨绸缪，在落实 8 号文件上已形成了比较成熟的思路，为独立学院又快又好发展指明了出路。围绕 26 号文件的贯彻落实，省教育厅主要采取以下三方面措施：一是制定独立学院的设置规划。根据 26 号文件的要求，实行分类指导，针对举办主体、办学条件、资产属性等不符合要求的独立学院，提出设置方案，切实加以规范；二是制定独立学院的建设规划。为今后高标准、高起点设立独立学院，我们将与所在地政府积极协商，切实制定建设规划，在立项、选址、征地、筹资等方面尽快落实，争取在 2012 年前顺利通过验收；三是制定独立学院管理制度。浙江省按照 26 号文件的要求，重点考虑制定包括无形资产的评估、独立学院教师享受事业单位社会保障、变更终止、产权流转、成本核算和投资回报等方面的具体实施办法，通过细化制度建设，加强独立学院的规范运作，确保独立学院的健康持续发展。[①]

我国高等教育经过一个时期的大扩张、大发展，今后相当一段时间

① 朱振岳：《加强规范管理，注重提高质量——浙江省教育厅副厅长褚子育谈促进独立学院健康发展》，《中国教育报》2008 年 4 月 25 日第 8 版。

里，高等教育战线将坚决执行"巩固、深化、提高、发展"的八字方针，巩固成果，深化改革，提高质量，持续发展，实现规模、质量、结构和效益的协调发展。向内部改革要质量是浙江独立学院落实周济部长 2008 年全国独立学院工作的具体体现。26 号文件规定今后独立学院将自授学位，这对独立学院既是一次冲击，又是一次全面的考验，尤其是对独立学院办学质量的检验。失去了母体的光环，独立学院将更加注重教学质量的提升，注重内涵建设。独立学院的学生群体存在一定的自身特殊性，在学科专业建设、师资队伍建设、思想政治工作、招生就业工作、人才培养模式等方面都与公办本科高校存在一定的差异，比如说他们是全额缴费上学，教育消费观念与维权意识普遍较强，这就需要教书育人工作中创造性地开展工作。如浙江工业大学之江学院的学生工作很有特色，并且成效显著。学院在加强学生建设、营造良好学习氛围、构建学生成才平台、加强学生创新精神和创业能力培养等方面推出了一系列切实有效的措施；提出了"报考到之江，成才在之江，用人找之江"三大学生工作品牌建设；推行"生情日记"制度，开展辅导员"谈心日"等活动，确保了辅导员有足够的时间和精力从事学生思想政治工作，帮助学生解决实际问题。再如浙江财经学院东方学院，正积极进行管理体制与运行机制的改革，明确独立学院发展的指导思想，梳理与母校的关系。

因此，与其说独立学院面临"断奶"、"转型"的痛苦期，倒不如说是进入一个自主"找奶"的快乐期。独立学院摆脱母体等"婆婆"的多头管理，不再做"温室中的花朵"，将更多的主动权、决策权、发展权握在自己的手里，从此自己掌握自己的命运，把握自己的未来，做自己的主人。真正的勇者、能者理应喜迎机遇与挑战，乐意在"大浪淘沙"中去砥砺成长，享受浴火重生的激情挑战。历经十来年的摸索、历练，我们有理由相信浙江独立学院在 26 号文件的指引下，一定会更加科学健康地发展。

总之，26 号文件之后，浙江省的独立学院胸有成竹，步伐坚定地朝着"熟悉"的道路大踏步前进。自产生以来，独立学院为浙江省高等教育的发展作出了巨大贡献。全省 22 所独立学院（含同济大学浙江学院和上海财经大学浙江学院）在各自秉承母体优良传统，充分发挥母体优质资源作用的基础上，都有所创新，无论是招生就业、人才培养等具体工作，还是苦练内功打造自身品牌、争创特色，都取得了令人瞩目的成绩，呈现欣欣向荣的良好发展态势。目前，浙江省的 22 所独立学院在校学生近 17 万名，占全省大学生总数的 1/5。每年独立学院的招生数量要占浙江本科招生量的 1/3（表 6 – 17）。

表 6 – 17　　　　　　　　　　浙江独立学院的招生情况

招生数量＼年份	1999	2000	2001	2002	2003	2004	2005	2006	2007	2008
招生数	0.41	1.11	1.95	2.21	2.94	3.38	3.95	4.39	4.2	4.35
占全省本科生招生数	—	—	40.7%	—	38.8%	37.0%	39.3%	36.8%	35%	33.5%
在校生数	0.41	1.52	3.45	5.67	8.61	10.65	12.42	14.69	15.45	16.51
占全省本科在校生数	—	—	—	—	34.1%	35.1%	35.5%	35.6%	35.8%	35.4%

注：主要根据历年浙江教育事业发展统计公报等资料绘制而成。

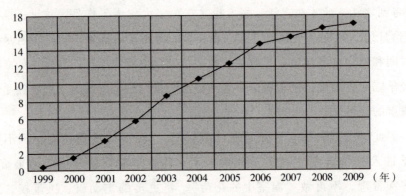

图 6 – 2　　浙江独立学院近 11 年的在校生规模增势

从图 6 – 2 和图 6 – 3 可以直观地看到浙江独立学院这些年来的整体发展情况与趋势。其一，近十年来浙江省快速扩大规模，尤其是在二级学院试点期，2005 年以后增势有所缓和，目前渐入平稳；其二，自 2004 年以后，浙江独立学院在校本科数占全省本科生在校生数的比例基本在 35% 左右徘徊，现基本稳定在三成的规模，独立学院的规模也一直在浙江高等教育事业发展的宏观规划调控之中。

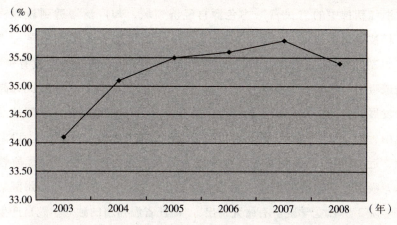

图 6 - 3　2003—2008 年浙江独立学院占全省本科生在校数的比例

二　从独立学院办学与发展看教育的浙江模式

(一) 浙江独立学院政策中的"浙江基因"

1. 以活跃的民营经济因子为根基

从时间线来看，独立学院的产生有其历史的合理性与必然性，是时代背景下的特殊产物。然而，独立学院的率先产生更有地理线的起因，这就是市场化程度领先于全国的浙江、江苏等沿海省份率先引爆"独立学院运动"。在浙江，改革开放以来，浙江以民营经济发展为主要驱动，展示出了具有鲜明地域和时代特征的经济发展模式，崛起于街角路边、村头田野、家庭作坊的民营企业已撑起了浙江经济的"半壁江山"，东海之滨的浙江大地涌动股股盎然生机。浙江民间资金相当充裕，且有着灵活的民营企业机制；在市场化各方面、各指标的排名中，浙江的政府与市场关系指数位居全国第一；非国有经济的发展指数仍位居第一，浙江省地处我国东南沿海地区，民营经济较为发达，经济规模位居全国前茅。[①]"民营"是一个活跃、自生自发的因子。众多的个体细胞被激活后，区域经济的活力增强。民营经济与市场经济的天然亲和力，不仅推动了浙江区域经济的蓬勃繁荣，也使浙江的经济规模迅速扩大。

---

① 潘懋元、吴玫：《独立学院的兴起及前景探析》，《中国高等教育》2004 年第 Z2 期。

　　浙江精神中的"民营"本色源自经济领域，却广泛渗透到教育、文化、科技等诸多领域。独立学院的"国有民办"这一变体就是导入"民营"机制的典型创新。浙江省在全国率先利用公办高校的优质教育资源，多渠道吸引社会资金，探索了创办民营独立学院的新途径，拓展民办高等教育发展的空间。民营因子的特色还体现在浙江不同地域独立学院的办学特色中，如宁波、杭州、温州等的独立学院各有千秋，各有所长。以温州为例，近 10 年来，温州高等教育发展充分利用公办本科院校的优质教育资源，吸引社会资金，创办了温州大学城市学院、瓯江学院和温州医学院仁济学院 3 所独立学院。有研究指出，"浙江省温州市的独立学院自产生之初便积极探索适合'温州模式'的发展道路，走出了一条独立学院民营化之路"；"温州市独立学院的民营化趋势正是在温州独特的经济环境和不断探索完善的政策环境下产生的，其发展演进表现为一种逐步强化的过程"。①

　　2. 赶追型、跨越式发展高等教育路径的集中体现

　　独立学院之所以能率先在浙江产生，还有其深刻的历史背景，这种历史原因实则与浙江土壤自身的某种特殊性是分不开的，与浙江省当时所处的经济发展水平、教育发展水平的现实情况是分不开的。长期以来，浙江省高等教育"底子薄"，表现为规模小、层次低，供需矛盾一度非常突出，其中高等本科教育资源尤其短缺，是浙江高教大众化过程中面临的一个"短板"。1998 年，全省普通高校只有 32 所，校规模均只有 3000 名学生，100 亩以下的"袖珍高校"就有 7 所；全省每万人口中的普通高校本专科在校生为 25.6 人，低于全国平均水平 27.6 人；高等教育毛入学率为8.96%，低于全国 9%的平均水平。由于高等教育发展滞后，号称"文化之邦"的浙江，每 3 名考生中只有 1 名能上大学，全省高层次人才存量不足，增量不快，高等教育特别是优质本科教育资源短缺，成为全省基本实现现代化的瓶颈。② 另一个突出的问题是，从 1999 年到 2000 年，全国部属高校有相当一部分下放到各自所在省市，总量从当时的 367 所减少到

---

　　① 黄兆信等：《论经济发达地区独立学院民营化发展模式——以温州的独立学院为例》，《高等教育研究》2008 年第 12 期。

　　② 来茂德：《独立学院：中国高等教育发展的新探索》，浙江大学出版社 2004 年版，第 95 页。

100 所不到，随之，部属院校面向浙江省招生的人数也比往年要减少 1 万人，这对本科教育资源紧缺的浙江省而言更是雪上加霜。

如何缓解高等教育供求之间的突出矛盾，改变浙江省高层次人才存量不足、增量不快的现状，成为摆在浙江省委、省政府及有关部门面前的一个重要问题。而由"普遍本科高校开办的，不依赖政府投资，以民营机制办学，按成本收费的本科学院"——二级学院，解决了更多考生的升学问题，找到了解决浙江省高等教育规模长期偏小，学生占人口总数比例过低等问题的新路子，同时解决了办学经费短缺、公立高校资源利用不充分等问题，也为浙江省经济社会发展提供了人才保证。

3. 地方政府积极推动成为政策创新的重要砝码

改革开放以来，我国地方政府在政策制度创新中常常扮演着极为关键的角色。为了保证独立学院的健康发展，浙江省委、省政府及省教育厅多次召开研讨会，按国家的有关政策，在专业设置、招生、收费、助学贷款、基建等方面给予政策上的支持。浙江省各级、各路政策精英不仅在很短的时间内迅速批准了这些高校的办学申请，同时，通过直接提供土地和经费支持、出台优待力度空前的高等教育发展战略来拓展二级学院又快又好发展所必需的发展空间。以独立学院的举办主体为例，有一类是普通本科高校与地方政府合作举办，包括浙江大学城市学院和浙江大学宁波理工学院。作为城市学院的行政主管部门，杭州市政府对浙江大学城市学院的建设发展和实践教学提供了有力支撑，杭州市政府是城市学院的大股东，分管副市长担任学院法人，对学院的创建和发展给予强有力的政策支持。市领导多次来学院考察工作，召开现场办公会，商议解决学院建设发展中的重大问题。市政府在学院建设初期投入启动资金 6000 万元，对学院的发展用地和教学设施建设给予积极支持，并进行相关税费的减免，减轻了学院资金负担；为学院组建了由 28 个委局办组成的产学研合作委员会，为城市学院提供教学实习和实践基地，大型展会活动优先聘用城市学院学生参加工作。目前，学院与杭州西湖博览会、市工商管理局等市属单位合作建立了"产学研基地"。① 而

① 徐波：《用新的机制办好名校独立学院——浙江大学城市学院办学纪实》，《教育发展研究》2004 年第 7/8 期。

浙江大学宁波理工学院，更是在宁波市政府的大力支持下创办起来的，其校园建设采取的是"交钥匙"的投资模式，即由宁波市政府投资 8.4 亿元人民币，校园建设完成后移交给浙江大学，由浙江大学负责办学与管理。与此同时，浙江省政府在杭州下沙、滨江、小和山和宁波、温州等地设立若干高教园区，大大地提升了普通高校和二级学院的办学空间。

（二）浙江独立学院创新中的"活力元素"

1. 推动国家出台政策法规，产生示范引领性作用

浙江大地，思想解放、自主创新的元素历来活跃。教育中的诸多改革创新犹如民营经济大省这一基本省情所体现的自生自发活力一样，不断激发自下而上的诱致性制度变迁，地方的创新意识与行动往往先于中央的统一行动。通过对独立学院的发展历程的系统考证不难看出，无论是 8 号文件还是 26 号文件或其他相关政策法规，作为独立学院体现了基层创新行为推动国家权威部门认可的特点。陈汉聪博士对此做了更为深入的探讨：首先，源自基层制度创新行为的国有民办二级学院，是作为基层精英的高校领导，在面对现实困境时所做出的改革的策略选择的结果；其次，地方政府在追逐制度收益这一动机的驱使下，在高等教育管理体制所提供的行动空间中，根据当地的实际情况采取相应的发展措施，从而促进了国有民办二级学院的大发展；最后，教育部通过事后追认的方式，将先前国有民办二级学院的核心特征保留下来，并在政策方案中加以强调。① 实际上，8 号文件与 26 号文件的诸多规定体现了政府对独立学院办学做法的事后追认的特点。

新生事物的发展一旦突破陈规且获得合法性，其势锐不可当。二级学院、独立学院在浙江等地先后试行并取得成效后，很快就轰动一时，产生了"溢出效应"和"从众效应"，一时间，全国各地纷纷效仿江浙做法。"对于民办二级学院这一高校改革新生事物的出现，教育部最初一直持观望态度，只允许在浙江、江苏等小范围内试点，对此不作轻易表态。但没想到，这一'民间改革'还是很快在全国各地

---

① 陈汉聪：《基层创新行为的权威认可：独立学院发展历程的理论探讨》，《教育学术月刊》2008 年第 11 期。

铺开了。"① 还在 2002 年，全国就有二级学院 360 所，有本科在校生 54 万余人，占地约 6 万亩，校舍约 768 万平方米，教学仪器设备约 91 亿元，图书约 1444 万册，成为当时各省市实现高等教育大众化的主要途径。② 而 2009 年具有普通高等学历教育招生资格的独立学院为 318 所，可见，仅以数量而言，早在 8 号文件之前，二级学院的数量就大大超过了目前的独立学院数，不难想象当年二级学院办学的风起云涌。

2. 充分利用政策弹性空间，通过创造性的政策执行来整合盘活资源

美国公共政策研究专家托马斯·戴伊对政策的界定众所周知，即"凡是政府决定做的或不做的事情就是公共政策"。从中我们不难看出，政府选择什么作为、什么不作为、怎么作为、何时何地作为，等等，是有自己的自由裁量度的，即本文所理解的政策弹性空间。实际上政策空间是政策制定者预留的。就政策执行环节而言，执行者在政策执行的过程中需要把握原则性与灵活性辩证统一的原则。政策执行中的灵活性，是指在不违背政策精神和目标的前提下，政策执行者从实际出发，具体问题具体分析，采取灵活多样而有针对性的方法、措施和手段，因人、因时、因事、因地制宜创造性地执行政策，目的是使政策目标能更好地实现。一个政策下来，8 号文件也好，26 号文件也好，一般而言，它规范了执行者哪些可以做、怎么去做；然而，换个角度，它没有禁止到的地方其实并不等于执行者不可以去做，在没有被列为"禁区"的地方，那是政策执行者的政策空间。就独立学院而言，最明显的政策空间莫过于自 1999 年到 2002 年，教育部领导对民办二级学院没有公开发表过意见，教育部持一种"观望"态度，即便独立学院办学到了"乱象丛生"的地步，那也是得到了默许与宽容，这种默许与宽容就是一种支持，它为独立学院摸着石头过河，乃至在丛林荆棘中杀出一条血路创造了宝贵的时机和战机。此外，不同的公共政策类型会有不同的目标任务与诉求，执行方式也不一样，如分配型政策与规制型政策就有很大的差异，前者没有强制性，不同的政策类

---

① 王慧华、张冬素：《教育大变局——浙江重大教育新闻的幕后解读》，浙江大学出版社 2006 年版，第 82 页。

② 周济：《促进独立学院持续健康快速发展》，《中国高等教育》2003 年第 13/14 期。

型为政策执行者留下了不同的自主空间。

　　二级学院开始试办以后，社会上出现了一些不同的看法，二级学院引发了不少尖锐的争议。而当时高层又持什么样的态度呢？张保庆同志后来回忆道："当时根据李岚清同志的指示，教育部党组经过认真研究后认为，先不急着下结论，允许大家积极探索，同时注意跟踪调研。因此，自1999 年到 2002 年，教育部领导对民办二级学院没有公开发表过意见。"①这就是中央的立场，中央的"观望"恰恰就是给下面更多的政策空间，中央的无为恰恰是极其有为之策，中央的韬光养晦之举恰恰是独立学院艰难崛起的幸运女神。此后，在 8 号文件出来时，周济部长就指出："制定《若干意见》，目的不是收缩独立学院的发展，相反是希望独立学院能有更大的发展。国家积极鼓励独立学院的发展，各地、各部门和各高校都要因地、因校制宜积极发展。"②

　　独立学院的一大优势就是在政策设计上为独立学院整合各种优质资源提供了空间，这种对现有资源的盘活与组合主要来自两个方面。一个是作为母体的公办高校，它们有好的教学传统和教学资源，也有好的管理模式，而且师资力量有余力调配，这在独立学院起步阶段尤为重要；母体学校向独立学院输出优质教育资源，派送大批优秀专职教师，确保了二级学院初创时期的教育能力，并为建设一支高水平的教师队伍打下基础。

　　另一个就是社会资源，发展民办教育的社会力量也有进入教育领域的愿望，它们有好的资金、资源、办学热情以及民营的机制与活力。这两股优势资源的有机组合便是独立学院发展的空间与契机，成为独立学院"优"字打头重要特征的创新点。纵观独立学院的发展历史，实践充分证明了这一点。对此，周济部长曾对浙江的经验予以了首肯："浙江大学成功地举办了两个很有特色的独立学院，一是城市学院，二是宁波理工学院，都是充分利用大学和社会的优质资源，再加上地方政府的支持，几方

---

　　① 张保庆：《统一思想　提高认识　注重质量　严格管理　努力促进独立学院健康持续发展》，《中国大学教学》2005 年第 5 期。
　　② 周济：《促进独立学院持续健康快速发展》，《中国高等教育》2003 年第 13/14 期。

面力量形成合力，迅速扩大了优质高等教育资源，为高等教育的发展树立了很好的典范。"① 尤其值得一提的是，独立学院正名、步入正轨后，浙江省进一步拓展资源，主动与上海接轨，引入"长三角"优质教育资源，即充分利用沪苏高教资源优势，积极探索多种形式联合办学的模式，提高办学层次和培养水平。例如，2006 年 7 月经浙江省人民政府批准设立，2008 年 5 月国家教育部正式批准建立的同济大学浙江学院，是一所按新机制、新模式运作的，具有独立法人资格的，实施全日制本科学历教育的独立学院，由同济大学、宏达控股集团有限公司、嘉兴市教育发展投资有限公司共同合作举办；2008 年 5 月经教育部批准，成立由上海财经大学和浙江大昌教育发展有限公司合作举办的，按民办机制运作的全日制本科独立学院——上海财经大学浙江学院。

潘懋元先生曾如是指出："独立学院的存在有着一定的资金市场和生源市场为基础。但不可回避的是，在体制转轨的缝隙之中生存的二级学院，利用了较多的制度空缺或漏洞，在与独立设置的一般民办高校的竞争中，甚至在与公办高校的竞争中都享有着不公平的竞争优势。"② 然而，政策多半也具有双刃剑的作用，政策的好坏从很大限度上讲是相对的，即便是好的政策，如果理解、运用不当也会遭来非议，难以收到实效。尽管全国不少独立学院在利用优质资源办学方面也出现了不少问题，尽管独立学院办学存在一定程度上的不公平竞争，然而，从特定的政策诉求——在短时间内发展社会力量办学、壮大优质教育资源规模来看，或从落实中央的"要积极鼓励和支持社会力量以多种形式办学"、"形成以政府办学为主体、公办学校与民办学校共同发展的格局"等精神来看，潘先生所言是独立学院发展中的问题，但未必要予以批评、否认，甚至还需要提供宽松的优待、保护性政策与环境。总之，浙江大学城市学院等的开创性做法是令人称道的。

3. 灵活运用合作模式，多元化孵化新机制

万事开头难。找到有效的合作方是摆在任何一所独立学院眼前的困

---

① 周济：《促进独立学院持续健康快速发展》，《中国高等教育》2003 年第 13/14 期。
② 潘懋元、吴玫：《独立学院的兴起及前景探析》，《中国高等教育》2004 年第 Z2 期。

难。社会资本的营利性动机过强，与企业合作存在诸多变数与陷阱，因此，独立学院寻找到合适的突破口并不容易。尽管这个过程像小鸡出壳一样丑陋，像金蝉脱壳一样艰难，但是，必须迈出这一步。在浙江的独立学院兴起过程中，先后出现了独立学院与母体学校、与地方政府以及与企业合作举办的三种基本模式。根据这些独立学院与母体高校的关联度划分，大致又可分为独立自主型、紧密依托型和完全一体型。其中，与母体学校合作是最主要的模式。与母体学校合作尽管是一个看似怪怪的模式，也遭到"一校两制"的非议，但"母体"确实是独立学院发展的一个相对安全、有保证的合作伙伴。事实也一再证明，与母校的合作使得独立学院度过了一个难得的成长保护期，它是高校中的"经济特区"。有研究指出，"浙江省各高校独立学院办学模式也是各显神通，但总体上看，由于浙江省独立学院由母校一家举办，与母校具有天然的密切联系，依附性强，独立性弱，许多学校都采取融合型的办学模式"①。

从宁波大学自身孕育科学技术学院开始，浙江独立学院基本都是在母体高校中孕育。在浙江省最初举办的 22 所独立学院中，除了少数几所由企业或地方政府参与办学之外，其他独立学院都没有引进社会资金，而是由母体高校自办。在浙江省教育厅颁发的（浙教计［2003］217 号）文件中提出，"我省 22 所独立学院，除浙江大学城市学院、浙江大学宁波理工学院、浙江工程学院嘉泰学院外，其余 19 所独立学院的举办者保持不变，仍以母校作为独立学院的唯一举办方"。

浙江大学城市学院在杭州市政府的支持下，依托浙江大学，与浙江省电信集团公司合作，具有名校办学、政府支持和机制灵活的优势。学院在管理体制和运行机制上，由浙江大学、杭州市政府和浙江电信实业集团公司三家组成董事会，实行董事会领导下的院长负责制，学院具有独立法人资格，拥有独立校园，财务独立核算，实行相对独立的教学组织和管理，独立进行招生，独立颁发浙江大学城市学院学历证书。

---

① 季诚钧：《浙江省独立学院的独立性分析》，《教育发展研究》2005 年第 9B 期。

总之，浙江省独立学院的发展充分依托母体的优质高等教育资源和地方政府的社会资源，充分实现高教优质资源的扩张。

表 6 - 18　　　　　　　　浙江省层面的独立学院政策的主要文本

日期	文件名	文件号	备注
1999 - 08 - 04	浙江省人民政府《关于浙江工业大学等 8 所高校组建民办二级学院的批复》	浙政发〔1999〕192 号	
1999 - 10 - 10	浙江省人民政府《关于杭州应用工程技术学院及浙江工程学院组建民办二级学院的批复》	浙政发〔1999〕255 号	
2000 - 01 - 05	浙江省人民政府《关于组建浙江中医学院滨江学院等 5 所二级学院的批复》	浙政发〔2000〕4 号	
2000 - 03 - 18	浙江省人民政府关于印发浙江省高等教育改革和发展规划（2000—2020 年）	浙政〔2000〕3 号	组建具有独立法人资格、经济独立核算的二级学院
2004 - 08 - 20	浙江省教育厅关于进一步规范并加强独立学院管理的通知	浙教计〔2004〕138 号	
2004 - 11 - 28	浙江省教育厅关于要求重新确认浙江工业大学之江学院等 17 所独立学院的请示	浙教计〔2004〕171 号	
	《浙江省教育强省建设与"十一五"教育发展规划纲要》		与独立学院相关的政策。统筹规划高等校区域设置，提出设立独立学院23 所
2006 - 06 - 01	《浙江省教育事业发展"十一五"规划》		与独立学院相关的政策。肯定"十五"期间举办的20 所独立学院、解决高等教育发展"瓶颈"制约的意义
2006 - 11 - 28	《浙江省教育厅关于我省独立学院发展有关问题的报告》	浙教计〔2006〕	

（三）从浙江精神看浙江独立学院领跑新一轮发展

毛泽东同志曾经说过："人总是要有一点精神的。"一个国家、一个民族如此，一个个体也是如此。精神决定着一个人干什么和怎么干，决定我们的工作状况和工作质量。邓小平同志指出："没有一点闯的精神，没有一点冒的精神，没有一股气呀、劲呀，就走不出一条好路，走不出一条新路，就干不出新的事业。"①

1. 浙江精神在独立学院办学中的体现

"浙江精神"是钱塘文明、良渚底蕴等众多文明高度抽象后的文化符号，也是"义乌精神"、"温州模式"、"宁波帮"等诸多精神元素的汇聚提炼。2000 年 7 月，浙江省委正式以"自强不息、坚韧不拔、勇于创新、讲求实效"四句话、十六字来提炼和概括浙江精神。2006 年，浙江省委根据新的发展形势，提出在坚持和发展浙江精神的基础上，与时俱进地培育和弘扬"求真务实，诚实和谐，开放图强"的精神，以此激励全省人民"干在实处、走在前列"，这是十六字浙江精神的继承与发展。"自强不息、坚韧不拔、勇于创新、讲求实效"的浙江精神端赖深厚的文化底蕴和文化传统，这是深层的原因，它会在具体实际情况中体现出来，与当今时代的发展有机结合起来。时任浙江省委书记张德江同志曾指出，这种"文化基因"在改革开放的环境中，极大地推动了浙江经济的蓬勃发展。文化与经济的日益融合，迸发出巨大的创造力，极大地推动了浙江生产力的解放和发展。②

独立学院在浙江的发展深刻体现了"自强不息、坚韧不拔、勇于创新、讲求实效"的浙江精神。为什么能这样说呢？

首先是弘扬"自强不息、坚韧不拔"的浙江精神。在很长一个时期里，浙江高教资源紧缺，高等学校数量少、规模小，高等教育增长速度与经济社会发展需求不相适应，也与浙江经济大省的形象很不匹配。浙江家长与学生在本地接受高等教育的呼声十分强烈。高等教育特别是优质本科教育短缺业已成为浙江经济社会发展的"瓶颈"。"无论从落实科教兴省战略，促进浙江社会经济可持续发展来说，还是从满足富裕起来的浙江 4000 多万民众对文化教育日益增长的需求来说，浙江必须大力发展高等教育，加快高等教育大众化进程。"③ 浙江人为补高等教育

① 邓小平：《邓小平文选》（第 3 卷），人民出版社 1993 年版，第 372 页。

② 慎海雄：《经济观察：解读"浙江现象"》，新浪财经网，http：//finance. sina. com. cn/b/20020625/225569. html，2002－06－25。

③ 方展画等：《寻求跨越——浙江高等教育发展战略研究》，浙江大学出版社 2004 年版，第 206 页。

这块短板，解决供需矛盾，自力更生，不畏艰辛，披荆斩棘，冲锋陷阵，乘势而上，积极探索，勇于实践，冲破原有思维窠臼与套路樊笼，充分吃透国家相关政策精神，在体制与机制上大做文章，发掘制度性资源，找到并解放高教发展的动力源。很快，一种适合浙江省情的新的办学形式——普通高校二级学院便于 20 世纪 90 年代末率先在浙江大地自然出现。

其次是展示"勇于创新、讲求实效"的浙江精神。勇于创新就是识时务，善应变，锐意进取，勇于推陈出新，尤其是长于用先进的理论、科学技术来武装头脑，认识规律，运用规律，指导各条战线、各个领域的实践；讲求实效则是要弘扬真抓实干、讲求时效的务实精神，即要尊重实际、注重实干、强调时效，尤其是要从实际出发，从省情、国情、世情的实际出发，从特定时期所面临的形势任务的实际出发，从全省人民的愿望要求的实际出发。世纪之交，浙江高等教育注定了要走一条赶超型道路，要跨越式发展，常规思维、寻常路子肯定是不行的。综观上文的分析，从二级学院"偷偷摸摸"地试水开始，这八个字的精神在独立学院办学中可谓表现得淋漓尽致，浙江省发扬敢闯敢冒、敢为天下先的首创精神和改革勇气，解放思想、与时俱进，积极进行教育改革和制度创新，为教育发展注入了新的生机和活力。我们可以看到，从省委、省政府决策精英到相关厅局的执行者再到高校一线的实践者，决心之大，态度之果断，步履之急，干劲之大，体现在独立学院发展的每一跬步与环节当中。没有"勇于创新"的精神，就不会有独立学院的产生，也不会有首个中外合作办学、万里模式、六大高教园区等新生事物在浙江大地的崛起与蔚然成长。没有"讲求实效"的精神，"与母体学校合作"、"充分利用政策的弹性空间"等举措也就难以突破。实践证明，大胆进行机制创新，是推动独立学院快速发展的不竭动力。独立学院的发展既有优质的公办资源优势，又实行民办的运作机制；在内部既可以大力推进管理体制和用人机制的创新，在外部又可面向市场，面向社会，走开放办学之路；既能引导富裕的民间资金参与并推动浙江高等教育的发展，又能利用普通本科高等学校优良的教育资源。

总之，从二级学院到独立学院的 10 年发展历程是十六字浙江精神的真实写照。

2. "优"、"独"、"民"：浙江精神照耀下的独立学院未来发展

教育部周济部长在《促进高校独立学院持续健康快速发展》一文中，认为独立学院具有三个重要的特征——优质、独立、民办，并将二级学院的规范发展方向概括为三句话："积极发展，突出一个'优'字；规范管理，突出一个'独'的发展方向。"2004 年，浙江省首次以独立学院的名义在省内招生，符合毕（结）业条件的，由独立学院负责进行电子注册，颁布独立学院毕（结）业证书。从省教育厅相关处室负责人了解到，目前浙江省已着手制定独立学院的发展规划，按照"优"、"独"、"民"的目标，加强对各高校实施独立学院规范设置的指导，着力稳定规模、提高质量、规范管理，努力为独立学院的持续健康发展创造良好条件。独立学院的发展目标由 8 号文件后的"民"、"独"、"优"转向 26 号文件的"优"、"独"、"民"，反映了独立学院阶段性工作重心的完成与转移；一定意义上也是深入贯彻落实党的十七大"鼓励和规范社会力量兴办教育"的要求和国务院第 135 次常务会议把高等教育发展重点放在提高办学质量上的决策部署；是依法明确独立学院的法律地位，切实规范独立学院办学活动，提高独立学院办学质量，引导和促进独立学院健康发展的一项重要举措。贯彻执行 26 号文件要更加突出独立学院的"优"、"独"、"民"原则，就是要像大学所倡导的独立、自治、自由的精神一样，让独立学院掌控自己的命运，自主发展。例如，26 号文件规定今后独立学院将自授学位，这是对独立学院办学质量的检验。26 号文件乍看是对独立学院的断奶，是一次冲击与考验，实则是独立学院自主发展、提升的一次转型机会。办得好的独立学院可能会成为今后中国私立大学的典范，而浙江的独立学院理应成为典范的典范，这一点已初见端倪。举例来说，浙江工商大学金融学院经过近 10 年的发展展示了不凡的实力与强劲的势头。目前已成为浙江省金融教学和研究的重要基地，设有金融学和保险学本科专业和金融学硕士点，具有硕士学位授予权。金融学本科专业为浙江省重点专业，

浙江省唯一的"2+2"和"3+2"金融学招生专业。金融学科为浙江省重点学科。时下，正以"教学与国际接轨，向重点大学看齐，创造特色"雄伟韬略引领学校的改革与发展。

"创业富民、创新强省"是今后一个时期推动浙江经济社会发展的总战略。因此，各独立学院必须认真研究如何为实现这一战略服务，如何在这一服务过程中壮大自我。独立学院应该加快制度创新，充分发挥浙江教育体制优势。2008—2013年是26号文件引导与规范独立学院的五年过渡期。根据26号文件的精神，浙江省进一步明确独立学院的发展方向，结合实际，采取积极措施，切实加强领导，积极稳妥地做好独立学院五年过渡期工作方案的指导与规范工作，加强独立学院规范管理，促进独立学院的平稳过渡与健康发展。引导和帮助独立学院进一步完善体制机制，充实办学条件，完善法人治理结构。要求独立学院积极办理法人登记手续，指导独立学院积极创造条件实现校园独立，要求独立学院依法进行举办者变更，加强对独立学院的资产过户、专业设置、文凭发放、质量监控、就业安置、安全稳定等工作的指导和支持。时下，浙江省一部分独立学院出于发展需要，正在异地建新校区，这项工作正在紧锣密鼓地开展。例如，浙江财经学院东方学院已在海宁长安镇动工兴建新校区，新的东方学院总用地近60公顷，预计总投资9.66亿元，师生规模一万人；浙江理工大学已与富阳市政府正式签约，双方以合作办学的形式在富阳高教园建设新校区，办学规模为全日制在校生一万余人，占地面积不少于1000亩，预计总投资约7亿元；杭州电子科技大学、浙江中医药大学等也在临川启动新校园建设。

自1999年以来，浙江省独立学院已经走过了10年坎坷而辉煌的历程，10年，说短不短，历经风风雨雨；10年，说长不长，弹指一挥间。2008年4月1日教育部实施26号文件，标志着独立学院办学形式已进入了一个新的阶段。实践证明，举办独立学院是新形势下高等教育办学机制与模式的一项探索与创新，是更好、更快扩大优质高等教育资源的一种有效途径。有研究已指出了现今浙江独立学院所展示的四大优势：一是品牌师资优势；二是桥梁优势；三是机制优势；

四是专业优势。[①]

"小荷才露尖尖角，早有蜻蜓立上头。"浙江独立学院经过近 10 年的办学实践，已获得了社会、家长和学生等的广泛赞誉。目前，全省独立学院 22 所，在校学生近 17 万名，占全省大学生总数的 1/5。独立学院的招生，每年要占浙江本科招生量的 1/3。实践证明，浙江率先创办独立学院，走的是一条符合省情、颇具地方精神传统的道路，也是一条优质、高效发展本科教育的好路径。独立学院好比一台钻探机，成功实现了对公立高校优质教育资源的多元开发，成功实现了对社会教育资源的盘活整合，从而为浙江 17 万学子新增圆本科大学梦的机会。浙江省教育厅副厅长褚子育不久前在接受媒体采访时指出，"浙江省的独立学院已成为全省高等教育事业发展新的增长点，为实施'创业富民，创新强省'总战略培养高级专门人才发挥了极其重要的作用。独立学院已被浙江省社会各界、学生家长所广泛接受，呈现出'招生、就业两旺'的良性发展态势"[②]。

"长风破浪会有时，直挂云帆济沧海。"眼下，独立学院正朝着一条健康的康庄大道大踏步前进，已经发展成为能够和公办、民办高校"三分天下"的第三种力量。应该说，独立学院是国家在认真分析国情和积极总结地方实践者教育创新成果的基础上，大胆开辟的一条有中国特色的高等教育创新之路。浙江独立学院是落实中央精神和国家重要教育改革思想的先行者、示范区。浙江独立学院的 10 年发展历程有力证明了是它一个颇具时代意义的自下而上的、本土化地方教育创新；它是浙江精神在教育领域中的集中展现，也是全国其他省市"独立学院运动"的"领头羊"和示范者。我们有十足的理由相信，在浙江精神照耀下的浙江独立学院，明天会更美好！

---

① 朱振岳：《浙江独立学院探索高效发展路》，《中国教育报》2004 年 2 月 9 日。

② 朱振岳：《加强规范管理，注重提高质量——浙江省教育厅副厅长褚子育谈促进独立学院健康发展》，《中国教育报》2008 年 4 月 25 日第 8 版。

第五节 政策扩散:"中国式教育券"的本土化演进

"教育券"这一舶来品经由浙江长兴县试种后走向全省,并在全国范围内扩散,产生了实质性的影响,走出了一条异域教育政策的本土化变通实践之路。长兴教育券历经近 10 年的实践与发展,正广受社会各界的异议,也期待相关的评估出现。为了进一步了解长兴教育券的现实状况,近期我们深入长兴,对教育券滥觞之地进行了实地调研考察。调研方式主要是实地收集相关资料,对县教育局相关人员、学校负责人进行访谈,对240 多名师生进行问卷调查和访谈座谈,并通过电子邮件、QQ 在线访谈等方式对中国教育民营研究专家吴华教授等做了专访。

一 教育券在长兴的历史使命评鉴

调研首先获得了一个基本的共识性判断,即从教育行政官员到学校负责人再到普通师生,当地人士普遍认为,长兴教育券已完成了历史性的使命,不再像当初那样显赫夺目,而且正在被人们淡化与淡忘,在退出历史的舞台。而且,从相关政策行为、宣传报道来看,教育券实施五个年头后,即到了 2006 年就开始销声匿迹。教育券为何在当地会被普遍认为"基本完成历史使命、正在退出历史舞台呢"?事实上,这种判断与评价并非空穴来风,首要依据应该是教育券设立之初的任务与使命的基本完成。对 241 名学生的抽样调查结果首先证实了这一判断。从调查结果来看,学生对教育券实施总体评价高,分别有 89% 和 92% 的被调查对象表示满意或比较满意,而且满意的比例是比较满意的近两倍,据此我们可以认为教育券比较好地实现了预定的目标。

(一)教育券实施之初的主要矛盾与三大任务已基本解决

我们知道,长兴实施教育券尽管可以有很多的理念与价值诉求,但当时主要解决的问题还是很具体、具有针对性的,具体来说就是"为民办教育创设发展环境,赋予职业教育前进的空间以及保障贫困生的受教育权

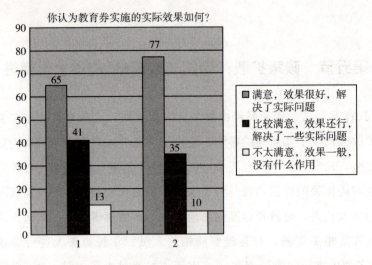

你认为教育券实施的实际效果如何？

图例：
- 满意，效果很好，解决了实际问题
- 比较满意，效果还行，解决了一些实际问题
- 不太满意，效果一般，没有什么作用

注：系列 1 代表华盛虹溪中学的 119 人，系列 2 代表长兴职教中心的 122 人，以下同。

图 6 - 4　教育券的实际效果

利"。这三大功能实现程度到底如何？对此还应做更为深入的考察论证。

1. 凸显民办教育重要性并营造良好环境，激发社会资本投资教育

长兴教育券实施之前，民办教育仍处于弱势地位，当时初具规模的还只有清泉武校和华盛高级中学，但招生都很困难。长兴教育发展需要实行办学体制改革，更好地拥抱民间资本。时任教育局局长熊全龙大胆革新，首先对民办清泉武校予以教育券经费支持。教育券实施第一年，民办清泉武校的长兴籍学生全部拿到了教育券，吸引了生源。根据《长兴县教育局关于教育券使用办法的通知》，自 2001 年起，凡就读民办学校义务教育阶段的新生可获得一张面额为 500 元的教育券。这种不管学生就读公办还是民办学校都能享受政府教育补贴的做法，让老百姓真正感受到了教育的公平性，是一种重要的政策导向。仅在教育券实施的第二年，清泉武校在校生由 2000 年的 341 人增加到 1171 人，华盛虹溪中学在校生由 2001 年的 926 人增加到 2329 人。采访华盛虹溪中学林宗景校长了解到，当初每人数百元的教育券的确起到了很大的促进作用，特别是国家重视、支持民办教育的象征意义得到了充分的彰显。

　　小小教育券更起到了改善教育投资环境的作用，吸引了外来资金投资教育的热情，撬动了杠杆另一端巨大的社会资本。"面额仅为几百元一张的民办教育券的发放，立即引起了 20 多家中央及省内媒体的关注，纷纷做了报道。主事者开始用一种平等的眼光看待民办教育，民办教育开始享受国民待遇"；清泉武校的一名家长感叹地说："每年我要纳税几十万元，虽然一张教育券只几百元微不足道，但是，它使我的孩子获得了教育'公民'的地位。"①长兴教育券实验促发了外来资金投资教育的热潮，"事实上，对于投资者而言，长兴县这一张小小的教育券，才是'致命的诱惑'"②。2001 年，该县成功引进外来资金 4500 万元，县教育局出资 500 万元与浙江省华盛建设有限公司联合新建了股份制形式的华盛虹溪中学。另有圣特沃花海国际投资有限公司投资 1.3 亿元的昆中国际学校，南京聚恒集团规划投入 1.5 亿元的长兴金陵高级中学。自 2001 年以来，吸纳了 4 亿多元社会资金投资办学。应该说，就吸引外资投入，扩大校园硬件建设而言，教育券发行之初的目的的确已达到。可以说，在非义务教育阶段，民办学校与公办学校并驾齐驱，共同发展的格局已基本形成。

　　2. 引导学生进入中职，救中职教育于危难之中

　　高中阶段普高与职高发展中的结构性失衡问题一直是困扰基础教育协调发展的一个老大难问题，长兴也不例外。由于学生和家长普遍存在重普高轻职高的现象，职教招生难问题始终难以得到有效解决，成为和谐教育发展的一大瓶颈。小小教育券在长兴耳熟能详的另一大功劳便是引导了生源向中职学校的流向，极大地缓解了中职教育生源不足、办学艰难的生存问题。2001 年 5 月，教育券发放之初所受益的清泉武校、县职教中心、县职技校 3 所学校皆为职业技术学校，这些学校入学人数随之猛增。以长兴职业技术教育中心为例，2000 年三校合并时，才 800 多名学生，2001 春季班，每个入学者获得了 300 元的教育券，农民家长看到了实实在在的好处，招生规模陡增，到 2003 年就达到了 3600 多人，2005 年达到 4500 多人，尽管此时的学费也涨到了 1600 元，但中等职业技术教育的发展气

① 熊全龙：《中国教育券制度的实践与探索》，（香港）中国教育出版社 2003 年版，第 26 页。
② 同上书，第 120 页。

势已锐不可当。现在，包括长兴职教中心、清泉武校、长兴技工、卫校、电大成人中专在内的中职学生在 11000 人规模，自 2003 年以来，连续 6 年保持了中职与普高 1∶1 的发展态势，而且还促进了长兴中职教育系统的结构性调整。到 2004 年，长兴单职业教育券就发放了 888000 元，2005 年又增长至 917100 元。采访中，长兴职教中心书记沈玉良形象地描述道："教育券对职业教育走出低谷帮助很大，由教育券扶上马走一阵后，现在可以策马奔驰了。"

表 6 - 19　　　　　　　　长兴职业教育券发放情况简表

年份	2001	2002	2003	2004	2005
张数	1819	2834	2198	2960	3057

3. 扶持贫困家庭子女上学，促进教育公平并彰显政府功德

"扶贫"、"扶弱"是长兴教育券所做的最为根本的本土化变通，也是长兴教育券唱响全国的关键创新之举。长兴教育券发行之初的目标导向性强，在做出变通调整后就不再是弗里德曼"美式"教育券的理念与诉求了，核心思想是"扶弱"，即对民办教育、中等职业教育以及贫困家庭子女"三大弱势"群体进行教育券扶持，长兴教育券自 2001 年实施以券代助以来，资助家庭贫困、无力支付书杂费的孩子的力度有目共睹，做到了"没有一个孩子因交不起学费而失学"。"政府没有忘记我们"成为一个颇具象征性意义的政府关注民生的宣传性口号。同时，教育券还进一步规范了贫困助学金的各项管理制度，确保助学工作科学、规范，专款专用，保证了这批经费最终用在教育上，政府用于教育券的经费全部回到教育。我们对学生的问卷调查充分验证了这一功能。对教育券当初恩惠的主要对象之一华盛虹溪中学与长兴职教中心的学生的问卷调查表明，绝大多数孩子认为政府发行教育券对贫困学生有很大的帮助。他们在开放式问卷中对教育券予以了较多的、较高的正面评价，如有学生这样写道："我是一名享受该政策的学生，我觉得这项政策对我的帮助很大，缓解了我家的经济带来的问题，很感谢政府的这项政策。"在回答"你认为当地政府给你们发放教育券的目的是什么"的问卷时，分别有 84% 和 90% 的学生认为是"帮助贫困家庭孩子上学"。

你认为政府给你们发放教育券的初衷是什么?

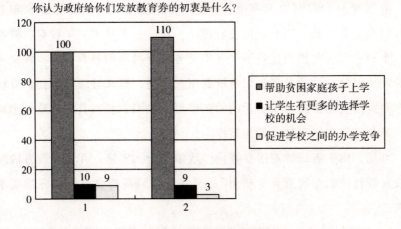

图 6 - 5 教育券的扶贫功能

(二) 长兴教育券适逢浙江省教育大好环境的政策回暖

调研了解到，2005 年对长兴教育券来说是一个具有特殊意义的年份。自此以后，长兴教育券进入了一个历史性的拐点，教育券在实施中似乎遭到浙江省教育大好环境的暖流"冲击"，长兴教育券相关政策在一定程度上被省级上位政策所取代，教育券的功能在一定程度上遭遇上位政策的中和，其光环效应也有所稀释。主要体现在以下几个方面。

1. "四项工程"与课本费全免等使得教育券扶贫助困需求"归零"

浙江省政府在 2005 年决定，在今后 3 年全面实施"农村中小学家庭经济困难学生资助扩面工程"、"农村中小学爱心营养餐工程"、"农村中小学食宿改造工程"和"农村中小学教师素质提升工程"（简称"四项工程"），通过"四项工程"的实施，切实改善全省特别是欠发达地区农村中小学师生教学生活条件，保证让广大农村孩子都能"念上书、念好书"。这就意味着义务教育阶段孩子上学所需的伙食费、寄宿费、营养费都由省级财政的转移支付。这笔资助的发放方式通常是由学生提出申请，学校调研、确立名单，向教育局上报统计名单，教育局向财政局提交，再上报省财政厅。采访长兴县教育局办公室的文主任了解到，住宿费是由省级财政转移支付的，对学生进行减免；伙食费负担不起的家庭不多，主要在农村，城镇很少。

浙江省于 2007 年 9 月在全省范围内实施免费义务教育，2008 年春天又开始全免课本费，所有费用政府埋单。在一个普及十五年教育、宣称不让一个孩子因为贫困而接受不了九年义务教育的基础教育强省，在义务教育阶段扶弱这一块，教育券似乎没有用武之地，原来县级层面提供发放的教育券资助贫困家庭孩子上学的做法也可以取消，长兴县级财政无须再拿出一部分经费来用于教育券的运作。

可见，由于省级政府诸多替代性政策的全面实施，在义务教育阶段原先教育券行使的空间遭到"挤对"，义务教育阶段教育券的原有功能基本丧失。

2. 中职国家助学金与职教六项行动计划"稀释"职业教育券的功能

2007 年 6 月，《中等职业学校国家助学金管理暂行办法》颁布，具有中等职业学校全日制正式学籍的在校一、二年级所有农村户籍的学生和县镇非农户口的学生以及城市家庭经济困难学生享受国家助学金。国家助学金由中央和地方政府共同出资设立，主要资助受助学生的生活费开支，资助标准每生每年 1500 元（按月发放）。这项范围广、力度大的政策使得全国约 90% 的中职生受惠；在长兴县，100% 的中职生可以获得资助，4 所职业学校的每个学生都能获得国家每个月 150 元的生活费补助。

浙江省"十一五"期间，还在职业教育中重点实施"六项行动计划"。2006 年 6 月启动，同年 10 月下发《关于印发浙江省职业院校助学奖学行动计划实施办法等六项行动计划实施办法的通知》。"六项行动计划"之首为"职业院校助学奖学行动计划"。"六项行动计划"强调要扩大资助职业院校家庭困难学生的规模，该政策规定：对全省中等职业学校（含职业高中、技工学校、中专），在原低保家庭子女、福利机构监护的未成年人、革命烈士子女、"五保"供养的未成年人以及残疾学生（简称"五类生"）免收学费、代管费的基础上，将贫困助学的资助对象扩大到农村居民年人均纯收入 1500 元以下、城镇居民年人均可支配收入 3000 元以下的低收入家庭子女（简称"贫困生"），使免收学费的资助面扩大一倍，全省达到中等职业学校在校生总数的 10% 左右。

2008 年 6 月,新一轮"浙江省职业教育六项行动计划"(2008—2010)提出全面实施国家助学金政策,继续对中等职业学校学生实行分类资助,新一轮计划对原有资助政策继续实施,同时对所有受助学生还按照"享受爱心营养餐的标准给予资助"。其他一、二年级学生仍享受资助国家助学金,即标准为每生每年 1500 元。

此外,浙江省继续实施中等职业教育政府奖学金政策,标准为每人每年 1000 元,受奖学生面控制在在校生总数的 5%。这样各级政府中职教育的优待政策已惠及到每一个学生,原来才 300 元一张的职业教育券上学资助的确没有了"市场"。因此,中等职业教育从 2007 年开始就不再有职业教育券了,长兴教育券起初"扶中职于危难"的需要已成为历史。

二 长兴教育券政策的时代性变化与走向

我们到底该如何理解近 10 年,尤其是自 2005 年以来长兴教育券的时代性变化及其未来走向?长兴教育券大体上经历了一个政策周期,在实践发展中所遇到的新境况需要历史地、辩证地看待。本文的理解是,长兴教育券并没有走向终结,与其说是教育券正要退出历史舞台,还不如说是一种应时代之需的新生与转型。为什么这样说呢?

在政策科学里,政策终结是一个专门的术语,字面上看即政策终止、结束之意。一般而言,一项政策走向终结,无非有两种情况,一种是积极的,即某一政策起初预计的目标任务业已达到,该政策完成了历史使命,功能不再需要发挥,可以宣告结束。正如狄龙的概念所示:"政策终结是政府当局对某一特殊功能、计划、政策或组织,经过深入评估而加以结束或终止的过程。"[①] 另一种是消极的,即有始无终,当初的目标、任务是写在纸上的,没有实现好或者基本上是失效的。G. D. 布鲁尔的理解可资解释,他认为政策终结是"政策与计划的调试,大凡政策与计划无法发生功能或已成为多余或过时,甚至不必要时,则将政策与计划予以终止或

---

① 转引自陈振明《公共政策学——政策分析的理论、方法和技术》,中国人民大学出版社 2004 年版,第 224 页。

结束"①。实际上，不管政策终结有多少种可能的情况与内涵，我国现实中的公共政策都长期存在一个"有始无终"的难题，政策运行到最后基本上是得不到正常的终结乃至不了了之。不像政策制定过程那样会有正式的文本、仪式宣布等，我国教育政策运行过程中的有头无尾或虎头蛇尾现象实为普遍。长兴教育券既没有出现政府或教育行政部门的正式评估、盖棺定论；也没有出现实然状态中的多余过时、寿终正寝。我们的理解是，作为政策的长兴教育券并没有走向终结。其一，教育券正向功能的威力与潜力仍然巨大；其二，政策实际发挥作用的情境及其运行逻辑依旧存在。即便长兴的原有做法不再存留，但与其说是政策的终结，还不如说是政策执行中的一种变通发展，更体现了政策转移、扩散的过程与价值。

（一）现行教育券政策调整与改进的空间

教育券政策调整及改进的空间到底还有多大？回到学生对教育券的总体满意度问卷调查结果，这仍可说明一定的问题。两所学校总计仍有近一成（9.5%）的学生表示"不太满意，效果一般"；有逾三成（31.5%）的学生表示"比较满意，效果还行"，由此可认为，从现实情况来看，教育券的不尽如人意之处与改进的空间还是有的。当然，更重要的评判标准仍应回到长兴教育券设立之初的三大功能去看。接下来，从以下几方面的政策空间来予以阐释。

1. 就促进民办教育大发展、大繁荣而言，教育券的功能并未充分显现

诚然，长兴教育券起初在社会融资举办民办教育方面起到了重要作用。而这种作用的发挥实际上是教育券的光环效应所致，它放大了政府举办民办教育的光辉形象，教育券的象征性价值大于本身的实际价值。也就是说，教育券让民办教育享受"国民教育"，让公、私立教育券在同一起跑线上竞争的平台与环境在此后的办学过程当中并未真正落实。起初一些专家诸如"长兴民办教育的繁荣指日可待"的乐观预言也难以实现。

---

① 转引自陶学荣、王锋《政策终结的可行性探究——求解公共政策"有始无终"难题》，《晋阳学刊》2005 年第 5 期。

就为民办教育营造更好的发展空间、扶持民办教育发展而言,教育券在此后的发放过程中,对就读民办学校的孩子的实际发放情况是逐步弱化的。通过对华盛虹溪中学校长及部分教师的访谈也了解到民办教育的发展环境仍然不容乐观的事实。华盛虹溪中学是通过招商引资进来的,建校之初的一流校园、先进设施设备等令人称赞,2000 年左右,前来参与考察者络绎不绝,而现在办学条件逐渐失色,被后起的其他公立学校相继超越;华盛虹溪中学教师的福利待遇也逐渐疲软(当初待遇设计是略高于同类公立学校的),成为稳定优秀师资队伍的一大挑战,办学投入跟不上形势;华盛虹溪中学的运行机制、管理机制也开始出现体制性的隔阂与阻滞,校长在与董事会、教育局等关系处理上也不那么得心应手,甚至给人造成一种"似乎政府不太需要民办教育了"的错觉。林校长坚持认为,"有必要重新思考教育券的内涵与功能,对长兴教育券应赋予新的精神与意义,至少作为政策的教育券对民办教育的支持仍可以继续深入下去"。实际上,对民办学校的教育券资助政策可以在一定层面、一定范围内推行,未必需要全员惠及、一刀切。例如,对小部分学生仍可象征性地发放教育券资助上学;教师福利、办公经费、维修费等可按某种标准和一定比例折算,以教育券的方式进行转移支付,同时起到可激励、监督民办学校注重建设、发展教育的实际行动。

2. 高中与学前阶段的教育券扶弱功能可以在一定范围内试行

既然义务教育阶段"英雄无用武之地",那么教育券为何不在高中阶段试试手脚呢?长兴能否在普通高中阶段有选择、有范围地发放教育券?调研了解到,在普高阶段试行教育券难度很大,主要顾虑是:其一,普通高中阶段是非义务教育,从财政支持上来讲,政府没有义务和责任确保每一名适龄孩子接受高中阶段教育,即教育券补贴每一位孩子确实有多此一举之嫌;其二,如果全面实行,成本也高,高中生的学费在 1500 元左右,是义务教育阶段原先 145 元学杂费的 10 倍,全面实施的成本太大;其三,上普高的家庭多半也能承受上学所需费用,对部分贫困家庭子女,上述省"四大工程"等项目也有相应的资助;其四,由于区域间、校际间的经济发展不平衡以及教育资源分布的非均衡性,在高中阶段全面实施教育券制度还有一定的难度。升普高向来竞争激励，家长为了竞争到更为优质的教育资源，可谓早已八仙过海，各显神通，无须以持券择校的方式来促进学校的竞争。

然而，需要指出的是，长兴教育券起初发展规划的一个重点就是在高中阶段实施教育券。而且，还规划了两步走的进程：至 2005 年 7 月，在高中阶段学校有选择地发放教育券；从 2005 年 9 月起，在高中阶段全面实施按生均培养成本的一定比例核发教育券。[①] 诚然，高中阶段全面实施教育券有一定的难度，但是，投入一小笔启动资金，在政策的合理调控下，选择一定的适用面如限定学校或学生等，进行教育券的资助仍是大有裨益的尝试，可以彰显政府发展高中教育尤其是民办高中教育的责任。再退一步，在不增加教育财政投入的情况下，用教育券去折算冲抵一定比例的财政生均培养成本，继续推行将教育经费"变暗贴为明贴"的拨款机制也是有意义的改革。如当初设想的"每年拨给学校搞建设的统筹经费兑换成教育券发给学生，学校通过多招收学生来获得更多的建设资金，从而调动学校的办学积极性"这一办法在今天看来仍是有意义的。

此外，在学前教育阶段，教育券在长兴是否同样可创新试点？鉴于学前教育办学、管理混乱的局面以及社会家长呼声强烈的事实，政府是否可以考虑在学前教育"小试教育券牛刀"，像当初对中等职业教育那样发挥四两拨千斤的作用？当然，这些都有待进行项目的科学论证与制度的合理设计。值得强调的是，学前教育券在山东等地早已变成现实。

3. 教育券形式的象征性意义仍应继续发挥

对长兴教育券，各界早已形成了一个基本共识，那就是它的形式功能大于实质性功能。根据马克思唯物史观的观点，形式和内容是相互渗透、不可分割的，在一定条件下可互相转化。没有无形式的内容，也没有无内容的形式。形式其实就是一种符号象征，是一种精神文化的氛围和载体，良好的形式有助于形成良好的认知基础，如认知环境、心境

---

① 熊全龙：《中国教育券制度的实践与探索》，（香港）中国教育出版社 2003 年版，第 7 页。

等。对教育券进行必要的形式渲染，注重形式的细节彰显并非本末倒置。像在浙江这样的普及 15 年基础教育的省份，"上好学难"阶段的教育公平与均衡发展问题实际上已不再是经费投入、硬件建设等"物质"层面的问题，而是人们的价值观念、文化认同以及教育理念等方面的更新与调试的问题。笔者以为，教育券在实现这方面的"公平"满足仍是大有作为的。

教育券在长兴的推行，尤其是扶持弱势群体上学这一块，在很大程度上就是进行了教育经费"变暗补为明补"的拨款机制革新，这一象征性的拨款机制对彰显教育公益、凸显政府功德的效应是明显的。然而，也许是为了工作上的简化，教育券的形式功能遭到冷落，出现了"无纸化"教育券，特别是各种冠以"免费"的政策对教育券造成很大的"硬伤"。在现有的对困难学生的教育券补助方式上，实际上走的是"学生申请—学校造表—财政划拨—学校对学生的费用进行相应减免"的简化线路。如《浙江省职业院校助学奖学行动计划实施办法》规定的做法是："五类生"凭相关证件直接向学校备案登记获免学费、代管费，"贫困生"填写中等职业学校家庭经济困难学生助学金申请表进行助学申请；学校根据计划指标和学生提供的相关证明材料，确定受资助学生名单并造册上报教育行政部门；教育行政部门汇总，并与同级财政部门共同审核批准后将所需资金拨付给学校。这实际上与过去通常意义上的困难补助等发放方式无异。对此，华盛虹溪中学林校长提出了质疑，他认为，政府将纸质教育券发放给学生，哪怕是走一圈形式仍是很有必要的，同样是补助，意义却不一样。长兴教育局原副局长刘月琴在谈到免教科书费用时也如是指出："如同现在免费教科书，当时没有。然而，给穷人家的孩子免费教科书同样可以通过发教育券的方式来行使，这券就可以定名为'教科书券'，同一回事。"再比如，当地政府对民办华盛虹溪中学的支持力度还是很大的，但也存在"功德"埋没的现象。例如，除保留公办教学的社会保障外，每年对 400 个招生名额按照公办学校收费的一半予以拨款补助，而这些"拨款"支付的方式过于简单直接、隐性，容易被人忽视，若转换为"持券周转"的方式，政府扶持民办教育的实际行动便能得到必要的展现。

教育券运作的功能和效应理应进一步彰显。实际上，学生的问卷调查同样显示了教育券的象征性功能意义不可小觑。两所学校分别有 76% 和 70% 的学生表示，拿到教育券后的首要感想是"政府没有忘记我们，给我们提供了很大的帮助"。具体情况如图 6 - 6 所示。

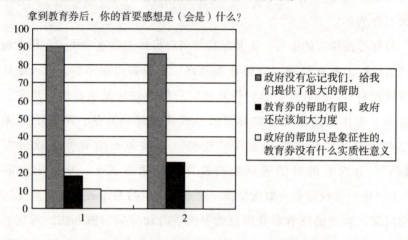

图 6 - 6 教育券"彰显政府功德"的象征性功能

就教育券的象征性意义发挥而言，我们还可以从另一个问卷中体现：在回答"实施教育券后，是否有助于改进学校与家庭（家长）之间的关系"时，总共有 63% 的学生认为"有一定的改进"，我们借此可以推断教育券彰显政府功德的作用还产生了一定的扩散效应。

4. 各种资助政策在实际操作中的问题犹可通过教育券加以改进

调研还发现，长兴现有教育券虽"大势已去"，但现有小部分履行职能中的教育券，在实际操作上仍有一些值得改进的地方。

其一，对学生的资助力度仍可加大，特别是高中阶段。我们从分管学校政工工作的教师了解到，现有贫困生教育券资助（已属省级财政转移支付）对学生是很有帮助的，但受益面过小。例如，2008 年度，华盛虹溪中学高中三个年级只有 69 名学生享受到了总计 125580 元的资助（该校在校生是 3300 余名）。作为百强县的长兴县，可以考虑从本级财政中支取一定的资金，再扩大资助面，与省政府贫困生教育券资助对应，让一部分

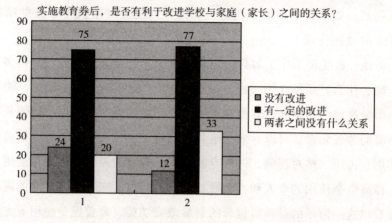

实施教育券后,是否有利于改进学校与家庭(家长)之间的关系?

图6-7 教育券在改进"家校关系"方面的贡献

学生相应享受县级财政的教育券资助。

其二,教育券发放对象的遴选标准有待改进。目前,根据上面文件的规定,能享受到省级教育券资助的学生绝大多数是"五类学生"。这种"一刀切"的做法有利,但也有弊。学校层面没有认定权,学生的积极性与参与权利也没有保障。享受低保的家庭未必就是真正困难的,资助难以落实到有实际需要的学生头上。此外,人为地规定让"五类学生"申请,也没有考虑到学生的实际感受,如高中生相对更会顾虑一些隐私问题,有一些确有困难的孩子会主动放弃申领。开放式问卷中有1/3的学生谈道,发放资助应具体问题具体分析,加大调查力度,学校应该全面了解贫困生的真实情况,真正让教育券发放到贫困生手上。同时,对接受教育券的学生应该进行适当的跟踪,比如家访。

其三,从调查来看,学生目前享有的各种资助基本上是通过学校统一制表的方式在相应费用中减免。再如,国家对每一个中等职业学生每月150元的伙食费(由省财政落实)的打卡补贴在操作上也过于简单,而且这种无差异、"一刀切"的做法也带来了一些问题,没有将国家大力发展中等职业教育的"功德效益"更充分地发挥。长兴职教中心沈玉良书记认为,"职业教育发展到了一定的阶段,外力要让位于内力,中央的相关政策精神可以结合当地的实际情况和经验做法,进行必要的

变通创新，如伙食资助就可以由全面铺开向重点对象扶贫、资助项目拓
展等方向做些变通"。

访谈一些受助学生了解到，他们对享受了什么资助名目、具体多少资
助金额、什么时候发放等问题多半说不清楚，这的确是一个遗憾。除明明
白白彰显政府的功德外，教育券在实际操作中的另一大附加功能便是加入
了防腐的监督元素，可以有效杜绝各级政府、学校乃至家长等对扶贫经费
的挪用、占用、挤对现象，做到专款专用，有效规避寻租、设租滥用的行
为，提高资金使用的个人和社会效益。我们回过头来看看教育券的流程就
不难看出这一简单的过程所包含的彰显政府功德、监督经费使用等方面意
义：各学校先作预算统计，上报教育券预计数额与名单→管理部门印制教
育券并将教育券发至家长、孩子手中→通过孩子将教育券上交学校（开
具收据）冲抵费用→学校拿回收的教育券数额去上级部门换回拨款。一
句话，教育券运作的工作流程不应该简单地被省略掉。

（二）教育券转移与扩散效应的重估与发掘

实际上，长兴教育券的身影与光环效应在省内外仍处处可见。长兴教
育券经验一经问世，便很快被推广效仿，在省内外有了广阔的实践舞台。
杭州市上城区、温州瑞安市、衢州江山市、四川成都青羊区、江苏淮安市
等地，都纷纷根据各自的情况推行教育券。因此，与其说长兴教育券走向
终结，不如说它获得了新生。本文认为，这种新生的表现方式主要有两
种，一是政策转移，指某一政策被其他领域（部门）借鉴、应用，政策
的实践范围扩大；二是政策扩散，指某一政策的精神思想产生了影子与示
范效应，在其他地方有所体现。

1. 政策转移的功能在长兴内外初见端倪

早在 2004 年，教育券在长兴就出现了政策转移的现象，这种转移是
教育券从正规国民教育体系走出来，向其他领域延伸。社会劳动力培训券
便是一大典型。2004 年 8 月，长兴县人民政府办公室下发《长兴县实施
农民技能培训教育券制度意见的通知》，对劳动力转移培训经费采取教育
券的方式拨付。它由县社会劳动保障局向农村劳动力发放，按平均每人
500 元的标准安排培训补助经费，农民凭券选择培训基地，培训基地凭券

领取经费。以券代费，给菜农、果农等提供免费教育，以提高劳动者素质，促进劳动力的转移，农民凭券在农村成人文化技术学校等培训机构获得职业技能的培训。

向提升广大劳动力素质方面拓展的培训教育券大有作为，第一个吃螃蟹者是衢州的"劳务培训券"制度。2003 年，浙江省衢州市教育局推行"劳务培训券"制度，农民通过教育券收支由"政府埋单"的培训费，享受免费培训教育，获得一技之长。"这是国内最早的对农民发放培训券的案例，给浙江省其他地区提供了借鉴。在衢州地区这一做法的带领下，浙江省长兴县把教育券制度延伸到了农民职业教育领域。"① 值得一提的是，浙江六项行动计划之一的《提升劳动力素质行动计划》也是一项巨大工程。仅"农村劳动力技能培训"一项，到 2010 年全省就要完成 1000 万农村劳动力的培训任务。在培训教育资金的投入运行方式上，教育券可为这 1000 万大众的教育培训发挥其特有的功用。

2. 政策扩散的效应在浙江内外效果明显

长兴教育券的扩散效应主要是指走出了长兴县，其相关思想在省乃至全国更大范围的舞台上去实践。尤其是自 2005 年下半年以后，长兴"贫困助学教育券制度"正式推广到全浙江省，教育券的名字从此被升格为"浙江省人民政府教育券"。同年，浙江省教育厅、财政厅联合下发《关于加强教育资助券管理的通知》。长兴教育券就浙江教育改革所展示的价值而言，实际上是精神理念的引领大于模式方法的实践，影子符号性意义重于某项具体的举措。长兴教育局原副局长刘月琴认为，"政府以券代助仍是有用的做法，浙江省给孩子们发贫困助学教育券和营养券，对穷孩子来讲是幸福的"。教育券所体现的创新精神，在浙江省范围内产生了明显的扩散效应。试举几例。

（1）爱心营养餐券

浙江省政府"爱心营养餐"工程的资助政策是教育券方式的典型，该政策的资助方式是：学校每学期向列入资助范围的学生发放营养餐券，

---

① 刘昭华：《浙江省衢州市教育局推行"劳务培训券"制度》，搜狐教育网，http://learning. sohu. com/20080922/n259688214. shtml，2008 – 09 – 22。

学生凭券免费用餐或将营养餐券集中上交学校，学校将相应资金打入学生就餐卡，学生刷卡用餐。营养餐券由财政部门统一印制。学校依据收到的营养餐券总额和享受学生名单，报经同级教育部门审核汇总后，与同级财政部门结算。自 2007 年 5 月开始，此项政策进一步扩散到中、高等职业学校家庭经济困难学生，每生每年可享受 400 元的爱心营养餐券。

（2）大学生就业培训券

2009 年春季，在当前国际金融危机大背景下，大学生也面临着如何"应对挑战、化危为机"的问题，杭州市政府统一部署，向 46 所在杭高校的 10 万应届毕业生每人发放 500 元的就业培训券。通过政府埋单以教育券的方式购买职前培训，帮助大学生完成就业培训，增加就业竞争力，为大学生提供就业与创业的帮助。大学生教育培训消费券采取实名制发放，且须在具有合法资质的指定教育培训机构使用。

（3）山东淄博首家学前教育券

山东省淄博市临淄区辛店中心校 2004 年秋开始尝试实行教育券，辛店街道每年从预算外拿出 20 余万元用于支持教育券的发行，学前幼儿生均达到 300 元。这种以乡镇为单位，在学前阶段和义务教育阶段同时实行的教育券被认为是"大陆第一家"，被誉为政府对人民群众的"信誉卡"，是人民群众对学校的"报销单"，是学校教师对政府的"工资折"。它在扶助弱势群体、彰显政府公德方面与长兴的本意与推行逻辑一样，只是辛店中心校教育券的实行，是与教师分配制度改革同步进行的。① 辛店街道教育券制度的实施，虽然只是刚刚起步，但已得到国家教育部，省、市、区领导，各大新闻媒体和社会各界的肯定和认可，全国学前教育研究会理事长、北京师范大学冯晓霞教授对此予以了高度的评价，认为这是一项很有创意的工作；山东省政府王军民副省长批示说："临淄辛店中心校推行教育券的经验很好，可安排教育厅总结经验，宣传推广。"②

从以上三个层次的论证不难看出，如何理解 10 年后的长兴教育券既

---

① 参见陶继新《山东首张"教育券"实行一年记》，《山东教育》2005 年第 11 期下。
② 辛店街道中心学校：《建立"教育券"制度，为教育健康发展提供保障》，中国学前教育研究网，http://www.cnsece.com/Page/2008 - 11/2580122008119171037.html，2008 - 11 - 09。

是一个认知与态度上的问题，更是一个政策过程中的改革与发展问题。我们认为，就长兴教育券而言，与其说是原有政策推行模式的使命完成，毋宁说是新的政策方式正呼之欲出；与其说是原有政策方案生命力的终结，毋宁说是象征新生意义的替代方案的开始。时任长兴教育局副局长刘月琴认为："长兴用了教育券这个名字，开了这个头，但应该还是一个初级阶段，真要实施真实意义的教育券，路途遥远。""中国式教育券之父"、时任长兴教育局局长熊全龙指出："时至今日，全美只有极少的地区实行了这一制度，长兴教育券实施以来，受到极大的支持，是因为长兴教育券具有中国特色，一直发挥促进基础教育均衡发展的功能。它与哥伦比亚教育券政策较接近，所针对的问题是我国教育领域内大量存在的，所以已经在许多地区推广应用。"

因此，更大范围、更高理念的长兴教育券，乃至有中国特色的中国式教育券的探究与实践远未结束；教育券的公平意义、社会效应乃至政治效应也远未结束，它在发挥政府的教育导向作用、彰显政府公德与理念、促进困难群体与弱势学校发展以及促进民办教育发展与职业教育发展等方面的功能仍蕴藏着巨大的潜力。作为一项业已引起社会各界广泛关注的教育政策创新，改革者不应浅尝辄止，满足于"新鲜效应"；教育券的本土化创新仍是一个值得理论界与实践界热切关注与拥抱的新事物。在广大的西部地区、落后农村地区以及针对有着中国特色的浩大农民工子女教育队伍，"中国式教育券"无论在形式上还是实质上都是大有作为的。

余论 一件颇具启发性的事件

2009 年 2 月，福建惠安数百名初中生还未念完初中就被县教育局强行"保送"上职专以示发展职业教育，这一"怪事"引起了社会的广泛关注与批评。① 尽管免费上中职是一件好事（起初规定每名学生每年收取1000 元学费，后来决定免费入学），但还是遭到了当地家长与社会的不解

---

① 沈汝发：《福建惠安：竟有逼孩子"保送"的怪事》，《新华每日电讯》2009 年 4 月 15日第 4 版。

与反对，这不能不说强行保送的做法过于草率。而如果以教育券的方式发放给学生由政府的埋单费用，激励他们自发选择上中职，在给学生、父母一定权衡决策、选择空间的同时又彰显政府的教育愿望与功德，这种"一箭双雕"的变通做法则更能收到事半功倍之效。

第六节　政策创生：蒙阴标准化寄宿制学校建设政策考察

国家政策驱动下的我国农村寄宿制学校大规模建设，尤其是小学寄宿制学校教育，是特定时期、特定教育任务的产物。自 20 世纪 90 年代中期，我国开始实施农村学校布局大调整。2003 年，陈至立同志在全国农村教育工作会议上的讲话中明确指出："不解决寄宿问题，无论是政府办学，还是学龄儿童少年上学，都有难以克服的困难。因此，要把建设寄宿制学校作为实施'两基'攻坚的重要措施。"[①] 从 2004 年到 2007 年，中央财政为这项工程建设投入了 100 亿元，以解决西部地区由于特殊地理情况而导致的办学容量与上学难的问题，实现西部地区基本普及九年义务教育的目标，缩小东西部教育差距，促进西部地区经济发展和社会进步。如今，此项工程已惠及了包括中部地区在内的 23 个省（市、自治区）。

一　蒙阴农村寄宿制学校建设政策的基本过程

（一）蒙阴寄宿制学校建设政策脱胎的基本环境

蒙阴县境在山东省中南部，蒙山北麓，东汶河上游，是沂蒙山区的腹地，辖 9 镇，两乡，464 个行政村，53.18 万人口，其中农业人口 44 万。蒙阴基础教育的均衡发展受到自然地理、经济水平、办学条件、学校布局等多种因素的限制。

1. 自身因素驱动政策创新

在蒙阴"标准化寄宿制学校建设"工程启动之前，全县原有村级小

---

① 陈至立：《加快发展，深化改革，开创我国农村教育工作新局面》，《教育部政报》2003年第 11 期。

学 177 处，绝大多数远离公路，位置偏僻，校舍简陋，教学设施贫乏，开课不足。尽管在 1996 年就实现了教育"两基"达标，但教育资源点多面广，学校小而分散、师资力量差、教学质量低，还是难以从根本上改变农村基础教育落后的面貌，最小的学校只有 13 名学生，还有一些学校两三个年级合堂进行复式教学，再加上基层教育投入严重不足，不少学校面临着每况愈下的困境。①

2006 年 1 月，蒙阴县人民政府下发 1 号文件——《蒙阴县人民政府关于推进农村标准化学校建设的意见》（蒙政发［2006］1 号）。1 号文件提出"利用 3—5 年的时间，推进农村标准化寄宿制学校建设，进一步调整全县农村中小学布局"的目标。农村标准化寄宿制学校建设被认为是扩大办学规模、提高农村教育质量和办学效益的重要途径，是缩小城乡教育差别、推动全县教育事业均衡发展、构建和谐社会的内在要求。自此，一场如火如荼的战役在孟良崮山区打响，农村标准化寄宿制学校建设热火朝天地推进。如今，蒙阴县已形成了"一乡（镇）一寄宿制学校"的办学模式。

2. 外部环境孕育政策视窗

全国范围内的战略性农村学校布局结构调整与寄宿制学校建设，引发了农村义务教育新一轮大发展、大变革。在国家政策精神的感召与推动下，全国不少其他农村地区、落后山区也在积极探讨寄宿制学校建设，主动谋划基础教育的优质、均衡发展。

自 2004 年国家启动"农村寄宿制学校建设工程"以来，寄宿制学校在我国广大的西部地区、农村山区便雨后春笋般地得以新建、改建与扩建。在国家政策精神的感召与带动下，全国不少未纳入国家寄宿制学校工程建设范围的农村地区、落后山区也在积极探讨寄宿制学校建设，主动谋划基础教育的优质、均衡、规模化发展。一时间，一幢幢漂亮、现代的教学楼、食宿楼在山区高原、戈壁大漠、丘陵平原拔地而起，成为当地乡镇最为耀眼的楼房建筑。寄宿制学校建设成为提高农村教育质

---

① 张广宝、张元奎：《蒙阴模式：每个乡镇建设一所标准化寄宿制中心小学》，《中国青年报》2008 年 9 月 9 日。

量，推进义务教育均衡发展，破解农村孩子上学难、上好学难"瓶颈"的有效举措。

虽然是大山深处的农村落后山区，但山东蒙阴县并没有享受到教育政策的"西部待遇"。然而，"农村寄宿制学校建设工程"却辐射、带动了其他农村地区的相应探索，山东蒙阴县的探索与实践就是对国家相关政策的"效仿"性探索。

（二）主要政策过程事件与政策文本

9月1日，在我国算得上是一个有特殊性意义的日子，是一个与广大中小学校和青少年学生联系紧密的日子，这一天，是我国广大中小学校喜迎新学年的传统开学日；这一天，多半新闻媒体也会关注开学日的情况。其实，一些重要的教育活动、教育政策也会选择与这一天结合起来。山东蒙阴县的农村寄宿制学校建设工程也与这一天紧密地联系在一起。

1. 县长挂帅与政策的急速行进

2005年9月1日，时任蒙阴县县长郑金启召集财政、教育、建设等有关部门主要负责人，就乡镇学校危房改造有关工作进行了专题研究。会议就工程建设中的规划费、设计费、监理费等费用问题统一标准，就工程实施进度、建设支出等问题予以明确。

2006年1月11日，蒙阴县人民政府下发1号文件——《蒙阴县人民政府关于推进农村标准化学校建设的意见》（蒙政发〔2006〕1号）。成立了由郑金启县长为组长、十多个部门局长等参与的蒙阴县农村标准化学校建设领导小组。

1号文件提出"利用3—5年的时间，推进农村标准化学校建设，进一步调整全县农村中小学布局"的目标。[①] 为蒙阴中小学校的新一轮发展指明了道路："加强农村中小学布局调整，适度合班并校，推进农村标准化学校建设，是扩大办学规模、提高农村教育质量和办学效益的重要途径，是缩小城乡教育差别、推动全县教育事业均衡发展、构建和谐社会的

---

① 1号文件指出，目前农村中小学仍存在布局分散、规模小、效益低的问题，成为制约农村教育快速发展的"瓶颈"。

内在要求。"

1号文件提出，从2006年开始，各乡镇都要规划建设一处标准化中学和一处规模在1500—2000人的标准化小学（用于3—6年级学生集中就学），在人口较多、居住比较分散的乡镇适当保留教学点（用于1—2年级学生就近入学）。

2006年3月18日，全县农村标准化学校建设现场会召开，郑金启县长做了重要讲话。随后，蒙阴县人民政府办公室向各乡镇人民政府、县政府有关部门下发了《关于印发郑金启同志在全县农村标准化学校建设现场会上的讲话的通知》。

郑县长的重要讲话深刻阐述了农村标准化学校建设的重要意义，并就资金筹措、建设标准、工程质量、学校配套以及加强领导等问题提出了要求。

2006年3月30日，蒙阴县人民政府办公室转发县教育局等部门《关于推进农村标准化学校建设实施规定》的通知（政办发〔2006〕18号）。

该规定是落实1号文件，从而加大工作力度和加快农村标准化学校建设步伐的实施规定。在积极落实资金投入、严格建设标准、加强监督考核以及建设的计划安排等方面予以了明确的规定。

2. 政策实施中的坚定执着

2007年4月28日，新任县长张广敬在蒙阴县统计局呈交的《关于蒙阴县寄宿制小学发展情况的调查报告》的领导参阅中批示："请士新县县长同广宝同志加大调研力度，确保这项工作善始善终，尚未完成的乡镇不要有任何幻想，要克服困难，坚决完成任务，无任何退路。"字里行间，我们不难看出地方政府领导在深入推进农村标准化寄宿制学校建设中的决心与信心。

2007年9月19日，蒙阴县教育局印发《蒙阴县农村标准化学校管理办法（试行）》。该办法是专门为以原有的乡镇中心小学为依托建立的农村标准化学校量身定做的，总体上为寄宿制学校的规范化、制度化、科学化和流程化管理进行导航，就落实好德育管理、教学管理、安全管理、卫生管理、餐饮管理以及寄宿管理等做出了具体的规定和指导。

3. 政策规划中的资源动员与政策策应

蒙阴标准化寄宿制学校建设工程最初设计上就不是单打独斗的考虑，在县决策精英的脑海中，早就形成了一幅与相关政策进行嫁接协调、与相关配套建设项目联姻互动的蓝图，例如，县里早些年提出的信息化工程、国家扶持项目"农远工程"等。

2004年，县教育局提出实施教育信息化工程，县直学校、乡镇中学、中心小学已完成了校园网建设，全县教育城域网建设初具规模，基本实现了办公、管理网络化。

2007年5月16日，蒙阴县教育局下发《关于进一步加快全县教育信息化步伐的意见》。

2008年10月8日，蒙阴县教育局下发《关于加强全县农村中小学现代远程教育工程管理与应用工作的意见》（简称"农远工程"）。

"农远工程"为广大农村中小学插上了教育信息化的翅膀，为农村学校的教育注入新活力，对深化中小学课程改革，实施素质教育，促进教育方式转变，改革教学手段，缩小教育城乡差别，推进教育均衡发展，解决农村中小学教育教学资源匮乏、师资短缺、教学手段落后、教育教学资源共享等问题具有十分重要的意义。自2007年蒙阴县"农远工程"实施以来，农村中小学的教育信息化装备条件有了明显改善，对农村中小学教育信息化的发展和提高农村中小学教育教学质量起到了极大的推进作用。

我们在寄宿制学校看到了"农远工程"等教育信息网络化建设工程给乡村教育带来的翻天覆地的变化。学校通过"农远工程"卫星接收系统将学校计算机教室、多媒体教室、普通教室、教师电子备课室、教师用机等设施设备与校园网连成一个网络整体，形成"天网、地网、人网"一体的资源应用网络系统，"校校通"、"班班通"逐步变成现实。学校里有统一的机房，有专门的计算机老师娴熟地进行教学、管理域服务工作。我们拍照、复印的调研资料第一时间可传回北京；走进教室，老师正通过多媒体资料声图并茂地开展汶川大地震纪念教育活动。可见，有了"农远工程"等资源的充实补充，寄宿制学校可以极大地避免成为一个资源稀缺、文化贫乏的"空笼子"。

（三）政策实施暨建设进展的基本情况

2005年，蒙阴县选择在垛庄镇、蒙阴镇、野店镇开展试点工作。其中，蒙阴镇中心小学新郑及置换土地35.6亩，新建教学楼2座，学生公寓楼1栋及操场、院墙、食堂等配套设施。新建建筑面积5200平方米，总投资560万元。

2006年，界牌、桃墟、常路、联城、旧寨5个乡镇的中心小学开工建设。截至2006年10月，已开工建设的教学楼、宿舍楼12栋，总建筑面积30261平方米，已投入使用的教学楼和宿舍楼6栋。

2006年9月，新学期伊始，蒙阴镇巨山小学、垛庄镇中心小学、野店镇中心小学3000多名学生上学入住首批标准化学校。

2006年10月16日，全县第一所农村标准化学校启用仪式在蒙阴镇中心小学举行。

2006年以来，已有9个乡镇实施了农村标准化学校建设。

2008年4月，已整合112处农村学校，已有6处标准化学校建成投入使用，有9000余名农村小学生走进了标准化学校，占3—6年级学生总数的34.6%。

（四）蒙阴寄宿制学校建设政策过程特点

1. 上行下效，快速响应上级政策精神的感召

我国地方政府的政策启动是在一定的环境背景下发生的，通常与上级政府的指导思想精神密切相关，甚至直接受上级政策的诱发、推动。改革开放以来，伴随社会主义市场经济与政府间分权机制建设的深入推进，中央与省级政府给地方政府预留的自主创新空间逐步增大。地方政府与教育行政部门在上级政策精神框架之下，有了更多的政策空间。显而易见，蒙阴寄宿制学校建设是深受国家"农村寄宿制学校建设工程"的影响，与我国其他农村山区雨后春笋般的寄宿制学校新建、改建与扩建运动是顺应同一潮流的。在国家政策精神的感召与带动下，全国不少未纳入国家寄宿制学校工程建设范围的农村地区、落后山区也在积极探讨寄宿制学校建设，主动谋划基础教育的优质、均衡、规模化发展。山东蒙阴县的探索与

实践也不例外。

2. 从实际出发，注重政策过程的调研

蒙阴寄宿制学校建设立足于蒙阴的县情、教情、乡情，直接因蒙阴现阶段突出的教育难题而生。怎样才能破解农村学校"危房年年改造，危房年年有"的难题？怎样才能让"包班教学"、"复式教学"、"一师一校"、"一村一校"等真正退出历史舞台？怎样才能改变"两基"达标任务完成 10 多年后师资力量差、教学质量低的不尽如人意现状？总之，要改变蒙阴的教育现状，需要来一次伟大的构思和变革，积极探寻出路。蒙阴寄宿制学校政策的议程提出正是从蒙阴的教育现实问题出发的。

学生寄宿上学后，对部分家庭和孩子可能会带来一些麻烦，如上学更远。家长和孩子对此会有什么看法？这项以事实需要为根据，以老百姓的切身利益为出发点的教育政策首先从社会民意调研开始。2003 年 8 月，张广宝同志从县政策研究室主任调任教育局局长。走马上任后第一件事情就是不分白天黑夜去学校搞调研，系统掌握蒙阴县的教育现状。收集了大量的一手材料并形成了切实可行的调研报告。通过大量细致的实证性调查，张局长等对蒙阴教育在整体上形成了一个基本的概念：蒙阴教育仍十分落后，办学条件严重制约了教育的发展。教育极度不公平，推进教育均衡发展的政策力度不够。2004 年，蒙阴县向蒙阴镇发放了 5000 份问卷，教委等领导走访偏远的家庭，了解百姓的真实想法，开始了一场大规模的政策调研。调研结果显示，90% 以上的老百姓非常同意建设标准化学校，集中建设寄宿制学校是一项顺民意的大事情。

3. 全局思维，注重政策的统筹与关联

政策具有一定的协同性。一项教育政策的推行往往不是孤立的，它与前后、左右的教育政策总是要关联在一起的。相互联系着的教育政策之间会发生相互作用，这种作用可以是积极的，即相互支持，形成合力；但也可以是消极的，即相互挤对倾轧、导致内耗。因此，要确保教育政策的健康运行，政策主体还需树立政策的协调观念和全局观念，具备通盘考虑的战略意识。蒙阴县的政策精英，从县领导到教育局等相关职能部门责任人，在实施寄宿制学校建设这一"牵一发而动全身"的系统工程时，充分考虑了全局思维，尤其注重了相关政策的统筹与关联，将诸如上级的危房改造资金拨款、"农远工程"、沼气配套建设等诸多政策与政策资源"打包处理"，让政策发挥了"1+1＞2"的效果。

4. 政策推进中的高标准与稳步子

无论是硬件建设，还是软件建设；无论是宏观上的整体设计，还是环节中具体的细微工作，蒙阴寄宿制学校建设都体现了高标准的政策设计，政策过程中的高标准无孔不入，政策设计的每一道工序细致入微。说蒙阴寄宿制学校建设是"稳步子"，除了对建设质量、安全标准等问题极其重视外，还表现为蒙阴在政策实施的过程中，虽然信心十足、目标急切，但行动是踏实稳健的。例如，2005年刚开始的时候，选择垛庄镇、蒙阴镇、野店镇等几个基础较好的镇来开展试点工作。在试点先行者的探索与示范之后，再逐步放开步子。这种政策试点的意义主要表现在以下两方面：其一，尽可能缩小沉淀成本，让少数先行学校开路、引路，积累经验，为政策的推广摸索出高效实用的方案路子，解决方法论上的问题。其二，起到示范效应，让样本脱颖而出，成为看得见、摸得着的好处，扩大政策的群众基础，得到认可。从而进一步争取到政府、家长以及社会各界的认同与支持，争取到更宽广的发展空间与更多的资源，解决一个认识论上的问题。

二 蒙阴寄宿制学校办学的初步评估与政策建议

蒙阴标准化寄宿制学校建设攻坚战实施3年来的建设、办学情况如何？为全面了解寄宿制学校办学的实际状况及其现实难题并为深入发展提出改进之策，本项目组以蒙阴县为案例，对所辖蒙阴镇、旧寨乡、界牌镇、垛庄镇、桃墟镇、联城乡、常路镇、高都镇8个乡镇的8所标准化寄宿制学校的建设与办学情况逐一进行了一次摸底调研。以实地考察、座谈、访谈、观课、查阅文件资料以及发放问卷等方式对县教委主要领导、乡镇党委政府负责人、学校教职员工以及学生、家长等不同层面的群体展开了一次系统全面的调研。其中，重点对8所学校的85名教师（农村学校在岗教师数量编制有限，教学任务重，故每所学校只抽取 10 名左右）进行了抽样问卷调查；对 8 所学校随机抽取的 141 名学生（每所学校 15 名左右）进行了问卷调查。

以下，本文分别从教师和学生的视角来分析蒙阴县的农村标准化寄宿制学校政策的运行情况（即办学中的实际状况），并对农村寄宿制学校的问题及相关改进对策做相应的探讨。

（一）教师眼中的农村寄宿制学校：现状与发展

1. 教师对寄宿制学校建设的总体评价

（1）八成以上教师认可政府实施寄宿制政策

寄宿制学校与教师的诸多利益休戚相关。寄宿制学校能否办好，政策能否贯彻执行，教师是第一关。对 8 所学校的 85 名教师的抽样调查结果显示，分别有 37.6% 和 45.9% 的教师对寄宿制学校建设的态度是"很好"和"支持"，两项占总被调查对象的 83.5%。另有 14.1% 表示"不是很支持"，2.4% 的被调查对象表示"无所谓"。尤其值得一提的是，没有一位教师明确表示"反对"该政策。这样的数据足以说明，寄宿制学校建设受到大多数教师的认可，寄宿制学校建设政策在学校层面的执行是有保障的。此外，作为一项县级政府启动的重大教育改革工程，部分教师的相关利益必然要受到影响，从 14.1% 的"不是很支持"来看，寄宿制学校也触及小部分教师的现实利益，需要进行重新分配与平衡。总体而言，寄宿制学校建设政策在蒙阴大地获得了一线教师的认可，寄宿制学校建设作为农村教育发展中的一大重要政策，获得了学校层面的广泛支持，且政策改进与发展的空间大。

（2）九成以上教师认可本校开展的寄宿制工作

上一道问卷题证实了蒙阴大多数教师认可了政府推行的寄宿制学校建设政策，换句话说，该项政策的出台得到了政策的关键执行主体之一——教师的支持。那么，蒙阴县寄宿制学校建设与办学的实际效果又如何呢？政策执行效果与政策本身一样获得了高度认可吗？问卷调查显示，分别有 31.8% 和 40% 的教师对所在学校寄宿制工作开展的总体评价表示"很满意"和"满意"，两者比例占 71.8%，另有

您对政府花大力气建设寄宿制学校政策的基本态度是＿＿＿

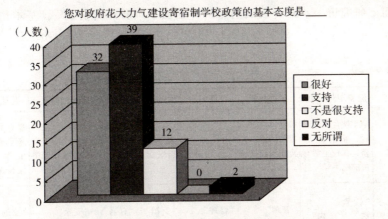

图 6－8 教师对政府实施寄宿制学校建设政策的基本态度

20％的教师表示"比较满意"。可见，有九成以上教师认可了寄宿制学校的实施效果。而明确表示"不满意"和"很不满意"的教师总共占 8.2％（5.9％＋2.3％）。据此，我们有理由认为该政策实施的效果已初见端倪。

您对所在学校寄宿制工作开展的总体看法是＿＿＿

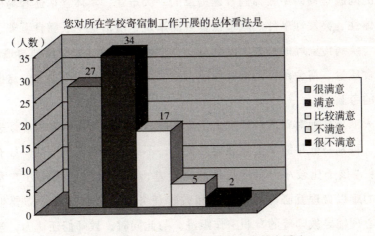

图 6－9 教师对所在学校寄宿制工作基本看法

2. 寄宿学校在实际中所存在的主要问题

农村寄宿制学校在办学过程中到底出现了什么样的主要问题？教师又是如何看待的？对教师的问卷、座谈情况做一番统计分析可以看出，寄宿制学校所存在的问题主要集中在健康卫生、日常管理以及学生自理能力等方面。研究进一步对开放式问卷的答题做了词频统计分析①，基本情况如表 6－20 所示。

表 6－20　　　　　　　　　　教师眼中的寄宿制学校问题

主题	健康卫生问题	管理问题	自理问题	教师负担过重问题	安全问题	其他问题
基本思想	学生伙食质量问题，宿舍条件差，在校生活有可能吃不好	管理困难，管理担子加重	年龄太小，自理能力太差	教师压力过重，负担增加	安全问题重要，安全隐患	撤点并校带来个别学生上学不便，无校车接送
抽取字眼举例	"饮食"、"住宿"、"疾病"	"管理"	"自理"	"负担"、"任务"	"安全"	"交通"
次数	23	21	15	13	8	2

（1）安全责任重大，学生自理能力有待提高

因为寄宿在校，学校校舍设施安全、饮食卫生安全、交通安全、娱乐安全等皆摆在了最突出的位置。学生食宿卫生、伤病医疗等事关学生身心健康的问题是调研中教师们普遍提及的一大难题，集体食宿还容易引发各类群体性、突发性事件。就拿饮食方面来说，清洁卫生、膳食营养、炊具设备、疾病传染等的有效保障都是一个个棘手难题。如有教师写道："学生伙食质量、宿舍条件是否有保障，卫生医疗服务是否跟得上，这些都是重要的考验。"

大部分教师对寄宿后学生生活自理能力不济及其所带来的麻烦表示了担忧，特别是低年级学生自理能力欠佳，不太能合理安排生活。如有教师写道："孩子比较小，生活自理能力较差，教师难以照顾到方方面面。"学生的难以自理就必然导致学校和教师任务与责任的加重，需要生活教师、心理辅导教师等的专职工作跟进。与此同时，教师们还认为，学生住宿后，减少了与家长的沟通交流，孩子在亲情沟通方面有所欠缺，父母的爱相对减少，一些孩子的天性受到了压抑，等等。

---

①　词频统计分析，即对问卷调查结果、政策文本等所出现的关键词语逐一进行统计，计算出现次数，还可进一步统计百分比，并给出分布图或表。词频统计能够根据词汇出现的频次、变化来把握相关问题的基本特点。

（2）学校日常管理问题成为焦点

调研发现，教师对寄宿后的学校管理问题予以了较多的关注与抱怨。寄宿后学生在校时间增加了一倍多，学校和教师的日常管理负担与压力增大，学生的过于集中以及因寄宿所带来的后勤保障与突发性事件等问题也增加了管理的难度，尤其是食宿管理麻烦突出。一些学校的教师存在白天上课晚上还要值夜班的现象；受硬件设施、人员编制所限，个别学校在就餐、就寝等环节的管理上还显得很忙乱无序。如有教师写道："学生太小，管理比较困难，尤其是一、二年级。安全问题方面，孩子晚上有个头疼脑热或其他病尤其是突发性疾病很难处理。吃饭问题方面，学生吃饭的合理安排或餐具的洗刷都不好处理。"另有教师写道："由于学生的年龄较小，生活方面不能够独立，需要教师多方面考虑。硬件设施方面还需要改进。"

（3）教师的工作量和精神压力增加

学生寄宿直接影响教师的切身利益，大部分教师的工作量、工作方式变动很大，需要耗费教师大量的工作时间和精力。

在工作任务方面，教师工作量特别是管理上的工作量因学生在校时间的延长而自然增加。除正常上课外，学生吃饭要管，就寝要管，课余时间要管，晚自习要管，吵架打架要管，等等。而一旦学生生病、受伤或发生点其他什么意外，教师自然要加班加点，随叫随到，不少教师的正常休息时间没有保证。寄宿后，各种问题增多，更为复杂，解决起来更难，教师对学生方方面面的照顾要更加细致，尤其是安全这根弦绷得很紧，时刻要担心学生的饮食起居、身心健康等环节中的问题。教师工作担子加重还表现为原有知识与能力受到挑战，问卷中，教师们多用"多操心"、"费精力"、"难度大"等词来表述。此外，另有少部分教师提到寄宿后对自己的生活作息带来不便的问题，特别是晚上值班、加班的情况很头疼，每天得晚走早起，这对女教师、家庭住址离学校远或有孩子需要照顾的教师而言，很不方便。有教师写道："学生上晚自习教师值班时间长，值晚班再回家天黑、路长，特别对女教师很不方便。"

表6-21   教师对学生寄宿上学后给自己所带来的麻烦的看法

主题	工作任务	工作压力	工作不便	没有麻烦
基本思想	工作量加大了，晚自习、晚上要加班	学生管理更难了，教师要多操心	下班回家不方便，正常作息被打乱	没有什么麻烦
抽取字眼举例	"工作量"、"加班"	"操心"	"不便"	"没有"、"无"
出现频数	33	21	7	18

3. 教师视角下的农村寄宿制学校工作改进对策

一线教师对办好农村寄宿制学校总体上热情高，态度积极，且踊跃建言献策。通过对开放式问卷中教师们提出的有针对性和实质性意义的意见和建议的提取发现，增加专职生活教师、改善教师工作方式与待遇、加大学校管理建设、加强政府保障支持等方面的呼声和对策居多。首先需要明确的是，90%以上的建议与意见都或直接或间接与管理问题有关，这些管理上的问题既有学校内部的，也有各级政府和教育行政部门的。

表6-22   教师对改进寄宿制办学的主要意见与建议

主题	明确岗位分工	加强内部管理	改善办学条件	促进家校合作	其他
基本思想	设立或增加生活教师等专职岗位	加大学校内部管理，提高管理效益	加大政府投入，改善硬件条件	加强学校与家长的沟通交流，获取家长理解	加强自理能力教育，校车接送
抽取字眼举例	"生活教师"、"专职教师"	"内部管理"、"学校管理"	"政府投入"、"硬件建设"	"沟通"、"理解"	"自理"、"接送"
频数	25	22	20	8	6

针对教师的意见与建议，本书进一步概括出以下几条改进对策。

（1）增设相应专职工作岗位，明确教师分工

当前，个别寄宿制学校还存在教师工作任务与分工混乱不清的现象，如班主任教师及生活指导老师的工作量分配欠妥，有的教师提出要增加任课教师数量，有的教师却提出要增加后勤人员的数量；有的教师既要上课，又要管生活后勤；有的教师白天上课，晚上还需要值班、加班甚至陪学生一起住宿等。有教师呼吁道："对生活教师的配备要更合理，细致

化。解放任课教师及班主任的负担";"要想建好寄宿制学校,首先要把后勤人员分工明确到位,前勤教师不能既上课又看管宿舍"(注:"前勤教师"概念的创造,逼真地反映了寄宿制学校教师工作分工与岗位设置中的新问题)。

根据日常运行的实际需要,农村寄宿制学校应增设生活教师等专职岗位编制并完善相关制度,合理分配教师的工作任务,改善教师的工作方式以及考评机制。学科教师、生活教师以及食堂、宿舍、场馆等后勤人员要分工合理明确,可结合此次国家推行的义务教育阶段教师绩效工资制适时调整教师利益。各地政府人事部门应该及时补充寄宿制学校的生活教师、医务保育人员、心理咨询师、厨师等后勤人员的岗位编制,并给予适当的编制倾斜。学校自身也要重新统筹人员的转岗、培训工作,有效盘活、优化人力资源,让教师员工发挥各自优势,实现岗位人员配置效益最大化。针对教师因学生寄宿上学后的精神压力与工作压力空前加大的问题,学校和有关部门还应该关心教师的身心健康,关注教师的思想情绪,积极为教师创造轻松和谐的工作条件。实际上,后勤、安全等诸多工作都交由任课教师来兼做的做法很不科学,一来教师教育教学中心工作会受到干扰;二来这些工作难有保障,直接影响学生的身心健康和学习生活质量。

(2)建章建制抓落实,大力加强学校的内部管理

随着寄宿制办学的工作重点从校舍等硬件工程建设转移到学校日常办学行为,提升教育质量旋即走上日程,"管理"前所未有地被推向了前台。寄宿制学校的管理涉及问题多,牵涉面广,师生的作息、健康、财物等诸方面的管理有了新的需要,尤其是安全、饮食、卫生、医疗、公共场所等诸领域的管理问题表现突出。寄宿制学校必须狠抓学校内部的管理,树立后勤管理、质量管理、全程管理等新型管理理念,向管理要办学质量。

其一,完善各项管理制度,提高管理的科学性与管理质量。规范化、系统化、科学化的规章制度是寄宿制学校后续发展的基本保障。就拿校园环境卫生来说,学校如何确保卫生不留死角,如何有效杜绝校园的脏、

乱、差现象，这些都需要通过精细的管理工作来实现。常规的食宿标准、安全保障体系、工作责任制等须得到明确的落实，要切实制定并有效实施诸如《寄宿生在校一日常规》《文明住校生标准》《文明寝室评比制度》《寄宿生管理的应急预案》《宿舍卫生检查标准》《优秀宿舍长评比标准》《文明餐桌评比标准》《寄宿生安全协议书》《夜间巡逻检查制度》《寄宿生公物保管制度》等规章制度。其二，狠抓责任落实与任务分解，学校要强化目标责任，建立各级问责制，层层签订安全责任状，具体到人，比如明确班主任与宿舍管理人员的具体职责与分工。其三，强化安全意识，加强日常监控，让安全管理网络具体到"人人有责任、事事有人管"。安全工作是寄宿生管理的首要问题，需要全天候把关，要贯彻管理责任制和责任追究制，完善安全报告制度，保证信息畅通，强化预警意识，做好应急预案，对各种意外事故与突发性事件要做到防微杜渐，尤其要对学生的用电、用水、防火、防盗、防暴力、女学生安全等作出明确的规定。

总之，真正抓寄宿制学校的管理建设绝非是在"看管好"、"看管严"、"不出事"的浅层次目标徘徊，寄宿制学校未来的发展需要创新管理体制，创造性地开展管理活动。如安全管理、生活管理、学习管理、时间管理、活动管理、卫生管理、场所管理、物流管理、危机管理、教师管理等诸多新问题将因为寄宿制学校的深入发展而得到进一步的凸显，应通过科学、人本的管理来促进寄宿制学校的内涵式发展。寄宿制学校的管理应本着人文化、家园化、人性化、人情化的精神，全方位推进，全过程细化，多角度辐射，应充分调动广大教职员工的积极性，让全员参与管理。一句话，政府和学校应该像抓工程施工建设质量一样抓内部管理建设质量，推进内涵式发展。

（3）加大投入，不断改善师生学习与生活条件

寄宿制学校需要增加新的办学投入，经费不足是寄宿制学校的一个普遍性现实难题。如一些学校还存在缺乏医疗卫生设备、宿舍条件拥挤、课外活动资源不足等问题。寄宿制学校建成后，政府仍需继续加大办学倾斜的力度，建立起农村寄宿制学校办学投入的长效机制，确立各级政府财政

分担的比例，从根本上解决农村寄宿制学校硬、软件建设不足的问题，特别是要保证寄宿制学校正常运转的必须公用经费到位。目前，农村寄宿制学校普遍需要政府加大对校舍、设备修缮以及娱乐、教学等场所设施的投入，把寄宿制学校建设所需要的各项硬件设施设备配齐配全。寄宿制学校除了扩充财政投入来源外，还应寻求民政、妇联、慈善基金以及勤工俭学等渠道的经费或财物捐赠补充。

在人员经费方面，应切实落实新增人员工资、加班津贴等方面的待遇，特别是增加夜间值班等岗位津贴。学校变成寄宿制学校后，绝大多数教师牵涉适应新岗位、新工作的挑战，政府还应适时加大教师培训的投入，尤其要做好生活指导教师、心理健康咨询师、医务人员等专职人员的补给与培训工作。就学生而言，在校住宿一定程度上增加了学生家庭经济负担，如伙食费、车费等，因此，有关部门除切实有效落实"两免一补"之"补助寄宿生生活费"外，还应该考虑逐步加大对家庭其他额外支出费用的补助力度，尽可能做些弥补。如针对农村寄宿制学校增加了伙食成本的问题，可允许寄宿生自带粮油、副食品，学校提供加工、加热的条件，尽可能减轻学生家庭经济负担。学生处于身体发育的阶段，合理饮食与营养搭配十分重要，应切实重视住宿伙食条件的改善，条件允许的地方可以开通校车接送，要让家长切实感受到党和政府的惠民政策。

（4）加强家校沟通，广泛获取家长的支持与理解

寄宿上学后，父母与学生的联系少了，学校"管"孩子的责任增加了，教师对学生在校的各方监管责任凭空而降。一些家长对学校及教师的工作一方面抱着怀疑、忧虑的心态；另一方面也存在信息不了解、误解的地方，有的教师还这样写道："寄宿增加了教师的工作量。教师目前来看属于高危职业，一些法规的出台致使学生家长不再尊重教师，还经常不理解教师的工作，所以我认为寄宿后很麻烦。"学校应该加强家校合作，重视与家长的沟通，树立共同教育管理孩子的意识，积极主动寻求家庭教育的支持。尤其是要在信息沟通与情感交流方面大做文章，建立规范的联系制度与有效的交流合作平台。对有些

学生因并点寄宿后所带来的路途增远、家庭开支增加、安全隐患担心增多等问题需要晓之以理，动之以情，深入家庭做工作，解除父母和孩子的后顾之忧。

学校安全压倒一切，因此，寄宿制学校习惯于严格管理、封闭式管理甚至准军事化管理的工作方式，这表露出了一定的弊端，对不该束缚的地方管得过头，对需要细致关心、温情呵护的地方却不无疏忽。如对学生尤其是刚寄宿学生想家的情况，一些学校不允许学生与父母通电话、回家探望等，或者没有积极主动为学生联系家长创造条件。为了有效改进亲情沟通的工作，学校可以根据父母和孩子的需要，从实际出发调整作息时间，为不同年级孩子"量身定做"不同的回家次数与时间间隔，开通固定电话通话时段、校讯通短信平台等。总之，家庭和社会应积极参与、分担学校的工作，朝着"共育共管"方向努力，学校、家庭、社会（如卫生、防疫、公安）等各部门应各尽其责，齐抓共管，结成教育合力。

（5）优化整合教育资源，大力推进素质教育

通过寄宿制学校建设，农村学校面貌焕然一新，教育规模效应得以充分彰显：其一，学校整合了原来分散在各教学点的图书设备等教育资源，各路资源得到盘活优化，学校办学条件得到极大的改善；其二，师资力量得到优化组合，包班教学、复式教学、一师一校、一村一校等已成为历史；其三，原来学生浪费在路上与家里的时间得到整块的集中，为开展丰富多彩的课内外教育教学活动创造了条件。因此，学校应该切实重视寄宿上学为学校工作开展所带来的新机遇，应该深挖教育资源，大力推进素质教育，有效推进新课改的实施。在基本教育教学任务完成的前提下，可大力拓展生活能力、自学习惯、自治自强、纪律法制、生命安全等领域的教育内容，积极实施校本研究，培育寄宿制教育的特色，丰富学校教育的内涵，扩充学校教育的领域。在依托寄宿制学校教育大力推进素质教育的过程中，必将促进教师素质整体上台阶，促进校本研训与教师专业化发展。

学生寄宿后极大地扩张了在校学习、生活、娱乐的时间，如果学校不

去用有效的教育资源和丰富多彩的教育活动充实学生的在校时间，那么寄宿制学校生活就会变得贫瘠、荒芜、索然无味。个别寄宿制学校确实出现了这方面的情况，如简单地将铁门锁上，严格将学校与外界分割封闭起来；简单地以早、中、晚自习课的方式将学生在校"富足"的时间占满，等等。寄宿制学校应该将教学时间、睡眠时间、课外兴趣活动时间、体育锻炼时间、自由活动时间、观看影视节目时间以及课外阅读时间等作息时间做出严格的量化规定并进行科学的安排、指导。

目前，一些地方农村义务教育的低水平、不全面和不巩固的普及现状依然常见。我国各级、各地政府在西部地区、农村欠发达地区进行的小学寄宿制办学探索仍是一个新生事物，它是促进义务教育均衡发展、优质发展，提高农村基础教育质量的重要探索。尽管农村寄宿制学校在取得重大成绩的同时还遇到一些现实难题和遭到一些非议，但是，它从我国西部地区、欠发达农村地区的实际出发，是符合我国农村义务教育国情的重要政策探索。"农村小学寄宿制是欠发达地区为了调整学校布局而实施的。实践证明，它所产生的裂变效应，远远超出人们的初衷。"[1] 只要我们能实事求是，从实际需要出发，本着循序渐进、适度集中、合理布点、重在管理、提高质量的原则，重视并不断改进寄宿上学中的各种问题，农村寄宿制小学在我国广大农村地区定能大有所为，它的明天一定会更美好。

（二）孩子眼中的农村寄宿制学校：现状与发展

1. 学生对寄宿制学校总体上满意度高（见图6-10）

如今，蒙阴县各乡镇的寄宿制学校的办学运行时间在1—2年，学生对新就学的寄宿制学校有了一定的切身体会与认识。调研首先掌握了他们对寄宿制学校的总体满意度情况，基本结论是：有63.8%的孩子对寄宿上学"很满意"，有24.1%的孩子表示"满意"，两项加起来占87.9%；表示"比较满意"的占11.3%；有1人对寄宿制的看法是"一般"，没有人"不满意"。毋庸置疑，我们借此可以做出一个基本的判断，即学生总

---

① 马斌：《渐进理想教育的有效探索——欠发达农村小学寄宿制的实践及其意义》，《教育发展研究》2003年第11期。

体上对寄宿制学校满意度高。

您对在寄宿制学校上学的总体感觉如何？

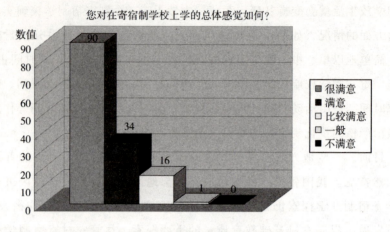

图 6 - 10　学生对寄宿制学校的总体看法

2. 寄宿制学校上学所带来的好处

既然学生对寄宿制学校满意度高，那么寄宿制学校到底有什么样的好处？开放式问卷便于他们更为自由、自主地畅所欲言，从而尽量做到充分、全面地掌握事实，故我们以开放式问卷的方式来获取学生的真实感受。通过对学生答题文本抽取关键字眼、进行词频统计分析的方式，基本了解到孩子们认为寄宿制学校的好处集中在"不用天天来回跑校（接送）"、"减轻了父母的负担"、"上学更安全"、"锻炼了自主能力"、"学校能开全课"等方面。如，持上学更方便、免去父母接送等麻烦的看法者多达 96 人次；认为在提高自理能力方面有好处的有 71 人次。详见表6 - 23。

表 6 - 23　　　　　　　寄宿制上学的主要好处表现的词频统计

主题	方便	自理	安全	迟到	减负	学习
基本思想与大致表述	不用父母来回接送；不用来回走（跑）；方便上学	学会了自理，锻炼能力，独立自主；照顾自己	减少路上安全，不会发生意外事故；安全有保障	不会迟到，不再浪费时间	减轻父母负担；不让爸妈操心；省车费	方便学习；多学知识；开全了课
抽取字眼举例	"接送"	"自理"	"安全"	"迟到"	"负担"	"学习"
频数	96	71	32	35	21	41

（1）寄宿上学有效解决了家长和学生的各种负担

近七成的孩子提到寄宿上学给自己与父母带来了方便，有效解除了父母各种身心负担、压力和担忧。山区孩子上学山高路远，调查中发现一个有趣的现象，当地孩子普遍用"跑校"这个词来形容寄宿前的上学情形。寄宿上学后，他们不再担心上学迟到，原来每日起早摸黑上学回家的痛苦得到解决，这不仅仅解决了自己上学的困难，同时也解决了家长早晚接送的麻烦，以往这方面的时间和精力花费都很大，现在为父母省心又省力，可以有更多的精力去做自己的事情。过去，无论是刮风下雨，还是电闪雷鸣，蒙阴山区（又是库区）孩子一天至少需要来回两趟在路上跑，特别是山区道路易发生各种交通事故，安全隐患显而易见。不少孩子提到，寄宿后安全更有保障，减少了发生意外事故的概率。原来一周十来个赶鸭子式的往返现在变成了轻松的一次上学回家，安全系数大大提高。此外，一些路途远的家庭还节省了坐车的钱。

（2）寄宿上学能锻炼学生自主能力，为各种良好习惯品质的养成奠基

绝大多数孩子表达了寄宿上学后可以锻炼自己各方面的能力，可以让自己从此开始独立自主，学会自己照顾自己。许多孩子都列举了睡觉会盖被子，会刷牙洗脸洗脚，会叠被子铺床，会打扫卫生，会洗衣服，会摆放日常用品，会妥善保管物品，会收拾布置寝室，会合理使用零花钱等，一句话，生活能力、自理能力获得了极大的提高。一些孩子还特别提到，原来胆小怕事，现在胆大了，晚上上厕所也敢去了。实际上，就孩子自理能力的长进，每到一处我们都有切身感受：走进每一幢宽敞明亮的宿舍楼，屋内干净亮洁，各种规章制度、注意事项张贴整齐规范，清晰醒目，每一间宿舍门上还张贴了该房学生的照片及相关个人信息、家庭联系方式等，宿舍里一排排的被子叠放整齐，牙具、毛巾等日常用品摆放统一。宿舍内还可以看到孩子们亲自布置的气球、彩带和字画等。总之，寄宿在校"逼得"孩子成长懂事，有效克服了独生子女"骄娇二气"的性情缺陷，提高了自理、自立、自爱、自强、自学的意识与能力。

调研进一步显示，超过 1/3 的孩子表示能充分感觉到自由、自在所

带来的快乐，像摆脱了大人的无形拐棍一样，开始健全自己的人格，养成各种好的生活学习习惯，比如，改掉了看电视、不愿写作业的坏毛病；现在更乐意去阅读书籍、讨论问题；更积极主动去参加各种活动，热爱集体生活，珍惜集体荣誉；懂得去体贴父母、关心身边的人和事；知道要去交朋友、帮助别人，不少孩子还特别叙述了助人为乐的事迹。

（3）寄宿上学给学生带来了充足的学习时间和学习机会

寄宿在学校后，学生在校学习生活时间多出了一倍多，而这些时间以往被大量地荒废在上学路上或者在家做农活杂事、看电视等。现在，学生拥有了大量的在校学习时间。有 1/3 的孩子表示，寄宿能促进学习，有了更充足的时间和机会去巩固功课，比如可以预习知识，同学之间可以互相讨论，晚上可以上晚自习，不懂的地方也可以问下班的老师，这与以往他们回家做功课、缺少学习上的帮助与指导形成鲜明的对比。更重要的是，学生可以在老师的指导下自由学习，有了读书看报、阅读更多课外书籍的可能。多数孩子提到，寄宿上学后，大家互助互爱、互相学习，团队学习是最快乐的事情。以往枯燥无助的单个学习方式现在变成了集体学习方式，学习上大家可以一起合作互助，形成了很好的乐学、助学氛围。不少学生还看到了另一个关键性的受教育机会，那就是新学校可以把各种各样的课给开齐，接受更全面的教育，特别是微机、美术、体育、音乐等课程以前在教学点根本无法开课。因为撤点并校，现在还可以搞各种各样的活动，如读书征文比赛、诗歌朗诵会、各学科竞赛等。

（4）寄宿制学校可以增进同学间交往，创造无限快乐

独生子女本就缺少兄弟姐妹，缺少同龄玩伴，群体快乐少，独自静默多。寄宿上学后，孩子重新找到了家的温暖，同伴间交流更多了，感情也更深了，获得了家庭温暖的新体验。调研发现，九成以上的孩子认为，寄宿生活所带来的快乐与乐趣主要是同伴之间共同生活所带来的。寄宿生活在一起后，同学们在一起有很多开心的事情，如一起玩耍，一起学习，一起聊天，一起做游戏，等等，真实记录了孩子集体生活、同伴相处所带来

的幸福与快乐。

学生寄宿在校后，可借以相互交往的学习、娱乐、健身等活动平台与时空一下子拉大，活动的内容更为丰富多彩：办手抄报、开生日聚会、共赏少儿电视节目、学校组织看电影、朗读比赛、校运动会、过圣诞节、互送自制贺卡，等等，这些都是学生在新的环境中所体会到的快乐。不少孩子还表达了在集体中找到了成就感的观点，他们可以在某方面证明自己的价值与存在。比如，一些孩子提到自理能力提高了，参加书法比赛、作文比赛、小发明获奖、寝室得到了卫生流动红旗、被评为文明宿舍等。这些极其日常的学校活动貌似与寄宿制无关，实则不然。因为若是在过去零散的教学点，这些活动是没有条件开展的，既无法整合资源，也无法拉起队伍，如大多数孩子此前没看过校运会、没有参加过各种学科竞赛等。总之，寄宿上学为各种各样的同学间的交往创造了平台，带来了看得见的规模效应。

表6-24 寄宿生活中最开心的或最有意义的事情

主题	增加同伴乐	集体活动	互助学习	有成就感的事情
基本思想与大致表述	和同伴玩，讲故事，聊天	过生日，送礼物	互相学习、讨论问题、有时间看书	如帮助他人、公寓评比等
抽取字眼举例	"一起"	"过生日"	"学习"	"获奖"
频数	49	10	38	12

3. 寄宿制学校上学所带来的不利一面

寄宿上学在给学生、家庭带来极大好处与便利的同时，也难免会带来一定程度上的问题与麻烦。调研同样做了这方面的设计。寄宿上学存在什么样的坏处？问卷调研的基本情况是：约有1/4的同学没有作答；有52位，即超过一半的孩子明确表示没有坏处；少数孩子还"别有用心"答非所问，特别指出担心今后没有寄宿制学校可上。可见，学生对所在寄宿制学校的评价总体上的一个特点是"坏处"不多，而且这些问题也不是什么大的问题。

调研结果显示，认为寄宿制学校不好的地方多半是"亲情隔离"、"父母担心"等方面的问题。词频统计情况如下。

表 6-25　　　　　　　　　寄宿上学后带来什么样的坏处

主题	没有	父母担心	做不了家务活	思念
基本思想与大致表述	没有坏处，无坏处	担心出事；担心遇到危险；担心吃不好	帮不了父母做家务活，不能帮父母干活	父母想我；想家、想父母
抽取字眼举例	"没有"	"担心"	"家务活"	"想念"
频数	52	18	7	11

（1）亲情牵挂与想家成了一些孩子的负担

寄宿上学在一定程度上割断了亲情的联络与交流，导致一部分同学存在想家的心理。调查发现，约有8%的孩子表达了寄宿上学增加了父母与子女之间的思念，想家成了一个麻烦的问题。在学生看来，寄宿上学最大的坏处是父母对孩子在校期间的担心与牵挂。他们认为，父母担心子女住校期间遇到什么危险，担心在学校吃不好，担心睡不好觉，担心生病等。而在校方看来，这些担心大部分是多余的。

（2）寄宿生活中同学间摩擦与矛盾有所增多

寄宿上学后，同学间的相处时间延长，人际交往增多，学生间的磕磕碰碰也会容易发生。有19位学生表达了同学间的矛盾争吵给自己带来的不快经历。另有一些学生抱怨宿舍卫生条件差，比如，一些同学没有养成睡前洗脚的习惯，有臭味、异味；个别学生抱怨晚上同学间的闲聊影响他人睡眠。

（3）寄宿生活中还存在一些不便之处

有9名学生提及寄宿生活中的不便，涉及排队买饭人太多，夏天洗澡难，住宿条件太拥挤，宿舍停电等。有学生反映自己的东西会被别人动用，个别学生还表达了日用品丢失、个人隐私难保的问题。

（4）少数孩子念及父母的农活、家务活

调查还发现，小部分孩子还认为寄宿上学后，帮不了父母干家务活、农活，这是寄宿制学校一个不好的地方，他们因为念念不忘要帮父母干活而感觉不快。

为深入地了解寄宿制学校可能存在的问题，我们还设计了一道问卷题："请您说一件寄宿生活中遇到的不高兴的事情"。结果显示，有一半以上学生回答"没有";从作答的学生问卷中,共提取出 79 条有效信息,可以概括出以下几方面的问题。

表 6 - 26   "寄宿生活中所遇到的不开心事情"主要涉及问题

主题	卫生纪律	想家思亲	同学间闹矛盾	生活中的不便	其他
类似表述	宿舍有异味,同学不洗脚,睡觉前聊天	想念父母,想回家	和同学吵架、闹别扭	夏天不能洗澡;宿舍人太多,丢失东西	老师批评,不能看电视,没有得到流动红旗等
抽取字眼举例	"洗脚"、"卫生"	"想家"、"想父母"	"吵架"	"洗澡"、"排队"	"想看电视"
频数	17	22	19	9	12

4. 学生答卷的启发与寄宿制学校办学改进对策

通过对学生的调查研究,尤其是问卷中字里行间所传递的真情与透露出的信息,我们可以对寄宿制学校各项工作的完善提出有针对性的意见与建议。

(1) 从孩子自身的角度来考虑孩子的需要与愿望

一直以来,我们的老师、家长以及社会对待孩子的教育态度,过于从成人社会的视角,把孩子当成"天真不懂事"、"年幼不放心"、"体弱要照顾"的弱势群体来看待。大人们想当然地认为自己思考问题要比孩子长远、深刻、周全得多,做事的经验与方法要比孩子丰富得多,于是大人常自觉不自觉地以"护花使者"、"守夜人"等角色"好心善意"地看管、束缚着孩子,情不自禁地包办代替孩子。可是,寄宿上学后,孩子能明显感觉到自己"身心"的某种变化,以会自己动手做事、学习思考、关心他人、享受集体等为荣。更值得我们反思的是,孩子普遍担心着父母的担心,明显地感受到寄宿上学要比以往在村小上学方便、安全、舒服、快乐得多。因此,家长应该相信学校,尊重孩子的想法、判断与选择。父母要对自己"一厢情愿"的行为进行必要的反思。我们常讲教育的主体性,强调教育要从学生的主体性角度出发来施教。孩子终究是自己在成长,终究要掌握自主发展权,大人单方面地站在高姿态甚至是对立面的亲情、关爱、担忧、同情、责任等未必是对的,也未必是好的,对孩子的成长并不利。实际上,对那些父母依恋性很大的孩子,寄宿制学校恰恰给他们提供了一个比较合适的"断奶"机会，虽然有些残忍，但却是人生必需的经历。

（2）拓展"家校"与"亲子"间的联系与沟通

全县范围内的寄宿制学校建设工程，这么大的专项建设项目在蒙阴教育史上是罕见的，是牵动万千家庭的"全民工程"，因此，获得社会、家长的支持，形成合力至关重要。目前，家长对寄宿制学校还抱着矛盾、复杂的心态。针对父母对在校寄宿的孩子不放心的情况，学校和政府还应深入推进家校合作，健全家校联系网络，创新合作的方式。校方与家长方应建立常规的沟通渠道，在信息公布、资讯交流、观念沟通等方面有效对流。如家长意见箱、家长热线电话、家长 QQ 群、家长例会、家访、家长探视接待日等制度与举措更需常规化、制度化，通过例会、公告等形式定期向家长通报学生在校生活与学习情况。为了让父母了解学校、更安心地让孩子寄宿上学，学校应该树立主动服务家长的意识，主动加强家校联系，目前尤其需要加大政策制度的宣传力度，让家长和社会清楚学校的各种保障条件与措施，让家长和社会清楚校舍建设标准、工程建设质量、伙房餐饮卫生标准、学校安全管理细则等方面的各种规章制度，必要时还可邀请家长来学校实地考察、亲身体验。学校还可以自然村为单位选举"父母代理人"，让他（她）去做更多的宣传、沟通工作，落实各项事务，这对父母外出务工的孩子而言尤其具有现实意义，十分有利于消除父母盲目的担心与牵挂心理。家长放不放心，关键是看学校在寄宿制学校建设与管理中的成效，学校应该和家长家形成有效的心灵契约，建立信任感。

同时，学校还要加大亲子之间的沟通，要另辟蹊径，拓展渠道。亲子间的思念是情理之中的事情，一些孩子的父母还会时不时跑到学校来看孩子。对于刚住校或低年级学生，家长过于疏远或者过于频繁地探望，都会对学生的安心学习带来负面影响。建议学校统一建立亲子开放日，有计划地推出家长探视时间，有序地安排父母每周来校的日程，让孩子早日度过痛苦的"断奶期"。有条件的地方可以让孩子在一周的中期返家一次。比如，村里遇到红白喜事或者孩子自己的生日等，学校应该考虑让父母接孩子回去聚聚。学校要多组织开展各种亲子活动，吸引家长进学校、进课堂，促进教育合力的形成。此外，学校和父母都应该让孩子明白学习是他们的第一要务，正常学习日不应惦记着家务活，周末、假期可以帮助父母干些力所能及的活。

（3）充分利用寄宿教育资源，将素质教育落到实处

无论从哪一方面来讲，寄宿制学校都是一个具备丰富教育资源、发掘潜力巨大的"富矿"，学生寄宿上学后，自动拓展了教育的时间、空间与内容。与过去"走学"相比，学生现在更有机会和条件获得全面发展。寄宿上学给学校举办各种活动、丰富第二课堂生活提出了要求和挑战，更创造了条件和契机。学校应该开动脑筋，通过组织各种各样有利于学生身心健康发展的活动来充实学生的课余时间，因地制宜拓展教育舞台，将素质教育落到实处。调查了解到，学生认为最有意义的事情是和同学在一起办手抄报、下棋、手工制作、收看新闻联播、练书法以及元旦圣诞聚会等。一些孩子对学校开展的寝室文明评比、争做生活小能人、一日行为规范等比赛活动如数家珍，推崇备至；一些学校还根据不同年龄阶段、性别等差异，开展穿衣服、系鞋带、叠棉被、钉纽扣、滚铁环、抽陀螺、跳摆手舞等比赛，这些都是孩子喜闻乐见、拍手称快的。可见，学校应该全天候、多方位去落实素质教育，力求将各项活动体系化、规范化、专题化、常规化，分布每一个年级，遍布每一个时间段。学校还应提供充足的图书读物，并向学生开放，规范管理，组织读书活动。寄宿制学校能多学习知识、多读书看报也是很多学生的肺腑之言。以阅读为例，学校在培养学生的阅读习惯、阅读能力，引导学生自主学习、互助学习、探究性学习等方面可开展切实有效的教育活动。

总之，寄宿制学校需要谨防单调、枯燥的校园生活，围墙里的校园文化沙漠化是寄宿制学校的死敌。寄宿上学给农村学校丰富日常学习与生活、开展素质教育活动提供了一个超大舞台，这是一篇大文章。寄宿制学校应努力探索适合学生身心发展需求和学校特点的教育教学活动，拓展学校教育功能；要在教育理念、培养目标定位、日常工作方式等方面进行切实更新，要集合寄宿制学校所特有的学科课堂教学、个性道德发展、生活习惯技能培养等方面的优势，对学生进行全程、综合、立体

式培养。

（4）小处着手，整体推进，发挥集体教育力量

原来分散的教学点转变为标准化统一寄宿制学校，学生由走读生转变为寄宿生后，学校方方面面的工作需要随之发生很大的转变，既需要从整体上更新变革，又需要在细微处狠抓落实。学校要不断改善学生在校的学习、生活、娱乐等配套设施与软件建设，真正把寄宿制学校办成农村学生安心、静心、开心的读书场所。有的地方教育局为了让寄宿制各项工作能够从实、从细开展，提出了"五个一天"：在寄宿学生的"每一天"上下功夫，努力实现五个"每一天"，即"学校安排好每一天、教师指导好每一天、学生成长好每一天、家长满意每一天、社会认可每一天"。教育局把五个"每一天"的实现情况当作学校检测自身工作成败的重要依据，当作教育部门评价寄宿制学校的主要指标。[1]

教育无小事，事事皆育人。孩子的自治、自理、自信、自爱等良好品质的养成需要孩子以自我的角色在日常点滴行为中去体验、寻找、建构。当孩子们提及能给同伴讲个小故事来给宿舍带来欢乐，同学生病了能帮忙倒杯水，能帮公寓出个板报等时，我们应该为寄宿制学校的教育实效而感到欣慰。再如，座谈时一些孩子提到，刚来时会想家，但是经过与老师的沟通、谈心，同学们的陪伴和相互照顾后，很快感觉到学校就像个大家庭，和家中一样有温暖、关心和关爱。可见，教育是在潜移默化中发生的。学生之间的矛盾，生活中的不便，都极有可能给孩子幼小的心灵带来很大的创伤，这就需要及时发现、疏导。比如，寄宿上学后，同学间的人际关系问题是一个新的课题，同学间相处的好坏直接影响到每天的心情，从而影响到正常的生活、学习。特别值得一提的是，蒙阴县绝大多数青壮年外出务工，"留守儿童"占多数，这些孩子的心理品德发展都存在一定隐患，寄宿制学校教职员工无疑就承担了更多的监管责任，需要细心体察，耐心教导，对行为和性情自闭、冷漠、自卑、懦弱、孤僻、暴躁的孩子需要多一分关心与呵护，谨防各种心理疾病。

---

① 张传武：《农村寄宿制学校办学模式新探索》，《人民教育》2006 年第 23 期。

集体教育是寄宿制学校有待发掘的资源宝库。集体学习生活有利于学生身心健康发展，是德育工作的重要抓手。寄宿制学校应充分发挥集体的教育力量，让集体成为教育资源，让集体成为教育手段，在集体中进行教育，在集体中促进孩子的正常社会化。集体同时又是教育的对象，集体观是一种重要的素养，内涵极其丰富，寄宿制学校应大力实施为了集体的教育。寄宿制小学为孩子更好地融入集体生活创造了条件，有利于培养学生学会学习、学会生活、学会做事和学会与人相处的思想道德品质，在各种行为习惯、志趣爱好、个性等方面也能获得很好的熏陶培养。通过集体教育可以引导独生子女摆脱以自我为中心的形象，将"自我"融入集体中，培养集体主义思想，引导学生自觉形成积极向上的具有较强凝聚力的集体。苏霍姆林斯基提出，青少年精神生活不断丰富的重要前提，是使青少年积极参加各种集体。因为这些集体能促进他们世界观、智力、情感、审美和创造力等各方面精神素质的发展。[①] 一句话，学校一定要重视寄宿上学所带来的集体教育力量，重视同伴之间的积极影响，充分发掘集体教育资源。

农村寄宿制学校的大规模、规范化建设在我国还是一个新的政策现象，坊间寄宿制学校也遭到不少非议。蒙阴统一标准化寄宿制小学建设的实践证明，在农村山区办寄宿制学校，有效解决了孩子上学难、区域学校布局调整以及危房改造等诸多眼前与长远教育难题。更重要的是，它还有力地促进了办学机制的变革，促使学校日常教育教学活动的有效革新，走活了农村教育这盘棋，给师资力量盘活与教师队伍优化注入了活力，在整体上推进了农村义务教育的均衡发展、健康持续发展。蒙阴寄宿制学校的学生、教师以及家长的高度认可与社会反响充分证明了这一政策的实效。我们有理由相信，农村寄宿制小学是从实际出发、符合农村教育发展需要的办学探索，也是以学生为本、促进教育均衡发展的有力平台。诚如江苏射阳县委副书记马斌对该县农村小学寄宿制实践的评价："农村小学寄宿制创新了一个有别于以往小学教育的办学管理模式，走出了一条欠发达农

---

① 袁衍喜：《苏联学校的集体教育和自我教育——苏霍姆林斯基教育思想介绍》，《外国教育研究》1984 年第 2 卷第 10 期。

村小学教育跨越式发展的新路子，并彰显出诸多教育与社会理论意义，成为渐近理想教育的有效追求。"① 农村寄宿制学校的问题与相关非议并不可怕，但时刻提醒我们要在实践中加大研究，不断改进。伴随我国农村寄宿制学校建设政策的深入推进以及硬件工程建设的陆续完成，内涵建设必将成为农村寄宿制学校发展的主战场，办学综合质量提升将始终考验着农村寄宿制学校今后的生存与发展。

第七节　政策评估："国家质量"工程的省级行动

2007 年 1 月，教育部和财政部联合下发《关于实施"高等学校本科教学质量与教学改革工程"的意见》（教高［2007］14 号），正式启动了"高等学校本科生教学质量与教学改革工程"（以下简称"质量工程"）。"质量工程"是继"211 工程"、"985 工程"和"国家示范性高等职业院校建设计划"之后，我国全面贯彻党中央、国务院关于"把高等教育的工作重点放在提高质量上"的战略部署，经国务院批准实施的高等教育领域又一项重大工程。"质量工程"是新时期深化本科教学改革、提高本科教学质量的重大举措。

一　浙江省"十一五"质量工程政策执行实况考察

提高教学质量是一项系统性和复杂性的工程。"质量工程"内涵丰富，牵涉面广，包括专业建设、课程体系、实验教学、人才培养、质量监控等多方面内容，这就需要各地和各高校在实施中进行总体谋划，通盘考虑，合理布局。"质量工程"具体落实到省级层面，各省教育厅作为职能管理部门，要落实厅领导一把手负责制。

（一）政策与数据："行动计划"实施的总体情况

国家"质量工程"启动以来，浙江省上下齐心协力，认真实施国家

---

① 马斌：《渐进理想教育的有效探索——欠发达农村小学寄宿制的实践及其意义》，《教育发展研究》2003 年第 11 期。

"质量工程"项目,以"质量工程"为抓手,以提高质量为中心工作,锐意创新,深化改革,努力推动高校教育教学各项工作的开展。2007年6月,浙江省教育厅、财政厅联合发文出台《关于实施"十一五"期间全面提升高等教育办学质量和水平行动计划的通知》(浙教计〔2007〕77号)(以下简称"行动计划")。"行动计划"旨在深入贯彻实施国家"质量工程"项目,全面部署"提高高等教育质量"核心工作,是浙江省进入21世纪以来深入推进教育改革、全面落实素质教育、促进高等教育质量整体提升的又一重大工程项目。"行动计划"配合"质量工程"实施的三年以来,浙江省高校在专业建设、课程教材建设、实践教学与人才培养模式改革创新、教学团队和高水平教师队伍建设等方面均获得了长足进展和重要突破。

1. 工程项目的开设

根据"质量工程"的相关文件精神,浙江省及时启动了省级重点(特色)专业建设、精品课程建设、重点教材建设、21世纪教学改革项目、省重点实验室和省级实训基地等17项"行动计划"。项目开设总体上合理,重点突出,覆盖面广。通过这些项目的开展,抓住了撬动高等教育改革与发展的杠杆,找到了执掌高等教育质量生命线的钥匙。

表6-27   "行动计划"主要分项目及建设数量情况一览表

序号	项目名称	分项目建设内容	分项目建设数量（个）
1	重点专业（或特色专业）	本科重点专业	200
		高职特色专业	200
2	省级精品课程	本科专业	500
		高职专业	500
3	省级重点教材	本科专业	500
		高职专业	1000
4	省重点实验室和省级实训基地	本科重点专业试验室	200
		省高职实训基地	100
5	省级教学改革研究项目	21世纪教改课题	500
6	大学生学科竞赛	每个项目平均10万	200
7	人才培养模式创新试验区	人才培养创新实践区	30

续表

序号	项目名称	分项目建设内容	分项目建设数量（个）
8	教学名师和教坛新秀	教学名师	200
		教坛新秀	400
9	省级教学团队	省级教学团队	200
10	省级高职资源库和大学生试题库建设	高职资源库建设	100
		大学生公共试题库	50
11	数字图书馆建设	省数字图书馆建设	5
12	省示范高职院校建设	省示范高职院校建设	100
合计			4985

截至目前，已有近 5000 个项目建设点分布在浙江省各级各类高校中。通过这些项目点的带动与示范，各高校的校级质量工程也得以扎实推进。

2. 工程规划与组织架构

由省教育厅牵头，成立质量工程领导小组办公室。各高校成立分管领导负责的工作组，内部普遍实行"校—教学单位"的两级管理体制。学校教务处负责教学质量工程项目建设工作，处理具体日常事务。各高校根据国家和省相关文件精神和要求，制定项目建设规划，设计项目实施方案，如制定和发布年度教学质量工程项目通知和项目指南；组织校级建设项目评审和厅（省）级、部级建设项目的推荐申报；指导、检查、监督项目建设进展情况，及时协调、解决建设过程中的问题；组织对项目的检查、验收和评价，负责项目中止、撤销等工作；推广宣传项目建设成果等。

为了更好地推进各项目的实施，发挥广大教师的积极性和创造性，高校还根据具体实施情况设立了自己的组织，如"××大学大学生科技竞赛委员会"、"××大学教材建设委员会"等，更有针对性地实施项目建设和管理。

3. 相关配套政策建设

浙江省根据国家质量工程的精神内容，结合省情及各高校校情，总体规划，通盘考虑，确定了具有基础性、全局性、发展性和引导性的项目作为改革的突破口。省教育厅各职能部门先后制定了《重点专业建设管理办法》《精品课程建设管理办法》《教学名师评选办法》《教材建设与管理办法》《大学生科技竞赛创新工程实施办法》《教师教学质量评估办法》《教学研究与改革立项管理办法》《校外实习基地建设管理办法》等基础性文件。同时,省教育厅严格要求各高校对照厅(省)级"行动计划"要求,制定相应的系列政策文件和相关配套文件,落实相关配套措施,使之互相融合、密不可分,构成一个纲举目张、政令畅通的有机整体。各高校教学质量工程项目普遍实行校级、厅(省)级、部级三级管理制度,并在实践中不断加强项目的建设和管理,提升项目工程的运行量。

表6-28　　浙江省有关省级"质量工程"的相关文件目录

序号	发文字号	发文内容
1	浙教计〔2007〕77号	浙江省教育厅、浙江省财政厅关于实施"十一五"期间全面提升高等教育办学质量和水平行动计划的通知
2	浙教高教〔2007〕9号	浙江省教育厅关于2006年普通高校新专业、精品课程、21世纪教改项目抽查和专家随机听课情况的通报
3	浙教办高教〔2007〕43号	浙江省教育厅办公室关于对高等学校2007届本专科毕业设计(论文)进行抽查的通知
4	浙教高教〔2007〕60号	浙江省教育厅关于公布第一批省级实验教学示范中心名单的通知
5	浙教办高教〔2007〕113号	浙江省教育厅办公室关于申报2007年21世纪高等教育教学改革项目的通知
6	浙教办高教〔2007〕118号	浙江省教育厅办公室关于组织开展第三届高等学校教学名师奖、首届高等学校教坛新秀奖评选表彰工作的通知
7	浙教高教〔2007〕167号	浙江省教育厅关于公布2007年度省普通高校精品课程名单的通知
8	浙教高教〔2007〕172号	浙江省教育厅关于公布2007年省级实验教学示范中心建设项目的通知
9	浙教办高教〔2007〕186号	浙江省教育厅办公室关于开展高校教学专项抽检和验收工作的通知
10	浙教办高教〔2007〕188号	浙江省教育厅办公室关于召开2007年省高等学校教学名师奖、教坛新秀奖评审会议的通知

序号	发文字号	发文内容
11	浙教电传〔2007〕119号	浙江省教育厅办公室关于召开2007年省高等学校21世纪教学改革项目评审会议的通知
12	浙教电传〔2007〕123号	浙江省教育厅关于第三届高等学校教学名师奖和首届高等学校教坛新秀奖拟获奖名单公示
13	浙教高教〔2007〕199号	浙江省教育厅关于公布2007届普通高校毕业设计（论文）抽查结果的通知
14	浙教高教〔2007〕205号	浙江省教育厅、浙江省劳动和社会保障厅、浙江省旅游局关于公布2007年全省高等学校学生职业技能大赛获奖名单的通知
15	浙教计〔2008〕11号	浙江省教育厅关于下达2007年省大学生科技竞赛和职业技能竞赛经费的通知
16	浙教办高教〔2008〕18号	浙江省教育厅办公室关于做好在杭高校教师互聘工作的通知
17	浙教高教〔2008〕53号	浙江省教育厅关于印发2007年普通高校教学专项抽检和专家听课情况的通知
18	浙教高教〔2008〕56号	浙江省教育厅关于表彰第三届高等学校教学名师奖和首届高等学校教坛新秀奖获奖教师的决定
19	浙教高教〔2008〕63号	浙江省教育厅关于公布省普通高校重点专业名单的通知
20	浙教高教〔2008〕64号	浙江省教育厅关于公布2007年度本科高校重点建设专业的通知
21	浙科竞〔2008〕2号	关于公布浙江省高等学校首届师范生教学技能竞赛获奖名单的通知
22	浙教计〔2008〕104号	浙江省教育厅、浙江省财政厅关于下达2007年省大学生科技竞赛职业技能竞赛经费的通知
23	浙教办高教〔2008〕75号	浙江省教育厅办公室关于做好2008年度省质量提升行动计划项目评选工作的通知
24	无文号	浙江省教育厅关于2007年度省级高校教学团队和省级高校人才培养模式创新试验区名单公示的通知
25	无文号	浙江省教育厅办公室关于召开2008年省高等学校精品课程评审会议的通知
26	浙教办高教〔2008〕98号	浙江省教育厅办公室关于对普通高校2008届本专科毕业设计（论文）进行抽查的通知
27	浙教高教〔2008〕142号	浙江省教育厅关于公布首届高等学校省级教学团队名单的通知

续表

序号	发文字号	发文内容
28	浙教高教〔2008〕146号	浙江省教育厅关于公布高等学校省级人才培养模式创新实验区名单的通知
29	浙教高教〔2008〕148号	浙江省教育厅、浙江省财政厅关于公布2007年21世纪高等教育教学改革项目及下达补助经费的通知
30	浙教办高教〔2008〕110号	关于举办2008年全省高等学校学生职业技能大赛的通知
31	浙教高教〔2008〕154号	浙江省教育厅、浙江省财政厅关于实施浙江省大学生科技创新活动计划的通知
32	浙科竞〔2008〕11号	关于举行第三届浙江省大学生英语演讲竞赛的通知
33	浙科竞〔2008〕12号	关于举行第五届浙江省高职高专实用英语口语大赛的通知
34	浙科竞〔2008〕13号	关于举行浙江省普通高校第五届大学生财会信息化竞赛的通知
35	浙科竞〔2008〕14号	关于召开2008年浙江省大学生电子设计竞赛赛前组织工作会议的通知
36	浙科竞〔2008〕15号	关于聘请浙江省第二届大学生电子设计竞赛测评专家的通知
37	浙教办高教〔2008〕144号	浙江省教育厅办公室关于公布2008届普通高校毕业设计（论文）抽查结果的通知
38	浙科竞〔2008〕16号	关于举行浙江省高等学校第二届师范生教学技能竞赛的通知
39	浙教高教〔2008〕195号	浙江省教育厅、浙江省财政厅关于下达2007年度下沙高教园区师资互聘课时补助经费的通知
40	浙教高教〔2008〕196号	浙江省教育厅、浙江省财政厅关于下达2007年度省高校精品课程补助经费的通知
41	浙教高教〔2008〕197号	浙江省教育厅、浙江省财政厅关于下达2008年度省普通高校精品课程补助经费的通知
42	浙教办高教〔2008〕170号	浙江省教育厅办公室关于开展高校教学专项抽检和验收工作的通知
43	浙教高教〔2008〕228号	浙江省教育厅、浙江省财政厅关于下达省第四届高等学校教学名师奖和第二届高等学校教坛新秀奖金的通知
44	浙科竞〔2008〕18号	关于召开2008年浙江省大学生学科竞赛工作研讨会议的通知
45	浙科竞〔2008〕19号	关于公布2008年大学生数学建模、电子设计、程序设计、机械设计、结构设计、多媒体作品设计和财会信息化、电子商务、英语演讲、师范生教学技能竞赛获奖名单的通知
46	浙教高教〔2009〕6号	浙江省教育厅、浙江省财政厅关于公布2008年21世纪高等教育教学改革项目及下达补助经费的通知

序号	发文字号	发文内容
47	浙教高教〔2009〕16号	浙江省教育厅、浙江省财政厅关于下达2008年省大学生科技竞赛职业技能竞赛经费的通知
48	浙教电传〔2009〕22号	浙江省教育厅办公室关于报送第六届高等教育省级教学成果奖电子文档及推荐评审专家候选人的通知
49	浙教高教〔2009〕30号	浙江省教育厅、浙江省财政厅关于下达2008年度大学生科技创新活动项目补助经费的通知
50	浙教办高教〔2009〕22号	浙江省教育厅办公室关于开展第六届高等教育省级教学成果奖励工作的通知
51	无文号	浙江省教育厅办公室关于召开第六届高等教育教学成果奖评审会的通知
52	浙科竞〔2009〕1号	关于举行电子商务专业建设与学科竞赛专题研讨会的通知
53	浙科竞〔2009〕2号	关于举行浙江省第六届大学生机械设计竞赛的通知
54	浙科竞〔2009〕3号	关于举行浙江省第八届"宝业杯"大学生结构设计竞赛的通知
55	浙教办高教〔2009〕36号	浙江省教育厅办公室关于公布2008年普通高校教学专项抽查和专家听课情况的通知
56	浙科竞〔2009〕4号	关于举行浙江省第四届大学生电子商务竞赛暨全国高校"创意 创新 创业"电子商务挑战赛浙江分赛区选拔赛的通知
57	浙教办高教〔2009〕46号	浙江省教育厅办公室关于开展省第五届高等学校教学名师奖第三届高等学校教坛新秀奖评选工作的通知
58	浙科竞〔2009〕5号	关于举行浙江省第六届大学生程序设计竞赛的通知
59	浙科竞〔2009〕6号	关于召开2009年浙江省高校财会信息化竞赛与财会教学改革研讨会的通知
60	浙教办高教〔2009〕54号	浙江省教育厅办公室关于做好2009年度省高校重点教材建设工作的通知
61	浙教办高教〔2009〕67号	浙江省教育厅办公室关于申报2009年新世纪高等教育教学改革项目的通知
62	浙教办高教〔2009〕73号	浙江省教育厅办公室关于做好2009年度省级精品课程建设项目推荐工作的通知
63	浙教高教〔2009〕77号	浙江省教育厅办公室关于认真做好2009年省本科重点专业建设项目推荐工作的通知

续表

序号	发文字号	发文内容
64	浙科竞〔2009〕9号	关于召开2009年浙江省电子设计竞赛指导教师高级培训班的通知
65	浙科竞〔2009〕8号	关于组织2009年全国大学生数学建模竞赛工作的通知
66	浙科竞〔2009〕10号	关于举行第八届浙江省大学生多媒体作品设计竞赛的通知
67	浙科竞〔2009〕11号	关于举行第六届浙江省高职高专实用英语口语大赛的通知
68	浙教高教〔2009〕92号	浙江省教育厅关于要求批准第六届高等教育省级教学成果奖项目的请示
69	浙教函〔2009〕89号	浙江省教育厅关于推荐2009年度高等学校第四批特色专业建设点的函
70	浙科竞〔2009〕12号	关于举行浙江省第一届大学生生命科学竞赛的通知
71	浙教电传〔2009〕121号	浙江省教育厅办公室关于开展21世纪高等教育教学改革项目交流评审工作的通知
72	浙科竞〔2009〕13号	关于举行浙江省第六届大学生财会信息化竞赛的通知
73	浙科竞〔2009〕14号	关于举行浙江省第四届大学生英语演讲竞赛的通知
74	浙教高教〔2009〕117号	浙江省教育厅办公室、浙江省经济和信息化委员会关于举行浙江省第一届大学生工业设计竞赛的通知
75	浙教办高教〔2009〕115号	浙江省教育厅办公室、浙江省人力资源和社会保障办公室关于举办2009年全省高等学校学生职业技能大赛的通知
76	浙科竞〔2009〕15号	关于举行浙江省高等学校第三届师范生教学技能竞赛的通知
77	浙教高教〔2009〕153号	浙江省教育厅关于公布第六届高等教育省级教学成果奖获奖项目的通知
78	浙教高教〔2009〕163号	浙江省教育厅、浙江省财政厅关于公布2009年度省普通高校精品课程建设项目并下达补助经费的通知
79	浙教办高教〔2009〕129号	浙江省教育厅办公室关于做好2009年度省级教学团队推荐工作的通知
80	浙教高教〔2009〕189号	浙江省教育厅、浙江省财政厅关于下达2008年度在杭高校师资互聘课时补助经费的通知
81	浙教办高教〔2009〕144号	浙江省教育厅办公室关于开展本科院校合格教学实验室建设和申报工作的通知
82	浙教高教〔2009〕187号	浙江省教育厅、浙江省财政厅关于下达第六届高等教育省级教学成果奖奖金的通知

续表

序号	发文字号	发文内容
83	浙教高教〔2009〕188号	浙江省教育厅、浙江省财政厅关于下达2009年21世纪高等教育教学改革项目补助经费的通知
84	浙教办高教〔2009〕153号	浙江省教育厅办公室关于公布2007年省21世纪高等教育教学改革项目中期检查结果的通知
85	浙教高教〔2009〕203号	浙江省教育厅关于公布2009年省本科重点专业建设项目的通知
86	浙教办高教〔2009〕172号	浙江省教育厅办公室关于公布2009届普通高校毕业设计（论文）抽查结果的通知
87	浙教电传〔2009〕240号	浙江省教育厅办公室关于组织开展省级实验教学示范中心建设点推荐工作的通知
88	浙教高教〔2009〕213号	浙江省教育厅关于公布高等学校2009年度省级教学团队名单的通知
89	浙教办高教〔2010〕19号	浙江省教育厅办公室关于做好2010年度教育部高等学校教学质量与教学改革工程项目推荐申报工作的通知
90	浙教电传〔2010〕79号	浙江省教育厅办公室关于开展"质量工程"和"行动计划"总结工作的通知
91	浙教办高教〔2010〕72号	浙江省教育厅办公室关于公布2009年普通高校教学专项检查情况的通知

4. 省级财政经费的规划与落实

财政投入是"行动计划"各项目得以顺利实施的基础性条件。浙江省十分重视对"行动计划"的财政投入，由省级财政安排专项资金，计划投入10余亿元，项目和经费由省财政厅和省教育厅提出方案及管理办法，报省政府同意后组织实施。项目实施中不断完善多渠道筹措办学经费体制，强化项目管理，加强经费使用监督和检查，提高经费使用效益。

表6-29　　　　省级"质量工程"建设经费投入汇总表

序号	项目名称	省级财政投入（万元）	备注
1	重点专业（或特色专业）	16000	本科、高职各8000万
2	省级精品课程	5000	本科、高职各2500万
3	省级重点教材	3000	本科1000万，高职2000万

续表

序号	项目名称	省级财政投入（万元）	备注
4	省重点实验室和省级实训基地	20000	本科、高职各 10000 万
5	省级教学改革研究项目	1000	
6	大学生学科竞赛	800	
7	人才培养模式创新试验区	0	
8	教学名师和教坛新秀	600	
9	省级教学团队	0	
10	省级高职资源库和大学生试题库建设	3000	本科 1000 万，高职 2000 万
11	数字图书馆建设	7000	
12	省示范高职建设	15000	
合计		71400	

二 "行动计划"政策执行的利益相关者调研

为了从不同群体和层面了解质量工程建设实施情况，省教育厅委托课题组组织了系统调查，设计了分高校教学管理干部卷、高校教师卷和学生卷三种类型问卷。调查于 2010 年 5 月面向全省高校开展，共收回高校教学管理干部卷 1012 份，其中有效问卷 979 份，问卷有效率为 96.7%；收回高校教师卷共 739 份，有效问卷 720 份，问卷有效率为 97.4%；收回高校学生卷 878 份，有效问卷 865 份，问卷有效率为 98.5%。

（一）高校教学管理者眼中的"行动计划"

高校教学管理干部卷调查的对象主要为学校领导、教务处负责人、实验室处负责人、院系领导、院系教学办公室负责人。从调查得到的情况看，本次调查中，院系领导是这类群体参与调查的主体，占 52.8%；其次是教务处负责人和院系教学办公室负责人，分别占 19.4% 和 13.8%；学校领导和实验室负责人则分别为 7.4% 和 6.6%。

1. 管理者对开展"行动计划"的态度调查

调查发现，高校教学管理干部对"行动计划"的实施怀有非常积极的态度，对"行动计划"持"非常支持"和"支持"态度的调查者分别占 54.30% 和 42.40%，而对"行动计划"持有"不支持"和"无所谓"

态度的则只占 1. 20% 和 2. 10%（见图 6 – 11）。

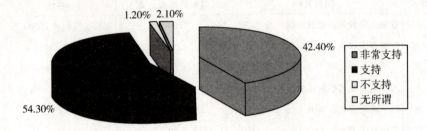

图 6 – 11　调查者对"行动计划"的态度

被调查者对"行动计划"的现状普遍持满意态度，其中认为非常满意和满意的分别为 13.5% 和 65.5%，认为"行动计划"现状一般的为 20.1%，有 0.9% 的被调查者对"行动计划"的现状表示不满。调查发现，本科院校和高职院校在对"行动计划"现状的看法上是一致的，具体结果如表 6 – 30 所示。

表 6 – 30　　本科和高职院校人员对"行动计划"现状的看法比较　　单位:%

	非常满意	满意	一般	不满意	合计
本科	13.25	67.89	18.53	0.33	100
高职	14.16	65.11	19.69	1.04	100

2. 管理者对学校实施"行动计划"的措施分析

被调查者所在的学校在推进"行动计划"方面采取的对项目负责人奖励政策措施多种多样，其中，有 53.7% 的院校实行物质奖励，评奖评优优先的占了 60%，职称评聘和岗位聘任优先的占比为 56.4%，立项教学研究项目优先的占比与前三类相比较小，为 37.6%。有 19.1% 的学校在国内外进修培训时优先考虑"行动计划"中的项目负责人，此外，还有 3.4% 的院校实行其他奖励措施。

调查发现，被调查对象对推进"行动计划"的优先点有不同认识，有 40.3% 的被调查者认为自己所在学校把强化质量意识作为推进"行动计划"的优先点，有 31.9% 的被调查者认为自己所在学校把优化人才培养模式作为"行动计划"的优先点，16.1% 的人认为所在学校把改革课程教学方法和内容作为优先点,把强化产学研合作和完善实践教学条件作为优先点的则分别占了6.4%和4.7%,有0.6%的学校则把其他措施作为推进"行动计划"的优先点(见图6-12)。

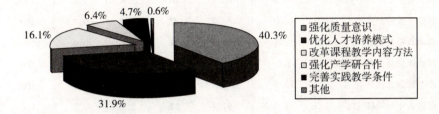

图6-12 "行动计划"中的工作优先点

经费配套是行动计划实施过程中的一种重要措施。从被调查者所在学校对实施"行动计划"的经费配套情况看,有74.2%的高校实行1:1的经费配套,甚至有12.5%的高校实行大于1:1的经费配套,经费配套小于1:1和无配套的分别占9.9%和3.4%,具体如表6-31所示。

表6-31　　本科和高职院校推进"行动计划"中经费配套比较　　单位:%

经费配套/比例	大于1:1	等于1:1	小于1:1	无配套	合计
本科	6.67	79.65	12.28	1.40	100
高职	15.65	72.12	8.63	3.60	100

3. 高校管理者对实施"行动计划"作用的看法调查

课题组把实施"行动计划"的作用分成七项内容,分别为:提高高等教育总体质量、巩固教学工作的中心地位、转变学校的教学理念、调动教师教学积极性、调动学生自主学习积极性、改善教学条件、促进人才培养模式改革。调查发现,大部分高校教学管理干部认可"行动计划"的作用,认为实施"行动计划"后对这些方面的作用非常显著和比较显著的占了大多数,但从调查中也可以发现,被调查者认为在调动学生自主学习积极性的作用上,认为非常显著和比较显著的分别占了5.0%和40.2%,认为一般的占了46.5%,说明被调查者认为实施"行动计划"在调动学生自主学习积极性上起到的作用较小(见表6-32)。

表 6 – 32　　　　　　被调查者对实施"行动计划"作用的看法　　　　　单位:%

作用/比例	非常显著	比较显著	一般	较小	不了解	合计
提高高等教育总体质量	12.9	63.6	21.2	1.2	1.1	100
巩固教学工作的中心地位	13.6	62.4	20.4	2.6	1.0	100
转变学校的教学理念	14.0	61.7	22.2	1.3	0.7	100
调动教师教学积极性	10.7	56.1	28.3	3.9	0.9	100
调动学生自主学习积极性	5.0	40.4	46.5	7.2	1.1	100
改善教学条件	13.5	58.1	25.9	2.1	0.8	100
促进人才培养模式改革	13.0	61.4	22.8	2.0	0.8	100

4. 管理者对"行动计划"实施效果和经验的调查

（1）"行动计划"效果评价分析。对"行动计划"建设的 16 个项目实施效果进行评价，从被调查者的评价中可知，大多数被调查者认为16 个项目实施效果的作用非常显著或者比较显著，尤其是重点（特色）专业建设、精品课程建设和教改项目，认为效果非常显著和比较显著的比例分别为 83.4%、79.5% 和 74.2%。接下来依次是重点教材建设、资助大学生学科和技能竞赛活动和教学团队建设等，调查发现，认为项目实施效果作用"非常显著"和"比较显著"不到 50% 的依次是省属本科教学业绩考核结果与财政拨款挂钩制度、本科教学质量监测结果发布制度和人才培养模式创新实验区，分别为 43.1%、43.8% 和 46.7%（见表 6 – 33）。

表 6 – 33　　　　被调查者对"行动计划"16 个项目实施效果评价　　　　单位:%

效果/评价	非常显著	比较显著	一般	较小	不了解	合计
重点（特色）专业建设	24.1	59.3	14.3	1.1	1.1	100
精品课程建设	26.9	52.6	17.4	2.7	0.4	100
重点教材建设	17.7	51.5	26.0	3.8	1.0	100
教学改革项目	18.7	55.5	23.0	1.7	1.1	100
实验教学示范中心建设	14.5	47.7	28.5	3.0	6.3	100
示范性实训基地	19.9	47.5	25.0	3.1	4.6	100
大学生科技创新计划	12.1	44.8	34.1	4.7	4.3	100
人才培养模式创新实验区	9.2	37.5	38.2	5.0	10.0	100

续表

效果/评价	非常显著	比较显著	一般	较小	不了解	合计
资助大学生学科和技能竞赛活动	18.1	49.8	25.2	3.3	3.6	100
教学团队建设	15.2	52.2	27.7	4.3	0.6	100
高校教学名师奖的评选与表彰	12.7	46.0	32.4	6.5	2.3	100
高校教坛新秀的评选与表彰	13.0	49.2	30.2	6.4	1.3	100
高校教师教学工作业绩考核制度	13.8	46.1	32.6	6.1	1.5	100
高校本科教学质量监测结果发布制度	8.2	35.6	33.1	5.1	18.1	100
本科教学业绩考核和财政拨款挂钩制度	10.3	32.8	26.3	5.3	25.2	100
省级示范高职院校建设	20.0	41.4	18.7	2.9	17.1	100

（2）"行动计划"教师参与的受益面分析。调查发现，教师在参与"行动计划"中普遍获益，有18.5%的被调查者认为教师受惠面在50%以上，有10.6%的被调查者认为受惠面在41%—50%，但是也有22.9%的被调查者认为教师受惠面在20%以下。从本科和高职院校看，本科院校参与"行动计划"教师受惠面认为在21%—30%、31%—40%上明显高于高职院校，而高职院校被调查者认为教师参与受惠面在50%以上的则远远高于本科院校，这表明了高职院校更注重教师参与"行动计划"的受惠面（见图6-13）。

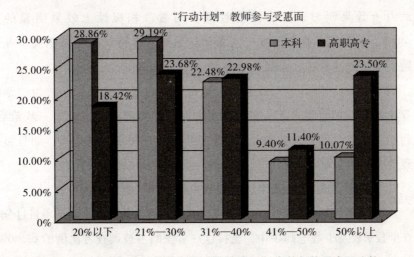

图6-13 本科和高职院校参与"行动计划"中教师的受惠面比较

（3）"行动计划"中值得推广的经验。从被调查者对"行动计划"中认为值得推广的项目管理经验看，以省级财政投入带动地方财政投入和以人才培养过程为中心设立建设项目被认为是最值得推广的项目管理经验，这一比例分别占63.4%和64.1%。有28.1%和28.7%的被调查者认为项目评审制度和项目备案制度是值得推广的"行动计划"管理经验。从本科院校和高职院校对"行动计划"认为值得推广的项目管理经验比较看，本科院校更注重省、学校二级管理体制，高职院校则更看重以省级财政投入带动地方和学校投入（见表6-34）。

表6-34　　　本科和高职院校在"行动计划"中认为值得推广的
项目管理经验比较　　　　　　单位:%

经验/ 比例	省、学校二级 管理体制	省级财政带动 地方和学校投入	以人才培养为 中心设立项目	项目评 审制度	项目备 案制度	其他	合计
本科	46.51	55.26	63.16	24.34	24.34	1.64	100
高职	40.17	69.11	65.36	30.03	31.40	1.71	100

"行动计划"大部分项目改"省级评审"为"学校推荐＋备案"后，对扩大高校自主权和有利于高校科学定位特色发展尤其明显，这个比例分别占了71.20%和64.40%，有43.10%的被调查者认为在提高高校教学改革动力上效果明显，认为调动教师参与教改积极性上效果明显的有47.40%，具体的数据如图6-14所示。另外，本科院校和高职院校在此问题上有一致性看法，未见明显差异。

调查进一步显示，"行动计划"大部分项目改"省级评审"为"学校推荐＋备案"后也带来了一定的不利影响，主要表现在实行这一政策后，不利于项目在学科中的合理分布，影响国家级质量工程的选拔，而且可能导致公正性的欠缺。

5. 管理者认为"行动计划"实施中存在的问题及原因

从调查情况看，"行动计划"在实施过程中存在的问题主要是项目过分集中在少数学校及少数老师手中，支持这一看法的占被调查者比例的63.40%，有40.60%的被调查者认为资助经费不足，认为项目评审过程中的科研取向和项目管理体制不健全的分别占了38.0%和29.50%（如图6-15）。

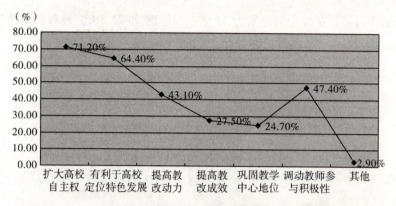

图 6-14 项目改"省级评审"为"学校推荐+备案"后的效果

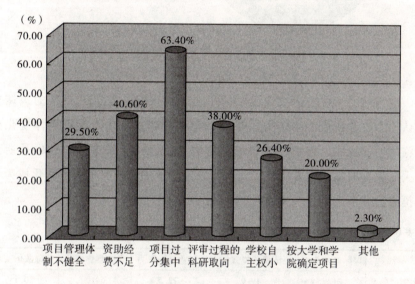

图 6-15 "行动计划"实施过程中存在的问题

从影响"行动计划"建设效果的主要因素看，有 54.9% 的被调查者认为学校整体师资水平是影响"行动计划"建设效果的因素，有 52.3% 的被调查者认为学校重视程度是影响"行动计划"建设效果的因素，而认为学校管理水平、经费投入水平和项目运作机制是影响因素的分别占 44.5%、45.1% 和 49.2%。

被调查者认为当前浙江省教育存在的最主要问题是教育投入不足、教学条件紧张、专业设置课程体系与社会需求脱节和人才培养规格或模式的趋同，从调查中可知，这些比例分别为 33.0%、31.2% 和 24.3%，教师队伍整体素质不高和教学模式方法落后则只占了 5.0% 和 4.5%（见图 6-16）。

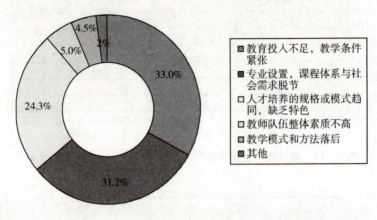

图 6-16　当前浙江省大学教育存在的最主要问题

从当前浙江省大学教育面临的主要挑战来看，高达 72.5% 的被调查者认为主要是就业市场压力，有 54.9% 的被调查者认为学生群体变化是面临的主要挑战，有 49.9% 的被调查者认为经济增长模式转型也是浙江省大学教育面临的主要挑战，而认为国际竞争加剧和教师队伍变化成为主要挑战的分别占 21.7% 和 30.1%（见表 6-35）。

表 6-35　　　　　　　　当前浙江省大学教育面临的主要挑战

挑战	国际竞争加剧	经济增长模式转型	就业市场压力	学生群体变化	教师队伍变化
比例（%）	21.7	49.9	72.5	54.9	30.1

（二）高校教师眼中的"行动计划"

高校教师主要包括"行动计划"的项目负责人、参与"行动计划"项目的教师、院系主要负责人和普通教师。从调查情况看，高校教师的调查问卷中，有 17.3% 的被调查者为"行动计划"的项目负责人，参与"行动计划"的教师占 23.4%，有 10.7% 为院系主要负责人，48.6% 的被调查者为普通教师。从专业技术职务看，21.2% 的被调查者为教授（研究员），36.9% 的被调查者为副教授（副研究员），有 34.3% 的被调查者为讲师（助理研究员），助教（实习研究员）占了 7.6%。从研究领域看，被调查者中文科和工科占了多数，分别为39.9%和33.9%，理科为12.5%，农科最少为2.9%。高职院校的教师是本次调查的主体，占了69.1%，本科院校为30.9%；大多数的被调查者属于公办学校，占比68.8%，民办学校占31.2%。省属高校和地方属高校教师为调查主体，占比为43.5%和45.5%，省级部门属高校占比为11%。

1. 高校教师对开展"行动计划"的态度调查

从高校教师对"行动计划"的了解程度看，有56.8%的教师对此比较了解，非常了解的只占8.7%，而对"行动计划"不太了解和完全不了解的分别为28.6%和5.9%。从本科和高职院校教师分类看，本科院校的教师对"行动计划"非常了解和比较了解的比例略高于高职院校，分别为8%和63.33%，高职院校这个比例则分别为6.29%和54.19%（见表6-36）。

表6-36　　　　　高校教师对"行动计划"的了解程度　　　　　单位:%

院校类型/了解程度	非常了解	比较了解	不太了解	完全不了解	合计
总体	8.7	56.8	28.6	5.9	100
本科	8	63.33	23.33	5.34	100
高职	6.29	54.19	33.83	5.69	100

从对"行动计划"的态度看，有66.1%的教师对"行动计划"建设持有支持态度，非常支持的占26.9%，只有1.1%的教师不支持"行动计划"的开展，另外有5.9%的教师认为开不开展"行动计划"建设是无所谓的。从本科和高职院校教师分类看，对开展"行动计划"建设的趋同性非常明显（见表6-37）。

表6-37　　　　　高校教师对"行动计划"建设的态度　　　　　单位:%

院校类型/态度	非常支持	支持	不支持	无所谓	合计
总体	26.9	66.1	1.1	5.9	100
本科	25.83	64.24	1.98	7.95	100
高职	25.52	68.55	0.30	5.63	100

从对高校教师是否主持或参与过"行动计划"项目看，47.5%的教

师曾主持或参与过"行动计划",课题组又对主持或参与过"行动计划"的教师做了调查,他们主持或参与"行动计划"的项目级别中,省级"行动计划"为多数,占比56.0%,参与校级"行动计划"的为31.7%,参与国家级"行动计划"的为12.4%。从本科院校教师和高职院校教师分类统计看,被调查群体本科院校教师中参与国家级和省级"行动计划"的教师比例明显高于高职院校的教师,分别为13.79%和71.26%,而高职院校教师参与校级"行动计划"的比例远远高于本科院校(见图6–17)。

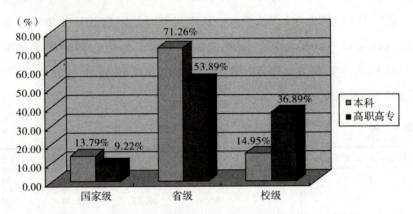

图6–17 本科和高职院校教师参与"行动计划"级别比较

2. 高校教师对"行动计划"实施现状的认知

课题组把"行动计划"的现状分为以下几个方面:一是教师对"行动计划"现状的满意度分析;二是学校在开展"行动计划"中的工作优先点;三是学校开展"行动计划"中对项目负责人和立项方面的政策措施;四是"行动计划"中的经费配套情况。

(1)高校教师对"行动计划"满意度的分析

从调查情况看,分别有10.2%和59.3%的教师对所在学校"行动计划"现状持有非常满意和满意的态度,有28.6%的教师认为自己所在校开展的现状为一般,对所在校开展"行动计划"现状不满意的只占了1.9%。本科院校教师和高职院校教师在满意度调查中反映趋同,未见显著差别(见表6–38)。

表6-38 高校教师对"行动计划"现状的满意度调查 单位:%

院校类型/满意度	非常满意	满意	一般	不满意	合计
总体	10.2	59.3	28.6	1.9	100
本科	11.92	57.62	29.80	0.66	100
高职	9.72	59.86	29.78	0.94	100

从调查发现看,有86.7%的高校设立了配套的教学建设与改革项目,这些项目分别为特色专业、精品课程、重点教材、教改项目、双语课程、重点专业和教学团队建设等。

(2)高校教师对"行动计划"工作优先点的理解

从调查情况看,有38.3%的高校教师认为自己所在校在"行动计划"中的工作优先点为强化质量意识,分别有29.4%和18.1%的高校教师认为优化人才培养模式和改革课程教学内容方法是"行动计划"的工作优先点,而认为把完善实践教学条件和改进教材作为工作优先点的只占1.9%和2.6%(见图6-18)。

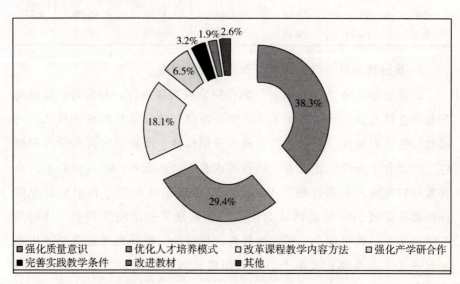

图6-18 "行动计划"中的工作优先点

(3)高校教师对学校"行动计划"的政策措施分析

从高校教师所在学校推进"行动计划"对项目负责人采取的奖励措

施调查看，有 51.5% 的高校教师认为所在校会提供评奖评优优先，分别有 49.9% 和 41.3% 的教师认为会提供职称评聘、岗位聘任优先和物质奖励，认为会提供立项教学研究项目优先的占了 32.5%，只有 18.1% 的教师认为会提供国内外进修培训优先。

从教师所在校对有效推进"行动计划"项目立项方面采取的政策措施看，有 60.7% 的教师认为所在学校定期检查评估项目进展，认为邀请专家到校交流指导和校内外调研学习的比例分别为 56.2% 和 54.1%，分别有 48.5% 和 44.3% 的教师认为所在校还组织项目骨干成员参加专题培训和组织校内经验交流，可见各校在有效推进"行动计划"立项方面采取的政策措施是多种多样的（见表 6-39）。

表 6-39　　　　高校教师对"行动计划"立项采取的政策措施调查　　　　单位:%

院校类型/政策措施	定期检查评估项目进展	校内外调研学习	项目骨干成员参加专题培训	邀请专家到校交流指导	组织校内经验交流	其他
总体	60.7	54.1	48.5	56.2	44.3	5.9
本科	69.74	53.95	34.21	57.24	45.39	6.58
高职	55.79	55.19	54.60	56.08	44.81	5.36

3. 高校教师对"行动计划"作用的看法调查

课题组把实施"行动计划"的作用分成八项内容，分别为：提高高等教育总体质量、巩固教学工作的中心地位、转变学校的教学理念、调动教师教学积极性、调动教师自身教学积极性、调动学生自主学习积极性、改善教学条件、促进人才培养模式改革。从表 6-40 可以看出，高校教师对实施"行动计划"起到的作用普遍是认可的，表中相对应的作用都有超过 50% 的教师认为作用是非常显著和比较显著的，特别是在转变学校的教学理念、调动教师自身积极性、提高高等教育总体质量和促进人才培养模式改革上，认为作用显著和比较显著的比例分别为 68.4%、67.9%、67.9% 和 67.6%。与其他作用相比，"行动计划"在提高学生自主学习积极性上的作用较弱，认为其作用一般的占了 39.9%（见表 6-40）。

表 6 - 40	高校教师对实施"行动计划"作用的看法				单位:%	
作用/比例	非常显著	比较显著	一般	较小	不了解	合计
提高高等教育总体质量	9.9	58.0	24.4	2.9	4.7	100
巩固教学工作的中心地位	10.7	55.5	26.9	1.8	5.0	100
转变学校的教学理念	10.1	58.3	25.6	2.5	3.5	100
调动教师教学积极性	9.0	50.2	34.4	3.1	3.4	100
调动教师自身教学积极性	15.2	52.7	26.1	2.4	3.6	100
调动学生自主学习积极性	5.3	46.0	39.9	4.9	3.9	100
改善教学条件	9.2	55.2	29.4	2.8	3.4	100
促进人才培养模式改革	9.5	58.1	26.3	2.4	3.7	100

从对"行动计划"在提高教师的教学水平上发挥的作用调查看,分别高达 68.6% 和 63.9% 的教师认为"行动计划"的开展使得教师转变了教学理念并改进了教学方法,有 49.7% 的教师认为他们更注重教学团队合作,而对教学更加重视的教师占比为 45.9%,另外,还有 3.5% 的教师认为"行动计划"的开展还带来一些其他作用。从本科和高职院校的分类统计看,本科院校教师认为对教学更加重视的占比为 53.2%,而高职院校只占 40.71%,可见本科院校教师更注重教学,而高职院校教师在教学理念的转变、教学方法的改进和更加重视团队合作上优于本科院校,具体的数据如图 6 - 19 所示。

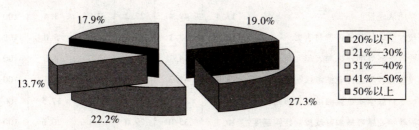

图 6 - 19 教师受惠面的调查

调查得知,认为"行动计划"带来的教师受惠面在 21%—30% 的为 27.3%,分别有 22.2% 和 19.0% 的教师认为受惠面在 31%—40% 和 20% 以下。对教师受惠面调查的选项非常分散,而且各教师之间看法差异很大。

4. 教师对"行动计划"建设项目的效果评价和经验判断

(1) 教师对"行动计划"效果评价分析

调查显示，高校教师对实行"行动计划"后带来的重点（特色）专业建设、精品课程建设、重点教材建设和教学改革项目的效果评价非常好，认为它们带来的效果评价中非常显著和比较显著的比例分别为81.3%、81%、71.3%和72%。对高校本科教学质量监测结果发布制度和省属普通高校本科教学业绩考核结果与财政拨款挂钩制度的效果认可度不高，认为它们实行的效果显著的分别为48.2%和45.3%（见表6-41）。

表6-41　　　高校教师对"行动计划"16个项目实施效果评价　　　单位:%

效果/评价	非常显著	比较显著	一般	较小	不了解	合计
重点（特色）专业建设	22.4	58.9	13.8	1.8	3.1	100
精品课程建设	27.3	53.7	14.7	2.4	2.0	100
重点教材建设	16.9	54.4	23.9	1.8	3.0	100
教学改革项目	18.7	53.3	23.6	1.6	2.8	100
实验教学示范中心建设	18.5	45.0	27.6	2.8	6.2	100
示范性实训基地	19.9	43.4	26.6	3.1	7.0	100
大学生科技创新计划	12.9	40.8	33.3	5.1	8.0	100
人才培养模式创新实验区	12.4	39.6	33.0	5.4	9.6	100
资助大学生学科和技能竞赛	16.0	46.6	26.0	4.2	7.2	100
教学团队建设	17.4	49.4	27.2	2.7	3.4	100
高校教学名师奖的评选与表彰	12.9	43.1	34.3	4.7	5.0	100
高校教坛新秀的评选与表彰	12.5	44.7	33.5	4.7	4.6	100
高校教师教学工作业绩考核制度	13.3	43.3	32.5	6.6	4.3	100
高校本科教学质量监测结果发布制度	10.4	37.8	30.5	3.9	17.5	100
本科教学业绩考核和财政拨款挂钩制度	10.3	35.0	29.0	5.1	20.6	100
省级示范高职院校建设	19.6	40.7	21.9	2.1	15.7	100

(2) 教师对"行动计划"经验的总体分析

从对"行动计划"值得推广的项目管理经验调查中得知，有62.5%的教师认为应以人才培养过程为中心设立建设项目，有56.7%的教师认为要以省级财政投入带动地方和学校投入，有31.2%的教师认为省学校应是二级管理体制,只有 17.2% 和 26.8% 的教师认为应实行项目备案和项目评审制度。从本科院校和高职院校的分类统计看,在省学校二级管理体制和以省级财政投入带动地方和学校投入上没有明显差异,但是以人才培养过程为中心设立建设项目上,高职院校 63.61% 的比例要明显高于本科院校的 43.26%(见表 6 - 42)。

表 6 - 42　　　　本科和高职院校教师对实施"行动计划"
值得推广经验的比较　　　　　　　单位:%

	省学校二级管理体制	以省级财政投入带动地方和学校投入	以人才培养过程为中心设立建设项目	项目评审制度	项目备案制度	其他经验
本科	32.89	56.58	43.26	25	16.45	2.63
高职	28.99	57.99	63.61	30.18	18.34	2.96

5. 教师对"行动计划"实施中的问题及因素理解

从调查中可知,关于"行动计划"实施过程中存在的问题,高达 51.3% 的教师认为项目过分集中在少数学校和少数教师手中,有 44.5% 的教师认为资助经费不足,分别有 29.8% 和 28.8% 的教师认为项目评审过程科研取向和项目管理体制不健全是主要问题。从本科和高职院校分类统计看,高职院校的教师认为项目管理体制不健全的比例要高于本科院校,这两类对象的比例分别为 35.59% 和 23.68%,而 34.21% 的本科院校的教师则认为项目评审过程科研取向明显,高于高职院校的 28.82%。此外,有 14.41% 的高职院校教师还认为学校没有申报和建设的指导,这一比例也高于本科院校 8.55% 的比例,如图 6 - 20 所示。

从"行动计划"建设效果的影响因素来看,有 50.4% 的教师认为经费投入不足是影响"行动计划"的主要因素,分别有 49.3% 和 48.6% 的教师认为学校管理水平和学校重视程度是影响"行动计划"的主要因素,有 47.1% 的教师认为项目运作机制是影响"行动计划"效果的主要因素。从本科和高职分类统计看,高职院校教师认为学校管理水平、经费投入不足和学校整体师资水平是"行动计划"主要影响因素的概率明显高于本科院校,如表 6 - 43 所示。

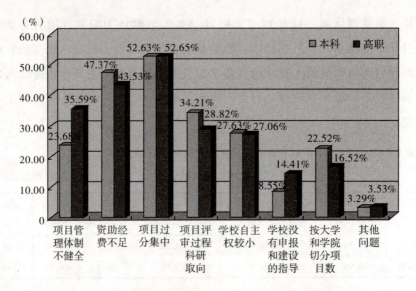

图 6 - 20　本科和高职院校对"行动计划"存在问题的比较

表 6 -43　　　　　　高校教师对影响"行动计划"效果的因素调查　　　　单位:%

院校类型/因素	学校重视程度	学校管理水平	经费投入水平	学校整体师资水平	项目运作机制	其他因素
总体	48.6	49.3	50.4	45.6	47.1	2.5
本科	46.71	40.79	42.76	40.79	41.45	2.63
高职	48.53	53.24	51.76	50.59	48.82	2.94

　　从对教师认为当前大学生教育存在主要问题的调查发现，有 66.4%的教师认为人才培养的规格或模式趋同、缺乏特色，有 53.1%的教师认为专业设置和课程体系与社会需求脱节，有 43.2%的教师认为教育投入不足和教学条件紧张是当前浙江省大学生教育存在的主要问题，有 30.1%的教师认为教师队伍整体素质不高是其主要问题。

　　(三) 高校学生眼中的"行动计划"

　　本次调查本科学生为 37.9%，高职学生为 62.1%。从学生分布的专业看，文科和理科的学生占了多数，这个比例分别为 38.9%和 27.5%；农科的学生最少，只占 2.7%。从学生所在的年级看，一年级和二年级是调查的主体，这个比例分别为 30.1%和 49.5%。从学生从属于公办、民办和独立学院的调查看，66.5%的公办学生是调查的主体，民办的学生占比为30.1%，独立学院的学生占比为3.4%。在这些被调查的学生中，有50.6%的学生为省属高校的学生，地方属高校的学生为39.5%，省级部门所属高校的学生为9.9%。

1. 学生对所在学校教学现状的满意度

调查显示，有47.7%的学生同意对学校教学现状满意度越来越高的说法，有12.5%的学生认为非常同意这种说法，33.2%的学生对学校教学满意度越来越高的说法持一般态度，有1.5%的学生对这种说法非常不同意（见图6-21）。

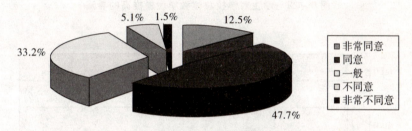

图6-21　学生对学校教学现状的满意度调查

2. 学生对所在学校"行动计划"总体评价

问卷就学生对教学方面的评价设置如下：教学质量提高、学校重视程度、教学条件改善、教学改革、教材质量提高以及教学内容更新等。调查显示，高达56.7%的学生认为学校的总体教学质量在不断提高，甚至有17.3%的学生非常同意这种说法，但也有23.2%的学生认为教学质量提高程度一般。此外，还有2.2%和0.7%的学生不同意或者非常不同意这种说法（见图6-22）。

调查显示，分别有59.9%和20.0%的学生同意或者非常同意学校更加重视教学工作这一说法；对这种说法持有一般态度的占比为17.2%；极少部分学生认为非常不同意这种说法，占比为0.5%（见图6-23）。

从对学校教学条件改善的调查看，有52.5%的学生同意这一说法，另外有19.7%的学生非常同意这一说法，只有0.3%的学生对这一说法非常不赞同（见图6-24）。

从学生对学校不断推进教学改革的调查看，有53.8%的学生认为学校

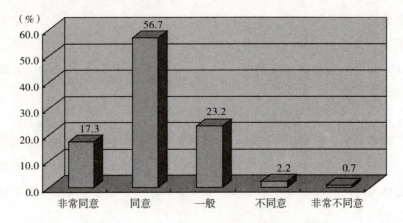

图 6 -22　学生对学校总体教学质量提高的看法

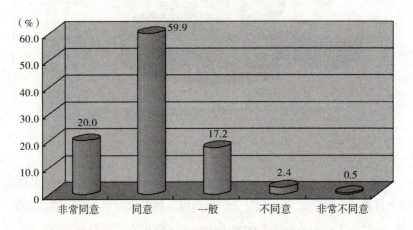

图 6 -23　学生对学校更加重视教学工作的看法

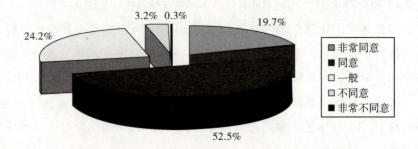

图 6 -24　学生对学校教学条件不断改善的看法

不断推进教学改革，有 17.7% 的学生非常同意这一说法，也有 25.8% 的学生对这一说法持一般态度（见图 6 - 25）。

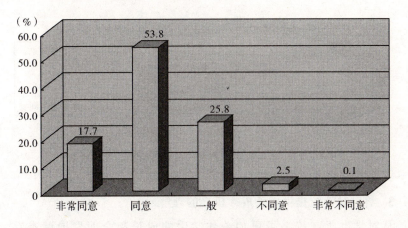

图 6 - 25 学生对学校不断推进教学改革的看法

从学生对学校使用教材质量不断提高的调查看，有 45.7% 的学生表示同意，有 14.0% 的学生非常同意学校使用教材质量不断提高的说法，认为教材质量提高一般的学生占比为 36.3%，此外，还有 3.7% 和 0.3% 的学生不同意或者非常不同意这一说法（见图 6 - 26）。

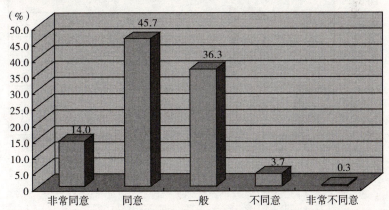

图 6 - 26 学生对学校使用教材质量不断提高的看法

从学生对学校课程教学内容更新明显程度的调查看，有 43.9% 的学生同意这一说法，有 12.6% 的学生表示非常同意，但是高达 38.5% 的学

生对此态度一般，还有 4.7% 和 0.2% 的学生不同意或者非常不认同这种
说法（见图 6 – 27）。

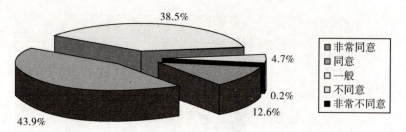

38.5%

4.7%

0.2%

12.6%

43.9%

非常同意
同意
一般
不同意
非常不同意

图 6 – 27　学生对课程教学内容更新明显程度的看法

3. 学生对学校提供成长成才机会的理解

从对学生所在校是否更加关注学生的成长和全面发展调查看，有
53.7% 的学生同意学校最近几年更加关注学生的成长和全面发展的说
法，有 21.7% 的学生表示非常同意，22.0% 的学生对学校这一说法持
一般态度，不同意和非常不同意这一说法的占比分别为 2.3% 和 0.2%。
如图 6 – 28 所示。

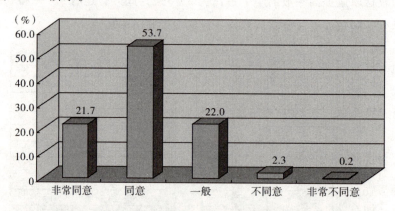

图 6 – 28　学生对所在校最近几年更加关注学生发展的看法

从对学校最近几年经常组织学生参加大学生学科和技能竞赛活动的调
查看，有 50.9% 的学生对学校的这一做法表示同意，有 29.5% 的学生非
常同意这一说法，对这一说法不同意的学生占比为 1.5%（不同意和非常
不同意之和）（见图 6 – 29 所示）。

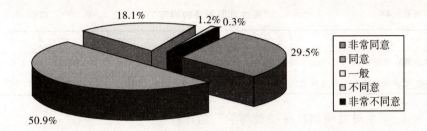

图 6 - 29   学生对学校最近几年经常组织学生参加大学生学科和
技能竞赛活动的看法

从对学校经常组织大学生参加科技创新与创业活动的调查看，分别有
25.1%和50.5%的学生非常同意或者同意此看法，认为学校在组织大学
生参加科技创新与创业活动一般的占比为21.9%，不同意和非常不同意
这一说法的学生占比为2.2%和0.3%（见图6－30）。

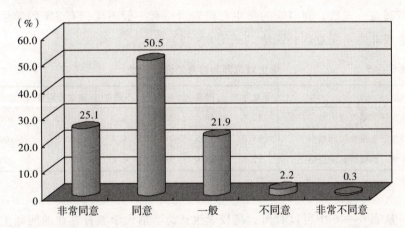

图 6 - 30   学生对学校最近几年经常组织大学生参加科技创新与创业活动的看法

从学生对所在校可利用的网络教育资源增多的调查发现，学生非常认
同最近几年学校提供的网络资源增多的说法，从选择"非常同意"和
"同意"的学生看，占比分别达到了28.6%和51.3%，只有个别学生不认
同这一说法（见图6－44）。

从学校最近几年对专业和课程设置符合市场需求的调查看，50.3%的
学生持有同意态度，非常同意这一说法的学生占比为14.9%。

表 6 - 44　　　　　　　　　对其他方面看法的调查　　　　　　　单位:%

	非常同意	同意	一般	不同意	非常不同意	合计
网络教育资源增多	28.6	51.3	17.1	2.4	0.6	100
专业和课程设置符合市场需求	14.9	50.3	30.1	3.9	0.7	100

4. 学生对教师和自身"教与学"的评价

有 48.7% 的学生同意教师近几年教学方法有改进的说法,有 12.6% 的学生非常认同这一说法,持有不同意或者非常不同意的学生占比分别为 4.3% 和 0.5%。从对教师与学生接触时间增多的调查看,有 39.5% 的学生认同这一说法,但是也有 38.3% 的学生对这一说法持一般态度,不同意这一说法的学生占比为 6.3%,个别学生对这一说法表示完全不同意。从对学生自身学习积极性提高的调查看,有 41.9% 的学生认为自身近几年的学习积极性有所提高,有 12.0% 的学生非常认同自身学习积极性有所提高这一说法,38.1% 的学生对此表示持有一般态度,有 8% 的学生不同意或非常不同意这一说法(见图 6 - 45)。

表 6 - 45　　　　　　　　学生对教师和自身的评价调查　　　　　　单位:%

	非常同意	同意	一般	不同意	非常不同意	合计
教师教学方法改进明显	12.6	48.7	33.9	4.3	0.5	100
教师与学生接触时间增多	15.3	39.5	38.3	6.3	0.7	100
学生学习积极性有所提高	12.0	41.9	38.1	7.4	0.6	100

5. 学生对高校办学中所存在问题的调查

从表 6 - 46 中可以看出,高校学生认为当前大学教育存在的问题主要是人才培养模式趋同缺乏特色,这个比例为 67.2%,有 49.5% 的学生认为专业设置课程体系与社会需求脱节,分别有 37.8% 和 31.2% 的学生认为教育投入不足、教学条件紧张和教学模式及方法落后是当前大学教育存在的主要问题。从本科和高职院校学生的分类比较看,高职院校的学生认为教育投入不足、教学条件紧张和教学模式及方法落后这两个问题的比例要高于本科院校的学生。本科院校的学生认为专业设置与社会需求脱节、人才培养模式趋同和教师队伍整体素质不高是当前大学教育存在问题的比例要高于高职院校的学生,具体数据如表 6 - 46 所示。

表 6 - 46 高校学生对当前大学教育问题的看法 单位:%

院校类型/问题	教育投入不足、教学条件紧张	专业设置课程体系与社会需求脱节	人才培养模式趋同缺乏特色	教师队伍整体素质不高	教学模式和方法落后	其他问题
总体	37.8	49.5	67.2	17.2	31.2	6.5
本科	31.76	60.14	71.28	20.27	27.70	4.73
高职	40.17	42.14	66.53	15.08	33.88	7.87

三 质量工程"行动计划"的政策改进

通过浙江省"行动计划"项目的实施,浙江省重点对人才培养模式、师资队伍建设、专业建设、课程建设、教学改革、大学生科技创新及实验室建设等项目深入开展工程建设。"行动计划"项目已成为浙江省抓教学质量建设,培育特色,提升学校办学水平,提高核心竞争力的重要载体和表现途径。

（一）"行动计划"实施的主要经验与成效

省级"行动计划"配合国家"质量工程"实施三年以来,浙江省高等教育质量总体上得到进一步提高。省教育厅以各工程项目的过程管理为抓手,全面推进"国家—省级—校级"三级质量工程的联动与发展。

1. 教学工作中心地位凸显,人才培养质量保障体系得到加强

"行动计划"与"质量工程"一样,专门针对高校教育教学而设,重在提高高等教育质量。通过"行动计划"的实施,有效地扭转了过去重科研、轻教学的倾向,强化了人才培养是高校的根本任务、质量是高校的生命线、教学是高校的中心工作的理念,突出了本科教学在人才培养中的重要地位和作用,营造了重视本科教学质量的良好氛围,使学校的教学工作出现了崭新的局面。

2. 调动了广大教师的积极性,教师教育教学投入有保障

浙江省"行动计划"配合国家质量工程,在高校广大师生中产生的鲶鱼效应,调动了各高校教师与学生的积极性,鼓舞了干劲。省级教育行政部门制定了翔实的激励机制,提高教师参与质量工程的积极性。各高校上行下效,均制定了相应的政策措施。教师队伍整体素质得到提升,教师

朝着专业化道路发展。有效引导了教师投身教学主战场，教学核心工作得到进一步明确。"行动计划"各项目的实施，吸引了广大教师的目光，提高了教师从事教改教研的积极性，在一定程度上改变了教师注重科研项目而忽视教学建设项目的状况。各项目不仅能够得到省里的资金支持，而且学校还会给予不低于1∶1的配套支持。此外，省里和各高校还普遍采取一些奖励政策，如组织相应的评奖评优活动、职称评聘优先等，这些措施也大大提高了教师申报项目的积极性。教师从中尝到了甜头。

3. 教学团队工作方式初见端倪，教师合作精神得到发展

"行动计划"的各项目总体上说是针对教师团队，强调集体工作和资源共享。为了更好地落实行动计划，在参与项目的建设过程中，要求提高各项目参与人员的团队整体水平，注重团队成员的年龄、职称、学科专业等的合理搭配，鼓励团队精神与部门间的协作，注重教师的参与面，强调项目的可持续性发展。通过项目运行导向上的调控，促进了教师间的相互合作，共同探究，大大提高了教师间的合作交流与团队攻关的能力。

4. 学生日益成为受益的主体，促进优质教育资源共享开放

"行动计划"充分贯彻落实以学生为本的理念，强调学生高校教育教学的主体地位，学生和教师都是教学中的主体，学生不是有待教师填充的容器。"行动计划"每一个项目的实施教师不再唱独角戏，它是师生互动合作、共同发展的结果。如"教学改革项目"等项目，都充分考虑到了学生的参与和评价，学生享有发言权。尤其是"高校教师教学工作业绩考核制度"项目实施以来，各高校完善了教学考核制度，"学评教"成为高校教师教学工作考核制度中的重要组成部分，学生的一票也是衡量教师教学水平的重要参考标准。从学生的受益面看，广大学生获得了更好的教育和更优秀的教育资源，如重点专业、精品课程、重点教材、教学团队、教研教改等项目的建设，加强了对相应项目在人才、资金等方面的投入力度，教学内涵建设得到加强。

5. 学生学习积极性提高，多种新型学习方式得到有效发展

"行动计划"充分调动学生学习的积极性和主动性，学思结合、理论

与实践相结合得到进一步加强。启发式、探究式、讨论式、参与式等教学新形式得到进一步落实,"从重教到重学"的教学理念有所发展,进一步激发了学生的好奇心,培养学生的兴趣爱好,营造独立思考、自由探索的良好环境。课堂教学质量评价制度和教师教学业绩考核制度的改革,使得教师更加重视学生的学情反馈,提高了学生在教学过程中的主体地位,也促进了教师教学水平的提高。尤其是与大学生密切相关的一些项目,学生真心喜爱,真心投入。如"大学生科技创新计划"、"大学生学科和技能竞赛"、"人才培养模式创新实验区"等项目,支持学生直接参与学习实践创新活动,大大提高了学生的学习兴趣和学习自主性,同时,也大大提高了学生的创新实践能力和综合素质。

6. 高校办学优势特色不断彰显,教育教学品牌得到孕育发展

大部分高校以国家质量工程、省级行动计划的相关项目为抓手,进一步整合盘活各教育资源,聚焦、凝练自己的特色,培育拳头产品。如浙江工商大学以省级重点建设专业的申报、建设为契机,发挥"商科"优势,引导培育专业特色,组织对各专业建设进行调研、规划,不断完善修订专业培养方案,深化拓展了专业特色;再如,杭州电子科技大学进一步发挥自己的优势,在电子信息等方面的大学生竞赛、大学生科技创新等方面越来越做大做强自己的优势项目。

（二）"行动计划"存在的问题及原因分析

"行动计划"项目是全省高校在 21 世纪实施的重大教育新政,在实施过程中难免会遇到这样或那样的问题,主要表现为以下几方面。

1. 教学与科研的矛盾突出,存在"重科研、轻教学"现象

一方面,随着高等教育招生规模的不断扩大,高校如何在扩招的情况下保证教学品质已经成为教育界及社会普遍关注的问题;另一方面,随着"质量工程"和"行动计划"的开展,教师的教学工作业绩也成为教师考核的重要指标,逐步在职称评审中有所体现。但目前状况仍是在职称晋升以及教师评鉴制度中明显倾向于教师科研,结果必然使高校教师产生教学与研究工作上的角色冲突和时间冲突,间接产生"重科研、轻教学"的倾向,这对保证和提升大学的教学品质是不利的。

2. 功利化取向客观存在，存在"重申报、轻建设、弱分享"的现象

自"质量工程"实施以来，推进质量工程建设已成为各个高校教学建设的主要工作，也成为评价各个高校教学质量的重要指标，学校都给予高度重视。但在申报建设过程中，"重申报、轻建设、弱分享"的情况还是较为普遍的，有较多的包装成分或名人效应在内，有些院校甚至在评审结束后就将有关资源从网上删除，没有起到项目应起到的引领、示范和共享的作用。与项目申报时的轰轰烈烈形成鲜明对照的是，项目立项后却轻视项目的建设和过程管理，尤其是项目成果难以得到应有的分享、共享，即使是最强调资源共享的精品课程，其网络平台的建设也多半不尽如人意。此外，项目的评估验收环节相对宽松，也在一定程度上造成成果与资源的共享很不理想。

3. 顶层设计体现不够，存在"绩效不高、重复建设"的现象

"行动计划"建设专项需要整体设计，从质量工程项目评审的实际操作运行来看，精品课程、人才培养模式创新试验区、教学名师与教坛新秀、特色专业、实验实训基地建设等项目虽然看似相互区分，但内涵与界限并不十分清晰，内容有所交叉重合，项目之间的边界不清，项目各自的定位需要进一步明确。如特色专业建设实际上与师资队伍建设和试验实训基地建设紧密结合的，也与教学团队建设项目、人才培养模式创新试验区等相关。尤其是各种"申报表"的同质化现象导致将上述资源倒向或限定到了少数符合标准的人身上。这在很大程度上可能会造成一个项目立项后，其他国家级或省级的特色专业、教学团队、教学名师、精品课程项目建设也占优势，导致各类项目经费集中在某些院校、某些专业上，导致财政经费的二次或多次投入。

4. 项目相对集中到少数人手中，马太负效应有所显现

资源分布的不平衡问题有所突出，一些项目容易比较集中到某一学院、某一系所甚至某一教师头上，使得锦上添花。尤其是向有行政职务、高职称、高学历的知名度高的专家教授积聚。包括特色专业、精品课程、教学团队、人才培养模式试验区、教学名师在内的许多国家级项目集中在全国的重点大学和知名院校，这种教学建设上的局部繁荣将制

约教育教学的均衡发展，导致对一般院校的投入不足。教师的参与受惠面较窄，积极性还是不能被充分激发。久而久之，对广大一线教师有所挫伤，广大教师参与项目申报和建设的积极性有所弱化，真正从事一线教学改革、提高教学质量的积极性不高。从长远看，对"质量工程"产生不利影响。

5. 项目管理体制尚有纰漏，运行机制仍需健全

项目建设初期，高校缺乏完整的项目管理体制，没有将项目建设工作纳入日常教学工作计划，从而使项目建设和检查工作更多地围绕上级的工作安排进行，建设的主动性不足。以资金使用管理为例，目前尚不够规范。尽管教育部、财政部出台《高等学校本科教学质量与教学改革工程专项资金管理暂行办法》（财教〔2007〕376号），各高校根据国家和省的相关政策文件进行经费配套，但教改经费真正用在教学改革与研究上的不多，一些教师还停留在以科研经费使用的方式来使用质量工程建设经费，造成要么经费没有使用，要么没有真正用在教学改革和人才培养上，如添置手提电脑等硬件配置。此外，部分"行动计划"项目的经费不能及时到位，影响项目建设的进度，也引起部分老师的不满。

项目评审方式和验收考核的方式标准比较单一。高教系统由不同层次和类型的高校组成，既有"985工程"、"211工程"等研究型大学，又有服务区域的省属地方高校和市属高校。目前，质量工程的评审并没有分类型分层次，不能体现不同层次、不同专业、不同地域的高校，且指标体系设计单一。地方高校相比重点大学在教学软硬件设施、学生生源等各方面均处于绝对弱势，导致大部分项目为重点大学所获，挫伤了地方高校参与质量工程的积极性。另外，教育部对现有的工程项目只落实签订了任务书，但在验收时是否完全按照各专业自定的任务书中的任务为准尚没有明确，如果根据统一的专业建设评价体系进行检查验收，则特色专业很可能会失去"特色"。而且目前在评价特色专业建设成效时，对特色专业往往突出科研而忽视教学质量，突出硬件而忽视软件建设，这也是一个不能忽视的导向。至于对学生综合素质的培养和对毕业能力的追踪调研，由于时间的关系并没有展开。

6. 优质教育资源共享机制和平台欠佳, 资源使用效率不高

"质量工程"的实施对于推动各高校教学建设与改革效果明显, 却存在优质资源闲置、全国各高校各类项目资源无法实现共享、改革措施与经验得不到有效推广的现象, 建设项目的效益没有广泛充分发挥。精品课程网站等各类项目只是注重网络申报评审时的资源上网, 后续工作没有跟上, 更新太慢、太少。质量工程中的"专业设置预测系统"、"专业标准"、"全国高校教学基本状态数据系统"、"网络教育资源共享平台建设"等项目尚没有开发和投入使用, 没有在社会实现资源、信息的共享机制。再如, 目前只有就国家级教学团队的建设情况进行交流和探讨, 还没有组织和召开诸如特色专业建设点的国家层面的经验交流会, 影响和促进各高校进一步采取措施, 切实提高教育质量。此外, 2015 年起浙江省教育厅也组织开发了省"行动计划"的网络申报平台。这些平台的使用一方面为高校申报提供了方便, 提高了工作效率; 另一方面却带来了严重问题, 就是这两类系统之间数据互不相通, 没有标准统一的用户库, 造成重复操作以及一些投入的浪费。建议"十二五"期间进一步完善"质量工程"项目资源共享平台建设, 探索并建立"质量工程"资源共享的机制, 扩大优质教学资源的受益面, 强调教学改革成果的实施和推广应用。

7. 学生参与"行动计划"不够, 学生受益面有待进一步提升

国家启动"质量工程"的初衷便是提高高等学校人才培养质量。学生是我们实行"行动计划"的落脚点, 也是最终的受益人。调研了解到, 学生对所在学校提供的各种教学条件满意度越来越高, 但是普遍对"行动计划"、"质量工程"的了解十分欠缺。让学生了解"行动计划"的建设情况, 鼓励学生积极参与到这一工程中来, 从被动变主动, 给学生提供成才和成长机会, 切实提高学生各方面的素质。在教育资源不足, 竞争态势激烈的环境下, 许多高校为了获得更多的包括特色专业在内的国家级质量工程项目, 将主要精力放在培养人才质量以外的环节, 背离质量工程项目实施的宗旨。但究其最终目的, 应坚持以学生为本、以学生的受益为衡量项目成效的最终标准。

（三）质量工程项目设置的改进对策

"十一五"期间，国家级"质量工程"取得了显著的成效，有力地激发了广大高校和一线教师围绕教学中心工作开展教育教学改革的积极性与创造性。在系统总结"十一五"经验与不足的基础上，"十二五"期间，"质量工程"总体上要转向工程项目的内涵式建设上来，将工作做细、做精，将项目做大、做强。

1. 扩大和增设直接面向学生和青年教师的项目

在浙江省"行动计划"实施情况的问卷调查中，从学生对"十一五""行动计划"的了解程度看，高达71.7%的学生对此表示不大了解，有17.2%的学生对此表示了解，完全不了解的学生占比为11.0%。开展大学生学科和技能竞赛活动，能引导学生自主学习、探索学习，激发学生的学习兴趣和热情，培养和增强学生的动手能力、创新能力。在重点组织实施大学生数学建模、电子设计、结构设计、电子商务等大类学科竞赛的基础上，可以广泛开展诸如多媒体设计、机械设计、程序设计、数控技术、模具设计、汽车维修、计算机工程、艺术设计、多媒体制作技术、服装制作技术、动漫设计、物流控制、旅游服务、会计信息化、英语演讲、师范生教学技能等各类技能竞赛。进一步扩大国家大学生创新性实验计划项目的实施范围。建议每一个学科专业都开发相应的赛事活动；每一所高校的教学院系都应有两项以上的赛事项目可参与。让竞赛成为广大学生喜闻乐见、真心喜爱的学习课外活动，让竞赛作为高校学风建设的一个重要突破口。

此外，现有工程项目的负责人、主要参与人大多数是担任一定领导职务的大专家、大教授，而广大一线青年教师很难从各工程项目中获益。建议开发专门针对低职称、无职务的广大一线教师、广大青年教师尤其是刚入职的教师提供发展的平台和机会，提供业务能力发展的保护期。如针对青年教师的国家级教学技能比赛、教改项目、教师进修培训项目等。

2. 设立本科人才培养质量整体提升的综合工程

可以以一个专业或专业群为单位，从课程建设、实验室建设、人才培养基地建设、教学团队建设等多个方面着手，将原有的分散项目"打包捆绑"，形成一个人才培养质量整体提升的建设项目，让该专业所有任课教师都参与到质量工程建设中来。要从教材编写、课堂教学、考试形式、实践教学、毕业论文、创新能力等各个环节入手加强质量建设，可以对每个环节设立子项目，建立起一整套严格的、可操作的质量建设和监控体系，旨在促进高等教育的国际化、人才培养的国际化。通过项目支撑，探索开展国际化人才培养，促进国内高校与国外高校的交流合作水平的提高，引进优质教育资源，探索与世界名校间的课程资源共享、教学模式试验以及学生交流等合作形式。

3. 设立一批淡化竞争凸显公平的导向型项目

除了竞争导向，提高教育质量还应体现公平导向。设立一些各高校都能获得的公平导向型项目，这既能考虑到地区分布，又能兼顾重点高校与普通高校的区别，有利于实现教育公平，克服在"十一五"期间质量工程项目评审过程中部分地区和部分高校明显处于劣势，几乎拿不到质量工程项目的情况。建议教育部重点扶持弱势省份，省教育厅重点扶持弱势学校，各高校可以重点扶持弱势学科和专业。这些项目不必评审，直接分配给各高校，但最终要通过验收来审查其效果。更重要的是，此"侧门之开"是真正从"重结果"获得的入门票评审转向"重过程"建设的机会参与，是真正引导高校去"建设"更高、更好的办学质量。

总体上说，浙江省"行动计划"各项目的设置与分布既尊重高等教育发展的一般规律，也关注到浙江省高教省情及区域经济社会发展的一般需要。按照"质量为本，分类指导，鼓励特色，重在改革，促进发展"的原则，"行动计划"各项目点极大地发展了浙江省高教资源，有力促进了浙江省高校迈向错位发展、特色发展和质量求发展的内涵式发展道路。浙江省实施"行动计划"的各方效应已初见端倪，为"十二五"期间的深入推进奠定了坚实的基础。

结　语

　　中国的教育政策规模蔚为大观，中国的教育政策有自身特色。如果把某一个具体的教育政策从制定到终结的过程比作一个生命周期，那么，我们只需浮光掠影式地扫描一下改革开放 30 多年来的繁复教育政策，就不难发现林林总总的教育政策既乱象丛生也纵横捭阖。从不好的一面察之，有的政策是无用的，有的政策是低效的，有的政策是短命的，也有的政策是无奈甚至是滑稽的。

（一）

　　公共政策的研究在我国仍然是一个新兴学科，相关理论与实践探索方兴未艾；而中国公共教育政策的学科化研究更可谓是处于起步阶段。本书前后历时 5 年有余，整个写作过程都是对公共教育政策进行跟踪、思考的过程。时常苦于提笔何艰难，既苦于理论上建树的无门，也困顿于实践探索的难有建树。这 5 年间，多次申请延期，就是为了更多地思考和摸索。考虑到案例的代表性和先进性，案例择取跨度大，既有前期积累的、比较熟悉的"农民工子女教育政策"等基础教育领域政策，也有挑战自我、面向全省范围内的"高等教育质量工程政策"等。有的教育政策案例过程研究做起来比预想的复杂、困难得多，单单调研分析就要耗时一年。即便如此，也觉得研究的案例过程仍不尽如人意。

　　本专著写作的攻坚克难时期，正值《中共中央关于全面深化改革若干重大问题的决定》（以下简称《决定》）颁布。《决定》确立了"完善和发展中国特色社会主义制度，推进国家治理体系和治理能力现代化"的全面深化改革总目标。"国家治理体系和治理能力现代化"被誉为继工业现代化、农业现代化、国防现代化、科学技术现代化之后的"第五化"。《决定》提出实现党、国家、社会各项事务治理制度化、规范化、程序化，要不断提高运用中国特色社会主义制度有效治理国家的能力。

这无疑给本书自始至终所探索的公共政策过程（教育）的中国特色注入了强心剂，传递了研究中国本土政策的最强"好声音"。

（二）

政策是一个动态的过程，政策过程是一项完整的公共政策的重要组成部分。从教育政策的动态过程性出发是理解教育政策本质的基本方法和重要维度。正如 S. 泰勒等人所认为的那样，"政策的含义远远超越了政策文本，它还包括先于文本的政策过程，包括政策文本产生之后而开始的政策过程，以及对作为一种价值陈述及行动期望的政策文本的修正和实际的行动"。笔者以为，研究中国教育政策的突破口，大致有以下途径：其一，踏踏实实地做实证调研，尽可能收集有意义的资料和获得亲临现场的直觉信息。为了尝试做好几个案例研究，笔者先后去了山东蒙阴老区，浙江的绍兴、宁波、湖州等地看学校，看制度，做访谈，发问卷。笔者还尽可能抓住一些机会做调研，如在教育学院主办的深圳罗湖区校长培训班上发问卷，在京城会议上见缝插针物色人物做访谈，获取相关学者、决策者等的看法。其二，自觉阅读、寻思中国教育政策文本的习惯与热情。中国的教育政策文本及其相关牵连实在是太庞杂，这也是一个巨大的、挑战体力和脑力的工作量，也需要一点研究者的个性和灵感。其三，需要坚守本土化的思维与话语方式，尽可能摒弃以中国政策经验攀附（"验证"）西方理论的粗暴的"实践联系理论"的方式。笔者以为，要理解中国教育政策，就得有本土化的理论，要有符合中国国情特色的话语、思维、视角，即便导入西方政策学等相关学科理论，也应自觉地加以改装、组装，进行本土化的变通与调试，应该说，生搬硬套西方某种理论来解释大陆某个教育政策（文本或过程）的研究方式在道理上是行不通的，退而言之，此种僵硬的和教条的"它圆其说"也很难令人信服。

（三）

　　笔者对中国教育政策的关注与研究，经历了一个从无所适从到有点门路感、从乏味无聊到有点意思的心路历程。中国的教育政策就如同中国的教育问题一样，谁都可以滔滔不绝地发表甚至发泄一通观点看法，但是真要做研究却谈何容易！坦率地说，到底怎么去研究有中国特色的教育政策问题，什么样的政策案例研究成果算是"靠谱"的，笔者至今仍没有答案，应该说是至今仍在稀里糊涂地摸索。好在泡在那些政策文本里会日久生情，也会产生兴趣、萌动激情。因为它们之间的一些蛛丝马迹会刺激你的神经末梢；因为你可能会触摸到别人还未发现或还不太重视的问题；因为你也可能因顿悟闪现而提出一个令自己陶醉的能自圆其说的理由……这些都会令你兴奋不已，战斗不止！总之，静下心来浸润到政策文本里去，或者迈开双腿走到政策实践的现场去，你总会有所打动，有所触发，有所成就感，至少还可以自娱自乐一番。

　　前面提及，中国是教育大国，也同样是教育政策大国。十八届三中全会后，围绕完善和发展中国特色社会主义制度，推进国家治理体系和治理能力现代化总目标，在全面深化改革的总体框架部署之下，我们完全有理由相信，中国特色社会主义教育必将成为全球最绚丽的事业，学界对中国特色教育政策过程的研究必将是一个时兴的领域。作为引玉之砖，本拙作的出版只是给自己一个励志的信号，警醒自己朝着这一领域继续前行。

附　调查问卷

附件 1　调查问卷一

《绍兴农民工子女教育政策执行情况的问卷调查》

亲爱的同学：你好！

　　我们是北京大学教育学院"政策案例库"课题组的调研人员，希望获得有关你目前接受教育现状的一些信息，分析研究教育问题，并积极提出发展之策。本次调查采取无记名方式，不会泄露你和学校的任何信息，所有回答只用于统计分析。你只需根据自己的实际情况，在每个问题所给出的几个答案中进行单项选择。

　　衷心祝你学习愉快，万事如意！

北京大学教育学院课题组

2009 年 6 月 10 日

你是_____年级学生；来自_____省；今年_____岁。

1. 你对在这里上学接受教育的总体看法是：【　　】

①满意　②很满意　③一般　④不满意　⑤无所谓

2. 你对这里的老师满意吗？【　　】

①满意　②很满意　③一般　④不满意　⑤无所谓

3. 在这里上学与在老家上学相比，你认为：【　　】

①这里好　②差不多　③老家好　④哪里都一样

4. 在这里上学要交费吗？【　　】

①偶尔要交一点　②不要交　③要交一些　④要交很多

若需要交费用，一般要交些什么费用？请写上：＿＿＿＿＿＿＿＿

5. 你在这里学习能适应吗？【　　】

①能适应　②适应得很好　③不怎么适应　④不适应

6. 你进入现在的学校读书容易吗？【　　】

①我是好不容易才进来的　②证件齐全一般都可以进来　③很容易进来　④主要是靠送礼、找关系才进来的

7. 在绍兴上学，你有什么担忧的事情吗？【　　】

①学习吃力，跟不上　②增加父母的经济负担　③今后回老家读书不适应　④感觉遭到当地人歧视

8. 放学回家后，你还能很好地学习吗？【　　】

①不能　②还差不多　③能

9. 你父母和学校之间的联系多吗？【　　】

①很多　②一般　③偶尔　④不联系

10. 你的父母平时关心你的学习吗？【　　】

①非常关心　②比较关心　③有时关心　④从不关心

11. 你希望在这里完成到什么程度的学业？【　　】

①小学　②初中　③高中　④大学

12. 学校现在的教学条件如何？【　　】

①很好　②还行　③一般　④很差

13. 你是否会为学习发愁？【　　】

①从不发愁　②经常发愁　③有时发愁

14. 你如何看待本地孩子所享受到的教育？【　　】

①很妒忌，社会不公平　②很羡慕，他们真幸福　③没什么，有利也有弊　④无所谓，没有什么看法

15. 你对绍兴当地政府有什么看法？

①当地政府有责任、有义务给我们提供教育　②非常感谢当地政府
③当地政府还应该给我们提供更好的教育　④没什么看法

附件2 调查问卷二

《关于义务教育学校实施绩效工资制的问卷调查》

尊敬的领导，您好！

日前，国务院审议并原则通过《关于义务教育学校实施绩效工资的指导意见》，决定从 2009 年 1 月 1 日起在全国义务教育学校实施绩效工资。一石激起千层浪，绩效工资制度势必对我国广大教师产生深远的影响。为了了解一下该政策在执行中会出现的问题，我们设计了相关问题，请您在百忙之中抽空作答，问卷是匿名方式，不会对您带来任何不良影响。选择题都为单选。十分感谢您的帮助！

北京大学教育学院"政策案例库"课题组

2009 年 5 月 26 日

您是：【　　】

①中学（副）校长　②小学（副）校长　③教育行政部门工作人员　④学校中层干部

1. 您对国务院在义务教育学校实施绩效工资这一新制度的了解情况如何？【　　】

①很了解　②比较了解　③不太了解　④不了解

2. 您对国家义务教育学校实施绩效工资制的一个总体感受是：【　　】

①反对　②不太支持　③无所谓　④能够接受　⑤支持　⑥十分支持

3. 贵校目前的教师工资发放（薪酬体系）中，在多大程度上与绩效工资相似？【　　】

①其实，我们现在实行的就是绩效工资的做法　②与绩效工资的做法差不多　③有点像绩效工资的做法　④现在基本上还是大锅饭，离绩效工资的理念很远　⑤不清楚

4. 您认为，该制度能实现"确保义务教育教师平均工资水平不低于当地公务员平均工资水平"之功能吗？【　　】

①不可能　②不大可能　③有可能　④完全可以　⑤不清楚

5. 作为学校管理者，"义务教育学校教师绩效工资以考核结果为主要依据"、坚持"多劳多得、优绩优酬"的原则容易落实操作好吗？【　】

①不可能　②不大可能　③有可能　④完全可以　⑤不清楚

6. 实施绩效工资制，会激发教职员工之间的矛盾吗？【　】

①不可能　②不大可能　③有可能　④完全会　⑤不清楚

7. 实施绩效工资制，会导致教师更加追逐应试升学、步入应试教育的窠臼吗？【　】

①不可能　②不大可能　③有可能　④完全会　⑤不清楚

8. 政策规定，学校掌握30%的"奖励性绩效工资"分配权，您认为这个比例适度吗？【　】

①适度　②偏高　③偏低　④太高　⑤太低

9. 您认为，落实绩效工资制的主要困难在哪里？【　】

①资金缺口　②教师的绩效难以考核　③传统思想观念的抵制　④其他

10. 您认为绩效工资制能激发教师的积极性吗？【　】

①不可能　②不大可能　③有可能　④完全可以　⑤不清楚

11. 您认为绩效工资制的考核标准应该由谁来制定？【　】

①校长　②懂绩效管理的专业人员　③教师代表组成的工作组　④教育行政部门

12. 您预计绩效工资实施后会出现什么样的结果？【　】

①政策得到很好的执行，效果不错　②流于形式，与过去没有什么大的变化　③执行遇障碍，难以落实　④引发新的矛盾，有一定的负面影响

⑤不清楚

13. 作为学校管理者，义务教育学校实施绩效工资将会对您和学校在哪些方面带来挑战？您最担心的问题是什么？

_____

_____

_____

附件3　调查问卷三

《山东蒙阴县统一标准化寄宿制学校办学
政策实施情况的座谈与开放式问卷》

（一）针对学生的问卷

1. 寄宿上学有什么好处？

2. 寄宿上学后给您带来什么样的坏处？

3. 请您说一件寄宿生活中最开心的或最有意义的事情。

4. 请您说一件寄宿生活中遇到的不高兴的事情。

5. 请您对改进学校寄宿上学工作提点建议或看法。

（二）针对教师的问卷

1. 寄宿制学校在实际中存在什么样的问题？

2. 学生寄宿上学给您个人的工作带来了什么样的麻烦？

3. 对改进寄宿制学校工作您有什么想法？请谈谈您的意见和建议。

附件4　调查问卷四

浙江省教育厅"'十一五'期间全面提升高等教育办学质量和水平行动计划"调查问卷（以高校教师卷为例）

尊敬的老师：您好！

2007年省教育厅和财政厅联合下发了《关于实施"十一五"期间全面提升高等教育办学质量和水平行动计划的通知》（以下简称"行动计划"），推进了全省高校的教学改革与建设，促进了高校办学质量和办学水平的提升。为了总结"行动计划"建设方面的情况，了解取得的成绩和需要改进的地方，并为科学设计和制定"十二五"期间省级"行动计划"建设项目和实施办法提供依据，我们在教育部质量工程调查问卷的基础上，针对我省实际情况，补充相关调查，旨在进一步了解高校教学管理干部对"行动计划"建设的意见和"十二五"期间建设省级"行动计划"的建议。

浙江省教育厅高教处课题组

二○一○年五月五日

一、您的基本信息（请在符合您情况的相应选项后画"√"）

1. 您属于下列哪类人员

A. "行动计划"项目负责人　　　B. 参与"行动计划"项目的教师

C. 院系主要负责人　　　　　　D. 其他人员

2. 您的专业技术职务

A. 教授（研究员）　　　　　　B. 副教授（副研究员）

C. 讲师（助理研究员）　　　　D. 助教（实习研究员）

3. 您所从事的专业领域属于

A. 文科　　　B. 理科　　　C. 工科　　　D. 医科　　　E. 农科

F. 其他

4. 您所在的高校属于

（1）A. 本科　　　　　B. 高职高专

（2）A. 公办　　　　B. 民办　　　　　C. 独立学院

（3）A. 省属高校　　　B. 地方属高校　　　C. 部门属高校

5. 您的高校所在地属于（按 11 个地市划分）＿＿＿＿＿＿＿

二、关于"行动计划"的问题（请在您所认同的选项上打"√"，除特别说明的以外，皆为单选。开放性的选项和问题需要您填写。）

1. 您对"行动计划"的了解程度是

A. 非常了解　　B. 比较了解　　C. 不太了解　　D. 完全不了解

2.（1）您是否主持过或参与过"行动计划"项目

A. 是　　　　　B. 否

（2）如果您主持过或参与过"行动计划"项目，请问项目的级别是（若项目有多个级别，按最高级别填写）

A. 国家级　　　B. 省级　　　　C. 校级

3. 您对实施"行动计划"建设的态度是

A. 非常支持　　B. 支持　　　　C. 不支持　　　D. 无所谓

4. 贵校在推进"行动计划"方面采取的对项目负责人的奖励政策措施有（可多选）

A. 物质奖励　B. 评奖评优优先　C. 职称评聘和岗位聘任优先

D. 立项教学研究项目优先　E. 国内外进修培训优先　F. ＿＿＿＿＿

5. 贵校在有效推进"行动计划"项目立项方面采取的政策措施有（可多选）

A. 定期检查评估项目进展　　　　B. 校内外调研学习

C. 项目骨干成员参加专题培训　　D. 邀请专家到校交流指导

E. 组织校内经验交流　　　　　　F. ＿＿＿＿＿＿＿

6. 在"行动计划"建设过程中，贵校工作的优先点是

A. 强化质量意识　　　　　　　　B. 优化人才培养模式

C. 改革课程教学内容、方法　　　D. 强化产、学、研合作

E. 完善实践教学条件　　F. 改进教材　　G. ＿＿＿＿＿＿＿

7. 您对贵校实施"行动计划"的现状

A. 非常满意　　B. 满意　　　　C. 一般　　　　D. 不满意

8. 贵校是否设立了配套的教学建设与改革项目

（1）A. 是　　　　　B. 否

（2）设有哪些项目_____

9. 贵校对"行动计划"项目经费配套情况

A. 大于1∶1　　B. 等于1∶1　　C. 小于1∶1　　D. 无配套

10. 您认为"行动计划"在提高高等教育总体质量方面的作用

A. 非常显著　B. 比较显著　C. 一般　D. 较小　E. 不了解

11. 您认为"行动计划"对巩固教学工作在高等学校中心地位方面的作用

A. 非常显著　B. 比较显著　C. 一般　D. 较小　E. 不了解

12. 您认为"行动计划"在转变教师的教学理念方面的作用

A. 非常显著　B. 比较显著　C. 一般　D. 较小　E. 不了解

13. 您认为"行动计划"在调动教师的教学积极性方面的作用

A. 非常显著　B. 比较显著　C. 一般　D. 较小　E. 不了解

14. 您认为"行动计划"在调动您自己的教学积极性方面的作用

A. 非常显著　B. 比较显著　C. 一般　D. 较小　E. 不了解

15. 您认为"行动计划"在提高您自己的教学水平方面发挥了哪些作用（可多选）

A. 对教学更加重视　　B. 教学理念的转变　C. 教学方法的改进

D. 更加重视团队合作　E. _____

16. 您认为"行动计划"在调动学生自主学习的积极性方面的作用

A. 非常显著　B. 比较显著　C. 一般　D. 较小　E. 不了解

17. 您认为"行动计划"在改善高等学校教学条件方面的作用

A. 非常显著　B. 比较显著　C. 一般　D. 较小　E. 不了解

18. 您认为"行动计划"在促进人才培养模式改革方面的作用

A. 非常显著　B. 比较显著　C. 一般　D. 较小　E. 不了解

19. 您认为"行动计划"中教师的参与受惠面为

A. 20%以下　B. 21%—30%　C. 31%—40%　D. 41%—50%

E. 50%以上

20. 您如何评价"行动计划"建设的 17 个项目的实施效果

序号	项　　目	非常显著	比较显著	一般	较小	不了解
1	重点（特色）专业建设					
2	精品课程建设					
3	重点教材建设					
4	教学改革项目					
5	实验教学示范中心建设					
6	示范性实训基地					
7	大学生科技创新计划					
8	人才培养模式创新实验区					
9	资助大学生学科和技能竞赛活动					
10	教学团队建设					
11	高校教学名师奖的评选与表彰					
12	高校教坛新秀奖的评选与表彰					
13	高校教师教学工作业绩考核制度					
14	高校本科教学质量监测结果发布制度					
15	省属普通高校本科教学业绩考核结果与财政拨款挂钩制度					
16	省级示范高职院校建设					
17	高职高专教学资源库/本科综合测试库					

21. "行动计划"值得推广的项目管理经验是（可多选）

A. 省、学校二级管理体制　　B. 以省级财政投入带动地方和学校投入

C. 以人才培养过程为中心设立建设项目　　D. 项目评审制度

E. 项目备案制度　　F. ＿＿＿＿＿＿＿＿

22. "行动计划"在实施过程中存在的问题有（可多选）

A. 项目管理体制不健全　　　　B. 资助经费不足

C. 项目过分集中在少数学校、少数教师手中

D. 项目评审过程中的科研取向　　E. 学校的自主权较小

F. 学校没有申报和建设的指导　　G. 按大学和学院切分项目数

H. ＿＿＿＿＿＿＿＿

23. 您认为影响"行动计划"建设效果的主要因素是（可多选）

A. 学校重视程度　　B. 学校管理水平　C. 经费投入水平

D. 学校整体师资水平　E. 项目运作机制　F. 财政绩效考核不显

G. _____

24. 当前我国本科生教育存在的最主要问题是（限选 3 项）

A. 教育投入不足，教学条件紧张

B. 专业设置、课程体系与社会需求脱节

C. 人才培养的规格或模式趋同，缺乏特色

D. 教师队伍整体素质不高

E. 教学模式和方法落后

F. _____

25 "十二五" 期间的 "行动计划" 应该如何促进我国本科生教育的改革与发展（可多选）

A. 提高教师队伍整体水平　　　B. 推动人才培养模式改革

C. 加强实践性教学环节　　　　D. 推动人才培养的国际化进程

E. 推动人才培养的个性化　　　F. _____

26. "十二五" 期间的 "行动计划" 的指导思想应该强调（可多选）

A. 探索人才培养的新模式　　　　B. 深化教学模式与方法改革

C. 促进高等学校分类指导、注重特色　D. 促进教育公平

E. 促进人才培养国际化和个性化　　F. _____

27. 在 "行动计划" 的 17 个项目中，您认为应该列入 "十二五" 期间的 "行动计划" 继续实施和应该终止的项目是

项　目	应该列入	两可	应该终止
重点（特色）专业建设			
精品课程建设			
重点教材建设			
教学改革项目			
实验教学示范中心建设			
示范性实训基地			
大学生科技创新计划			
人才培养模式创新实验区			

续表

项　目	应该列入	两可	应该终止
资助大学生学科和技能竞赛活动			
教学团队建设			
高校教学名师奖的评选与表彰			
高校教坛新秀奖的评选与表彰			
高校教师教学工作业绩考核制度			
高校本科教学质量监测结果发布制度			
省属普通高校本科教学业绩考核结果与财政拨款挂钩制度			
省级示范高职院校建设			
高职高专教学资源库/本科综合测试库			

28. 对于"十二五"期间的"行动计划"，您认为应该设立的新项目有哪些？（请至少列出 5 项）

29. 对于"十二五"期间的"行动计划"，您认为最应该重点资助的项目领域是

　　A. 教师队伍建设　　B. 人才培养模式改革　　C. 教学模式与方法改革

　　D. 实践教学　　　　E. 国际化　　　　　　　F. 专业群的建设

　　G. ＿＿＿＿＿＿＿＿

30. 对于"十二五"期间的"行动计划"，您认为项目管理方式应该发生哪些变化（可多选）

　　A. 加强省级层面的管理　　　　　　B. 扩大高校的自主权

　　C. 给项目负责人更大的自主权　　　D. 委托中介机构管理

　　E. 按照高校层次和类型限定申报　　F. 限定每所高校申报和立项数量

　　G. 限定每位教师申报和立项数量

　　H. 在每所高校立项基数基础上择优增加立项数量

　　I. ＿＿＿＿＿＿＿＿＿＿＿＿＿＿＿＿＿＿＿＿＿

31. 对于"十二五"期间的"行动计划"，您认为对立项建设项目应该采取的中期管理方式是

A. 学校年度报告制度　　B. 专家督导检查制度

C. 学校互查制度　　　　D. 省级教育行政部门统一组织中期汇报

E. ＿＿＿＿＿＿＿＿＿＿＿＿＿＿＿＿＿＿

32. 对于"十二五"期间的"行动计划"，您认为对立项建设项目应该采取的结项验收方式是

A. 学校自评报告制度　　B. 专家检查验收制度

C. 学校互相验收制度　　D. 省级教育行政部门统一组织结项验收

E. ＿＿＿＿＿＿＿＿＿＿＿＿＿＿＿＿＿＿

33. 为了提高本科生教育教学质量，贵校采取了哪些有效措施？有哪些经验值得推广？

34. 为了提高本科生教育教学质量，您采取了哪些有效措施？有哪些经验值得推广？

参考文献

一　政策过程方面

艾弗雷特·罗杰斯：《创新的扩散》，中央编译出版社 2002 年版。

保罗·迪马吉奥主编：《组织分析的新制度主义》，姚伟译，上海人民出版社 2008 年版。

查尔斯·E. 林布隆：《政策制定过程》，朱国斌译，华夏出版社 1988 年版。

陈振明：《公共政策分析》，中国人民大学出版社 2002 年版。

陈振明：《公共政策学——政策分析的理论、方法和技术》，中国人民大学出版社 2004 年版。

陈振明：《政策科学》，中国人民大学出版社 1998 年版。

陈玲：《制度、精英与共识：中国集成电路产业政策过程研究》，博士学位论文，清华大学，2006 年。

陈庆云：《公共政策分析》，中国经济出版社 1996 年版。

大岳秀夫：《政策过程》，傅禄永译，经济日报出版社 1992 年版。

戴伊·托马斯：《自上而下的政策制定》，中国人民大学出版社 2002 年版。

德罗尔、叶海卡：《逆境中的政策制定》，远东出版社 1996 年版。

德博拉·斯通：《政策悖论——政策决策中的艺术》，中国人民大学出版社 2006 年版。

邓恩·威廉：《公共政策分析导论》，中国人民大学出版社 2001 年版。

杜鲁门：《政治过程》，陈尧译，天津人民出版社 2005 年版。

盖伊·彼得斯：《公共政策工具》，中国人民大学出版社 2007 年版。

黑尧·米切尔：《现代国家的政策过程》，中国青年出版社 2004 年版。

胡伟：《政府过程》，浙江人民出版社 1998 年版。

黄明东：《教育政策与法律》，武汉大学出版社 2007 年版。

胡宁生：《现代公共政策学——公共政策的整体透视》，中央编译出版社
　　2007 年版。

金登·约翰：《议程、备选方案与公共政策》，中国人民大学出版社 2005
　　年版。

科尔巴奇：《政策》，张毅、韩志明译，吉林人民出版社 2005 年版。

金太军等：《公共政策执行梗阻与消解》，广东人民出版社 2005 年版。

李允杰、丘昌泰：《政策执行与评估》，北京大学出版社 2008 年版。

李由：《中国转型期公共政策过程研究》，北京师范大学出版社 2008 年版。

刘雪明：《政策运行过程研究》，江西人民出版社 2005 年版。

罗伯特·殷：《案例研究方法的应用》，周海涛译，重庆大学出版社 2004
　　年版。

罗伯特·K. 殷：《案例研究：设计与方法》，周海涛译，重庆大学出版社
　　2004 年版。

迈克尔·豪利特、拉米什：《公共政策研究：政策循环与政策子系统》，
　　庞诗译，上海三联书店 2006 年版。

宁骚主编：《政策过程中的精英互动与共识：公共政策学案例精选》，高
　　等教育出版社 2006 年版。

丘昌泰：《公共政策：当代政策科学理论之研究》，台北巨流图书公司
　　1999 年版。

萨巴蒂尔：《政策过程理论》，彭宗超等译，生活·读书·新知三联书店
　　2006 年版。

沈辛：《当代中国政府过程》，南开大学出版社 2008 年版。

陶学荣、崔运武：《公共政策分析》，华中科技大学出版社 2008 年版。

托马斯·H. 戴伊：《理解公共政策》，彭勃译，华夏出版社 2006 年版。

王骚、王达梅：《公共政策分析》，南开大学出版社 2005 年版。

魏淑艳：《中国公共政策转移研究》，东北师范大学出版社 2006 年版。

魏姝：《政策中的制度逻辑——美国高等教育政策的制度基础》，南京大学出版社 2007 年版。

吴锡泓等：《政策学的主要理论》，金东日译，复旦大学出版社 2005 年版。

吴爱明：《当代中国政府》，中国人民大学出版社 2004 年版。

吴元其、周业柱：《公共决策体制与政策分析》，国家行政学院出版社 2003 年版。

薛晓阳、陈家刚：《全球化与新制度主义》，社会科学文献出版社 2004 年版。

谢金林：《公共政策的伦理基础》，湖南大学出版社 2008 年版。

谢明：《公共政策导论》，中国人民大学出版社 2004 年版。

谢炜：《中国公共政策执行中的利益关系研究》，学林出版社 2009 年版。

严强、王强：《公共政策学》，南京大学出版社 2002 年版。

张凤合：《公共政策价值取向中的政策空间》，《南京社会科学》2005 年第 5 期。

张金马：《公共政策分析：概念·过程·方法》，人民出版社 2004 年版。

张曙光：《中国教育制度变迁的案例研究》（1—6），中国财政经济出版社 1999—2008 年版。

朱光磊：《当代中国政府过程》，天津人民出版社 2002 年版。

中国社科院公共政策研究中心：《中国公共政策分析》，中国社会科学出版社 2001 年版。

二　教育政策过程方面

鲍嵘：《高教政策研究：两种可能的范式》，《清华大学教育研究》2009 年第 6 期。

陈秋苹：《成长的烦恼——中国民办教育政策评说》，南京大学出版社 2007 年版。

陈学飞：《理想导向型的政策制定——"985 工程"政策过程分析》，《北京大学教育评论》2006 年第 1 期。

陈学飞、茶世俊：《理论导向的教育政策经验研究探析》，《北京大学教育评论》2007 年第 10 期。

陈学军：《有意行动的意外后果：我国公办中小学转制改革的政策分析》，
　　　硕士学位论文，东北师范大学，2005 年。

陈至立：《千秋基业，壮丽诗篇——共和国教育 50 年》，《教育研究》1999
　　　年第 9 期。

邓晓春：《论建设中国特色的社会主义高等教育》，辽宁大学出版社 1992
　　　年版。

丁煌：《政策制定的科学性与政策执行的有效性》，《南京社会科学》2002
　　　年第 1 期。

范国睿：《教育政策观察》，华东师范大学出版社 2009 年版。

方展画等：《寻求跨越——浙江高等教育发展战略研究》，浙江大学出版
　　　社 2004 年版。

方展画、贺武华：《以政策软实力促进基础教育均衡发展——解析"北仑
　　　现象"》，《人民教育》2008 年第 24 期。

国家教育发展研究中心：《中国教育政策年度分析报告》（2000—2008），
　　　教育科学出版社 2000—2008 年版。

郝克明：《教育重大决策科学化、民主化的范例——参加〈中国教育改革
　　　和发展纲要〉研讨和起草过程的体会》，《教育发展研究》2007 年第
　　　10A 期。

贺武华：《浙江基础教育公平问题研究》，浙江大学出版社 2009 年版。

贺武华：《杭州名校集团化政策过程分析——基于政策精英理性主导的视
　　　角》，《教育发展研究》2009 年第 5 期。

贺武华、邹小斌：《中国教育券本土化转向：实践变通与反思》，《职业技
　　　术教育》2007 年第 13 期。

贺武华：《政策同形："国家示范性高职院校建设"政策制定的一种解
　　　释》，《职业技术教育》2009 年第 19 期。

贺雪峰：《回归中国经验研究——论中国本土化社会科学的构建》，《探索
　　　与争鸣》2006 年第 11 期。

和震：《我国职业教育政策三十年回顾》，《教育发展研究》2009 年第 3 期。

黄明东：《教育政策与法律》，武汉大学出版社 2007 年版。

潘懋元、吴玫：《独立学院的兴起及前景探析》，《中国高等教育》2004
  年第 Z2 期。

季诚钧：《浙江省独立学院的独立性分析》，《教育发展研究》2005 年第
  9B 期。

金一鸣：《中国特色社会主义教育研究》，山东教育出版社 1998 年版。

胡启立：《〈中共中央关于教育体制改革的决定〉出台前后》，《炎黄春
  秋》2008 年第 12 期。

黄忠敬：《我国教育政策制定过程之探讨》，《教育理论与实践》2003 年
  第 7 期。

康宁：《论教育决策与制度创新——以'99 高校扩招政策为案例的研究》，
  《教育研究》2000 年第 10 期。

来茂德：《独立学院：中国高等教育发展的新探索》，浙江大学出版社
  2004 年版。

罗燕：《2003 年北大人事制度改革：新制度主义社会学分析》，《教育学
  报》2005 年第 6 期。

刘欣：《基础教育政策与公平问题研究》，华中师范大学出版社 2008 年版。

刘复兴：《教育政策的价值分析》，教育科学出版社 2003 年版。

李钢：《话语 文本：国家教育政策分析》，社会科学文献出版社 2009 年版。

李军：《我国义务教育阶段就近入学政策分析》，华东师范大学学位论文，
  2007 年。

李海生：《教育券政策分析》，华东师范大学学位论文，2007 年。

李希光、杜涛：《超越宣传：变革中国的公共政策传播模式变化——以教
  育政策传播为例》，《新闻与传播研究》2009 年第 4 期。

林小英：《民办高等教育政策变迁中的策略空间》，博士学位论文，北京
  大学，2006 年。

马斌：《渐进理想教育的有效探索——欠发达农村小学寄宿制的实践及其
  意义》，《教育发展研究》2003 年第 11 期。

濮岚澜、陈学飞：《话语运动与议题建构：国家助学贷款政策的议程设置

分析》，《高等教育研究》2004 年第 2 期。

祁型雨：《超越利益之争——教育政策的价值研究》，高等教育出版社 2003 年版。

孙绵涛等：《教育政策论——具有中国特色社会主义教育政策研究》，华中师范大学出版社 2000 年版。

孙绵涛：《教育政策学》，武汉工业大学出版社 1997 年版。

特罗：《政策分析与教育》，谢维和、王薇编译，《比较教育研究》2000 年第 6 期。

滕藤：《发展中国特色社会主义教育事业》，《中国教育报》2009 年 7 月 19 日。

涂端午：《价值的权威控制及其演变——1979—1998 年中国高等教育政策文本分析》，博士学位论文，北京大学，2008 年。

吴本厦：《我国建立学位制度的决策和立法过程》，《学位与研究生教育》2007 年第 4 期。

谢维和：《忧虑与期望·努力提高教育政策研究的质量教育研究》，《教育研究》2009 年第 5 期。

许纪霖：《北大改革与商议性民主》，《学海》2005 年第 5 期。

王慧华、张冬素：《教育大变局——浙江重大教育新闻的幕后解读》，浙江大学出版社 2006 年版。

熊全龙：《中国教育券制度的实践与探索》，（香港）中国教育出版社 2003 年版。

闫广芬、苌庆辉：《高校扩招政策的制定、实施、效果及其调整》，《现代大学教育》2008 年第 3 期。

俞家庆：《中国特色社会主义教育理论研究》，中国人民大学出版社 2008 年版。

杨东平：《深入推进教育公平》（2008），社会科学文献出版社 2008 年版。

袁振国：《中国教育政策评论》（1999—2008），教育科学出版社 2000—2008 年版。

袁振国：《教育政策学》，江苏教育出版社 2001 年版。

俞健:《"就近入学"政策评估——弗兰克·费希尔公共政策评估方法的运用》,《教育科学研究》2006 年第 11 期。

张国兵:《中国高等教育重点建设政策过程研究——支持联盟理论的视角》,博士学位论文,北京大学,2006 年。

张健:《建设有中国特色的社会主义教育》,广东教育出版社 1996 年版。

张天保:《〈1985 年中共中央关于教育体制改革的决定〉发布》,《中国教育报》2009 年 9 月 4 日。

张力:《60 年教育兴国之路与教育地位变迁——教育 60 年大事记》,《中国教育报》2009 年 9 月 15 日。

张力:《努力提高教育政策研究的质量教育研究》,《教育研究的时代使命》2009 年第 5 期。

张烨:《重读五十年代的院系调整——基于教育政策借鉴理论的视角》,《华东师范大学学报》2007 年第 5 期。

朱永新:《科学发展观与中国教育改革》,福建教育出版社 2005 年版。

周佳:《教育政策执行研究——以进城就业农民工子女义务教育政策执行为例》,教育科学出版社 2007 年版。

中央教科所课题组:《进城务工农民随迁子女教育状况调研报告》,《教育研究》2008 年第 4 期。

朱振岳:《加强规范管理,注重提高质量——浙江省教育厅副厅长褚子育谈促进独立学院健康发展》,《中国教育报》2008 年 4 月 25 日。

周济:《促进独立学院持续健康快速发展》,《中国高等教育》2003 年第 13/14 期。

湛卫青:《农民工随迁子女融合教育的困惑与对策》,《教育发展研究》2008 年第 10 期。

三　教育政策文件、网站等文献（略）

后　记

我观众人著述的后记发现，所谓后记者，大概是言说些研究者的"心路历程"之事也。

本专著的孕育脱胎，主要经历了两个重要的阶段：一是 2008 年至 2009 年在北京大学教育学院从事博士后研究期间，跟随导师陈学飞教授从事"理论导向的教育政策经验研究"；第二阶段是 2010 年至 2013 年，期间两次选派浙江省教育厅挂职锻炼，主要从事教育政策研制与文字工作。

一生当中能与北大结缘，这是"天上掉馅饼"的大好事；是可敬可亲可爱的学飞老师把我领进了北大，领进了 GSE，领到教育政策研究的新领域。光阴荏苒，转眼就是八年了，当初加盟"教育政策案例库"研究团队时的激动与焦虑情形仿佛就在昨日，想想也是要醉了。归入陈门、师徒授受尽管才两年，但我和陈门每一位弟子一样，尽情分享老师"点对面"平等式的大德、上善、至爱与真教。我能感受到陈老师对我的每一次用心与每一点关心，在言语细节，在举手投足，在眼神微笑，更在谆谆善诱的启迪与开导，以及点到为止的宽容与尊重。"会写文章并不等于会做研究"，"打井只要往一个地方挖，总能挖出几口水来的"，"做学问，切忌打游击，即打一枪换一个地方，只要找准方向，坚持不懈，总有所成"，还有"深深的水，静静地流"……这些都是学飞老师常告诫我们的话，指引方向，催人奋进！

在北大做完两年博士后，我如期回到了学校，也自然而然地忙着准备年复一年、日复一日的教学工作。正值日子回归平淡之际，浙江省教育厅高教处庄华洁处长通过学校有关部门来电邀我去省教育厅从事高等教育"十一五"总结与"十二五"规划研制工作。这第二次"天上掉馅饼"的美差来得如此之突然，这是深入、延续开展教育政策研究的极好机会！"挂职干部"一干就是一年多，应该说，这个过程对我理解、阐释教育政策的中国现象是不可多得的经历。尔后到了2013年，我又阴差阳错地被省教育厅召回，去厅办文秘科借调，主要从事日常文件核稿与教育政策的研制工作。如果说教育厅的"一进宫"是对高等教育政策单个领域的重点关注，那么"二进宫"则是对全省教育系统政策的宏观与全局把握；如果说第一次更多地是庄处长放手让我去摸索锻炼，那么第二次更多的是吴永良副厅长、翁品雄副主任手把手地对我帮传带了。这两次的实践历练使我深刻体会到，教育政策过程的现实生命是何其的丰富多彩，教育政策实践之树又是何等的常青常新！

感谢对本书出版贡献过力量、给予过帮助以及提供过启示的教育行政部门领导、杭州电子科技大学等高校的领导同事、中小学校校长教师、公共政策研究的前辈与同行，等等。感谢陈学飞老师给了我进北大从事博士后研究的机会，感谢师母刘新芝老师给予的无微不至的关怀与家一样的温暖；感谢北大教育学院的睢依凡老师、文东茅老师、陈洪捷老师、丁晓浩老师、施晓光老师、陈向明老师、阎凤桥老师、刘云杉老师、郭建如老师、蒋凯老师、鲍威老师、林小英老师、沈文钦老师、张冉老师、侯华伟老师、葛长利老师等的友情与帮助；感谢省教育厅吴永良、庄华洁、顾玮、郜正荣、翁品雄、王国银、高妙兴等领导的关心指导；感谢浙江大学恩师方展画老师、师母李玲如老师，及田正平老师、周谷平老师、徐小洲老师、顾建民老师、吴雪萍老师、肖朗老师、杨明老师、吴华老师、阚阅老师等一如既往的关心帮助；感谢杭州电子科技大学的出版资助以及人文社科前辈费君清老师、陈畴镛老师、金一斌老师、周光迅老师等的关爱帮扶；感谢绍兴市教育局、长兴县教育局、蒙阴县教育局、杭州经济技术开发区社发局及众多学校对政策调研工作的大力支持；感谢校内外其他老师、同事、同窗等的友情与帮助；更要感谢中国社会科学出版社郭晓鸿主任、武云老师、门小薇老师等所付出的辛勤劳动!

最后也是最重要的,仍然要感谢生命历程中亲朋好友的友爱情深,尤其是在艰辛多舛的岁月里,同舟共济、形影相随的三位女性——母亲罗秋媛、妻子杨小芳、女儿贺扬逸,生命的风风雨雨我们共同经历;生活的酸甜苦辣我们一起品尝。

著作历经曲折终得以问世,这的确是一件"小确幸"的好事。然而,我深知,这本有关教育政策研究的书稿尽管耗时费力下了不少工夫,但还达不到老师、前辈们的标准与期盼;书中的一些纰漏之处也是在所难免。愿本书的出版在相关研究领域起到抛砖引玉、承上启下的作用的同时,也为丰富有中国特色的教育政策研究添砖加瓦。

于洛杉矶 Casa De Vida 公寓谨识

2015 年 6 月 6 日